中国数字乡村发展报告

（2022年）

农业农村部信息中心 编著

中国农业出版社
农村设物出版社
北 京

图书在版编目（CIP）数据

中国数字乡村发展报告. 2022年 / 农业农村部信息中心编著. —北京：中国农业出版社，2023.9
ISBN 978-7-109-31100-8

Ⅰ. ①中… Ⅱ. ①农… Ⅲ. ①数字技术—应用—农村—社会主义建设—研究报告—中国—2022 Ⅳ. ①F320.3-39

中国国家版本馆 CIP 数据核字（2023）第173354号

中国农业出版社出版
地址：北京市朝阳区麦子店街18号楼
邮编：100125
责任编辑：卫晋津
责任校对：吴丽婷
印刷：北京中兴印刷有限公司
版次：2023年9月第1版
印次：2023年9月北京第1次印刷
发行：新华书店北京发行所
开本：700mm×1000mm 1/16
印张：24.25
字数：462千字
定价：98.00元

编　委　会

CONTENTS 目录

第一部分　总报告

第二部分　省级分报告

附　录

PART 1

第一部分
总 报 告

前　　言

2019年5月，中共中央办公厅、国务院办公厅印发《数字乡村发展战略纲要》。四年多来，数字乡村发展推进到什么程度、取得了哪些成效，在党的二十大作出以中国式现代化全面推进中华民族伟大复兴，加快建设网络强国、数字中国，全面推进乡村振兴、加快建设农业强国等重大战略部署后，数字乡村发展如何守正创新、乘势而上，全社会十分关注。

《中国数字乡村发展报告（2022年）》（以下简称《报告》）全面总结回顾2021年以来数字乡村建设取得的新进展新成效，力求让社会公众能够全面准确了解数字乡村发展给乡村产业、人才、文化、生态、组织振兴带来的新变化，进而成为数字乡村建设推动者、实践者和研究者的重要参考。

《报告》表明，各地区各部门深入学习贯彻习近平总书记关于“三农”工作的重要论述和习近平总书记关于网络强国的重要思想，全面落实党中央、国务院关于实施数字乡村发展战略的决策部署，积极出台配套政策措施，制定完善实施方案，全方位推进数字乡村建设实现了良好开局，2021年全国数字乡村发展水平达到39.1％。一是乡村数字基础设施建设加快推进。农村网络基础设施实现全覆盖，农村通信难问题得到历史性解决。截至2022年6月，农村互联网普及率达到58.8％，与“十三五”初期相比，城乡互联网普及率差距缩小近15个百分点。二是智慧农业建设快速起步。数字育种探索起步，智能农机装备研发应用取得重要进展，智慧大田农场建设多点突破，畜禽养殖数字化与规模化、标准化同步推进，数字技术支撑的多种渔业养殖模式相继投入生产，2021年农业生产信息化率为25.4％。三是乡村数字经济新业态新模式不断涌现。农村寄递物流体系不断完善，农村电商继续保持乡村数字经济“领头羊”地位，乡村新业态蓬勃兴起，农村数字普惠金融服务可得性、便利性不断提升。四是乡村数字化治理效能持续提升。“互联网＋政务服务”加快向乡村延伸覆盖，2021年全国六类涉农政务服务事项综合在线办事率达68.2％，以数据驱动的乡村治理水平不断提高。五是乡村网络文化发展态势良好。乡村网络文化阵地不断夯实，网络文化生活精彩纷呈，中国农民丰收节成风化俗，数字化助推乡村文化焕发生机。六是数字惠民服务扎实推进。“互联网＋教育”“互联网＋医疗健康”“互联网＋人社”、线上公共法律与社会救助等服务不断深化，利用信息化手段开展服务的村级综合服务站点共48.3万个，行政村覆盖率达到86.0％。七是智慧绿色乡村建设迈出坚实步伐。农业绿色生产信息化监管能力全面提升，乡村生态保护监管效能明显提高，农村人居环境整治信息化得到创新应用。八是数字乡村发展环境持续优化。政策制度体系不断完善，协同推进的体制机制基本形成，标准体系建设加快推进，试点示范效应日益凸显。经过三年多的持续推动，“数字革命”正在农村这片广阔沃土引发一场深刻的社会变革，为全面推进乡村振兴、建设农业强国、加快农业农村现代化持续提供新的动能。

《报告》主体内容涵盖了《数字乡村发展战略纲要》部署的十个方面重点任务，梳理了《数字乡村发展行动计划（2022—2025 年）》《“十四五”全国农业农村信息化发展规划》《2022 年数字乡村发展工作要点》等工作落实情况，努力做到内容全面，同时突出年度性重点工作。根据 2022 年中央一号文件部署要求，中央网信办信息化发展局、农业农村部市场与信息化司委托农业农村部信息中心，在多年开展全国县域农业农村信息化发展水平监测评价基础上，进一步优化完善指标体系，试行开展了数字乡村发展水平评价（以下简称评价），其成果为《报告》的编制提供了有力的数据支撑。为便于读者查询了解，同时以附件的方式发布《2021 年数字乡村发展水平评价基本结论和主要数据》。《报告》还吸收采用了数字乡村发展统筹协调机制成员单位推进数字乡村建设的举措和成效等有关材料。

《报告》由中央网信办信息化发展局和农业农村部市场与信息化司组织农业农村部信息中心和中国农业大学、中国信息通信研究院、中国人民大学等有关单位专家共同编制。

2021年是党和国家历史上具有里程碑意义的一年。中国共产党成立100周年，“两个一百年”历史交汇，“十四五”规划开始实施，全面建设社会主义现代化国家踏上新征程。一年多来，各地区各部门深入学习贯彻习近平总书记关于“三农”工作的重要论述和习近平总书记关于网络强国的重要思想，全面贯彻落实党中央、国务院关于实施数字乡村发展战略的决策部署，推动乡村数字基础设施建设取得新成效、智慧农业形成新气象、农村数字经济实现新突破、乡村数字治理迈上新台阶、乡村网络文化展现新风貌、数字惠民服务满足新期待、智慧绿色乡村赢得新机遇。总的来看，数字乡村发展取得阶段性成效，实现了“十四五”良好开局。

一、乡村数字基础设施建设加快推进

农村网络基础设施实现全覆盖，农村通信难问题得到历史性解决。乡村融合基础设施建设积极开展，农村公路、水利、电网、农产品冷链物流等传统基础设施的数字化改造正全方位推进。

（一）乡村网络基础设施建设成效显著

农村网络基础设施实现全覆盖，截至2021年底，全国行政村通宽带比例达到100%，通光纤、通4G比例均超过99%，基本实现农村城市“同网同速”。5G加速向农村延伸，截至2022年8月，全国已累计建成并开通5G基站196.8万个，5G网络覆盖所有地级市城区、县城城区和96%的乡镇镇区，实现“县县通5G”。面向农村脱贫户持续给予5折及以下基础通信服务资费优惠，已惠及农村脱贫户超过2 800万户，累计让利超过88亿元。2021年农村居民平均每百户接入互联网移动电话229部，比上年增长4.4%。截至2022年6月，农村网民规模达2.93亿人，农村互联网普及率达到58.8%，是“十三五”初期的两倍，城乡互联网普及率差距缩小近15个百分点。

（二）乡村融合基础设施建设全面展开

各地和有关部门大力推进农村公路、水利、电网、农产品产地冷链物流基础设施的数字化改造，乡村融合基础设施明显改善。农村公路数字化管理不断完善，2021年已完成446.6万千米农村公路电子地图数据更新工作，并同步制作专项地图，全景、直观展示全国农村公路路网分布情况。数字孪生流域建设在重点水利工程先行先试，智慧水利建设进入全面实施阶段，截至2021年底，全国县级以上水利部门应用智能监控的各类信息采集点达24.53万处，其中66.4%已纳入集控平台；截至2022年6月，已有2 766个县共53.04万处农村集中供水工程建立了电子台账。农村电网巩固提升工程深入推进，2021 年全国农村地区供电可靠率达到 99.8%。支撑农产品上行的基础设施明显改善，截至 2022 年底，3 年共支持约 3.6 万个家庭农场、农民合作社、农村集体经济组织，建设 6.9 万个产地冷藏保鲜设施，新增库容 1 800 万吨以上。

二、智慧农业建设快速起步

农业产业数字化进程加快，数字育种探索起步，智能农机装备研发应用取得重要进展，智慧大田农场建设多点突破，畜禽养殖数字化与规模化、标准化同步推进，数字技术支撑的多种渔业养殖模式相继投入生产，2021 年农业生产信息化率为 25.4%。

（一）种业数字化探索起步

随着种业振兴行动的推进实施，生物育种与现代信息技术加速融合，大数据、人工智能开始应用于基因型检测、分子标记、表型处理、数据管理等方面，推动育种从常规育种向分子育种、设计育种转变，正在成为辅助育种、提高育种效率的重要手段。基于种业大数据平台，建成运行全球首个农作物品种 DNA 指纹库公共平台“全国种子检验与认证信息系统”，开发上线国家农作物种子追溯管理信息系统和全国种业投诉举报平台，通过整合品种试验测试、管理和种子生产经营等信息，促进品种身份信息开放共享，实现“一品种、一名称、一标样、一指纹”的追溯管理。种子生产经营备案率显著提升，截至 2022 年 8 月，备案用户数量较上年增长 21.1%，有力支撑了种业监管执法的有效开展。

（二）种植业数字化多点突破

物联网、大数据、人工智能、卫星遥感、北斗导航等现代信息技术在种植业生产中加快应用，精准播种、变量施肥、智慧灌溉、环境控制、植保无人机等技术和装备开始大面积推广。评价显示，2021 年全国大田种植信息化率为 21.8%，其中，小麦、稻谷、棉花 3 个农作物的生产信息化率相对较高，分别为 39.6%、37.7%和 36.3%，玉米相对较低，为 26.9%；2021 年全国设施栽培信息化率为 25.3%，比上年增长 1.8 个百分点。无人或少人农场在安徽芜湖、北大荒建三江、广东佛山、内蒙古兴安盟等地落地见效。安徽芜湖智慧稻米生产试点将水稻生产过程划分为播种、插秧、分蘖等 13 个环节，并细化出品种选择、土地平整、氮肥用量等 49 个智慧决策点，构建起“智慧农艺+智能农机”双轮驱动技术体系，实现耕种管收全过程信息感知、定量决策、智能作业，2022 年试验面积已扩大到 15 万亩*，试验结果显示，亩均增产 14.3%、节约氮肥 32.5%、节约磷肥 16.8%、减药 38.0%、亩均增收 500 元左右。

（三）畜牧业数字化成效凸显

畜禽养殖数字化与规模化、标准化同步推进，现代信息技术在畜禽养殖全过程得到广泛、深度应用，在传统三大农业行业中处于领先水平。评价显示，2021 年全国畜禽养殖信息化率达 34.0%，其中，生猪和家禽养殖信息化率分别为 36.9%和 36.4%。畜牧业综合信息平台、饲料和生鲜乳质量安全监管系统已实现对全国 18 万余个规模猪场、4 200 多个生鲜乳收购站、5 800 多辆运输车、300 余个牧场、1.3 万家左右持有饲料生产许可证企业的全面监管，畜牧业预测预警、市场调控、疫病防控、质量监管水平明显提升。近年来，数字技术集成应用日益成为规模养殖场的标配，通过应用无人环控平台、自动巡检报警系统、智能饲喂系统等，劳动生产率提高 30%以上，每头出栏生猪降低成本 150 元左右。

（四）渔业数字化稳步推进

养殖水体信息在线监测、精准饲喂、智能增氧、疾病预警与远程诊断等数字技术与装备在渔业行业不断推广应用，数字技术支撑的工厂化养殖、稻虾养殖、鱼菜共生模式相继投入生产，渔业生产信息化稳步推进。评价显示，2021 年全国水产养殖信息化率为 16.6%，其中，蟹类、虾类、鱼类和贝类的生产信息化率分别为 23.6%、21.6%、20.9%和 6.0%。沿海省份持续开展海洋渔船北斗和天通卫星终端等装备建设，深入推进“插卡式 AIS”更新换代和渔业“宽带入海”。依托渔船动态监控管理系统建成海洋渔船动态船位信息全国“一张图”，形成了完备的“渔船＋船港＋船员、近海＋远洋”捕捞业数据库，开展伏季休渔期渔船疑似违规作业、疑似跨海区作业等识别分析，伏季休渔管理、渔船监管等工作得到有力支撑。江苏南京浦口区通过生产、流通、消费全环节数字化，打造青虾订单生产、透明供应、信任消费的产业体系，节省养殖人工成本 15%以上，节约仓储加工物流配送成本 20%以上，养殖收益增加 15%以上。

（五）农垦数字化领先发展

各地农垦集团、国有农场依托规模化、组织化、专业化、企业化优势，在

---

* 亩为非法定计量单位，1 亩＝1/15 公顷。——编者注

基本实现农业机械化的基础上，大力开展数字技术创新应用，种植业、畜牧业、农产品加工业全链条数字化转型明显加快。全农垦系统共装备北斗导航设备 8 300 台（套）以上，导航作业面积超过 6 000 万亩。黑龙江垦区建成七星、创业、二道河、红卫、勤得利、胜利 6 个智慧（无人化）农场群，累计改装升级水旱田无人驾驶及辅助驾驶机具 6 288 台，示范作业面积 608 万亩，亩均增产 3%～5%。2021 年北大荒数字经济增加值达 87.38 亿元，数字技术成为推动北大荒农业高质量发展的关键引擎。广东农垦集团建成“环境控制＋精准饲喂＋远程监控＋移动巡检”数字化示范猪场，配置 600 套单头母猪精准饲喂系统等，生猪生产效率明显提升，每头生猪平均养殖成本降低 47.32 元。

（六）智能农机装备研发应用不断突破

六行采棉机实现全链突破，国内首台 5G＋氢燃料电动拖拉机、8～12 千克/秒多功能联合收获机、无人驾驶轮边电动拖拉机等研制成功。农机北斗终端定位导航的两类主流产品精度从 2018 年的 5 米和 10 米分别提升到目前的 2 米和 5 米。农机自动驾驶系统功能已从直线行走升级为自动避障、自主停车、自主线路规划。目前已有超过 60 万台拖拉机、联合收割机配置了基于北斗定位的作业监测和智能控制终端，其中安装有辅助自动驾驶系统的拖拉机超 10 万台。数据平台汇集了 49 万台农机北斗终端的 200 亿条农机综合数据，实现了全国农机作业数据实时采集、动态展示。2021 年全国植保无人机保有量 12.1 万架、年作业 10.7 亿亩次。数字技术和智能装备在农产品分级包装、贮藏加工、物流配送等环节得到推广应用。

（七）农业农村管理数字化转型局面初步形成

农业农村部地理信息公共服务、政务数据共享、农业农村大数据等平台基本建成，农业农村数据资源不断丰富。全国自然资源三维立体“一张图”持续完善，耕地和永久基本农田、生态保护红线、城镇开发边界（“三线”）划定成果已上图入库。全国数字农田建设“一张图”、全国第三次土壤普查平台、全国农田建设综合监测监管平台等基本建成，为相关工作高效开展提供支撑。“空、天、地”立体化新型农作物对地调查体系初步建立，可以准确获取主要农作物的播种面积、空间分布、作物长势等数据。大豆、苹果等 8 类 15 个品种的全产业链大数据建设试点稳步推进，生猪产品信息数据平台上线运行，发布生猪全产业链数据。农产品市场监测预警体系初步建立，农产品市场分析研判能力明显提升。数字化监管模式不断创新，探索利用数字技术支撑耕地用途管制、制种基地监管、宅基地改革试点等工作。

三、乡村数字经济新业态新模式不断涌现

现代信息技术推动农村经济提质增效，激发乡村旅游、休闲农业、民宿经济等乡村新业态蓬勃兴起，农村电商继续保持乡村数字经济“领头羊”地位，农村数字普惠金融服务可得性、便利性不断提升。

（一）农村电商保持良好发展势头

工业品下乡、农产品进城的农村电商双向流通格局得到巩固提升，直播电商、社区电商等新型电商模式不断创新发展，农村电商继续保持乡村数字经济“领头羊”地位，在有效应对新冠疫情影响、更好保障农产品有效供给等方面发挥了不可替代的重要作用。“互联网＋”农产品出村进城工程、“数商兴农”工程深入实施，首届“大国农匠”全国农民技能大赛（农村电商人才类）顺利举办，中国农民丰收节金秋消费季、“数商兴农”专场促销活动等扎实推进，有力促进了产销对接和农村电商发展。2022 年全国农村网络零售额达 2.17 万亿元，比上年增长 3.6%。农村电商公共服务基础设施建设不断加强，截至 2022 年 7 月，电子商务进农村综合示范项目累计支持 1 489 个县，支持建设县级电子商务公共服务中心和物流配送中心超 2 600 个。快递服务不断向乡村基层延伸，“快递进村”比例超过 80%，2021 年农村地区收投快递包裹总量达 370 亿件。截至 2021 年底，36.3%的市级以上重点农业龙头企业通过电商开展销售，利用电商销售的农产品加工企业营业收入比上年增长 10.8%。电子商务助力脱贫地区农产品销售，为防止规模性返贫发挥了重要作用。截至 2022 年底，“832 平台”入驻脱贫地区供应商超 2 万家，2022 年交易额超过 136.5 亿元，同比增长 20%。

（二）乡村新业态蓬勃兴起

随着光纤和 4G 网络在行政村的全覆盖，互联网技术和信息化手段助力乡村旅游、休闲农业、民宿经济加快发展。截至 2022 年 9 月，农业农村部通过官方网站发布推介乡村休闲旅游精品景点线路 70 余次，覆盖全国 31 个省（自治区、直辖市）148 个县（市、区）的 211 条乡村休闲旅游线路；利用“想去乡游”小程序推介乡村休闲旅游精品线路 681 条，涵盖 2 500 多个精品景点等优质资源。乡村地名信息服务提升行动深入推进，截至 2022 年 8 月，互联网地图新增乡村地名达 414.2 万条，超 200 万个乡村、超 2 亿人受益。返乡入乡创业就业快速增长，2021 年我国返乡入乡创业人员达 1 120 万人，较上年增长 10.9%，其中一半以上采用

了互联网技术。市场主体数字乡村业务快速拓展，电信运营商、互联网企业、金融机构、农业服务企业等市场主体积极投身乡村数字经济，研发相应的平台、系统、产品，推动智慧种养、信息服务、电子商务等业务在农业农村领域不断拓展。

（三）数字普惠金融服务快速发展

通过现代信息技术的广泛应用，农村普惠金融服务的可得性、便利性不断提升。移动支付业务较快增长，截至 2022 年 6 月，我国农村地区网络支付用户规模达到 2.27 亿人。2021 年银行业金融机构、非银行支付机构处理的农村地区移动支付业务分别达 173.7 亿笔、5 765.6 亿笔，同比分别增长 22.2%、23.5%。银行保险机构优化传统金融业务运作模式，提供适合互联网场景使用的多元化高效金融服务，增加对广大农户、新型农业经营主体的金融服务供给。“农业经营主体信贷直通车”打造了“主体直报需求、农担公司提供担保、银行信贷支持”的高效农村金融服务新模式，截至 2022 年 4 月，已完成授信 27 496 笔，授信金额突破 200 亿元。

四、乡村数字化治理效能持续提升

“互联网＋政务服务”加快向乡村延伸覆盖，乡村数字化治理模式不断涌现，乡村智慧应急能力明显增强，信息化成为提高乡村治理水平的重要支撑。

（一）农村党务村务财务网上公开基本实现

各地为切实保障农民群众的知情权、决策权、参与权和监督权，持续推进农村党务、村务、财务网上公开。评价显示，2021 年全国“三务”网上公开行政村覆盖率达 78.3%，较上年提升 6.2 个百分点，党务、村务、财务分别为 79.9%、79.0%、76.1%。全国党员干部现代远程教育网络完成升级改造，党员教育平台基本实现全媒体覆盖，“互联网＋党建”成为农村基层党员干部和群众指尖上的“充电站”。全国基层政权建设和社区治理信息系统已覆盖 48.9 万个村委会、11.7 万个居委会，实现行政村（社区）的基础信息和统计数据“一口报”。全国农村集体资产监督管理平台上线试运行，已汇聚全国农村承包地、集体土地、集体账面资产、集体经济组织等各类数据。农村宅基地管理信息平台建设稳步推进，已有 105 个农村宅基地制度改革试点县（市、区）建设了宅基地数据库。全国农村房屋综合信息管理平台和农村房屋基础信息数据库启动建设。

（二）“互联网+政务服务”加快向乡村延伸覆盖

全国一体化政务服务平台在农村的支撑能力和服务效能不断提升，截至目前，全国已建设355个县级政务服务平台，国家电子政务外网已实现县级行政区域100%覆盖、乡镇覆盖率达96.1%，政务服务“一网通办”加速推进，农民群众的满意度、获得感不断提升。评价显示，2021年全国县域社会保险、新型农村合作医疗、劳动就业、农村土地流转、宅基地管理和涉农补贴六类涉农政务服务事项综合在线办事率达68.2%。不少地方在推进“积分制”“清单制”的过程中，积极运用互联网技术和信息化手段，促进积分管理精准化、精细化、及时化，增强清单管理规范化、透明化、便捷化。健康码在农村地区开通运行，实现了核酸检测、疫苗接种等涉疫情数据共享，为有效实施乡村精准防控、农民工有序流动提供了有力支撑。

（三）乡村基层综合治理水平不断提高

“互联网+基层社会治理”行动深入实施，各地积极推进基层社会治理数据资源建设和开放共享，实行行政村（社区）和网格数据综合采集、一次采集、多方利用，不断探索将网格中的“人网”与大数据编成的“云网”相结合，以数据驱动公共服务和社会治理水平不断提高，农民群众的安全感明显增强。评价显示，2021年公共安全视频图像应用系统行政村覆盖率达到80.4%，比上年提高3.4个百分点。特别是在农村水域安装水位临界报警监控和全景监控，在关爱农村留守儿童、防范溺水意外事故等方面成效明显。依托儿童福利管理信息系统，摸清农村地区关爱服务对象底数，2021年7月至2022年6月共采集75.5万留守儿童信息，农村地区儿童福利和未成年人保护工作精准化程度进一步提升。依法打击农村地区电信网络诈骗和互联网金融诈骗违法犯罪行为，深入推进各类专项行动，重点打击涉及村镇银行、“三农”信贷以及P2P网贷平台、非法网络支付等互联网金融犯罪，针对农村留守人员防范诈骗能力较差的问题，强化预警劝阻，完善受骗资金紧急拦截，最大限度避免农村群众财产遭受损失。

（四）乡村智慧应急能力明显增强

农业重大自然灾害和动植物疫病防控能力建设不断加强，监测预警水平持续提升。气象信息预警和农情信息调度系统在应对2021年秋冬种期间洪涝灾害、2022年长江流域气象干旱中发挥重要作用。全国农作物重大病虫害数字化监测预警系统不断完善，已对接省级平台22个、物联网设备4 000多台，为有效发现和防治小麦条锈病、稻飞虱、草地贪夜蛾等重大病虫害提供了有力支撑。国家动物疫病防治信息系统新增非洲猪瘟等重大疫病监测和报告功能。偏远地区水利设施通信应急能力不断提升，截至2021年底，全国县级以上水利部门共配套各类卫星设备3 018台（套）、卫星电话7 574部、无人机1 718架，同时通过自建通信网络，弥补了公用通信网不能覆盖水利应用场景的短板。林草防火预警系统优化升级，陆续接入河北、内蒙古、黑龙江等重点地区防火监控系统，森林草原火灾监测范围持续扩大，预警能力持续增强。老少边及欠发达地区县级应急广播体系建设工程深入实施，重大自然灾害突发事件应急响应效率明显提升。评价显示，2021年全国应急广播主动发布终端行政村覆盖率达到79.7%。

五、乡村网络文化发展态势良好

乡村网络文化阵地不断夯实，网络文化生活精彩纷呈，数字技术助推农耕文化得到进一步挖掘和弘扬。

（一）乡村网络文化阵地不断夯实

各地认真贯彻落实习近平总书记关于媒体融合发展的重要论述，大力推进县级融媒体中心建设，截至2022年8月，全国已建成运行2 585个县级融媒体中心，共开办广播频道1 443套、电视频道1 682套，有效传播党和政府声音，讲好乡村振兴故事。2021年和2022年，中央财政每年补助地方3亿元支持公共文化云建设项目、1.4亿元支持全国智慧图书馆体系建设项目，为中西部脱贫县（团场）建设“公共文化云基层智能服务端”，丰富农村优质文化产品和服务供给，以乡、村两级为重点，鼓励公共图书馆通过App、小程序、微信公众号等新媒体平台提供移动图书馆服务。“扫黄打非”“清朗”等专项整治行动深入推进，累计处置涉及违法违规信息传播网站8.3万个，有效遏制了农村地区互联网违法违规信息的传播，为农村居民特别是未成年人健康成长营造了良好的网络环境。

（二）乡村网络文化生活精彩纷呈

互联网成为大家参与、体验中国农民丰收节的重要渠道，中央广播电视总台打造首台沉浸式网络丰收节晚会《2022网络丰晚》。“三农”题材优质内容走俏城乡，中国农民电影节已成功举办5届，《山海情》《幸福到万家》等乡村振兴主题电视剧、《美美乡村》《家在青山绿水间——更好的日子》等纪录片闪耀荧屏。第三届“县乡长说唱移风易俗”节目在央视频移动网、腾讯看点等多个平台同步播出，观众超过1 090万人次。“乡村网红”培育计划启动实施，采用微综艺形式发掘、培育了一批优秀乡村新型文化人才，推介了乡村文化和旅游资源，打造了《村里有个宝》《乡约》等品牌。“互联网+”群众文化活动蓬勃兴起，2022年元旦春节期间，国家公共文化云平台推出线上“村晚”专题，直播各地精选“村晚”127场，线上参与人数达1.48亿人次。贵州台江县台盘乡台盘村村民自发组织的“六月六”苗族吃新节篮球赛火爆出圈，被网友们亲切地称为“村BA”，相关网络直播及短视频全网传播，线上观众超过1亿人次。

（三）数字化助推乡村文化焕发生机

数字技术促进农耕文明的文化价值、社会价值、经济价值得到持续挖掘和释放。非遗记录工程利用数字多媒体等现代化手段，以口述片、项目实践片、传承教学片等形式，记录和保存包括农村地区在内的489名国家级非遗代表性传承人的独特技艺和文化记忆。中国传统村落非遗资源数字化持续推进，将具有重要价值和鲜明特色的乡村文化形态纳入国家级文化生态保护（实验）区整体性保护范围，2021年和2022年重点支持了364个中国传统村落的非遗资源保护数字化工作。截至2022年6月，中国传统村落数字博物馆已收集整理6 819个传统村落基本信息，建设完成658个村落单馆，形成了涵盖全景漫游、图文、影音、实景模型等多种数据类型的传统村落数据库；中国历史文化名镇名村数字博物馆二期建设已完成辽宁、贵州、安徽、湖南4个省的基础信息收集。

六、数字惠民服务扎实推进

随着数字乡村建设的稳步推进，“互联网+教育”“互联网+医疗健康”“互联网+人社”、线上公共法律与社会救助等服务不断向农村地区下沉覆盖，农村数字惠民服务水平不断提升。

（一）“互联网+教育”服务不断深化

教育公平迈出更大步伐，海量优质教育资源通过互联网从城市传送到广袤乡村，进入农村中小学，截至2022年8月，全国义务教育学校联网率已达100%，基本实现出口带宽100兆以上，99.6%的中小学拥有多媒体教室。国家智慧教育公共服务平台上线运行，发布基础教育资源3.4万条，职业教育在线课程2.2万门，给广大农村地区送去了免费优质教育资源，中西部许多农村边远地区利用平台资源实施“双师课堂”，进一步提高了教学质量。中国教育电视台通过电视频道承担小学各年级全部课程，解决网络信号薄弱的偏远地区学生的学习资源和学习渠道问题，以“电视＋教育”方式推进乡村数字教育发展。网络扶智工程攻坚行动持续开展，在160个国家乡村振兴重点帮扶县举办教育局长和中小学校长教育信息化专题培训班。爱心企业和公益基金等社会力量积极参与农村地区在线教育事业，2021年海南利用受捐电视教育专用直播卫星终端，已实现全省570个教学点的1 505间教室全覆盖，惠及2.4万名学生和3 500余名教师。

（二）“互联网＋医疗健康”服务持续提升

国家全民健康信息平台基本建成，截至2022年9月，全国所有省份、85％的地市、69％的县（市、区）已建立区域全民健康信息平台。积极完善省市县乡村五级远程医疗服务网络，推动优质医疗资源下沉，截至2022年9月，远程医疗服务平台已覆盖所有的地市和90％以上的县（市、区）。依托全国统一的医保信息平台，医保政务服务事项已实现“跨省通办”，农村居民在异地也可便捷办理医保相关业务，实现无卡结算、全国通用。通过部门间数据共享，可精准识别农村低收入人员，及时核查比对参保状况，准确监测医保待遇享受和医疗费用负担情况，及时预警因病返贫致贫风险。

（三）“互联网＋人社”服务逐步覆盖

积极探索以社保卡为载体的居民服务“一卡通”方式，应用领域不断扩大，服务流程持续优化。截至2022年6月，全国电子社保卡领用人数达6.19亿人，特别是在农村地区实现快速推广应用，为农村居民提供了参保登记、社保缴费及查询、待遇认证及领取等多项便民服务，目前全国31个省（自治区、直辖市）均可通过社保卡发放惠民惠农财政补贴资金。覆盖城乡的公共就业服务体系初步建成，各地积极搭建就业创业和职业培训、新职业在线学习等平台，云招聘、远程面试、直播带岗等方式有效促进了农村劳动力与用工岗位的对接。通过手机信令大数据监测分析，动态掌握农民工就业分布、流动、返乡创业等情况。依托全国养老服务信息系统，实现农村留守老人信息统一管理和服务。防止返贫监测信息系统不断完善，监测的及时性、精准性持续提高，2022年以来中西部省份新识别监测对象68.11万人，其中98.5％已落实帮扶，5 208人已消除返贫风险。

（四）公共法律与社会救助线上服务加快普及

深入推进“乡村振兴法治同行”活动，在行政村、社区普遍设立法律援助联络站点，推行网上申请法律援助、视频法律咨询等远程服务方式，提升农村地区“智慧法援”服务能力。已有20多个省份开发应用了智能移动调解系统，为农村居民提供智能咨询、在线申请、在线调解等线上解纷服务。“互联网+村（居）法律顾问”工作持续推进，全国近53万个行政村实现了法律顾问全覆盖，建立法律顾问微信群20多万个，乡村法律顾问、基层法律服务工作者在线为农村群众和村“两委”提供法律咨询、法律援助、法治宣传、法律顾问等服务。山东淄博打造的智慧法庭平台延伸到重点村居，开通了自助办理联系法官、法律咨询、网上立案、在线调解、巡回审判等业务，村民有了纠纷会首先找智慧法庭平台解决。

（五）“三农”信息服务更加便捷深化

评价显示，截至2021年底，全国利用信息化手段开展或支撑开展党务服务、基本公共服务和公共事业服务的村级综合服务站点共48.3万个，行政村覆盖率达到86.0%。截至2021年底，全国共建成运营益农信息社46.7万个，累计提供各类信息服务9.8亿人次。农技服务从田间地头走到云端线上，“12316”热线电话、全国农业科教云平台等为农服务方式不断创新，截至2022年8月，全国农业科教云平台注册用户超过1 300万人，累计访问超过35亿次，日均服务超过400万人次，在线提问解答率保持在92%以上。据监测，2021年全国接受信息化农技推广服务的新型农业经营主体（包括农民合作社和家庭农场）数量共计223.3万个。依托全国家庭农场名录系统开展家庭农场“一码通”管理服务，已为首批约3 000个家庭农场赋唯一标识数字码，为家庭农场产品销售、贷款保险等提供便利。国家科技特派员信息管理服务系统建设扎实开展，科技特派员的支撑保障和管理服务能力持续提升。

七、智慧绿色乡村建设迈出坚实步伐

现代信息技术在智慧绿色乡村建设中的作用进一步发挥，农业绿色生产信息化监管能力全面提升，乡村生态保护监管效能明显提高，数字化技术为农村人居环境治理提供创新解决方案，乡村绿色化数字化正在实现协同发展。

（一）农业绿色生产信息化监管能力全面提升

国家农产品质量安全追溯管理信息平台已实现与31个省级平台及农垦平台的对接互通，截至2022年6月，已有46.5万家生产经营主体完成注册，“阳光农安”在5个省份开展试点，农产品质量安全追溯体系日益完善。评价显示，2021年全国实现质量安全追溯管理的农产品产值占比达24.7%，较上年提升2.6个百分点。农药、兽药和化肥等农资信息化管理全面深入推进。截至2022年8月，中国农药数字监督管理平台实现全国农药产品“一瓶一码”100%可追溯。国家兽药产品追溯系统已有3 136家监管单位注册使用，1 700多家兽药生产企业和5.3万余家经营企业已完成相关数据入网上报。中国农资质量安全追溯平台累计发放农资产品追溯码12.4亿个，查询超过8 000万人次。农业面源污染和灌溉用水监测得到全面加强，截至2022年6月，全国共监测3 882个农业面源污染控制断面，在28个省份共监测1 653个灌溉规模在10万亩以上农田灌区的灌溉用水断面/点位。

（二）乡村生态保护监管效能明显提高

依托生态环境保护信息化工程项目，建成运行农业农村环境保护监管分系统，实现全国县级行政单位、所有行政村监管全覆盖。持续开展环境空气、地表水监测，截至2022年6月，已在31个省（自治区、直辖市）及新疆生产建设兵团监测3 005个村庄的环境空气质量、4 688个县域农村地表水水质断面/点位。全国流域面积50～1 000平方千米河流管理范围划定成果数据上图基本完成，遥感等现代信息技术在长江十年禁渔、长江流域非法矮围、长江经济带湖泊围垦、黄河干流和重要支流岸线利用等项目常态化监管、整治中得到广泛应用。林草生态网络感知系统建成包括5大类目、1 215个数据层（集）的基础数据库，接入林草生态综合监测、云南亚洲象预警监测等47个部省成熟业务系统。综合应用卫星遥感、无人机、高清视频等技术加强对农作物秸秆焚烧火点的监控预警，重点支持东北四省区建设秸秆禁烧管控平台，秸秆焚烧信息化监管能力逐步增强。

（三）农村人居环境整治信息化创新应用

信息化助力农村人居环境整治提升行动计划深入实施，目前全国已有1/3的行政村深入开展农村人居环境整治。启动农村人居环境问题“随手拍”活动，在“全国农村人居环境”微信公众号上设置“随手拍”专栏，群众可进入专栏上传图文反映困难问题和意见建议。在30个省份监测超过1万个农村“千吨万人”饮用水水源地水质和6.4万个日处理能力20吨及以上的农村生活污水处理设施（含人工湿地）出水水质，农村安全用水得到有效保障。浙江嘉兴南湖区创新建设农村生活垃圾分类大数据智能化“垃非”系统，运用大数据分析、智能装备互联、智能评审等技术手段，实现了生活垃圾从分类投放到资源化回收全流程数字化监管。江西建成农村人居环境“万村码上通”5G＋长效管护平台，以信息化手段助力推进农村厕所革命、生活污水垃圾治理、村容村貌提升，实行数字化全流程管护，农村人居环境质量得到全面提升。

八、数字乡村发展环境持续优化

数字乡村建设的政策制度体系不断完善，协同推进的体制机制基本形成，标准体系建设加快推进，试点示范效应日益凸显，数字乡村发展环境持续优化。

（一）政策制度体系不断完善

党中央、国务院着眼推动新型工业化、信息化、城镇化、农业现代化同步发展，立足实施乡村振兴战略，2021 年以来，从法律、规划、行动计划等多个层面不断强化完善数字乡村政策制度体系。在法律层面，《中华人民共和国乡村振兴促进法》规定，"国家鼓励农业信息化建设""推进数字乡村建设"。在规划层面，《中华人民共和国国民经济和社会发展第十四个五年规划和 2035 年远景目标纲要》《"十四五"国家信息化规划》《"十四五"推进农业农村现代化规划》等，都对数字乡村建设作出进一步部署。在行动计划层面，《乡村建设行动实施方案》提出实施数字乡村建设发展工程，特别是 2021 年和 2022 年的中央一号文件继续对数字乡村建设作出部署安排。同时，中央网信办、农业农村部会同有关部门先后印发《数字乡村发展行动计划（2022—2025 年）》《"十四五"全国农业农村信息化发展规划》等，对数字乡村建设的目标任务、政策举措作了进一步细化完善。各地相继出台了配套规划和实施方案，推进数字乡村建设的政策制度体系不断完善。

（二）协同推进的体制机制基本形成

2021 年，中央网信办会同农业农村部、国家发展改革委、工业和信息化部、国家乡村振兴局等 43 个部门（单位），建立了数字乡村发展统筹协调机制，不少省份、地市、县（市、区）党委、政府也相应组建了推进机制，形成了较为完善的数字乡村发展工作体系。县级农业农村部门内设信息化机构建设得到显著加强，评价显示，2021 年全国县级农业农村部门内设信息化机构覆盖率达 92.6%，比上年提升 14.6 个百分点。按照充分发挥市场决定性作用、更好发挥政府作用的资源配置原则，各地积极引入社会资本投资建设数字乡村，财政资金"四两拨千金"的撬动作用得到较好发挥。

（三）标准体系建设加快推进

《数字乡村标准体系建设指南》发布实施，为营造标准支撑和引领数字乡村发展的良好局面奠定了基础。数字乡村相关国家标准、行业标准制定、修订工作加快推进，按照急用先行的原则，2021 年以来，在农机北斗应用、农业物联网应用服务、农业地理信息系统、农业产业数字化建设、生产信息监测等领域相继发布实施了10项国家标准和24项行业标准。全国信息技术标准化技术委员会成立数字乡村标准研究组，2022年发布了第一批18项研究课题立项名单。

（四）数字乡村试点示范效应日益凸显

数字乡村试点工作稳步推进，首批国家数字乡村试点地区完成2年试点周期建设，试点终期评估工作正有序推进。浙江、江苏、山东、江西、安徽、辽宁、四川、广西等20个省份同步开展省级试点示范工作，探索具有区域特色的数字乡村建设新模式、新路径。试点地区充分发挥试点工作领导小组作用，进一步加强部门协同和资源整合，在整体规划设计、制度机制创新、技术融合应用、发展环境营造等方面探索形成了一批可复制、可推广的做法经验。比如，打造出了“透明农场”“数字花卉”“电商＋网红”等乡村产业数字化发展典型应用场景，开展了数字乡村“一张图”等智治新模式实践探索，推进“互联网＋”医疗、教育、人社向基层和乡村不断延伸，为全面推进数字乡村建设提供有益借鉴。党的二十大站在统筹中华民族伟大复兴战略全局和世界百年未有之大变局的高度，提出了全面建成社会主义现代化强国、实现第二个百年奋斗目标，以中国式现代化全面推进中华民族伟大复兴的中心任务，强调要加快建设网络强国、数字中国，全面推进乡村振兴、加快建设农业强国等，同时指出未来五年是全面建设社会主义现代化国家开局起步的关键时期。数字乡村作为乡村振兴的战略方向，又是建设数字中国的重要内容，未来五年必将迎来前所未有的重大机遇，也必将开创数字乡村发展的新局面。我们要全面学习、全面把握、全面落实党的二十大精神，坚持以习近平新时代中国特色社会主义思想为指导，深入贯彻落实习近平总书记关于“三农”工作的重要论述和习近平总书记关于网络强国的重要思想，扎实推动数字乡村开创新局面，为全方位夯实粮食安全根基、全面推进乡村振兴、加快实现农业农村现代化提供新动能。

附件

2021年数字乡村发展水平评价基本结论和主要数据

中央网信办信息化发展局、农业农村部市场与信息化司委托农业农村部信息中心在连续三年开展的全国县域农业农村信息化监测评价工作基础上，试行开展了数字乡村发展水平评价工作。本次评价数据采取县（市、区）农业农村部门自愿填报，市（地、州）、省（自治区、直辖市）农业农村市场信息化部门逐级审核把关的方式获得，共收集到2 708个县（市、区）2021年的基础指标数据。经审核、清洗，纳入本次评价的有效样本县（市、区）为2 660个，基本覆盖全国所有涉农县域，其中东部地区759个、中部地区853个、西部地区1 048个①，覆盖49.7万个行政村（含农村社区）。评价指标如表1所示。

表1　数字乡村发展水平评价指标体系（试行）

一级指标	二级指标	重点评估要素
发展环境	财政投入	乡村人均农业农村信息化财政投入等
	社会资本投入	乡村人均农业农村信息化社会资本投入等
	机构设置	县级农业农村部门内设信息化机构建设情况等
乡村网络基础设施	互联网普及程度	互联网普及率、行政村5G通达率等
农业生产信息化	信息技术在农业生产领域应用情况	大田种植信息化率、设施栽培信息化率、畜禽养殖信息化率、水产养殖信息化率等
经营信息化	农产品网络销售情况	农产品网络销售额占比等
	信息技术在农产品质量安全追溯领域应用情况	接入自建或公共农产品质量安全追溯平台的大田种植业、设施栽培业、畜禽养殖业、水产养殖业农产品产值占比等
乡村治理信息化	基层监督	党务、村务、财务网上公开行政村覆盖率等
	政务服务	涉农政务服务事项在线办事率等
	网格治理	公共安全视频图像应用系统行政村覆盖率等
	村级事务管理	村级在线议事行政村覆盖率等
	应急管理	应急广播主动发布终端行政村覆盖率等
服务信息化	村级综合服务	村级综合服务站点行政村覆盖率等
	农技推广服务	农技推广服务信息化率等

① 东部地区包括北京、天津、河北、辽宁、上海、江苏、浙江、福建、山东、广东、海南11个省份；中部地区包括山西、吉林、黑龙江、安徽、江西、河南、湖北、湖南8个省份；西部地区包括内蒙古、广西、重庆、四川、贵州、云南、西藏、陕西、甘肃、青海、宁夏、新疆12个省份。

一、全国数字乡村发展水平超过39%

2021年全国数字乡村发展水平[①]达到39.1%，其中东部地区为42.9%，中部地区为42.5%，西部地区为33.6%。高于全国平均水平的有12个省份，如表2所示。

表2　数字乡村发展水平高于全国平均水平的省份[②]

省（自治区、直辖市）	发展水平/%	省（自治区、直辖市）	发展水平/%
北京	40.2	福建	40.1
天津	42.1	江西	42.0
上海	57.7	湖北	52.2
江苏	58.7	湖南	45.2
浙江	68.3	广东	46.4
安徽	55.0	重庆	43.0

二、农业生产信息化加快发展

农业生产信息化率由大田种植信息化率、设施栽培信息化率、畜禽养殖信息化率和水产养殖信息化率构成，权重根据各行业产值占比动态调整。2021年全国农业生产信息化率为25.4%，较上年增长了2.9个百分点。分区域看，东部、中部、西部地区的农业生产信息化率分别为29.2%、33.4%、19.1%。分省份看，农业生产信息化率高于全国平均水平的有13个省份，如表3所示。

表3　农业生产信息化率高于全国平均水平的省份

省（自治区、直辖市）	农业生产信息化率/%	省（自治区、直辖市）	农业生产信息化率/%
天津	30.5	江西	29.4
河北	28.5	河南	29.3
黑龙江	27.7	湖北	48.5
上海	49.6	湖南	32.5
江苏	48.2	广东	28.0
浙江	45.3	重庆	26.5
安徽	52.1		

① 本评价结论中的“全国数字乡村发展水平”为2 660个有效样本县（市、区）综合测算的结果，另作说明者除外。

② 按照行政区划排列，后文表格同。

分行业看，畜禽养殖信息化率为34.0%，继续在四个行业中保持领先，设施栽培、大田种植、水产养殖的信息化率分别为25.3%、21.8%和16.6%。

分品种看，大田种植方面，在监测的13个大田作物品种（类）中，小麦、稻谷、棉花3个大宗作物的生产信息化率相对较高，分别为39.6%、37.7%和36.3%，玉米相对较低，为26.9%。畜禽养殖方面，在监测的4个主要畜禽品种（类）中，生猪和家禽养殖的信息化率分别为36.9%和36.4%，均高于畜禽养殖行业整体水平。水产养殖方面，在监测的4个主要水产品种（类）中，蟹类的生产信息化率最高，为23.6%；虾类和鱼类则分别为21.6%和20.9%，均高于水产养殖行业整体水平；贝类仍相对较低，仅为6.0%。

三、农产品电子商务蓬勃发展

（一）通过网络销售的农产品占比达到14.8%

2021年农产品网络销售额占农产品销售总额的14.8%[①]。分区域看，东部沿海省份农产品电子商务发展继续走在前列，中部和西部地区紧随其后，东部地区农产品网络销售额占比为17.7%，中部地区为15.6%，西部地区为10.6%。分省份看，农产品网络销售额占比高于全国平均水平的有12个省份，如表4所示。

表4 农产品网络销售额占比高于全国平均水平的省份

省（自治区、直辖市）	农产品网络销售额占比/%	省（自治区、直辖市）	农产品网络销售额占比/%
上海	19.4	湖北	21.8
江苏	26.1	湖南	17.6
浙江	42.1	广东	27.5
安徽	22.4	陕西	15.8
福建	15.8	甘肃	16.3
江西	15.3	宁夏	15.0

（二）全国农产品质量安全追溯信息化率为24.7%

随着国家和地方、公共和自建农产品质量安全追溯管理信息平台的持续完

① 农产品网络销售额指2021年通过公共网络交易平台（包括第三方平台、自建网站和直播电商等）实现的农产品及其初级加工制品（指在农业活动中直接获得的，以及经过加工但未改变其基本自然性状和化学性质的产品）的销售额，包括各种网络销售方式。农产品网络销售额占比指农产品网络销售额占农产品销售总额的比重。相关数据采取抽样方式获得，抽样范围为各地区主要农业生产经营主体。

善，越来越多的农产品应用互联网技术和信息化手段实现了质量安全追溯。2021 年通过接入自建或公共农产品质量安全追溯平台，实现质量安全追溯的农产品产值占比为 24.7%，较上年提升 2.6 个百分点。分区域看，东部地区为 31.8%，中部地区为 22.9%，西部地区为 17.1%。分省份看，农产品质量安全追溯信息化率高于全国平均水平的有 10 个省份，如表 5 所示。

表 5　农产品质量安全追溯信息化率高于全国平均水平的省份

省（自治区、直辖市）	农产品质量安全追溯信息化率/%	省（自治区、直辖市）	农产品质量安全追溯信息化率/%
北京	27.5	福建	34.3
天津	31.4	湖北	36.6
上海	87.3	湖南	28.2
江苏	52.1	广东	33.5
浙江	67.1	西藏	28.3

分行业看，如图 1 所示，畜禽养殖业农产品质量安全追溯信息化率提升迅速，已经超过设施栽培业，达到 33.0%；设施栽培业、水产养殖业和大田种植业农产品质量安全追溯信息化率分别为 31.6%、23.4%和 19.0%。

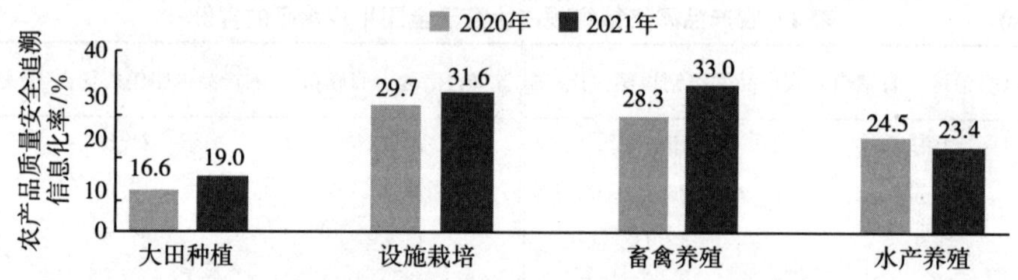

图 1　2020—2021 年分行业农产品质量安全追溯信息化率

从县域看，农产品质量安全追溯信息化率高于全国平均水平的县（市、区）有 921 个，占有效样本县（市、区）的 34.6%。数字乡村发展水平全国前 100 名的县（市、区）农产品质量安全追溯信息化率为 57.2%，前 500 名的为 44.0%。

四、乡村治理数字化高位推进

（一）“三务”网上公开行政村覆盖率为 78.3%

2021 年“三务”网上公开行政村覆盖率达到 78.3%，较上年提升 6.2 个百分点。其中，党务、村务、财务分别为 79.9%、79.0%、76.1%。分区域看，东部地区“三务”网上公开行政村覆盖率为78.4%，中部地区为83.8%，西部地区为72.3%。分省份看，“三务”网上公开行政村覆盖率高于全国平均水平的有17个省份，如表6所示。

表6 “三务”网上公开行政村覆盖率高于全国平均水平的省份

省（自治区、直辖市）	覆盖率/%	省（自治区、直辖市）	覆盖率/%
天津	95.3	山东	81.9
内蒙古	89.0	湖北	98.7
吉林	79.0	湖南	98.9
上海	100.0	广东	94.7
江苏	100.0	重庆	95.4
浙江	99.9	四川	80.5
安徽	99.5	甘肃	90.0
福建	79.7	宁夏	95.0
江西	88.9		

从县域看，“三务”网上公开行政村覆盖率高于全国平均水平的县（市、区）共有1 855个，占有效样本县（市、区）的69.7%。其中，1 732个县（市、区）实现了行政村全覆盖。数字乡村发展水平全国前100名的县（市、区）“三务”网上公开行政村覆盖率为98.8%，前500名的为95.6%。

（二）公共安全视频图像应用系统行政村覆盖率为80.4%

2021年公共安全视频图像应用系统行政村覆盖率为80.4%。分区域看，东部地区为83.9%，中部地区为83.4%，西部地区为72.3%。分省份看，公共安全视频图像应用系统行政村覆盖率高于全国平均水平的有18个省份，如表7所示。

表7 公共安全视频图像应用系统行政村覆盖率高于全国平均水平的省份

省（自治区、直辖市）	覆盖率/%	省（自治区、直辖市）	覆盖率/%
北京	92.5	河南	83.7
天津	87.7	湖北	97.3
上海	100.0	湖南	88.4
江苏	99.7	广东	87.2
浙江	98.2	广西	86.4
安徽	98.1	重庆	91.2
福建	93.0	四川	83.1
江西	83.2	贵州	81.0
山东	81.7	新疆	82.5

从县域看，公共安全视频图像应用系统行政村覆盖率高于全国平均水平的县（市、区）共有1 919个，占有效样本县（市、区）的72.1%。其中，1 779个县（市、区）实现了行政村全覆盖。数字乡村发展水平全国前100名的县（市、区）公共安全视频图像应用系统行政村覆盖率为97.2%，前500名的为96.2%。

（三）全国县域涉农政务服务在线办事率为68.2%

2021年全国县域社会保险、新型农村合作医疗、劳动就业、农村土地流转、宅基地管理和涉农补贴六类涉农政务服务事项综合在线办事率达68.2%。分区域看，东部地区为72.5%，中部地区为71.8%，西部地区为62.3%。

分县域看，全国已有超过85%的县（市、区）社会保险业务和新型农村合作医疗业务实现了在线办理；超过70%的县（市、区）劳动就业业务实现了在线办理。数字乡村发展水平全国前100名的县（市、区）政务服务在线办事率为95.5%，前500名的为88.6%。

（四）村级在线议事行政村覆盖率为72.3%

村级在线议事是指通过“智慧村庄”综合管理服务平台、微信群、QQ群等信息化平台对村级事务进行讨论或决策，为村级组织落实基层群众自治制度提供了信息化支撑。2021年全国村级在线议事行政村覆盖率为72.3%。分区域看，东部地区为75.9%，中部地区为75.4%，西部地区为64.0%。分省份看，村级在线议事行政村覆盖率高于全国平均水平的有14个省份，如表8所示。

表8　村级在线议事行政村覆盖率高于全国平均水平的省份

省（自治区、直辖市）	覆盖率/%	省（自治区、直辖市）	覆盖率/%
北京	97.1	山东	73.0
上海	100.0	湖北	95.7
江苏	99.6	湖南	85.9
浙江	95.5	广东	91.1
安徽	97.9	重庆	92.6
福建	77.4	四川	73.8
江西	75.9	宁夏	75.4

从县域看，村级在线议事行政村覆盖率高于全国平均水平的县（市、区）有1 765个，占有效样本县（市、区）的66.4%。其中，1 671个县（市、区）

实现了行政村全覆盖。数字乡村发展水平全国前100名的县（市、区）村级在线议事行政村覆盖率为98.2%，前500名的为94.4%。

（五）应急广播主动发布终端行政村覆盖率为79.7%

2021年全国已经建设了应急广播主动发布终端的行政村占比为79.7%。分区域看，东部地区为78.9%，中部地区为83.5%，西部地区为76.4%。分省份看，应急广播主动发布终端行政村覆盖率高于全国平均水平的有13个省份，如表9所示。

表9 应急广播主动发布终端行政村覆盖率高于全国平均水平的省份

省（自治区、直辖市）	覆盖率/%	省（自治区、直辖市）	覆盖率/%
北京	99.0	湖北	99.6
上海	100.0	湖南	94.1
江苏	99.6	广东	90.4
浙江	97.6	重庆	93.5
安徽	97.1	四川	82.9
福建	91.2	贵州	85.0
江西	83.2		

从县域看，应急广播主动发布终端行政村覆盖率高于全国平均水平的县（市、区）有1 985个，占有效样本县（市、区）的74.6%。数字乡村发展水平全国前100名的县（市、区）应急广播主动发布终端行政村覆盖率为98.0%，前500名的为96.1%。

五、乡村信息服务体系持续完善

（一）村级综合服务站点行政村覆盖率为86.0%

近年来，各地整合利用现有设施和场地推进“一站式”便民服务，完善村级综合服务站点，利用信息化手段开展或者支撑开展党务服务、基本公共服务和公共事业服务。截至2021年底，全国已建有村级综合服务站点的行政村共42.8万个，共建有村级综合服务站点48.3万个，行政村覆盖率达到86.0%。分区域看，东部地区村级综合服务站点行政村覆盖率为87.0%，中部地区为89.1%，西部地区为81.2%。分省份看，村级综合服务站点行政村覆盖率高于全国平均水平的有18个省份，如表10所示。

表 10　村级综合服务站点行政村覆盖率高于全国平均水平的省份

省（自治区、直辖市）	覆盖率/%	省（自治区、直辖市）	覆盖率/%
北京	87.8	湖北	86.0
河北	91.2	湖南	96.4
吉林	93.8	广东	91.5
上海	100.0	广西	96.1
江苏	100.0	重庆	95.4
浙江	99.2	四川	86.7
安徽	98.5	云南	86.3
福建	86.2	甘肃	91.0
江西	93.4	宁夏	93.2

从县域看，全国已有 1 828 个县（市、区）实现村级综合服务站点全覆盖，占有效样本县（市、区）的 68.7%。行政村覆盖率超过 90%的县（市、区）有 1 969 个，占有效样本县（市、区）的 74.0%。数字乡村发展水平全国前 100 名的县（市、区）村级综合服务站点行政村覆盖率为 95.5%。

（二）农技推广服务信息化率为 61.3%

截至 2021 年底，全国接受信息化农技推广服务的新型农业经营主体（包括农民合作社和家庭农场）数量共计 223.3 万个，农技推广服务信息化率为 61.3%。分区域看，东部地区农技推广服务信息化率为 67.5%，中部地区为 60.5%，西部地区为 55.0%。分省份看，农技推广服务信息化率高于全国平均水平的有 14 个省份，如表 11 所示。

表 11　农技推广服务信息化率高于全国平均水平的省份

省（自治区、直辖市）	农技推广服务信息化率/%	省（自治区、直辖市）	农技推广服务信息化率/%
内蒙古	63.2	江西	61.7
吉林	72.5	湖北	68.2
上海	95.5	湖南	66.6
江苏	94.3	广东	78.5
浙江	83.5	重庆	70.8
安徽	79.9	甘肃	61.6
福建	64.5	宁夏	76.8

从县域看，农技推广服务信息化率高于全国平均水平的县（市、区）有 1 390个，占有效样本县（市、区）的 52.3%。数字乡村发展水平全国前 100

名的县（市、区）农技推广服务信息化率为82.5%，前500名的为80.6%。

六、信息化发展环境不断优化

（一）全国农业农村信息化社会资本投入县均超3 000万元

据测算，2021年全国县域农业农村信息化建设的财政投入占国家财政农林水事务支出的1.8%。从中央到地方，各级、各地积极引入社会资本投资建设数字乡村，财政资金“四两拨千金”的撬动作用得到较好发挥。如图2和图3所示，2021年全国用于县域农业农村信息化建设的社会资本投入为954.6亿元，县均社会资本投入3 588.8万元、乡村人均投入135.2元，分别比上年增长17.2%和24.0%。

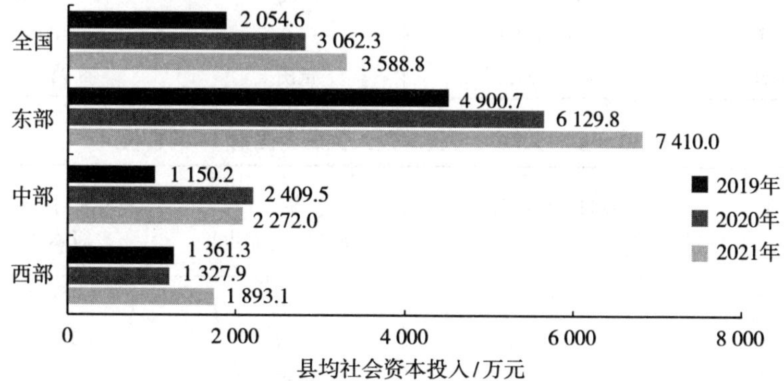

图2 2019—2021年全国及分地区县均社会资本投入

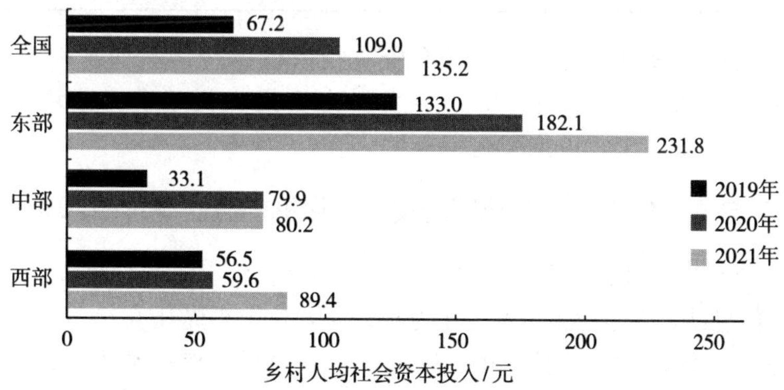

图3 2019—2021年全国及分地区乡村人均社会资本投入

分区域看，东部地区社会资本投入562.4亿元，占全国社会资本投入的58.9%，县均投入7 410.0万元，乡村人均投入231.8元；中部地区投入

193.8亿元，占全国的20.3%，县均投入2 272.0万元，乡村人均投入80.2元；西部地区投入198.4亿元，占全国的20.8%，县均投入1 893.1万元，乡村人均投入89.4元。

分省份看，县均社会资本投入位居全国前10的省份如表12所示，乡村人均社会资本投入位居全国前10的省份如表13所示。

表12　县均社会资本投入位居全国前10的省份

省（自治区、直辖市）	县均社会资本投入/万元	省（自治区、直辖市）	县均社会资本投入/万元
北京	4 634.5	安徽	4 262.6
天津	7 244.8	山东	3 980.5
上海	8 439.5	湖北	4 639.2
江苏	14 834.0	广东	7 189.4
浙江	28 851.6	重庆	8 740.1

表13　乡村人均社会资本投入位居全国前10的省份

省（自治区、直辖市）	乡村人均社会资本投入/元	省（自治区、直辖市）	乡村人均社会资本投入/元
天津	291.5	湖北	126.1
上海	188.1	广东	180.9
江苏	350.1	重庆	220.6
浙江	1 108.4	贵州	124.4
福建	139.7	宁夏	278.0

从县域看，值得注意的是，社会资本投入低于全国平均水平的县（市、区）有2 122个，占比高达79.8%；乡村人均投入低于全国平均水平的县（市、区）有2 063个，占比高达77.6%。

（二）全国县级农业农村部门内设信息化机构覆盖率为92.6%

2021年全国县级农业农村部门设置了承担信息化工作的行政科（股）或信息中心（信息站）等事业单位的占比为92.6%，比上年提升了14.6个百分点。

具体看，有83.9%的县（市、区）农业农村局为所在县级网络安全和信息化领导机构成员单位，较上年提升3.1个百分点；有80.2%的县（市、区）农业农村局成立了网络安全和信息化领导机构，较上年提升4.9个百分点；有76.1%的县（市、区）农业农村局设置了承担信息化工作的行政科（股），较上年提升3.4个百分点；有49.2%的县（市、区）农业农村局设置了信息中心（信息站）等事业单位，较上年提升 4.1 个百分点。

分区域看，东部地区县级农业农村部门内设信息化机构覆盖率为 94.7%，中部地区为 93.3%，西部地区为 90.4%。从县域看，数字乡村发展水平全国前 100 名的县（市、区）农业农村部门内设信息化机构覆盖率为 100%，前 500 名的为 98.8%。

PART 2

第二部分 省级分报告

在中央网信办信息化发展局、农业农村部市场与信息化司指导下，农业农村部信息中心在全国县域农业农村信息化发展水平评价工作基础上，2022 年在全国范围内试行开展了数字乡村发展水平评价，为编制《中国数字乡村发展报告(2022 年)》提供数据支撑。各省份根据工作要求，有的省级报告标题及内容沿用“数字农业农村”“农业农村信息化”等相关表述，但其评价指标体系与全国指标体系一致，省级报告文责自负。

2022 北京市农业农村信息化发展水平评价报告

撰稿单位：北京市数字农业农村促进中心
撰稿人员：李云龙　丛　蕾　王存存　王晓丽　李亢亢

为贯彻落实《数字农业农村发展规划（2019—2025年）》中“建立农业农村信息化发展水平监测评价机制”，按照农业农村部《关于开展全国农业农村信息化能力监测试点的函》（农市便函〔2021〕154号）的要求，在北京市农业农村局的领导下，北京市数字农业农村促进中心组织各涉农区开展2022年北京市农业农村信息化能力监测工作，依托2022全国农业农村信息化能力监测指标体系，通过数据填报系统，全市以区为评价单位开展数据收集，共完成全市13个涉农区1 405条（个）数据的采集、汇总、审核和填报工作，并对数据进行了测算及综合评价，实现对北京市农业农村信息化发展水平的跟踪评价与对比分析，并提出具有针对性的对策建议。

一、监测数据评价分析

（一）发展总体水平

北京市农业农村信息化建设受到各级领导的高度重视，一直在稳步推进，各区形成了各自的发展特色，走出了符合都市型现代农业的发展模式和路径，但从以往数据上来看，与其他地区的差距依然明显，需要大力支持和强力推进。

2021年北京市农业农村信息化发展总体水平约为40.23%，较上年提升5.33个百分点，在全国31个省（自治区、直辖市）中排第11位，较上年提升了6个名次（表1）。全市（基础支撑）与乡村治理信息化方面发展水平较为突出，其发展水平分别达到90.44%、91.82%，较上年分别提升了23.8个、34.6个百分点。服务信息化也处于较高水平，为73.65%。但发展环境、生产、经营信息化发展水平稍弱，分别为25.16%、21.85%、15.75%。

表1　2019—2021年北京市农业农村信息化发展水平及排名

	2019年	2020年	2021年
发展水平	31.7%	34.9%	40.23%
全国排名	第20位	第17位	第11位

总体看北京市区级农业农村信息化发展水平情况，门头沟区、朝阳区、延庆区、丰台区、怀柔区、密云区、平谷区、昌平区和房山区9个区区级发展总体水平超过北京市40.23%的总体水平，其中门头沟区、朝阳区和延庆区3个区发展总体水平排前3位，均达到50%以上，县域全国排名分别为第408位、第503位、第506位，丰台区、怀柔区、密云区和平谷区4个区也位列全国千名以内。

（二）农业农村信息化管理服务机构综合设置情况

2021年北京市区级农业农村信息化管理服务机构覆盖率为73.08%，高于全国平均0.73个百分点，排全国第17位，较上年提升7.7个百分点（图1），前进了5个名次。具体看，有10个区农业农村局是区网络安全与信息化领导机构成员或组成单位，有9个区农业农村局成立了网络安全与信息化领导机构，有11个区农业农村局设置了承担信息化相关工作的行政科，有8个区农业农村局设置了信息中心（信息站）等事业单位。全市13个涉农区中，海淀区、顺义区、昌平区、大兴区和怀柔区5个区达到了农业农村信息化管理服务机构覆盖率100%。

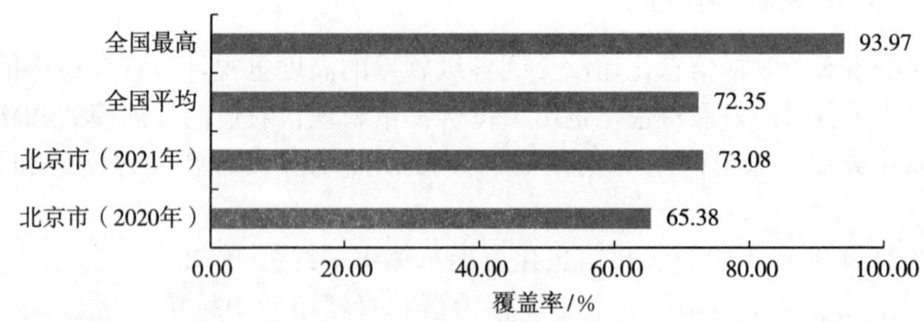

图1　2021年北京市农业农村信息化管理服务机构综合设置情况对比

（三）农业农村信息化资金投入情况

2021年北京市农业农村信息化财政投入总额为1.49亿元，较上年增长1 984.63万元；区级平均投入为1 149.94万元，较上年增长152.67万元；乡村人均投入23.2元，较上年增长5.19元；排全国第19位，较上年前进了

2 个名次，人均投入仍低于全国平均 32.05 元（图 2）。平谷区、大兴区、密云区农业农村信息化财政投入额排全市前 3 名。

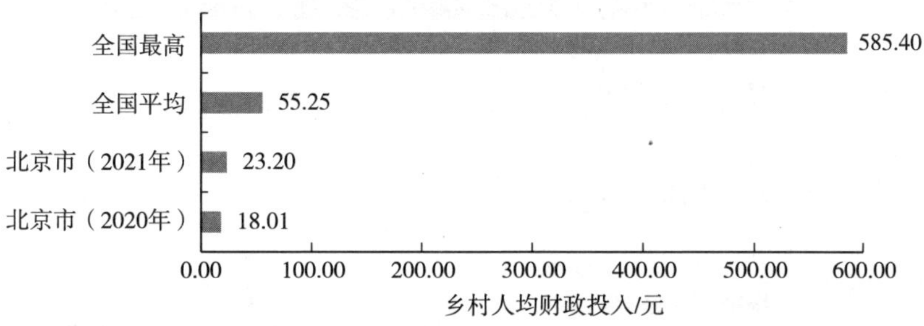

图 2 2021 年北京市农业农村信息化乡村人均财政投入情况对比

2021 年北京市农业农村信息化社会资本投入总额为 6.02 亿元，较上年增长 3.29 亿元；区级平均投入为 4 634.52 万元，较上年增长 2 534.11 万元；乡村人均投入 93.5 元，较上年增长 22.44 元；排全国第 16 位，较上年前进了 9 个名次。社会资本投入积极性变高，但人均仍低于全国平均 41.7 元（图 3）。大兴区、延庆区、平谷区农业农村信息化社会资本投入额排全市前 3 名。

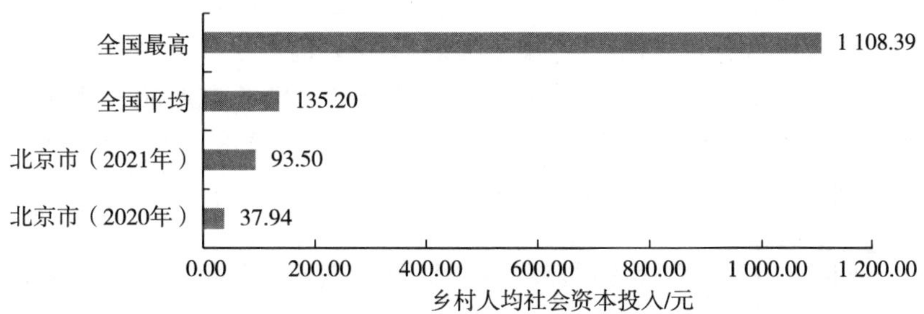

图 3 2021 年北京市农业农村信息化乡村人均社会资本投入情况对比

（四）农业生产信息化水平

2021 年北京市农业生产信息化率为 21.85%，低于全国平均 3.51 个百分点，比上年提升 5.39 个百分点，排全国第 20 位。其中，大田种植为 21.83%，与全国平均水平持平，排全国第 20 位；设施栽培为 14.25%，低于全国平均水平 11.04 个百分点，排全国第 23 位；畜禽养殖为 30.91%，低于全国平均水平 3.05 个百分点，排全国第 13 位；水产养殖为 30.31%，高于全国平均 13.67 个百分点，排全国第 6 位（图 4）。

2021 年门头沟区、延庆区、朝阳区、丰台区、房山区和密云区 6 个区农业生产信息化率超过北京市 21.85%的水平，平均达到 43.03%，尤其门头沟区、延庆区分别达到 62.62%、55.62%。

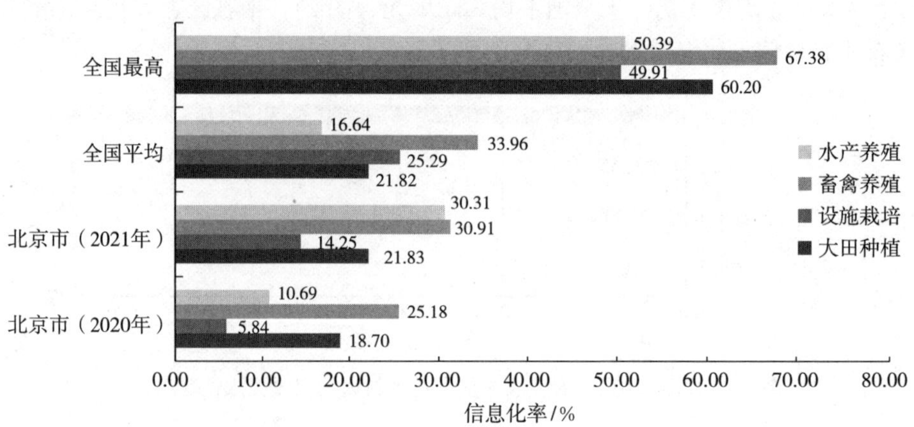

图 4　2021 年北京市分行业生产信息化率对比

（五）农产品网络销售情况

2021 年北京市农产品网络销售总额为 16.93 亿元，较上年增长 6.33 亿元，农产品网络销售额占比为 12.8%，较上年提升了 3.19 个百分点，但仍低于全国平均 2 个百分点（图 5），排全国第 17 位，前进了 2 个名次。2021 年怀柔区、密云区、平谷区、昌平区 4 个区通过网络销售的农产品占比居全北京 13 个涉农区前列，均高于全国平均水平，平均为 37.42%，其中怀柔区、密云区分别达到 60.00%、47.62%。

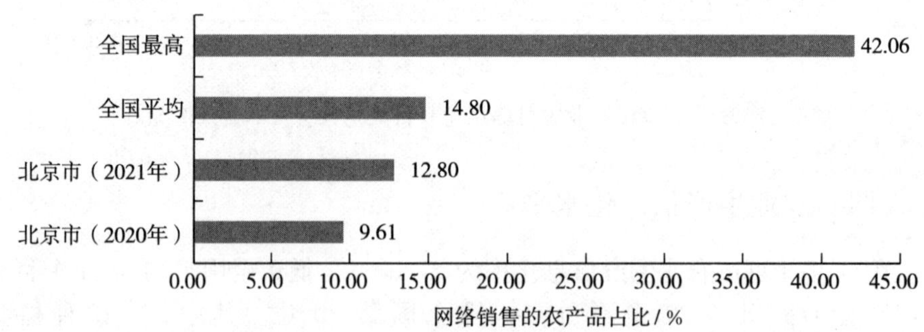

图 5　2021 年北京市农产品网络销售情况对比

（六）农产品质量安全追溯信息化水平

2021 年北京市实现质量安全追溯的农产品产值占比为 27.54%，较上年提升 5.52 个百分点，高于全国平均水平 2.87 个百分点，排全国第 10 位，与上年相比略有下降。其中，畜禽养殖相对较好，实现质量安全追溯的农产品产值占比为58.22%，高于全国平均水平25.24个百分点，排全国第5位，大田种植、设施栽培、水产养殖分别为15.98%、20.05%和10.44%，分别低于全国平均水平3.04个、11.52个和12.91个百分点（图6）。2021年丰台区、昌平区、朝阳区、门头沟区、房山区、怀柔区、密云区7个区农产品质量安全追溯信息化率高于北京市平均水平，其中丰台区、昌平区、朝阳区3个区分别达到87.35%、77.91%、70.65%。

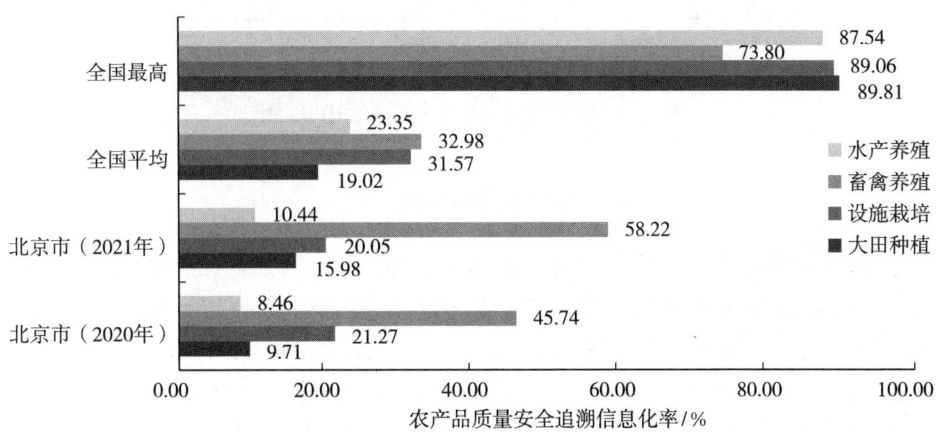

图6 2021年北京市分行业农产品质量安全追溯信息化率对比

（七）互联网普及率和行政村5G通达率

2021年北京市互联网普及率为87.65%，比上年提升16.9个百分点，高于全国平均14.82个百分点（图7），居全国第2位。2021年顺义区、平谷区、密云区、大兴区、门头沟区和丰台区6个区互联网普及率位于北京市13个涉农区前列，均高于北京市平均水平，其平均普及率达到93.99%。

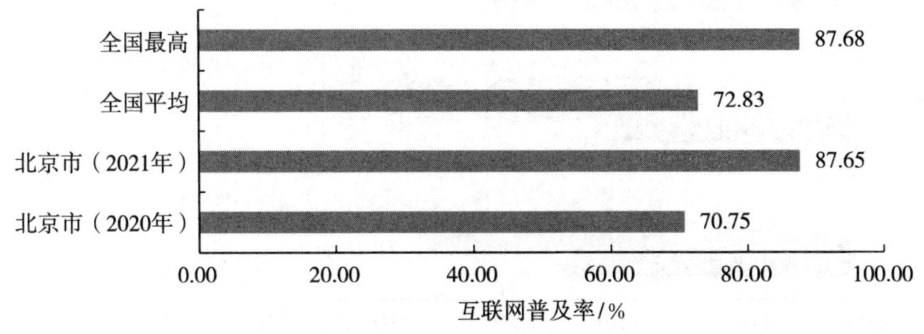

图7 2021年北京市互联网普及率对比

行政村5G通达率为新增的监测指标，2021年北京市为96.94%，高于全国平均水平 39.55 个百分点（图 8），排全国第 2 位。北京市 13 个涉农区中，有 10 个涉农区行政村 5G 通达率达到 100%，其余 3 个区也达到 84%以上。

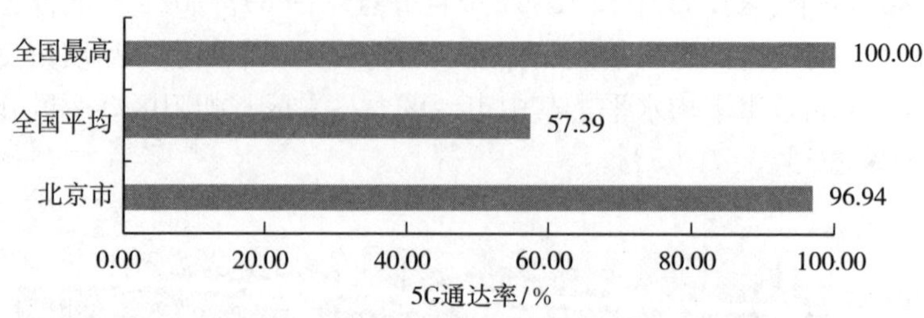

图 8　2021 年北京市行政村 5G 通达率对比

（八）行政村“三务”网上公开情况

2021 年北京市“三务”公开行政村覆盖率为 76.85%，比上年提升 29.51 个百分点，低于全国平均水平 1.5 个百分点，排全国第 18 位。党务、村务、财务网上公开行政村覆盖率分别为 72.82%、72.82%和 84.9%，分别比上年增长 32.29 个、32.29 个、23.93 个百分点，除财务网上公开行政村覆盖率高于全国平均水平 8.83 个百分点外，党务和村务网上公开行政村覆盖率分别低于全国平均水平 7.12 个和 6.22 个百分点（图 9）。全市 13 个涉农区中有 8 个区实现了“三务”公开行政村覆盖率 100%。相比 2020 年数据，2021 年丰台区、大兴区、怀柔区、延庆区 4 个区继续保持 100%的水平，朝阳区、海淀区、平谷区、顺义区 4 个区“三务”公开行政村覆盖率提升，实现全覆盖。

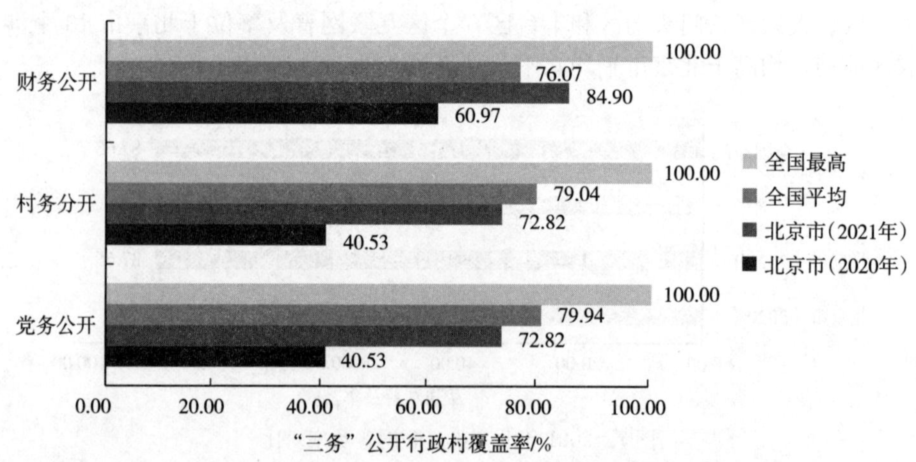

图 9　2021 年北京市行政村“三务”网上公开情况对比

（九）公共安全视频图像应用系统的行政村覆盖情况

2021 年北京市公共安全视频图像应用系统（包括“雪亮工程”等群众性治安防控工程在内的公共安全视频图像应用系统）的行政村覆盖率为 92.5%，高于全国平均水平 12.15 个百分点，比上年提升 27.03 个百分点（图 10），排全国第 7 位。全市 13 个涉农区中有 8 个区实现 100%全覆盖。

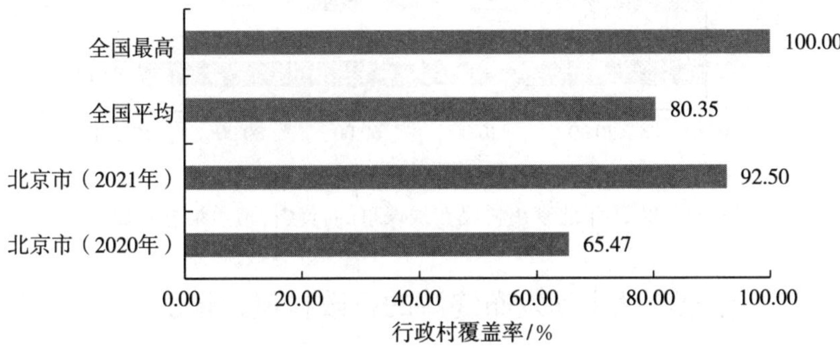

图 10　2021 年北京市公共安全视频图像应用系统的行政村覆盖情况对比

（十）县域政务服务在线办事情况

2021 年北京市县域政务服务（社会保险业务、新型农村合作医疗业务、劳动就业业务、农村土地流转业务、宅基地管理业务、涉农补贴业务）在线办事率为 93.59%，高于全国平均水平 25.36 个百分点，比上年提升 3.48 个百分点（图 11），排全国第 1 位。全市 13 个涉农区中有 9 个区实现政务服务在线办事率 100%。

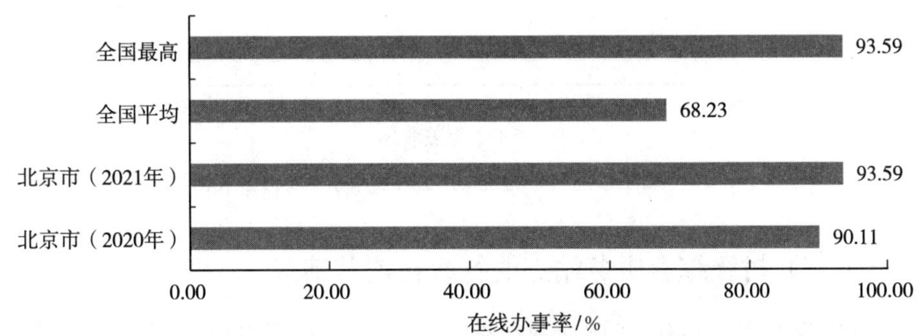

图 11　2021 年北京市县域政务服务在线办事情况对比

（十一）村民在线议事的行政村覆盖情况

2021 年北京市村民在线议事（通过“智慧村庄”综合管理服务平台、微信群、QQ 群等途径）的行政村有 3 680 个，村民在线议事的行政村覆盖率为 97.12%，高于全国平均水平 24.87 个百分点（图 12），排全国第 4 位。全市 13 个涉农区中有 11 个区实现村民在线议事行政村覆盖率 100%。

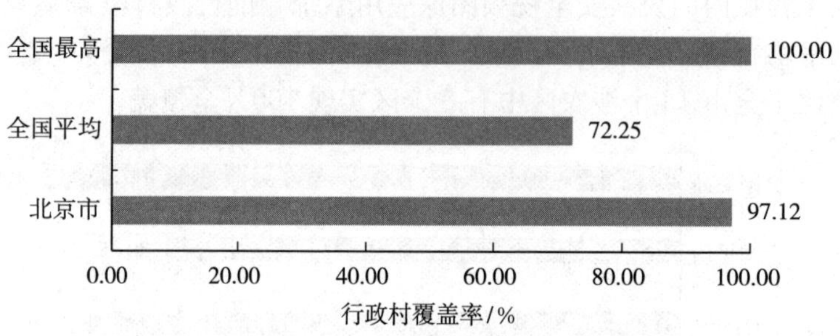

图 12　2021 年北京市村民在线议事的行政村覆盖情况对比

（十二）应急广播主动发布终端的行政村覆盖情况

2021 年北京市建有应急广播主动发布终端（能够被卫星、有线、无线等通道传输的应急广播消息唤醒、激活、控制和播出的终端）的行政村有 3 752 个，应急广播主动发布终端的行政村覆盖率为 99.02%，高于全国平均水平 19.35 个百分点（图 13），排全国第 4 位。全市 13 个涉农区中有 11 个区实现 100%全覆盖。

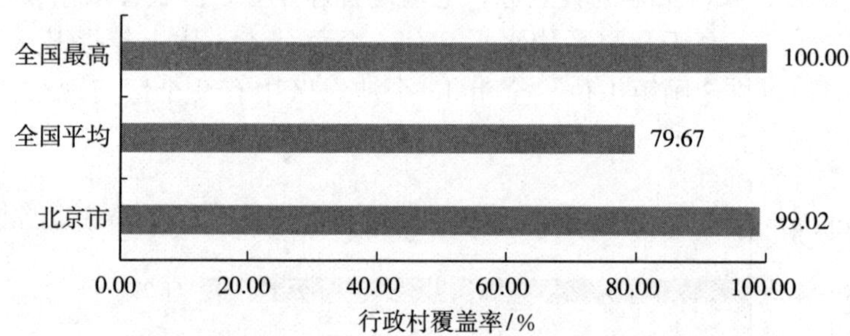

图 13　2021 年北京市应急广播主动发布终端的行政村覆盖情况对比

（十三）村级综合服务站点的行政村覆盖情况

2021 年北京市共有 3 645 个村级综合服务站点（利用信息化手段开展或者支撑开展党务服务、基本公共服务和公共事业服务的站点），建有村级综合服务站点的行政村有 3 327 个，村级综合服务站点的行政村覆盖率为 87.81%，高于全国平均水平 1.8 个百分点（图 14），排全国第 14 位。全市 13 个涉农区中有8 个区实现 100%全覆盖。

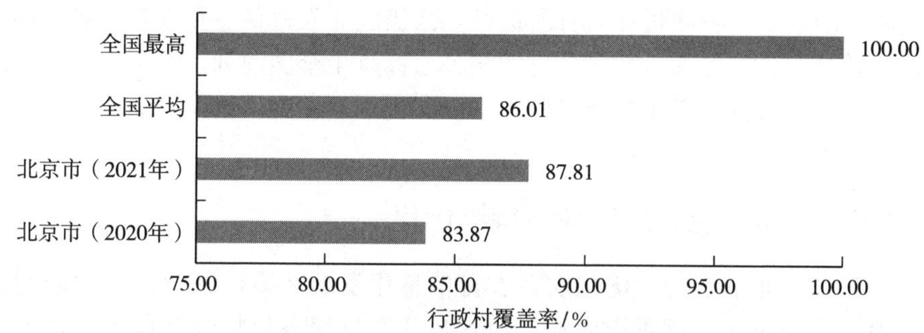

图 14　2021 年北京市村级综合服务站点的行政村覆盖情况对比

（十四）接受信息化农技推广服务的新型农业经营主体覆盖情况

2021 年北京市共有新型农业经营主体 10 849 个，接受信息化农技推广服务的新型农业经营主体有 4 405 个，接受信息化农技推广服务的新型农业经营主体覆盖率为 40.6%，低于全国平均水平 20.74 个百分点（图 15），排全国第 26 位。朝阳区、丰台区、门头沟区 3 个区实现 100%全覆盖，延庆区、海淀区覆盖率相对也较高，分别达到 81.67%、80%。

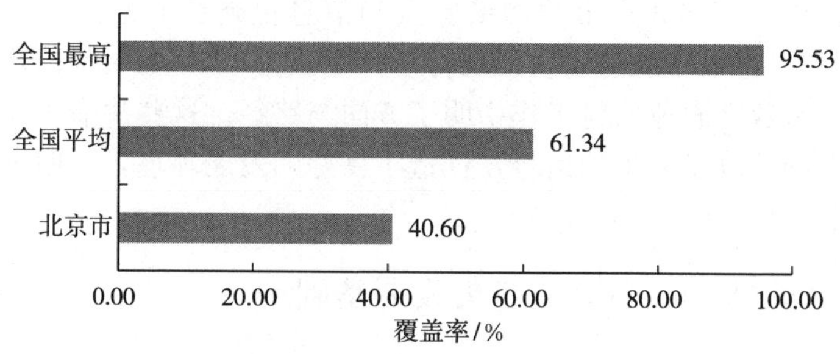

图 15　2021 年北京市接受信息化农技推广服务的新型农业经营主体覆盖情况对比

二、农业农村信息化发展的主要特点

（一）农业农村信息化发展水平稳步前进

近年来，北京市农业农村信息化建设稳步推进，加快实现信息技术与农业生产经营、农村治理现代化全面融合，结合各涉农区自身资源区位条件，制定分区指导、分类推动的农业农村信息化发展策略，不断探索优化区域农业农村信息化发展模式和路径，逐步形成北京优势和区域建设特色。北京市农业农村信息化发展总体水平由2019年全国第20名前进为全国第11名，与全国先进地区差距逐渐缩小，各项指标均有所提升，区级农业农村信息化管理服务机构综合设置较为完备，尤其是数字乡村的相关指标位于全国前列。可见，北京市近年来数字农业农村水平正在稳步前进中，但仍处于发展关键期，仍需大力支持和持续推进。

（二）全市信息化发展环境持续优化

近年来，北京市持续优化农业农村信息化发展环境，激发信息化能力建设活力。各涉农区高度重视农业农村信息化管理服务机构综合设置布局，实现逐年完备，2021年海淀区、顺义区、昌平区、大兴区和怀柔区5个区四项指标全部完成机构改革设置，实现100%的建设标准；区级农业农村信息化管理服务机构覆盖率全国率先实现100%，排名全国第一。2021年北京市农业农村信息化财政投入和社会资本投入总额也实现双增长，同比分别增加152.67万元、2 534.11万元。在不断优化完善的信息化服务机构和持续不断的资本投入双引擎作用下，北京市农业农村信息化建设迸发出蓬勃的生机活力，展示出强劲的引擎助力和巨大的吸引力。2021年10月12日，北京市与农业农村部签署了《共同打造中国·平谷农业中关村合作框架协议》，确立了合力打造“中国·平谷农业中关村”发展战略。2022年9月，北京市农业农村局、中共北京市委网络安全和信息化委员会办公室联合印发了《北京市加快推进数字农业农村发展行动计划（2022—2025年）》，为“十四五”时期全市数字农业农村工作指明了方向与路径。这些举措为全市农业农村信息化发展释放了积极的信号，创造了良好的发展环境，为助推农业农村高质量发展提供了强大动力。

（三）乡村基础支撑奠定良好发展基础

网络基础设施建设是农业农村信息化发展的基石。2021年北京市农业农村信息化基础支撑水平为90.44%，互联网普及率和行政村5G通达率均排全国第2位，处于全国领先地位。互联网普及率为87.65%，6个区达到90%以上，其中顺义区达到99%；行政村5G通达率为96.94%，除部分偏远山区村外，基本实现100%。这些因素为全市农业农村信息化技术的应用和推广提供了有力的支撑，如大兴区建设煤改清洁能源管控系统项目，采用“AI数据采集与节能控制器”专利技术和“互联网+能源管控平台”管理手段，使清洁取暖实现智能化信息管理。未来除基础设施支撑外，还将继续推动乡村传统基础设施数字化改造升级，建设乡村振兴大数据平台，实现数据资源在农业农村环节中的支撑作用。

（四）乡村基层治理数字化成效显著

从数据上看，全市基础支撑与乡村治理信息化方面发展水平尤为突出，分别达到 90.44%、91.82%。服务信息化也处于较高水平，为 73.65%。除了已提到的网络基础设施外，有多项数据位于全国前列。如县域政务服务在线办事率为 93.59%，居全国首位；村级在线议事率、应急广播主动发布终端覆盖率均居全国第 4 位；公共安全图像应用系统行政村覆盖率居全国第 7 位：各项数字乡村相关指标均呈现高水平的发展态势。其中，丰台区、怀柔区、平谷区实现乡村治理信息化指标均为 100%。京郊涌现出怀柔区渤海镇“数字乡镇”探索试点、昌平区南口镇“智慧镇域”、通州区歌华“智慧乡村”平台等优秀案例。北京市在乡村基层治理数字化方面已率先迈出了坚实的步伐，处于全国领先地位，这得益于北京市近年来对乡村建设的支持力度、基础设施的逐年完备和各级党组织的大力推进。

（五）农产品质量安全追溯信息化率有所提升

2021 年北京市实现质量安全追溯的农产品产值占比为 27.54%，较上年提升 5.52 个百分点，排全国第 10 位。近年来全市加大对畜禽养殖业的统筹力度，推进安全智能养殖生产和监管，取得一定成效，畜禽养殖业追溯水平最高，排全国第 5 位，其中通州区实现 100%。大田种植业中丰台区实现农产品质量安全追溯信息化率 100%，设施栽培业中朝阳区和门头沟区实现 100%，水产养殖业中朝阳区实现 100%。昌平区四类追溯水平均处于较高稳定水平，平均可达 73.8%。各区也在建立各类监管平台，如海淀区智慧农业综合监管平台、顺义区农业投入品监管平台等。农产品质量安全追溯、智能监管水平的稳步提升，是促进经营信息化健康发展的必要因素，未来还有较大的进步空间。

三、需要重点关注的问题

（一）农业农村信息化投入力量仍需激发

从监测评价数据来看，2021 年北京市农业农村信息化财政投入总额为 1.49 亿元，乡村人均投入 23.2 元；2021 年北京市农业农村信息化社会资本投入总额为 6.02 亿元，乡村人均投入 93.5 元。北京市农业农村信息化投入虽呈现逐年递增趋势，但与全国人均相比仍有较大差距。纵观各区数据，大兴区、平谷区投入力度较大，但全市整体资金投入力量薄弱，且财政投入资金数量不稳定，持续性投入不够。虽然 2021 年社会资本投入积极性有所提高，相关指标较上年前进了 9 个名次，但社会资本投入还有很大空间，社会资本投入机制仍有待完善和激发，这也是进一步助推北京市农业农村信息化能力建设的重要突破口和水平提高的增长点。

（二）农业生产经营信息化方面需重点推进

从监测评价数据来看，北京市农业生产经营信息化整体上呈现稳定发展的态势，但与全国先进地区相比还存在一定差距，各项指标排在全国第 20 名上下。提高全市整体农业生产经营信息化水平是“十四五”时期北京市数字农业农村工作的重要任务。通过分析对比全市各区数据，门头沟区、延庆区、朝阳区农业生产信息化率居全市前三名，农业生产信息化率基本达到 50%以上，但这 3 个区整体农业产值较低，仅占全市农业产值的 5%。顺义区、平谷区、房山区 3 个区农业产值占全市 55.3%，农业生产信息化率平均为 19.6%。提高权重大区的信息化水平是提高全市农业生产信息化率的关键，如大田种植大区平谷区、顺义区、房山区，设施栽培大区大兴区、通州区、顺义区，畜禽养殖大区顺义区、平谷区、房山区，水产养殖大区通州区、平谷区、顺义区。

（三）信息化农技推广服务有待加强

从监测评价数据来看，2021 年全市接受信息化农技推广服务的新型农业经营主体覆盖率为 40.6%，排全国第 26 位，排名较靠后，反映出全市在此方面的工作还存在一定欠缺。培育发展新型农业经营主体，用信息技术强化农技推广工作，加强信息化农技推广服务和培训，发挥信息服务高效便捷、覆盖面广等优势，全面提升全市新型农业经营主体的素质能力和经营水平，才能真正使其成为全面推进乡村振兴、加快农业农村现代化的主力军。

四、加速发展农业农村信息化的对策建议

（一）对标规划，加强统筹

对标《北京市“十四五”时期乡村振兴战略实施规划》《北京市加快推进数字农业农村发展行动计划（2022—2025 年）》《数字乡村发展行动计划（2022—2025 年）》等政策文件，市级应加强顶层设计、统筹规划、合理布局和协同推进，由牵头单位确定年度目标，分解规划任务，各相关单位领取任务，提出具体落实措施，制定实施方案并推进。各单位建立协调合作机制，整合资源，形成合力，共同推进数字农业和数字乡村建设。

（二）一主多元，环境创设

建立政府引导、市场主导、社会参与的“一主多元”共建格局，充分发挥

财政资金引导作用，调动各类市场主体积极性，协同推进数字农业农村建设。通过设立专项基金、政策引导、项目驱动、树立典型等方式，营造北京市数字农业农村发展良好环境，鼓励各类经营主体和农村参与数字农业农村转型升级，充分发挥新型基础设施效能，强化新技术、新产品、新装备的研发与落地应用，建立长效运营机制，多途径、多层次提升农业农村数字化水平。

（三）技术应用，转型升级

加强农业信息化技术研发和转化应用，构建数字农业科技支撑体系。全面提升乡村产业数字化水平，实现精准化生产、可视化管理、智能化决策。加快提升农业生产数字化水平，提高农机信息化管理和智能装备应用水平，推进农产品质量安全数字化监管。推动农业遥感、无人机、大数据、云计算、物联网等智能化技术在农业农村领域的应用。积极推动各类智慧农业场景落地，打造数字农业创新应用示范基地。发挥属地高校、研究院所的资源优势，集聚农科创资源，构建“政府＋企业＋科研机构”的“金三角”合作模式。挖掘各区农业生产重点及潜力，制定具有针对性的发展策略，加速产业升级及结构调整，着力推进数字技术与农业生产、农村生活的深度融合，实现主导产业数字化转型升级。

（四）人才培养，专业服务

加强农业农村数字化人才培养，吸引青年大学生和科研人员返乡助农，引导年轻人投身农业和农村建设，为乡村振兴提供人才支撑。利用信息化科技服务手段，培育一批具备互联网思维和信息化应用能力强的“新农人”，构建一支专业化的农业综合服务队伍，针对不同群体、不同需求和不同层次开展技术培训，提高农业从业者和农村居民的信息化能力，全面提升农业农村领域人员数字素养，为数字农业农村发展奠定基础。

2022 河北省县域农业农村信息化发展水平评价报告

撰稿单位：河北省农业信息中心

撰稿人员：张晓俭　侯岩隆　曹　倩　任　丽　欧　文

一、基本情况

（一）工作背景

当前，数字技术在农业农村各领域广泛应用，不断催生新产品、新模式、新业态，已成为推进农业农村现代化建设的强大动力。积极贯彻落实党中央、国务院和中央网信办、农业农村部有关实施数字乡村发展战略的决策部署，建立农业农村信息化发展水平监测评价机制，对数字乡村发展战略高质量实施、全面推进乡村振兴、加快农业农村现代化进程意义重大。2022 年河北省按照《关于开展 2022 年度全国农业农村信息化能力监测试点工作的函》部署安排，在农业农村部市场与信息化司、农业农村部信息中心的指导和支持下，在全省范围内组织开展了 2022 全国县域农业农村信息化发展水平评价工作。

（二）数据来源

2022 年河北省通过县级自愿参与填报、部省市三级审核的方式开展评价工作，全省共有 153 个县（市、区）参与填报了评价基础数据，与上年参与县数量持平，占全省县域总数九成以上，基本覆盖了全省所有涉农县（市、区），且有效样本县占有率 100%。本次评价工作由部级科学有效开展指导，省市两级积极组织宣传动员，各涉农县（市、区）积极参与调查填报相关数据，为数字乡村研究工作提供了大量可供研究的基础数据，数据经过全面监测、数据清洗、逐项分析，最终形成了《2022 河北省县域农业农村信息化发展水平评价报告》。

（三）评价内容

主要监测河北省辖区内各涉农县（市、区）2021 年农业农村信息化发展情况，包括发展环境、乡村网络基础设施、农业生产信息化、经营信息化、乡村治理信息化、服务信息化 6 个方面。

二、评价结果

（一）信息化发展整体水平稳步提升

2021年河北省大力推进数字农业农村建设，开展智慧农业示范区和“互联网+”农产品出村进城工程试点等项目，不断深化信息化在农业农村的发展引领作用。本次评价数据显示，2021年全省数字乡村建设取得了新的进展，信息技术对农业农村的支撑力进一步增强。2021年全省县域农业农村信息化发展总体水平为37.2%，与2020年河北省县域农业农村信息化发展总体水平相比，提升了3.3个百分点，全国信息化发展水平省级排名由2020年的第23位上升至第15位；2021年全省乡村数字基础设施建设持续推进，行政村5G通达率已达50%以上，基本实现重点乡镇和部分重点行政村覆盖，县域互联网普及率已超70%；农业生产经营信息化应用率稳步提升，农产品电商网络销售额已达270多亿元。数字化、网络化、智能化技术在农村的应用扩大，信息惠民服务逐步深化，乡村数字化治理体系不断完善，进一步助力乡村振兴。

（二）信息化发展环境持续优化

资金投入是农业农村信息化建设的关键。2021年全省各级财政依然重视对农业农村信息化建设资金的投入。评价数据显示，2021年河北省乡村人均农业农村信息化财政投入15.87元，与2020年相比，人均增加1.83元，但与全国人均55.25元相比，还有很大差距；2021年全省县级农业农村信息化管理服务机构综合设置较为完备，指标值为79.74，高于全国平均水平，全国排名第8，其中县级农业农村信息化管理服务机构覆盖率为98.04%，高出全国平均水平5.5个百分点，居全国前列。农业农村信息化资金投入的不断增加及基层农业农村信息化管理机构的日益完善，为农业农村信息化建设提供了良好的发展环境。

（三）信息化基础支撑进一步强化

近年来，河北省农业农村信息化基础设施不断完善，县域互联网普及率稳步提升。2021年河北省互联网普及率为74.89%，与2020年相比，增加2.86个百分点，高于全国平均水平，全国排名第10；行政村5G通达率为52.9%，已超半数，全国排名第15，低于全国平均通达率57.39%。互联网等农村信息基础设施建设的持续推进，为农业农村数字社会稳步构建提供了坚实基础。

（四）农业生产信息化率明显提高

近年政府持续加大引导农民在意识层面上向信息化方向转变，使更多的人认识到信息化在农业生产领域等方面的重要作用。本次数据显示，2021 年全省农业生产信息化率整体提高明显，为 28.49%，比 2020 年提升 8.2 个百分点，且高出全国平均水平 3.13 个百分点，全国排名第 10。农业生产信息化中除设施栽培信息化率与 2020 年基本持平外，其他各类农业生产信息化率均有不同程度提升。其中，畜禽养殖信息化率最高，为 30.19%，且与 2020 年相比，提升了 11.03 个百分点；其次是大田种植信息化率，为 29.98%，比 2020 年提升 8.1 个百分点；水产养殖信息化率 9.07%，比 2020 年提升 8.66 个百分点（图 1）。

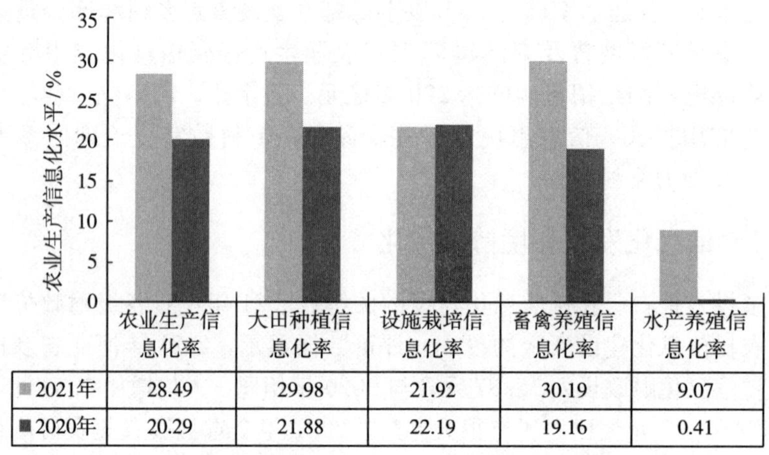

	农业生产信息化率	大田种植信息化率	设施栽培信息化率	畜禽养殖信息化率	水产养殖信息化率
2021年	28.49	29.98	21.92	30.19	9.07
2020年	20.29	21.88	22.19	19.16	0.41

图 1　2020 年、2021 年河北省农业生产信息化率对比

（五）农业经营信息化覆盖面扩大

加速推进农业生产经营信息化建设，是加快转变农业发展方式、实现农业现代化的有效方式。2021 年全省农产品网络销售额占比 6.90%，比 2020 年提高 1.89 个百分点。农产品质量安全追溯信息化率 20.86%，比 2020 年提高 1.93 个百分点。其中，大田种植业农产品质量安全追溯信息化率 14.51%，比 2020 年提高 1.89 个百分点；设施栽培业农产品质量安全追溯信息化率 19.92%，比 2020 年减少 9.12 个百分点；畜禽养殖业农产品质量安全追溯信息化率 31.11%，比 2020 年提升 5.38 个百分点；水产养殖业农产品质量安全追溯信息化率 12.72%，比 2020 年提升 10.2 个百分点（图 2）。

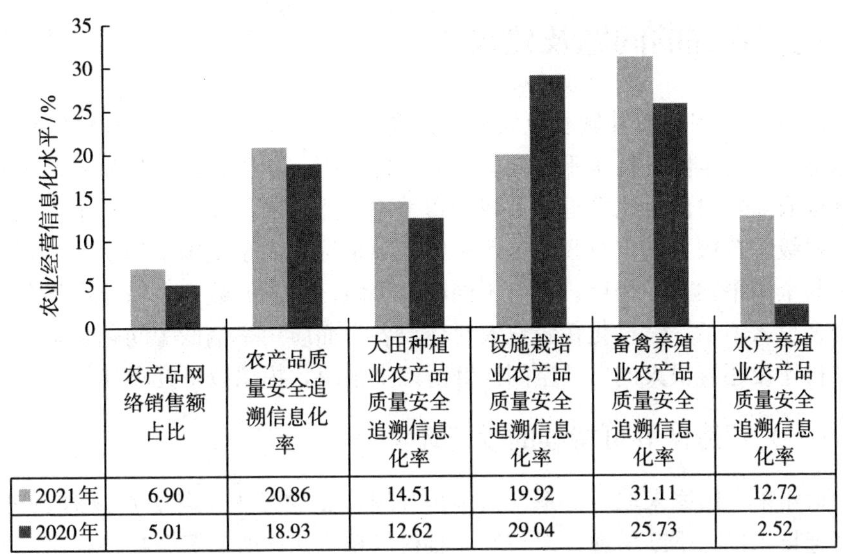

	农产品网络销售额占比	农产品质量安全追溯信息化率	大田种植业农产品质量安全追溯信息化率	设施栽培业农产品质量安全追溯信息化率	畜禽养殖业农产品质量安全追溯信息化率	水产养殖业农产品质量安全追溯信息化率
2021年	6.90	20.86	14.51	19.92	31.11	12.72
2020年	5.01	18.93	12.62	29.04	25.73	2.52

图 2 2020 年、2021 年河北省农业经营信息化率对比

（六）乡村治理信息化水平仍待加强

积极探索乡村数字治理新模式，有效提升乡村治理智能化、精细化、专业化水平，对推进乡村振兴意义重大。近年来，全省乡村区域的信息化基础设施和信息服务体系逐渐完善，但信息化与乡村治理仍缺乏有效的深度融合。数据显示，2021 年全省“三务”网上公开行政村覆盖率 53.82%，低于全国平均水平，但与 2020 年的 45.5%相比，仍提高了 8.32 个百分点。2021 年乡村治理信息化方面新增了村级在线议事行政村覆盖率、应急广播主动发布终端行政村覆盖率两项指标值。其中，村级在线议事行政村覆盖率为 63.29%，应急广播主动发布终端行政村覆盖率为 71.51%，与乡村治理信息化其他指标项相比，全国排名稍靠前。

（七）农业信息服务体系进一步完善

村级综合服务站点建设是打通服务农民群众“最后一公里”的有效途径，加强村级综合服务站点建设，打造完善的农业农村基层信息服务体系，将有效提升基层政务服务能力和水平。2021 年全省村级综合服务站点行政村覆盖率进一步提升至 91.23%，比 2020 年增加 1.38 个百分点，比全国平均水平高出 5.22 个百分点，全国排名第 12；2021 年农技推广服务信息化率为 59.23%，是新增指标项，全国排名第 15。

三、存在的问题及建议

2021 年，河北省县域农业农村信息化发展总体水平虽然呈现整体稳步提升态势，但与全国发展水平相比，还有一定差距。本次评价结果显示，全省仅有县级农业农村信息化管理服务机构覆盖率、互联网普及率、农业生产信息化率、村级综合服务站点行政村覆盖率等几项指标值高于全国平均水平，其余指标项与全国平均水平相比，均有不同程度差距。全省的数字乡村建设仍存在建设资金投入不足，信息化在农业农村建设各方面应用率偏低等问题，全省的数字乡村建设还有很大的发展空间。针对以上情况，提出以下几项建议。

（一）营造良好可持续的投资环境

近年来，国家采取了一系列措施提高财政支农投入，各级财政对“三农”的资金投入也在不断增加，但与农业农村信息化建设所需资金缺口相比，整体投入仍显不足，且不少地区缺乏资金投入的长效机制。建议进一步加大财政投资农业农村的力度，同时发挥好政府投入的杠杆撬动作用，引导鼓励社会资本有序进入农业农村，创新社会资本投融资模式，实现政府、社会资本、农民等多方共赢的长效稳定资金投入机制；同时优化财政支农支出结构，突出支农重点，注重支农实效，多措并举，为农业农村信息化建设营造持续良好的投资环境。

（二）培养农业农村信息化实用人才

一是引培结合，着力解决农业农村数字化人才短缺问题。依托涉农高校和农业科研院所等机构，加快培养一批智慧农业领域的专业技术人才和管理人才，同时实施各种优惠政策，吸引各类数字技术人才参与农业农村信息化建设，逐步解决新型农业信息化人才短缺的问题；二是强化专职的基层农业信息人才队伍建设，建设责任心强，懂信息、懂技术的高素质人才队伍，充分发挥各级农业信息化管理服务机构的领导带动作用，为农业农村信息化建设提供强有力的人才支撑；三是大力开展农民信息化能力培训和提升教育，定期组织各类信息化实用技术培训，提升农民应用信息技术的意识，提高农民对数字化“新农具”的使用能力。

（三）推动农产品电商高质量发展

一是大力实施农产品品牌战略，不断推进区域公共品牌建设，立足特色优势产业，打造优质农产品品牌，提高农产品的品牌竞争力；二是建立完善的农产品质量安全可追溯制度和市场准入制度，引导涉农企业开展规模化生产、标准化管理和产业化经营，保障农产品质量安全，提升农村电商质量效益和市场竞争力；三是大力扶持、培育农村电子商务产业，出台创业扶持政策，吸引年轻人返乡创业，直播带货，促进农村电商提质增效、助力乡村振兴；四是整合农村物流资源、补齐物流基础设施短板，推进农产品产地仓储保鲜冷链物流设施建设，构建适应城乡居民消费升级需要的现代物流体系，打通从田间到餐桌“最后一公里”，助力农村电商蓬勃发展。

（四）大力实施乡村治理信息化

加快乡村基础设施建设，夯实乡村治理数字化基础；推进“互联网＋政务服务”向农村延伸，完善农村信息化管理体系，构建数字化治理平台，加强网络互联和信息互通，加快农村信息网建设，推进乡村数据开放共享，实现县乡村三级数据、资源共享，实现乡村治理体系和治理能力现代化；以网格化管理为抓手，推进农村党建和村务管理智慧化、提升乡村社会治理及应急管理数字化水平，确保乡村数字化治理工作提质增效。

（五）持续强化农业农村信息化试验示范

全省范围内深入推进农业农村信息化建设试点示范，推进实施数字农业试点项目、精准农业应用项目，加强统筹规划、整合共享，配合开展数字乡村试点示范工作，发挥各地物联网建设基础优势，推进物联网、大数据、人工智能等新一代信息技术在农业生产经营各环节融合应用。通过示范带动，总结推广有益经验，带动农业农村数字经济全产业链发展。

2022山西省数字乡村发展水平评价报告

指导单位：山西省农业农村厅

撰稿单位：山西省农业农村大数据中心

撰稿人员：冯耀斌　张飞宇　苏永强

2023年中央一号文件明确提出“深入实施数字乡村发展行动”，赋能农业强国及宜居宜业和美乡村建设。山西省委农村工作会议和全省农办主任、农业农村局长会议做出了安排部署，提出了具体要求。围绕建设现代化产业体系和高标准市场体系目标任务，聚焦山西省农业农村领域数字化转型的热点、难点、重点问题，坚持理论与实践相结合，以农业农村部信息中心开展的全国数字乡村发展水平评价工作为基础，通过全面监测、数据清洗、逐项分析，形成《2022山西省数字乡村发展水平评价报告》。本报告较为全面地反映了2021年山西省数字乡村发展取得的阶段性成效，分析了存在的短板和弱项，提出了发展的对策和建议，以期在新征程上更加精准有效地推动山西省农业农村高质量发展。

一、评价说明

（一）评价范围

本次监测评价共收集110个县（市、区）填报的2021年基础指标数据，占全省县域总数的94%。其中，太原市10个、占100%，大同市10个、占100%，阳泉市5个、占100%，长治市9个、占75%，晋城市6个、占100%，朔州市6个、占100%，晋中市11个、占100%，运城市12个、占92%，忻州市11个、占79%，临汾市17个、占100%，吕梁市13个、占100%。经审核清洗筛选出有效样本县109个。本报告结论是根据109个县（市、区）填报的2021年基础指标数据，经综合测算和分析得出。本报告中的“全省”指109个有效样本县（市、区），另作说明的除外。

（二）数据来源

本次监测评价数据由各县（市、区）农业农村部门通过全国农业农村信息化能力监测系统填报，市级农业农村部门进行初审，山西省农业农村大数据中心审核把关后获得。

（三）指标体系

本次监测评价采用2021年新修订的评价指标体系，共设三级指标项：一级指标包括发展环境、乡村网络基础设施、农业生产信息化、经营信息化、乡村治理信息化、服务信息化六大类，二级指标包括财政投入、互联网普及程度、信息技术在农业生产领域应用情况、农产品网络销售情况、村级事务管理、农技推广服务等14个分项。

（四）数据处理方法

首先基于县域填报值计算得出三级指标值，其次对部分数值范围不在0～1的三级指标值进行归一化处理，最后按照权重逐级计算二级、一级指标值及发展总水平。Min－max归一化方法如下所示：

$$z_i = \frac{x_i - x_{i,\min}}{x_{i,\max} - x_{i,\min}} \quad i = 1,2,\cdots,n$$

式中，x_i为某地区第i个指标值，z_i为该地区第i个指标归一化后的指标值，$x_{i,\max}$为该地区第i个指标在其所在层级（县级/市级）中的最大值，$x_{i,\min}$为该地区第i个指标在其所在层级（县级/市级）中的最小值。通过在同层级进行归一化处理，使地（市、州）之间、县（市、区）之间发展总体水平具有可比性。

二、基本结论

（一）山西省县域数字乡村发展总体水平有待提高

近年来，山西省委、省政府高度重视数字乡村建设，大力推进农业农村数字化转型，并取得了显著成效，但山西农业农村信息化较之全国其他先进省份起步晚、基础差、底子薄、发展慢，与第二、第三产业信息化水平相比仍有较大差距。经综合测算，2021年山西省数字乡村发展总体水平为34.1%，居全国第21位，低于全国总体发展水平5个百分点，低于中部地区8.4个百分点（表1）。

表1　2021年山西省数字乡村发展总体水平

层级	发展总体水平/%
全国	39.1
东部地区	42.9

（续）

层级	发展总体水平/%
中部地区	42.5
西部地区	33.6
山西省	34.1

山西省三个地级市数字乡村发展水平高于全国平均水平，其中排名前三的分别为长治市、朔州市、晋城市，发展水平分别为 38.2%、37.8%、37.2%。各地级市发展水平详见图 1。

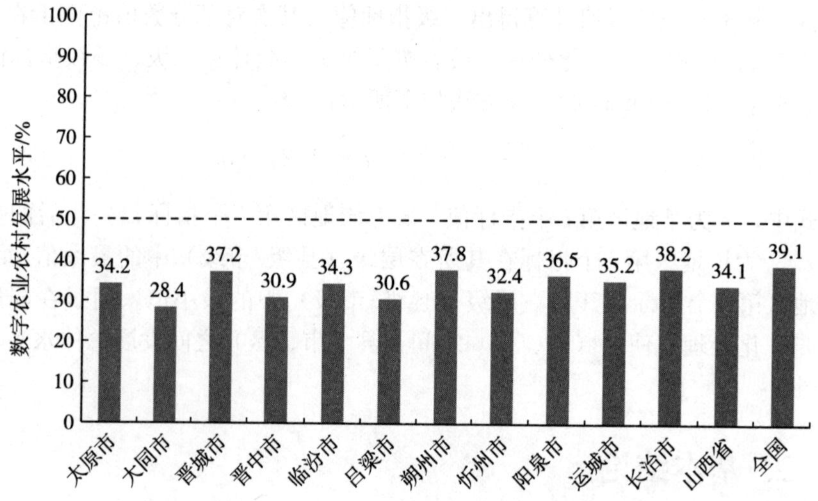

图 1　2021 年山西省各地级市数字乡村发展水平对比

从县域看，发展总体水平排名全省前 20 的县（市、区）平均发展水平 48.7%，排名全省前 50 的县（市、区）平均发展水平为 43.1%。发展总体水平超过 50%的县（市、区）有 6 个，占比 5.5%（表 2）；处于 30%～50%的有 64 个，占比 58.7%；低于 30%的有 39 个，占比 35.8%。高于全国发展总体水平的县（市、区）有 36 个，占比 33%。

表 2　2021 年山西省县域数字乡村发展总体水平前十名

序号	地级市	县（市、区）	发展总体水平	全国排名	省内排名
1	运城市	永济市	65.23	108	1
2	运城市	闻喜县	56.55	273	2

（续）

序号	地级市	县（市、区）	发展总体水平	全国排名	省内排名
3	忻州市	定襄县	54.54	346	3
4	朔州市	右玉县	54.45	350	4
5	长治市	长子县	51.80	457	5
6	临汾市	浮山县	51.75	459	6
7	大同市	平城区	49.94	528	7
8	太原市	阳曲县	48.67	583	8
9	长治市	潞城区	47.60	625	9
10	临汾市	大宁县	47.20	653	10

（二）山西省县域数字乡村发展环境有待改善

山西各级政府持续加大财政投入，多举措引导社会资本投入，营造了良好的数字乡村发展环境。财政投入、社会资本投入和信息化管理服务机构覆盖率是影响数字乡村发展环境的重要因素，也是推动数字乡村建设不可或缺的重要支持。2021 年山西省县域农业农村信息化总投入达 19.41 亿元，总投入排名前三的地级市分别为太原市、晋城市、运城市（图 2）。

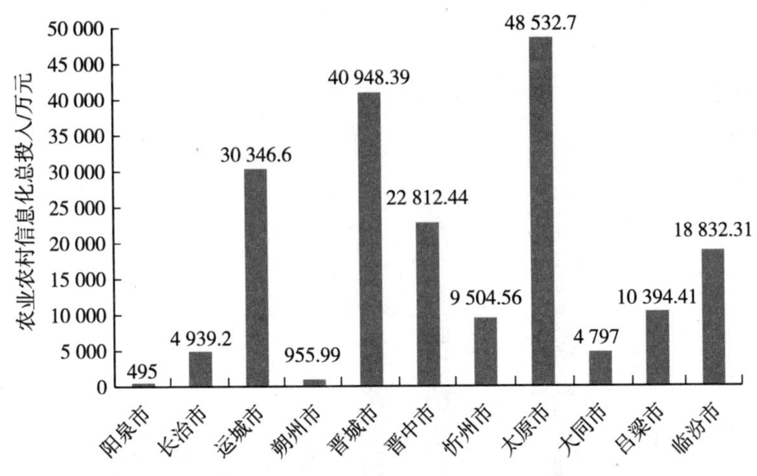

图 2　2021 年山西省各地级市农业农村信息化总投入

1. 全省县域农业农村信息化财政投入情况

山西省县域农业农村信息化发展环境逐年优化，财政支持力度不断加大。2021 年全省农业农村信息化财政投入 4.98 亿元，信息化县均财政投入

456.68 万元，较 2020 年上升 10.5%；山西省乡村人均农业农村信息化财政投入 33.76 元（全国 55.25 元、中部地区 39.03 元），较上年增长 23.9%，总体居全国第 14 位。2021 年山西省各地级市农业农村信息化财政投入见图 3。

从各市情况分析，县均财政投入高于全省平均水平的有晋城市、运城市、晋中市，其中晋城市高达 1 708.8 万元，运城市、晋中市分别为 1 085.13 万元、783.81 万元（图 4）。

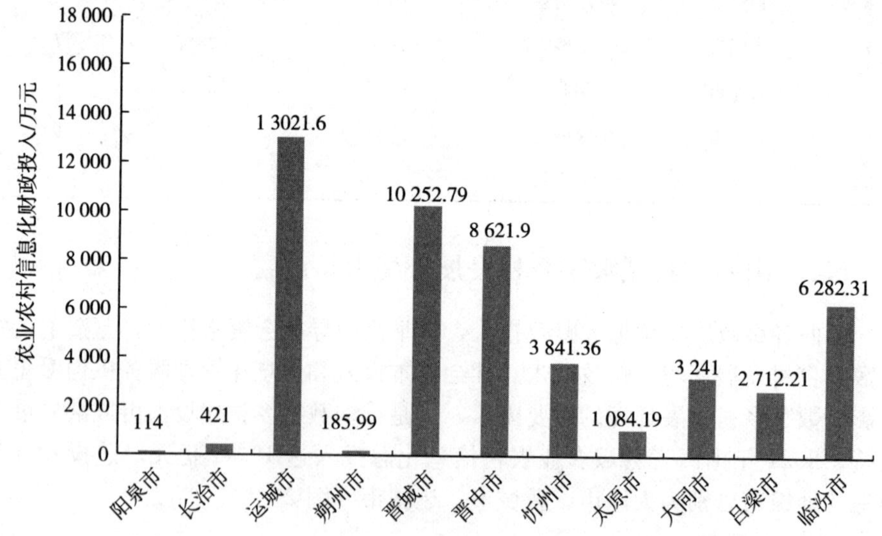

图 3　2021 年山西省各地级市农业农村信息化财政投入

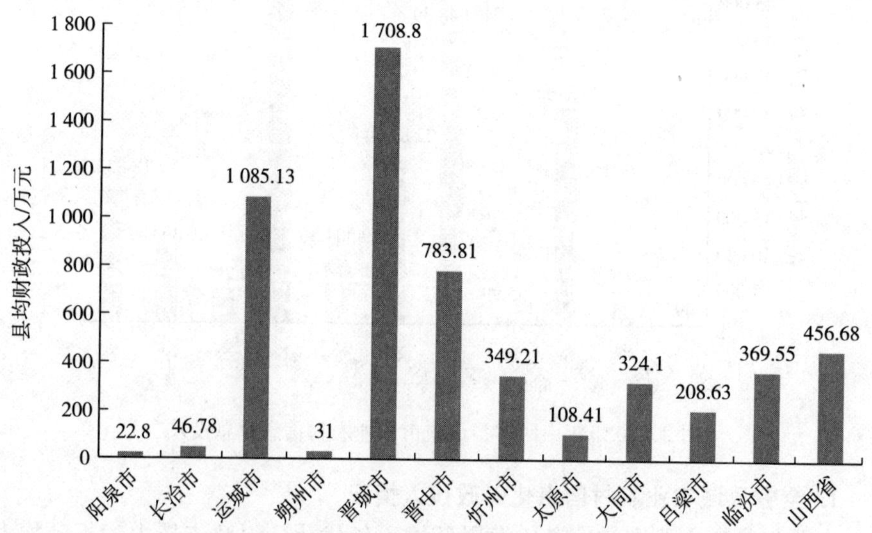

图 4　2021 年山西省各地级市农业农村信息化县均财政投入

从县域情况分析，农业农村信息化财政投入排名前 10 的县分别为沁水县、寿阳县、稷山县、永济市、芮城县、大同市云州区、阳城县、新绛县、吉县、曲沃县，县均投入 3 553.94 万元，排名前 50 的县均投入 985.17 万元。乡村人均财政投入排名前 10 的县（市、区）分别为沁水县、寿阳县、大同市云州区、吉县、河曲县、稷山县、榆社县、永济市、浮山县、定襄县，乡村人均投入 336.98 元；发展总体水平排名全省前 10 的县（市、区）乡村人均财政投入为 60.05 元。特别是，山西省财政投入低于全国平均水平的县（市、区）有 106 个，占比高达 90.6%；乡村人均财政投入低于全国平均水平的县（市、区）有 98 个，占比 83.8%。

2. 全省县域农业农村信息化社会资本投入情况

2021 年全省县域农业农村信息化建设的社会资本投入为 14.43 亿元，是财政投入的 2.9 倍。县均社会资本投入 1 323.89 万元，乡村人均 97.87 元（全国 135.2 元、中部地区 80.2 元），分别比上年增长 71.98%和 92.9%，总体居全国第 15 位。

从各市情况分析，太原市、晋城市、运城市、晋中市、临汾市社会资本投入均超过 1 亿元，分别为 47 448.51 万元、30 695.6 万元、17 325 万元、14 190.54万元、12 550 万元（图 5）。全省县域农业农村信息化建设的县均社会资本投入超过全国平均水平的只有太原市、晋城市，社会资本县均投入达 4 744.85 万元、5 115.93 万元（图 6）。乡村人均社会资本投入超过全国平均水平的地级市为太原市、晋城市，乡村人均社会资本投入分别为 550.77 元和 386.89 元（图 7）。

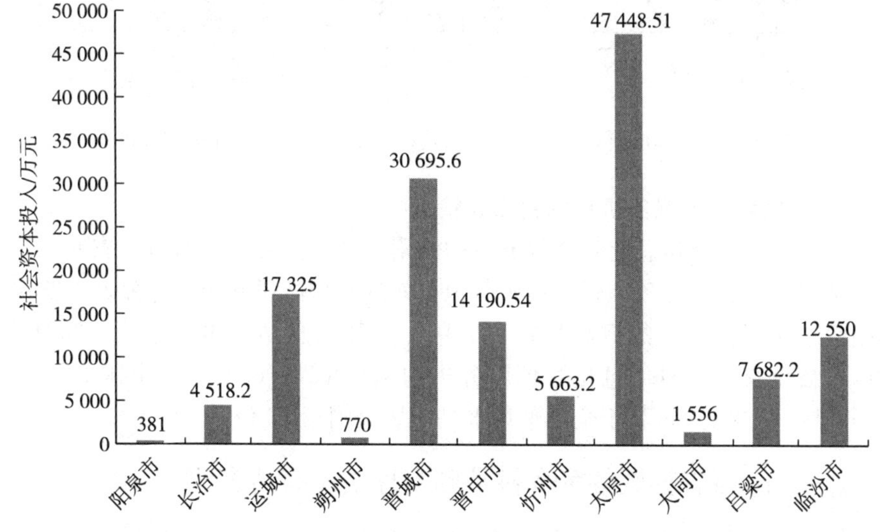

图 5 2021 年山西省各地级市农业农村信息化社会资本投入

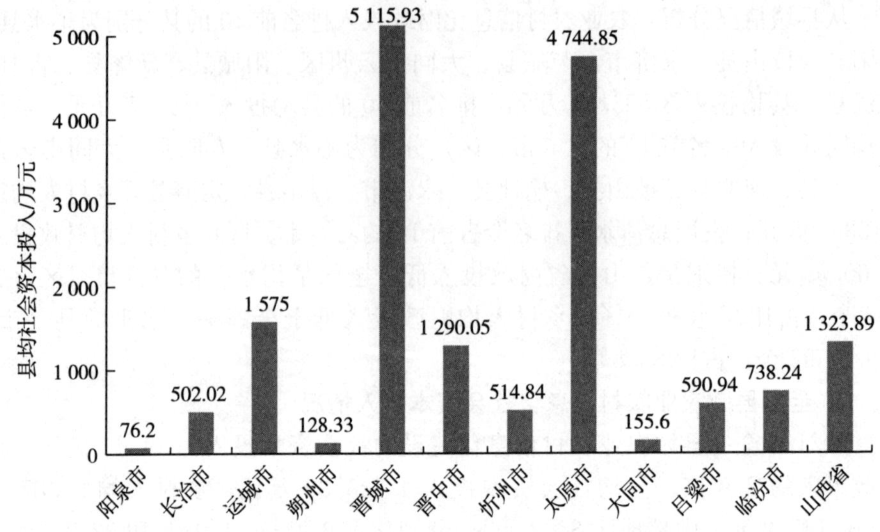

图 6　2021 年山西省各地级市农业农村信息化县均社会资本投入

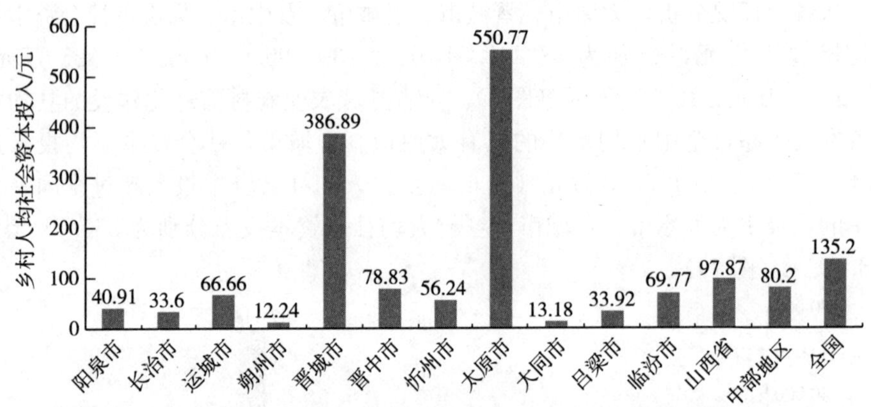

图 7　2021 年山西省各地级市农业农村信息化乡村人均社会资本投入

3. 信息化管理服务机构综合设置情况

县级农业农村信息化管理服务机构是落实各级党委、政府有关农业农村信息化部署要求、确保各项任务措施落地见效的基层队伍和组织保障，主要包括承担信息化相关工作的行政科室、信息中心和信息站等事业单位。2021 年，山西省县级农业农村信息化管理服务机构覆盖率为 95.45%（全国 92.56%、中部地区 90.36%），高于全国平均水平，居全国第 16 位。

（三）山西省县域数字乡村基础支撑情况有待夯实

基础支撑情况通过互联网普及率和行政村 5G 通达率两个指标来衡量。基础支撑投入不足已成为山西省数字乡村发展总体水平偏低的重要原因。2021年山西省网民规模达到2 287.61万人，互联网普及率为68.95%（全国72.83%、中部地区73.19%），居全国第23位。行政村5G通达率为42.73%（全国57.39%、中部地区60.94%），居全国第26位。

经综合分析，山西省5G网络通达的行政村数量7 584个。行政村5G网络通达率在90%及以上的县（市、区）占比31.2%，行政村5G网络通达率在50%～90%的县（市、区）占比12.8%，两者总计占比44%，总体水平偏低。

（四）山西省县域农业生产信息化水平有待提升

山西省大力推动信息技术应用于农业生产，大数据、物联网、云计算等高新技术正快速融入农业生产各个环节，为农业生产赋能加速。2021年山西省农业生产信息化率为22.27%（全国25.36%、中部地区33.41%），低于全国平均水平，居全国第19位。其中，山西省大田种植、设施栽培、畜禽养殖、水产养殖信息化率分别为21.28%（全国21.82%，中部地区35.13%）、24.68%（全国25.29%，中部地区16.26%）、23.06（全国33.96%，中部地区36.26%）、27.96（全国16.64%，中部地区23.19%）。各地级市农业生产信息化率排名前三的分别为阳泉市、临汾市、晋城市（图8）。

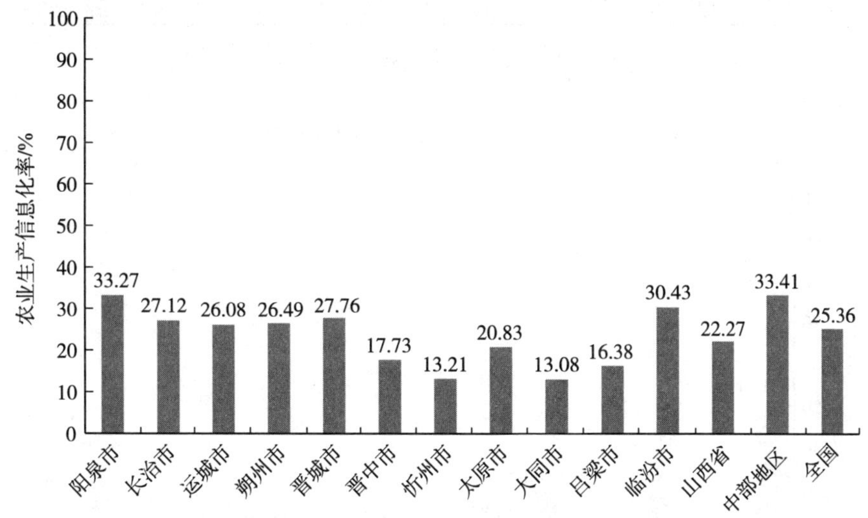

图8　2021年山西省各地级市农业生产信息化率

从行业情况分析，水产养殖和设施栽培信息化水平较高，分别为27.96%和24.68%；大田种植和畜禽养殖信息化水平较低，分别为21.28%和23.06%。大田种植方面，在监测的14个主要农作物品种（类）中，稻谷和小麦生产信息化水平较高，分别为37.1%和33.89%；玉米、蔬菜超20%，达

24.07%、22.11%。各地级市大田种植信息化水平见图 9。畜禽养殖方面，家禽养殖信息化水平较高，为 30.25%。阳泉市、运城市、晋城市居全省前三，畜禽养殖信息化水平分别为 50.69%、37.03%、29.42%（图 10）。设施栽培方面，朔州市、长治市设施栽培信息化水平较高，分别为 75.1%和 52.94%（图 11）。水产养殖方面，运城市的水产养殖信息化水平较高，达 87.42%（图 12）。在监测的 4 个主要水产品种（类）中，运城市和阳泉市的鱼类养殖信息化水平超过 50%。

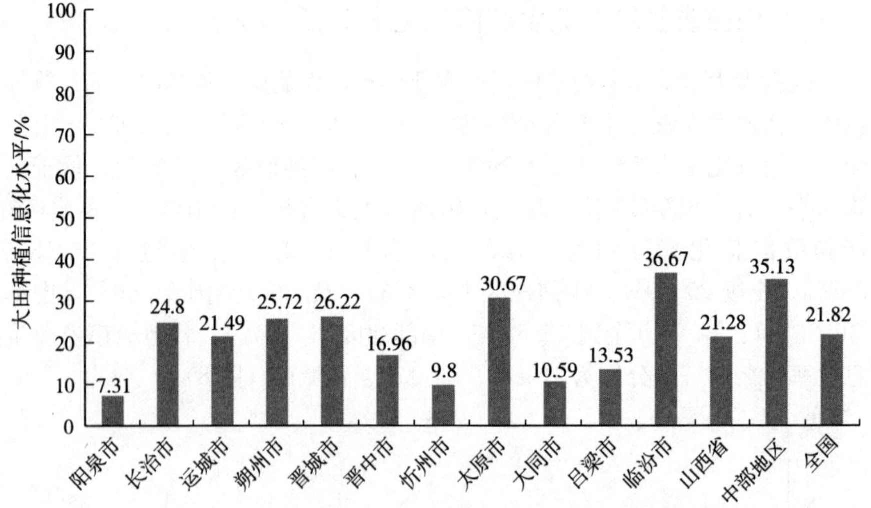

图 9　2021 年山西省各地级市大田种植信息化水平

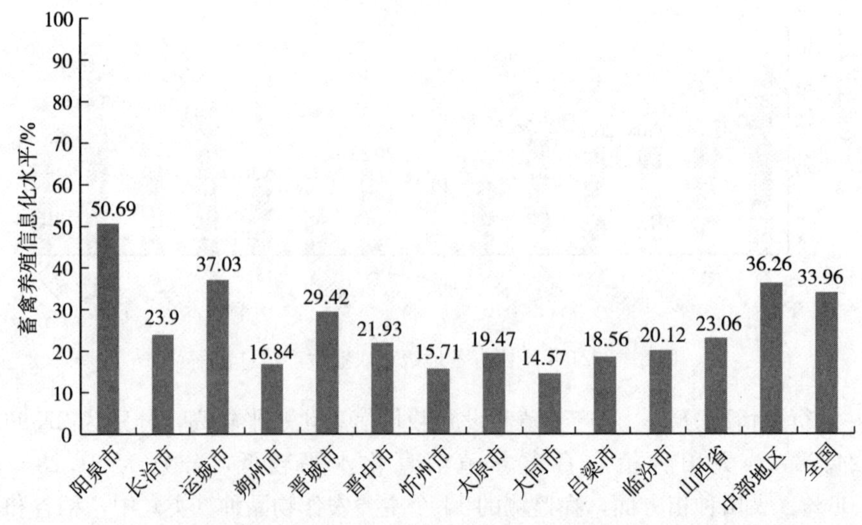

图 10　2021 年山西省各地级市畜禽养殖信息化水平

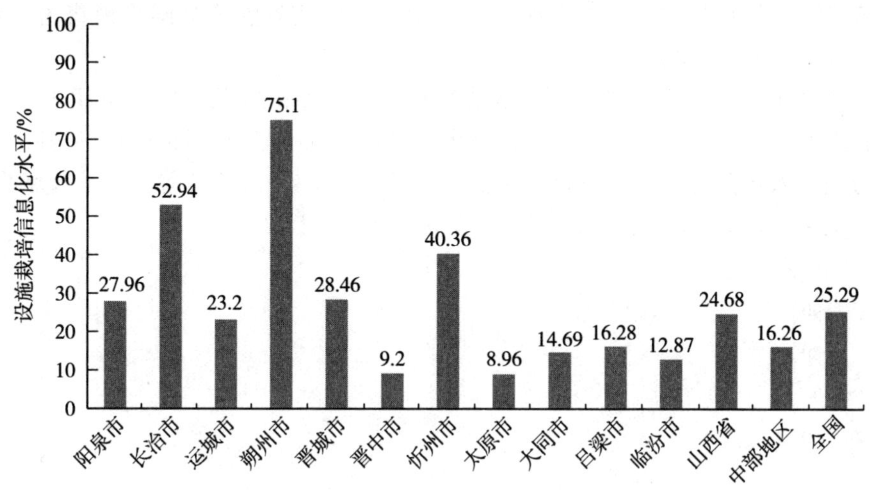

图 11　2021 年山西省各地级市设施栽培信息化水平

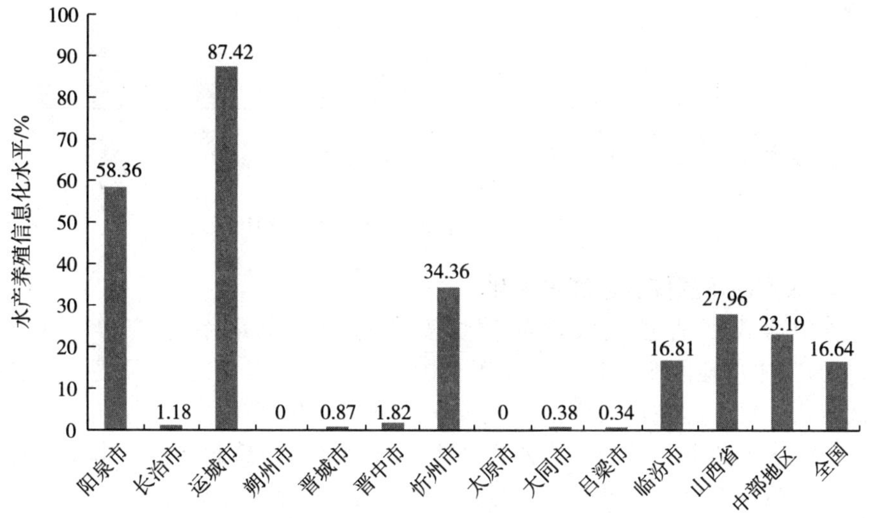

图 12　2021 年山西省各地级市水产养殖信息化水平

（五）山西省县域农业经营信息化水平有待突破

山西省积极引导各地发展农产品电子商务，拓展农产品销售途径，加强农产品质量监管，构建农产品质量安全追溯体系，为农产品销售和质量安全提供有力保障。

1. 农产品网络销售情况

2021 年山西省县域农产品网络销售额为 94.33 亿元，占农产品销售总额的 5.7%（全国 14.8%、中部地区 15.63%）。山西省农产品网络销售占比偏低，居全国第 29 位。

从各市情况分析，农产品网络销售额占农产品销售总额的比重超过 10% 的仅有太原市、大同市，其余各地级市网络销售水平较低（图 13）。从县级层面分析，农产品网络销售额超过 1 亿元的县占 20.2%，排名前三的是芮城县、太谷县、襄汾县，分别为 7.9 亿元、5.5 亿元、5.1 亿元。

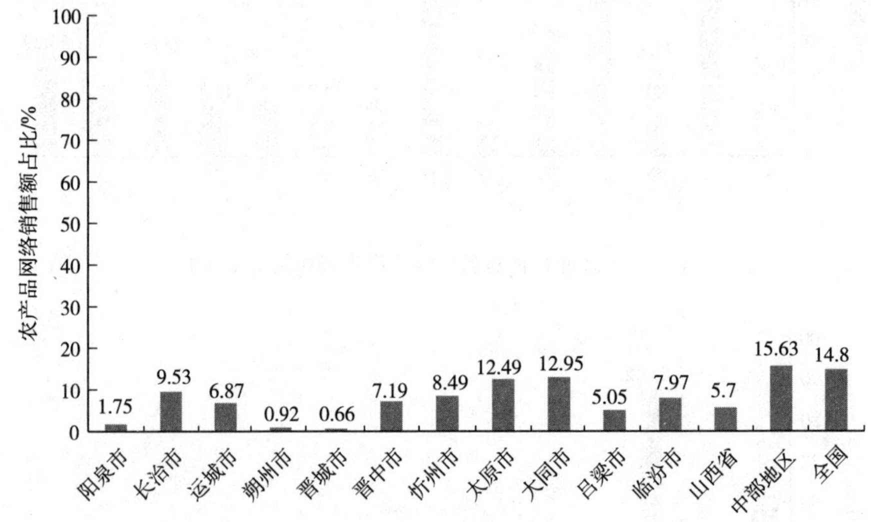

图 13　2021 年山西省各地级市农产品网络销售额占比

2. 农产品质量安全追溯信息化

2021 年山西省县域农产品质量安全追溯信息化率为 21.9%（全国 24.66%、中部地区 22.89%），低于全国平均水平，居全国第 14 位。从各市情况分析，仅有运城市农产品质量安全追溯信息化率超过 30%，达 32.47%（图 14）。从行业情况分析，山西省在大田种植业、设施栽培业、畜禽养殖业和水产养殖业 4 个行业的农产品质量安全追溯信息化率分别为 18.17%（居全国第 11 位）、29.34%（居全国第 12 位）、25.44%（居全国第 18 位）、32.67%（居全国第 9 位），全国水平分别为 19.02%、31.57%、32.98%、23.35%。各地级市大田种植业、设施栽培业、畜禽养殖业和水产养殖业的农产品质量安全追溯信息化水平见图 15～图 18。

（六）山西省县域乡村治理信息化水平有待加强

2021 年山西省各地充分借助互联网技术和数字化手段，推动了党务、政务、财务“三务”线上公开，全面推进了乡村治理信息化。山西省“三务”网上公开行政村覆盖率为 74.63%（全国为 78.35%、中部地区 83.75%），低于

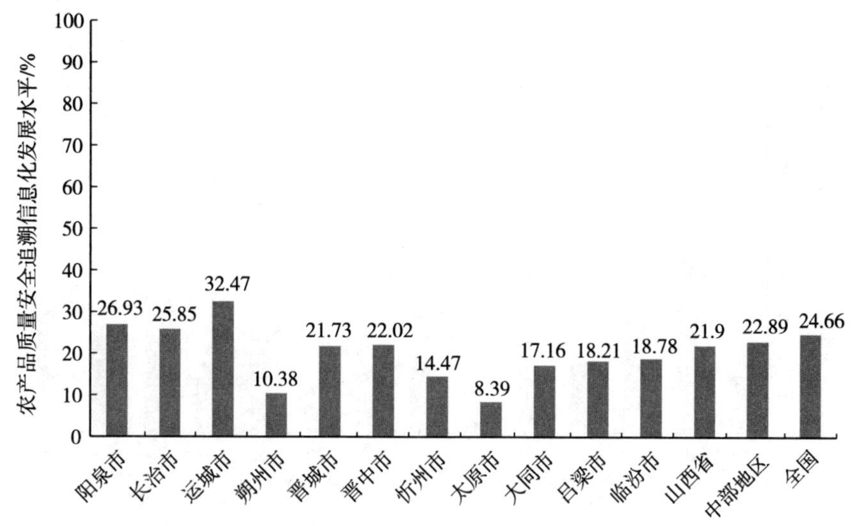

图 14　2021 年山西省各地级市农产品质量安全追溯信息化率

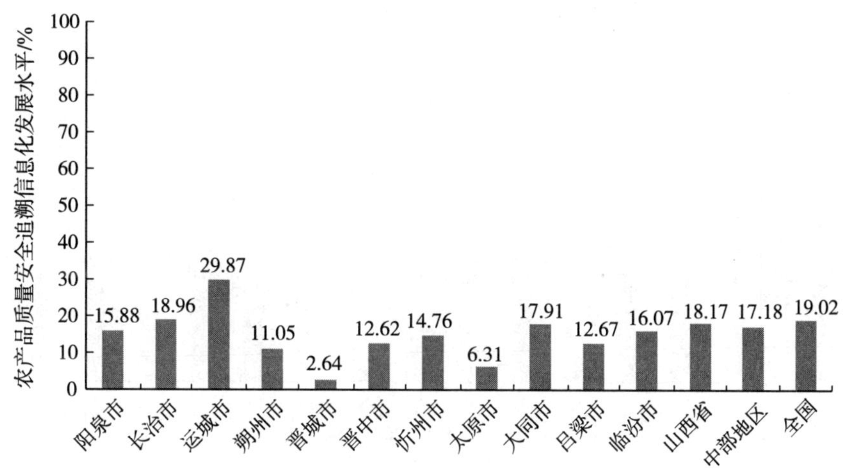

图 15　2021 年山西省各地级市大田种植业农产品质量安全追溯信息化率

全国平均水平，居全国第 20 位；行政村党务、村务、财务网上公开水平分别为 76.75%、75.61%、71.53%，均低于全国平均水平（全国平均水平分别为 79.94%、79.04%、76.07%），分别居全国第 19 位、第 19 位、第 18 位。山西省积极推动在线办事、公共安全等乡村治理能力提升，实现在线办事率 62.73%（全国 68.23%、中部地区 71.77%），公共安全视频图像应用系统行政村覆盖率 66.51%（全国 80.35%、中部地区 83.44%），村级在线议事行政村覆盖率 62.6%（全国 72.25%、中部地区 75.37%），应急广播主动发布终端行政村覆盖率 70.57%（全国 79.67%、中部地区 83.52%）（图 19）。

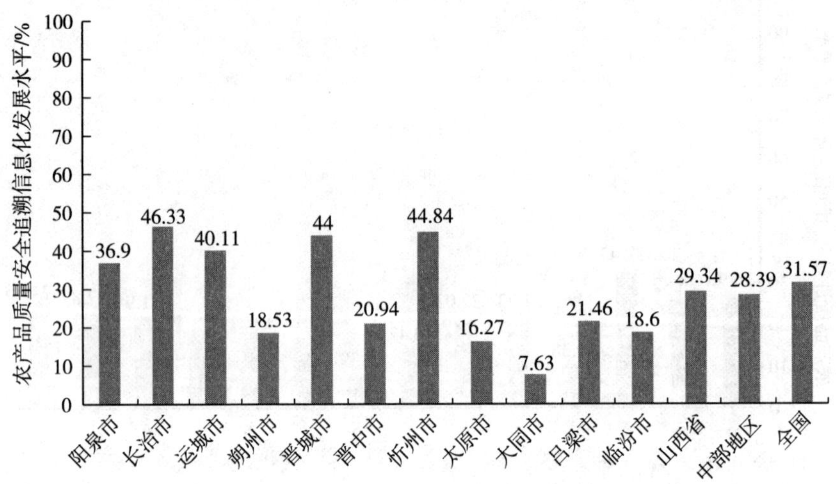

图 16　2021 年山西省各地级市设施栽培业农产品质量安全追溯信息化率

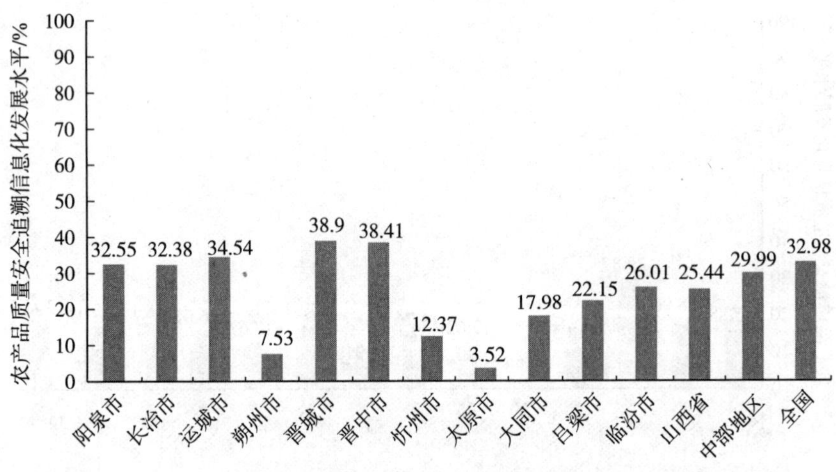

图 17　2021 年山西省各地级市畜禽养殖业农产品质量安全追溯信息化率

（七）山西省县域农业农村服务信息化水平有待挖掘

近年来，山西省大力推进村级综合服务站点建设和农技推广服务信息化水平提升。2021 年，山西省村级综合服务站点行政村覆盖率为 84.92%（全国 86.01%、中部地区 89.14%），居全国第 19 位；农技推广服务信息化率 44.97%（全国 61.34%、中部地区 60.54%），居全国第 22 位（图 20）。村级综合服务站和农技推广服务已成为农业农村服务信息化延伸到基层的重要桥梁。

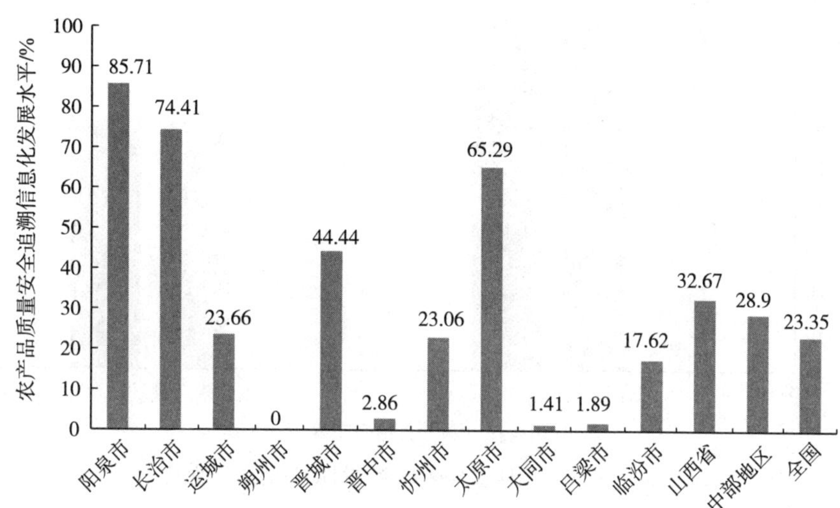

图 18　2021 年山西省各地级市水产养殖业农产品质量安全追溯信息化率

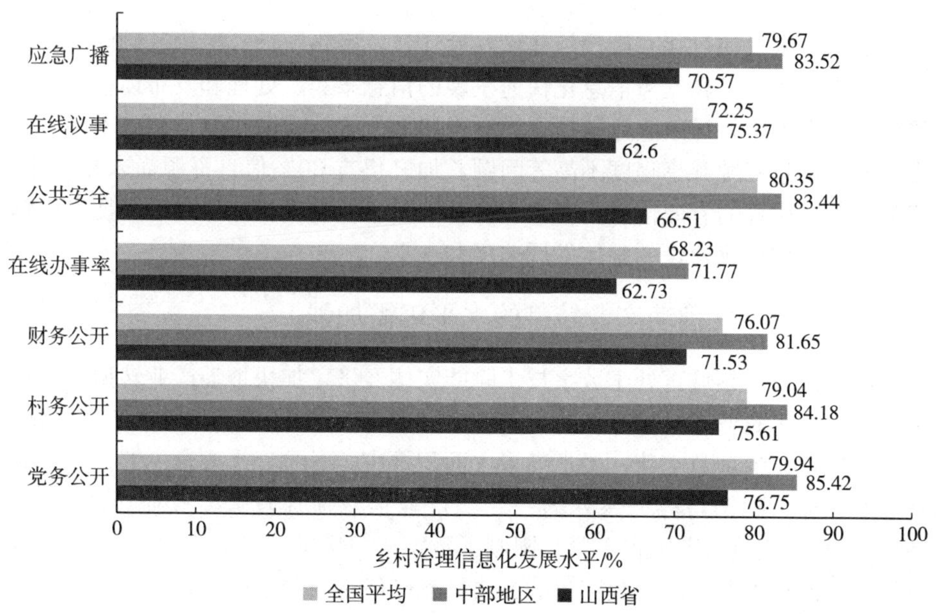

图 19　2021 年山西省县域农业农村乡村治理信息化情况

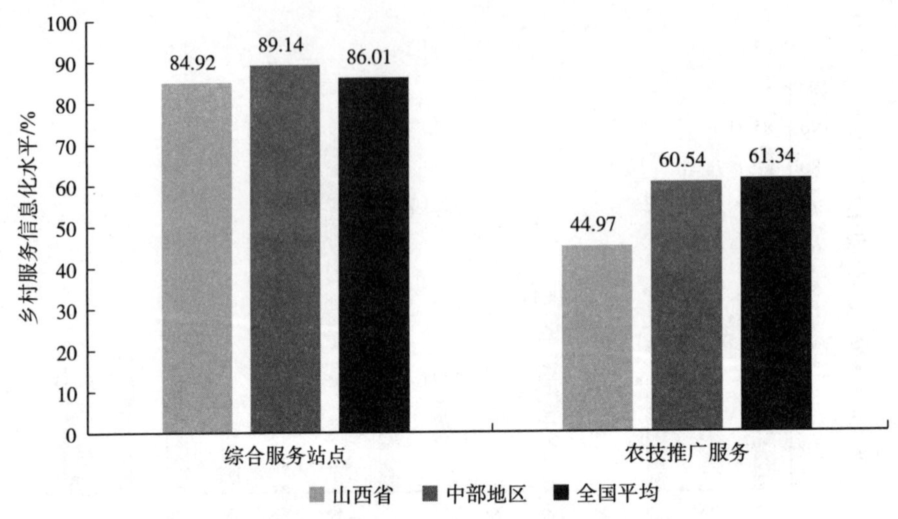

图 20　2021 年山西省县域农业农村服务信息化情况

三、存在的问题

（一）农业信息化基础设施建设仍需完善

山西省农业信息化基础设施建设发展迅速，网络、计算机等基础硬件设施建设基本完善。但在支撑信息化快速发展的信息采集、处理和发布体系等软环境建设仍有差距，导致农业数据资源利用率低、数据分散存储、格式不一、标准不同和信息资源共享程度不高等问题，加之仍有 30%信息资源尚未数字化，降低了信息服务的有效性。同时，山西各地信息化基础设施建设不平衡，影响了山西农业信息化建设的整体发展速度和水平。

（二）数字化推动产业转型的水平仍需加强

山西在农业领域正处于数字技术赋能实体经济，加快推动产业转型升级的关键期，聚焦农业农村领域，数字转型的“四化”（产业数字化、数字产业化、数据价值化、治理数字化）要求尚未大面积推广。一是三产融合不够。农产品从生产、加工到销售等一系列的一二三产业信息流通较慢，产业协同不足，“链主”和“全链条”抓得不紧，限制了数字运用场景。二是“数”“实”融合不足。山西在农业上应用数字化的方式虽然已经逐渐趋于成熟，部分地区已经在大力发展智慧农业，但整体发展的不平衡性日益突显，数字技术推广应用难的问题急需解决。

（三）农业农村信息化发展的专业人才仍需充实

山西在不断加强人才培养力度，提升人才教育水平，但面临较大的人才缺口。一是缺乏既懂“三农”工作又懂信息技术的农业农村系统复合型人才。二是缺乏既精通传统农业技术又掌握智慧农业技术的高素质农民和涉农主体。无论是全省农业农村系统工作人员，还是农民和涉农主体信息化数字化素养及技能都亟待提高，特别是在优质数字资源供给、数字教育水平、网络和数据安全防护意识及能力等方面还需加强，只有不断加强人才培养才能真正做到育好人、用好数、赋好能。

四、对策和建议

（一）以“数字化转型”为指引，构建数字农业农村发展体系

1. 构建农业农村大数据体系

推进农业农村大数据标准化建设，制定、修订和完善农业农村大数据统一标准体系框架，规范数据处理流程，强化数据的实时性和标准化，建立农业农村大数据标准规范体系。推进农业农村大数据资源库建设，构建农业农村数据汇聚体系，拓宽农业农村数据采集渠道，实现全省农业农村数据的“聚通用”。推进农业农村大数据应用平台建设，围绕农业、农村、农民，建设产业提升体系、乡村治理体系、惠农服务体系三大应用平台。整合涉农数据资源，构建全省一二三产业融合发展“一张图”，建设统一的数据汇聚治理和分析决策平台，实现农业农村数据可用、可查、可视和科学高效管理。

2. 构建智慧农业生产体系

在数智赋能上下功夫。以信息化、数字化、智能化引领驱动全省农业高新技术示范区、农业开发区、现代农业示范园区、特色产业集群、产业强镇、五大平台等的高标准高水平建设，推动实现农业“质”的有效提升和“量”的合理增长。在数实融合上求突破。精心谋划、创新发展以“三场一机”（智慧农场、智慧牧场、智慧渔场、智慧农机）、“一田一业一治理”（数字农田、数字种业、数字乡村治理）为重点的数字化应用场景，促进现代农业与先进制造业、现代服务业的深度融合。围绕重点任务，锻长补短，以数字化转型加快推进全省农业农村现代化。

3. 构建农业全产业链数字化体系

推进农产品质量安全管控数字化，建立农产品质量安全信息化监管体系，鼓励支持规模化农产品生产经营主体建立追溯系统，用信息化手段规范生产经营行为，汇集生产经营、监督检查、行政处罚、田间施用等数据，构建以县为

单位的投入品监管溯源与数据采集机制。推进乡村新产业新业态数字化，拓展农业多种功能，提升乡村多元价值，推动大数据赋能特色优势产业，鼓励发展生态农业、创意农业等基于互联网的新业态。推进农村电商发展，把电子商务作为发展乡村数字经济的重要抓手，落实好农村电子商务支持政策。

4. 构建乡村公共服务信息化体系

建立乡村综合信息服务平台，依托一体化在线政务服务平台，推动网上政务服务、公共服务等功能延伸到乡村，建立完善适应农业农村生产生活发展需求的信息综合服务平台，推进涉农服务事项在线办理。增强农业农村数字创新能力，整合农业系统数据资源，推动农业行业领域数据共享，增加农业科技服务有效供给，促进农业科技协作攻关。

（二）以人才队伍建设为支撑，夯实数字农业农村发展根基

1. 加强数字农业农村建设的组织领导

在《数字农业农村发展规划（2019—2025年）》框架下，加快建立健全农业农村信息化相关政策法规，加强数字农业农村建设和农业数据收集、分析、利用等过程的规范管理，建立一套高效的监督及管理机制。各级农业农村部门统一谋划、统筹推进数字农业农村建设工作，研究部署重大政策、重大问题和重点工作安排，跟踪和督促规划各项任务落实。

2. 强化数字农业农村人才队伍建设

数字农业农村是信息技术与农业产业、乡村治理和乡村管理及服务的深度融合，农业农村信息化人才的引进和培养是促进数字农业农村持续发展的关键。充分利用高校人才资源，优化人才培养体系，吸引信息技术人才的加入。发挥数字素养与技能培训基地作用，发展培养一批数字农业农村领域科技领军人才团队。深入基层开展数字农业农村业务培训和知识普及，提高“三农”干部、新型经营主体、高素质农民的数字技术应用和管理水平。

3. 加大数字农业农村建设的资金投入

根据山西省数字农业农村的发展目标和重点任务，通过设立一批数字农业农村建设的专项计划，统筹农业科技发展项目资金助力数字农业农村发展。以数字农业农村发展规划为基准，通过合作、招商和购买服务等方式推进“数字乡村信息化”平台建设，进一步优化营商环境吸引社会资本投入，形成政府＋企业＋政策＋资金共同助力数字农业农村发展、共享数字农业农村发展成果的新局面。

2022内蒙古自治区县域农牧业农村牧区信息化发展水平评价报告

撰稿单位：内蒙古自治区农牧厅

撰稿人员：唐　军

为贯彻落实《“十四五”全国农业农村信息化发展规划》《数字乡村发展行动计划（2022—2025年）》《2022年数字乡村发展工作要点》部署要求，按照农业农村部市场与信息化司《关于开展2022年度全国农业农村信息化能力监测试点工作的函》工作安排，内蒙古自治区农牧厅对全区12个盟市97个旗（县、市、区）2021年县域农牧业农村牧区信息化发展水平进行了监测分析评价，形成了本评价报告。

一、评价说明

（一）指标体系

本次评价采用农业农村部指标体系，包括发展环境、乡村网络基础设施、农牧业生产信息化、经营信息化、乡村治理信息化、服务信息化6个一级指标、17个二级指标和23个三级指标。

（二）评价范围

按照自愿填报原则，全区103个旗县（市、区）中有97个参评，县域参与率达到94.17%。

（三）数据来源

本次评价数据采用旗县（市、区）农牧部门调查统计，盟市和自治区农牧部门审核把关、逐一比对的方式获得，确保数据准确可靠，评价工作真实客观。

二、现状分析

（一）县域农牧业农村牧区信息化发展总体水平

经测算，内蒙古县域农牧业农村牧区信息化发展总体水平为31.5%，比

2021 年提升 1.4 个百分点，低于全国 39.1%的综合发展水平，同时低于西部地区 33.6%的综合发展水平（图 1），居全国第 25 位。

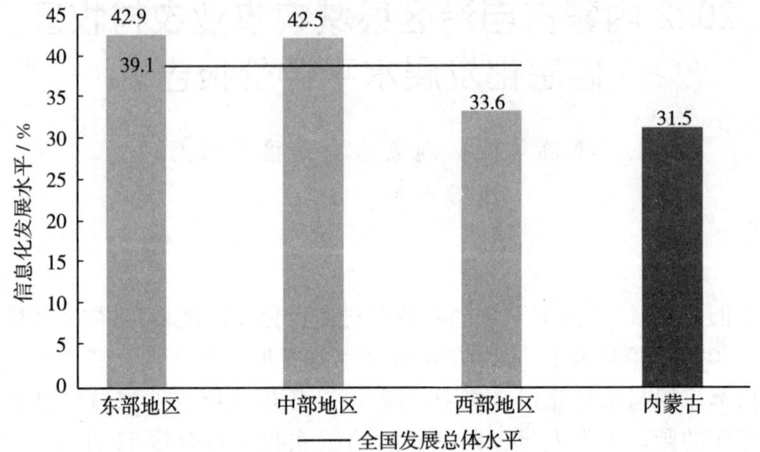

图 1　2021 年全国县域农牧业农村牧区信息化发展水平

内蒙古县域农牧业农村牧区信息化发展水平排名前五的盟市是通辽市、巴彦淖尔市、呼和浩特市、呼伦贝尔市和赤峰市（图 2），平均发展水平为 35.1%。

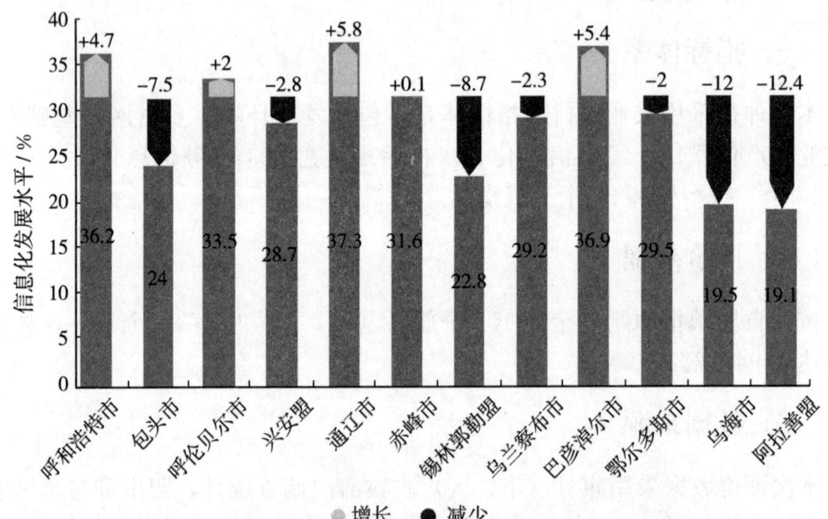

图 2　2021 年内蒙古各盟市县域农牧业农村牧区信息化发展水平

从县域看，农牧业农村牧区信息化发展水平高于全国平均水平（39.1%）的有 20 个，占比 21%；低于全区平均水平（31.5%）的有 53 个，占比 55%；两者之间（31.5%～39.1%）的有 24 个，占比 25%。此次评价中，排名全区前十的旗县（市、区）有阿荣旗、通辽市科尔沁区、卓资县、察哈尔右翼前旗、喀喇沁旗、乌兰察布市集宁区、和林格尔县、阿尔山市、科尔沁右翼中旗、乌拉特中旗，平均发展水平为53.8%。其中，阿荣旗发展总体水平居全国第18位。

（二）发展环境分析

发展环境主要以乡村人均农牧业农村牧区信息化财政投入、乡村人均农牧业农村牧区信息化社会资本投入和县级农牧业农村牧区信息化管理服务机构综合设置情况三项作为评价依据。

在乡村人均农牧业农村牧区信息化财政投入方面，内蒙古平均水平为48.78元/人，高于中部地区（39.03元/人）、西部地区（32.22元/人），居全国第8位，但低于全国平均水平55.25元/人（图3）。

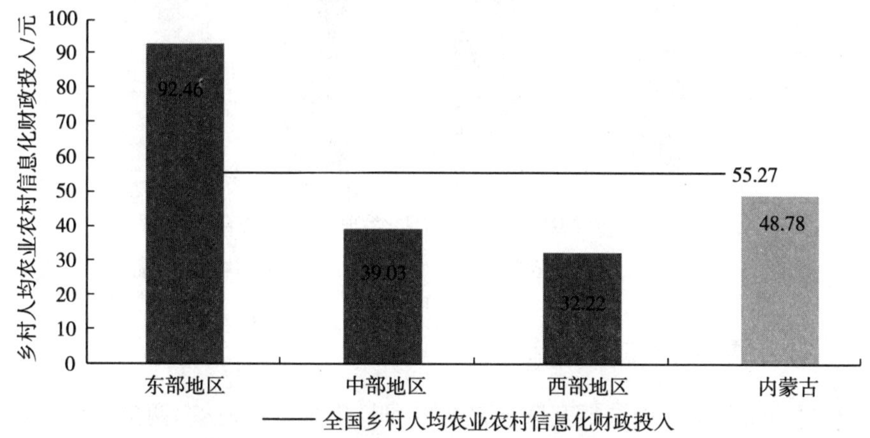

图3 2021年内蒙古县域农牧业农村牧区信息化财政投入水平

在乡村人均农牧业农村牧区信息化社会资本投入方面，内蒙古平均水平为28.65元/人（图4），低于全国平均水平，居全国第26位。

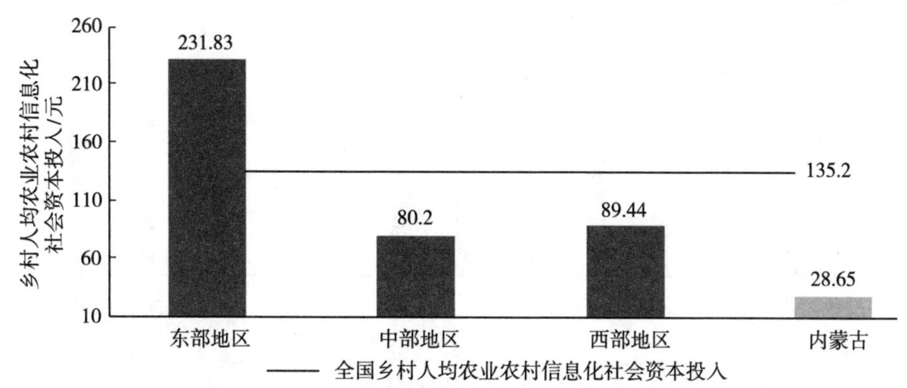

图4 2021年内蒙古县域农牧业农村牧区信息化社会资本投入水平

在县级农牧业农村牧区信息化管理服务机构综合设置情况方面，2021 年内蒙古县级农牧业农村牧区信息化管理服务机构综合设置水平为 62.63%，低于全国平均水平 9.72 个百分点（图 5），居第 26 位。具体来看，有 73 个旗县（市、区）农牧局为县网络安全和信息化领导机构成员或组成单位，有 59 个旗县（市、区）农牧局成立了网络安全和信息化领导机构，有 40 个旗县（市、区）农牧局设置了承担信息化相关工作的行政科（股），有 12 个旗县（市、区）农牧局设置了信息中心（信息站）等事业单位。

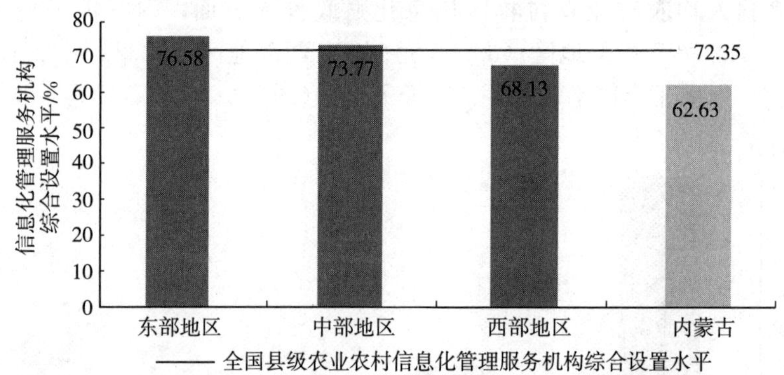

图 5　2021 年内蒙古县域农牧业农村牧区信息化管理机构综合设置水平

（三）乡村网络基础设施分析

乡村网络基础设施包括互联网普及率和行政村 5G 通达率两项指标。自治区互联网普及率为 72.37%，低于全国平均水平 0.46 个百分点，全国排名第 15。各盟市互联网普及率如图 6 所示。全区有 5 个盟市、49 个旗县（市、区）的互联网普及率高于全国平均水平，占比 51%。

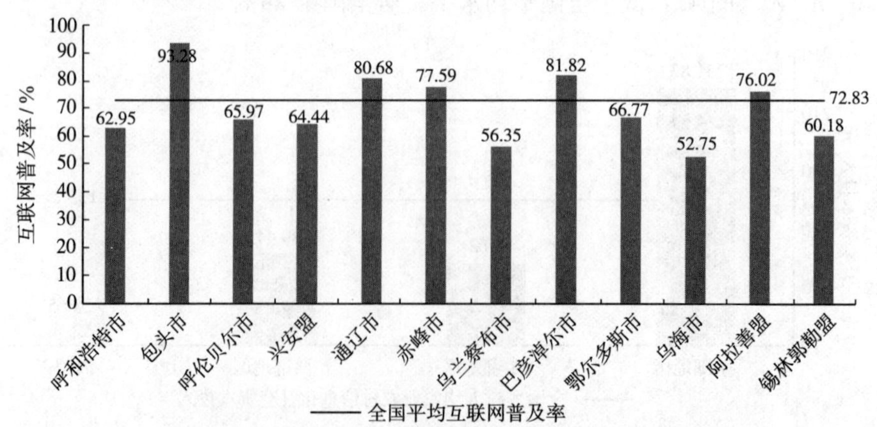

图 6　2021 年内蒙古县域农牧业农村牧区互联网普及率

内蒙古行政村 5G 通达率为 35.6%，低于全国平均水平 21.79 个百分点，全国排名第 29。全区有 1 个盟市、31 个旗县（市、区）的行政村 5G 通达率高于全国平均水平。呼和浩特市是排名全区第一的地级市，其行政村 5G 通达率高于全国平均水平 16.27 个百分点（图 7）。

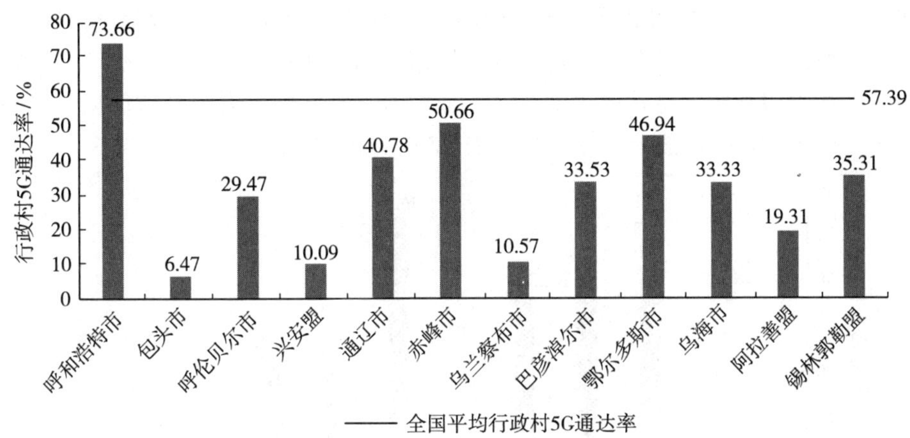

图 7　2021 年内蒙古县域农牧业农村牧区行政村 5G 通达率

（四）农牧业生产信息化分析

农牧业生产信息化包括大田种植、设施栽培、畜禽养殖、水产养殖信息化率 4 项指标。2021 年内蒙古农牧业生产信息化平均发展水平为 17.46%，低于全国平均水平 7.9 个百分点。各盟市农牧业生产信息化水平如图 8 所示。

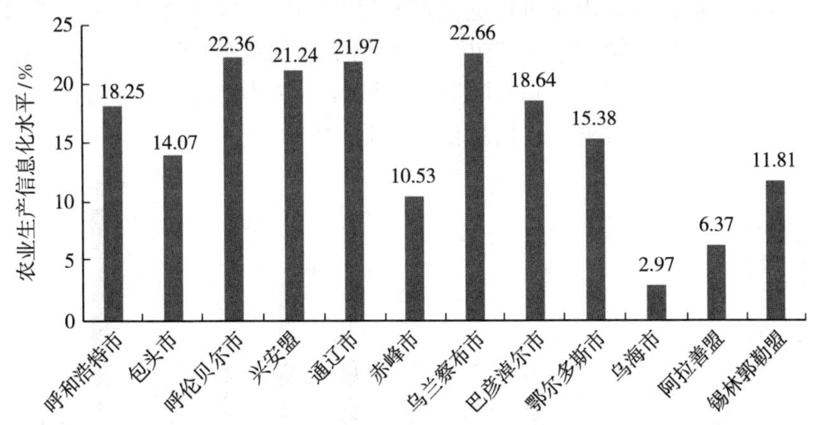

图 8　2021 年内蒙古县域农牧业生产信息化水平

内蒙古农牧业生产信息化水平超过全国平均水平的旗县（市、区）有 25 个，占比 25.77%；超过全区平均水平的旗县（市、区）有 39 个，占比

40.21%。排名全区前五的旗县（市、区）分别是阿荣旗、乌兰察布市集宁区、通辽市科尔沁区、卓资县、磴口县，平均生产信息化水平为71.84%。

分行业来看，在大田种植方面，内蒙古信息化水平为24.39%，高于全国平均水平2.57个百分点，居全国第17位。监测的3种主要农作物生产信息化水平位于全国前10，分别是大豆全国第6、马铃薯全国第4、烟草全国第8。大田种植信息化水平排名全区前三的地级市为乌兰察布市、呼伦贝尔市和兴安盟，平均大田种植信息化率为34.15%（图9）。县域中，大田种植信息化水平高于全区平均水平的旗县（市、区）有33个，占比34%。

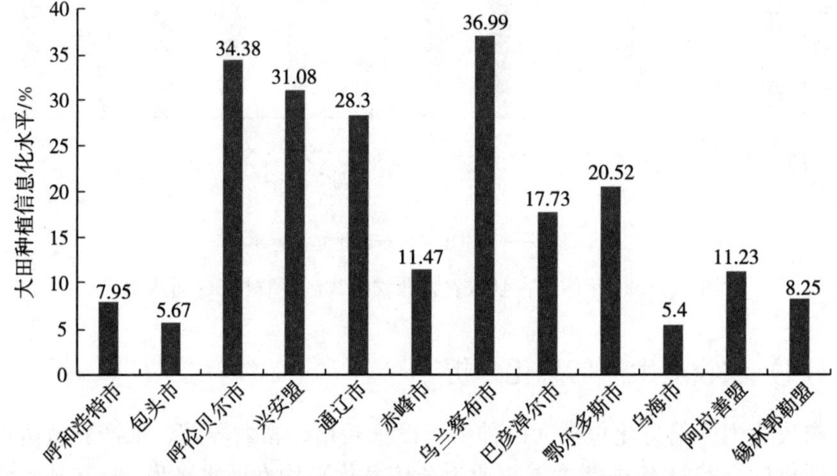

图9　2021年内蒙古县域农牧业农村牧区大田种植信息化水平

在设施栽培方面，内蒙古信息化水平为3.06%，低于全国平均水平22.23个百分点，全国排名第30。各盟市设施栽培信息化水平如图10所示。排名全区前五的旗县（市、区）分别是阿荣旗、科尔沁左翼后旗、乌审旗、和林格尔县、喀喇沁旗，平均设施栽培信息化率为78.46%。

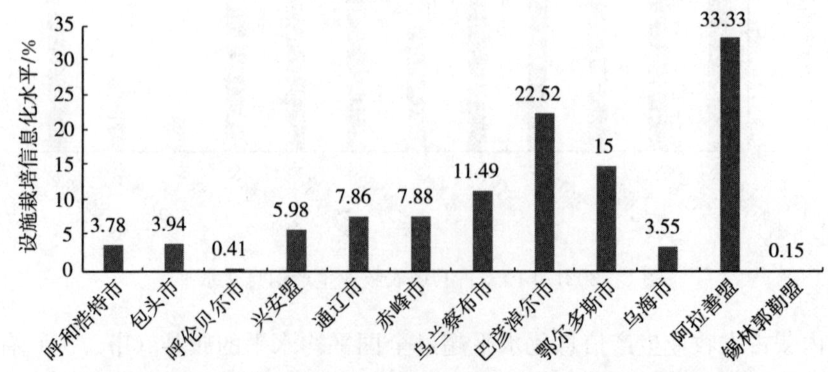

图10　2021年内蒙古县域农牧业农村牧区设施栽培信息化水平

在畜禽养殖方面，内蒙古信息化水平为13.97%，低于全国平均水平19.99个百分点。监测的4种主要畜禽中，家禽（鸡鸭鹅）和生猪养殖信息化水平较高，分别为21.81%、18.81%（图11）。畜禽养殖信息化水平排名全区前五的旗县（市、区）分别为阿荣旗、磴口县、乌兰察布市集宁区、喀喇沁旗、杭锦后旗，平均水平为73.36%。

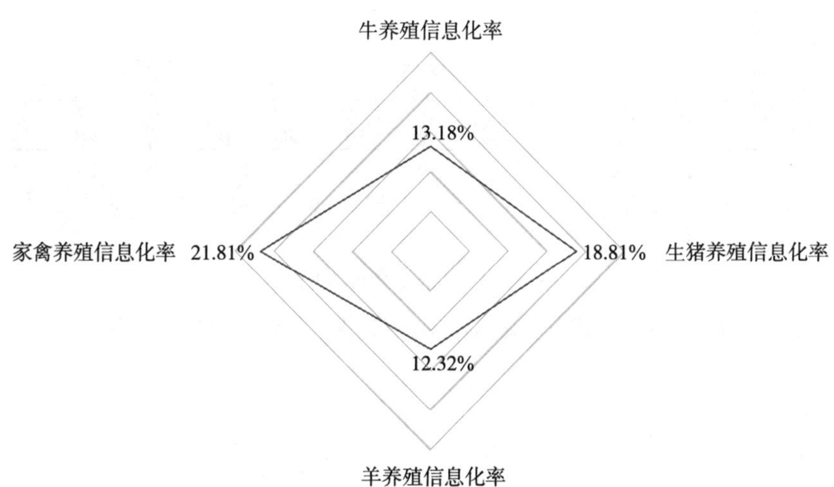

图11 2021年内蒙古县域农牧业农村牧区畜禽养殖信息化水平

水产养殖方面，内蒙古信息化水平为5.3%，低于全国平均水平11.34个百分点。贝类养殖信息化位于全国第4，包头市贝类养殖信息化水平位居全区第1，达到66.67%。

（五）经营信息化分析

经营信息化包括农畜产品网络销售情况和农畜产品质量安全追溯信息化水平两个指标。

内蒙古农畜产品网络销售额占比为13.73%，仅低于全国平均水平1.07个百分点。排名全区前三的地市级分别是呼和浩特、乌海市和赤峰市，平均水平为42.78%（图12）。有35个旗县（市、区）的农畜产品网络销售额占比高于全国平均水平，占比36.1%。

内蒙古农畜产品质量安全追溯信息化水平为17.50%，低于全国平均水平7.16个百分点。排名全区前二的地级市为通辽市和巴彦淖尔市，其农畜产品质量安全追溯信息化水平分别为37.51%和28.91%（图13）。从县域来看，农畜产品质量安全追溯信息化水平高于全国平均水平的有24个旗县（市、区），平均水平为62.17%。

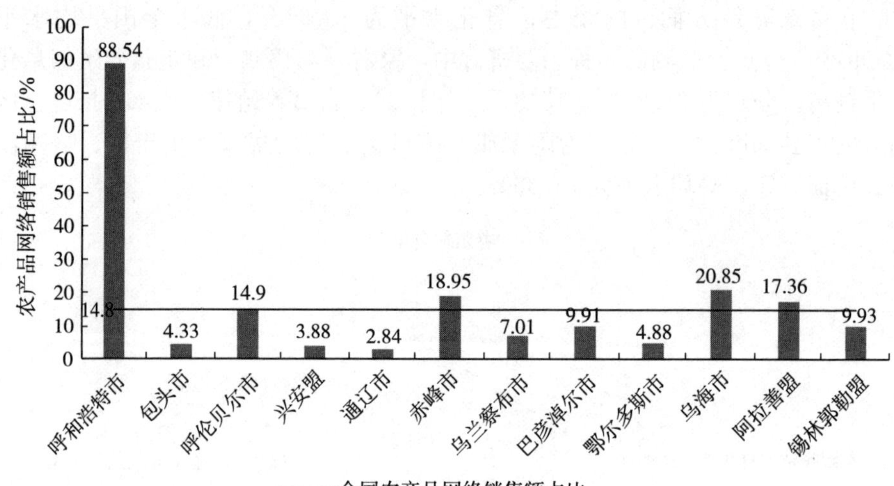

图12　2021年内蒙古县域农牧业农村牧区农畜产品网络销售额

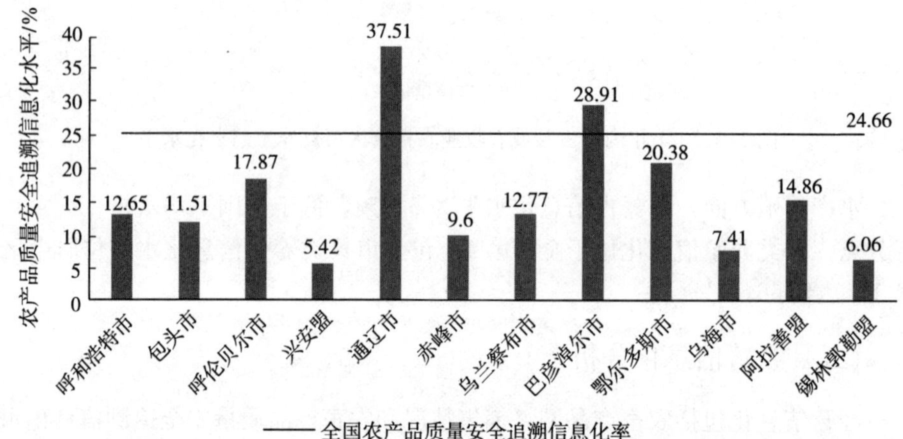

图13　2021年内蒙古县域农牧业农村牧区农畜产品质量安全追溯信息化水平

分行业来看，自治区大田种植、设施栽培、畜禽养殖和水产养殖农畜产品质量安全追溯信息化分别为15.69%、28.64%、17.81%和17.67%，均低于全国平均水平。

（六）乡村治理信息化分析

内蒙古乡村治理信息化总体情况较好，“三务”网上公开行政村覆盖率为88.99%，高于全国平均水平10.64个百分点。其中党务网上公开行政村覆盖率、村务网上公开行政村覆盖率和财务网上公开行政村覆盖率分别高达

91.21%、87.05%和88.69%，均高于全国平均水平（图14）。全区74个旗县（市、区）“三务”网上公开行政村覆盖率达到100%，占比76.29%。

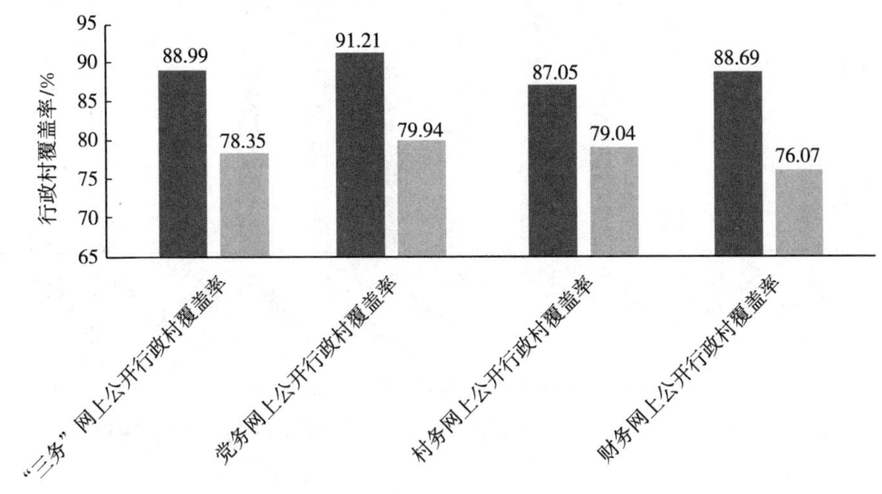

图14 2021年内蒙古县域农牧业农村牧区“三务”网上公开行政村覆盖率

内蒙古公共安全视频图像应用系统行政村覆盖率为39.81%，低于全国平均水平40.54个百分点。

内蒙古县域政务服务在线办事率为59.11%，低于全国平均水平9.12个百分点。

内蒙古行政村村级在线议事行政村覆盖率和应急广播主动发布终端行政村覆盖率分别为55.47%和67.68%，分别低于全国平均水平16.78个和11.99个百分点。

（七）服务信息化分析

内蒙古村级综合服务站点行政村覆盖率为70.47%，低于全国平均水平15.54个百分点。各盟市村级综合服务站点行政村覆盖率如图15所示。其中排名全区前三的地市级分别是巴彦淖尔市、通辽市和鄂尔多斯市，平均水平为94.16%。全区55个旗县（市、区）村级综合服务站点行政村覆盖率达到100%，占比56.7%。

内蒙古农技推广服务信息化水平为63.2%，高于全国平均水平1.86个百分点。各盟市农技推广服务水平如图16所示。其中排名全区前三的地市级分别是通辽市、巴彦淖尔市和呼伦贝尔市，平均水平为85.3%。全区33个旗县（市、区）农技推广服务信息化率达到100%，占比34%。

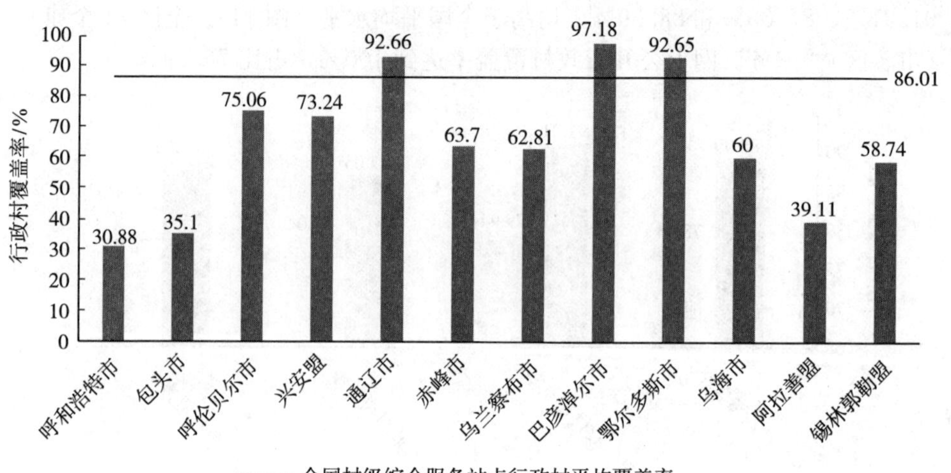

图 15　2021 年内蒙古县域农牧业农村牧区村级综合服务站点行政村覆盖率

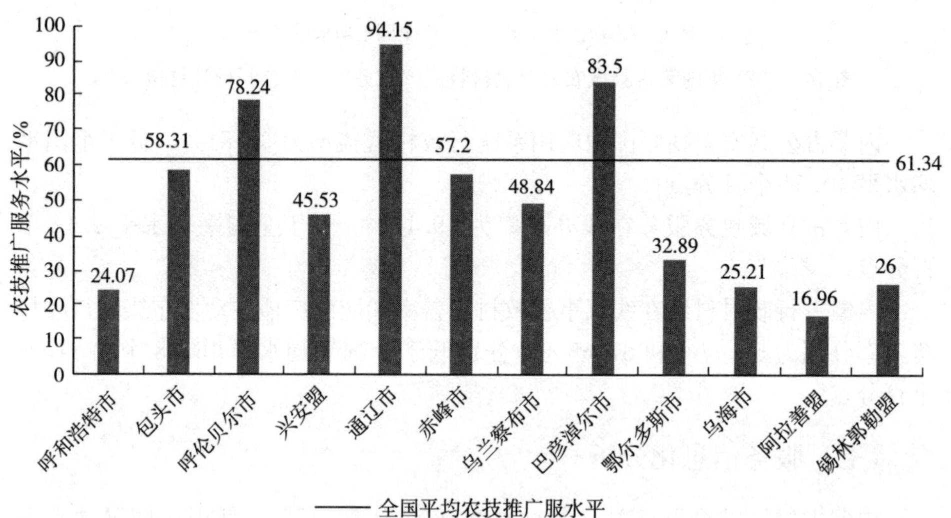

图 16　2021 年内蒙古县域农牧业农村牧区农技推广服务水平

三、存在问题

（一）县域农牧业信息化发展水平总体偏低

内蒙古县域农牧业农村牧区信息化发展总体水平比全国发展水平低 7.6 个百分点，居全国倒数第九位。分区域来看，内蒙古的发展水平不仅远低于我国东部、中部地区，在西部地区也不占优势。而且，内蒙古区域间发展不平衡现象较为突出，地级市间发展水平相差最多的有 18 个百分点，旗县（市、区）间发展水平相差最多的甚至达到 46 个百分点。

（二）农牧业生产行业信息化水平差异较大

农牧业信息化领域不同行业差异较大。在大田种植、设施栽培、畜禽养殖等生产环节在全国排名均靠后。但农业经营环节、乡村治理环节和服务环节信息水平较高。易形成农牧业信息数据采集目录不全、规模不大，农业大数据少、农村大数据多，生产型数据少、加工流通服务管理型数据多的情况。

（三）农牧业信息化基础设施有待完善

尽管自治区农业信息基础设施建设已经取得一定成就，农村互联网发展迅速，但在部分农牧区域，特别是偏远地区还存在互联网“最后一公里”未解决的问题，盲点较多、带宽不够、信号不稳等问题制约了数字技术应用向农牧业延伸拓展。全区只有 27 个旗县实现 5G 网络全覆盖，占比 27.83%。

（四）农牧业信息化资金投入有待提高

内蒙古地区信息化财政投入低于全国平均水平 6.47 元/人，信息化社会化资本投入低于全国平均水平 106.55 元/人。大部分资金用于基础设施建设、新技术推广和信息资源开发等方面，提高农牧业生产管理信息化水平、转变农牧业发展方式、提高农牧民生活水平和增收能力等方面的投入资金较少，发挥作用还不够明显。

（五）人才匮乏有待解决。

自治区不仅缺乏农牧业数字化研发人才、技术人才，实用人才，既懂“三农三牧”又懂信息技术的复合型人才更为缺乏。随着人口老龄化、农村牧区“空心化”，农村牧区高素质劳动力匮乏的情况日益严峻，这或成为影响农牧业数字化一个重要因素。

四、发展建议

（一）加强区域发展统筹协调

针对数字化不同领域、不同县域应用发展不平衡的问题，以全局观念、战略眼光、系统思维，加快推进数字农牧业规划布局，对发展目标、实施步骤、区域布局、关键领域、重点任务、主要路径等作出整体性设计。将现有数字农牧业发展措施进行梳理和集成，完善农牧业信息化政策支持。充分发挥国家和自治区数字乡村试点示范引领作用，积极推动试点县建设，探索数字乡村发展模式，边试点、边总结，及时推广好的经验，为统筹推进县域协调发展提供新思路、新引擎。

（二）加快全产业链数字化建设

以大数据为引领，依托云计算、物联网等新一代信息技术，加快构建覆盖全产业链的智能化、信息化网络，引导传统农牧业生产要素向现代生产要素转变，提升农业产业发展质量和效益，带动绿色有机高端农畜产品生产加工供应体系建设，促进农村牧区一二三产业融合发展。

（三）完善农牧业信息化基础设施

加快推进农牧业大数据体系建设，有效整合涉农涉牧信息系统和数据资源，逐步构建起“农牧时空一张图”。解决好网络不通、带宽不够、信息不稳等问题，加快推进农村牧区信息网络布局建设，打通农牧业信息数据传输动脉。健全农村牧区电子商务特别是冷链物流配送体系和综合服务网络，打造高效畅通的农畜产品销售流通网络渠道。

（四）加大复合型人才培育力度

加强“三农三牧”干部和技术服务人员农牧业数字化知识培训，提高推动工作的水平。鼓励与知名高校、科研院所、企业合作，引进培养数字农牧业学科带头人才、技术领军人才和高级管理人才。深入开展数字农牧业下乡活动，有针对性地组织信息化基础知识、数字化适用技术、现代化经营管理等知识培训，提高农牧民数字化技术应用能力。

2022 辽宁省县域农业农村信息化发展水平评价报告

撰稿单位：辽宁省农业发展服务中心、抚顺市农业农村局、本溪市农业综合发展服务中心、东港市农业农村发展服务中心
撰稿人员：赵　坤　李　柱　王见中　郭　宇
曹　磊　孙　瑶　张　帅　崔虹宇
潘诗晓　何　畅　赵会云　于晓明

为贯彻落实《"十四五"全国农业农村信息化发展规划》《数字乡村发展行动计划（2022—2025 年）》《2022 年数字乡村发展工作要点》等部署要求，探索数字乡村发展水平评价工作方法和路径，农业农村部市场与信息化司会同农业农村部信息中心在农业农村信息化发展水平监测试点和全国县域数字农业农村发展水平评价工作的基础上，继续开展 2022 年度全国农业农村信息化能力监测填报工作。在辽宁省农业农村厅市场与信息化处、辽宁省农业发展服务中心智慧农业发展部的组织下，辽宁省 14 个地级市 78 个涉农县（市、区）参与了本次工作，基于填报的 2021 年有关数据，形成本评价报告。

一、主要工作做法

辽宁省农业农村厅于 2022 年 7 月初向全省 14 个地级市转发了《农业农村部市场与信息化司关于开展 2022 年度全国农业农村信息化能力监测试点工作的函》，全面启动监测工作。此项工作由厅市场与信息化处牵头，省农业发展服务中心智慧农业发展部主办。同时，要求各市高度重视和大力支持该项工作，建立分管负责同志牵头的工作机制。各市农业农村部门信息化工作承担部门负责监测工作的主体责任，并积极争取归口事业单位支持，协同制定实施方案，统筹做好本地区监测工作，确保组织到位、人员到位、责任到位、措施到位。设立省、市、县（区）级联络员，形成省、市、县三级互动沟通模式，通过电话、微信、邮箱等方式及时与全省各地联络员沟通，探讨解决在填报数据中存在的问题。

二、数据填报及分析情况

（一）评价指标说明

基于以往几年的工作基础，细化调整指标，接续开展本项工作。监测评价指标体系共设三级指标项，一级指标包括发展环境、乡村网络基础设施、农业生产信息化、经营信息化、乡村治理信息化、服务信息化 6 个大项；二级指标包括农业农村信息化财政投入情况、农业农村信息化社会资本投入情况、农业农村信息化管理服务机构情况等 17 个分项；三级指标包括乡村人均农业农村信息化财政投入、乡村人均农业农村信息化社会资本投入等 23 个小项。2023 年，辽宁省在以往工作的基础上，还将与时偕行、推陈出新，不断完善各项指标体系，积极探索数字乡村发展水平评价工作方法和路径。

（二）数据处理方法说明

首先基于县域填报值计算得出三级指标值，其次沿用 Min - max 归一化方法对部分数值范围不在 0～1 的三级指标值进行归一化处理，最后按照权重逐级计算二级指标值、一级指标值及发展总体水平。Min - max 归一化方法如下所示：

$$z_i = \frac{(x_i - x_{i,\min})}{(x_{i,\max} - x_{i,\min})} \quad i = 1,2,\cdots,n$$

其中，x_i为某地区第 i 个指标值，z_i为该地区第 i 个指标归一化后的指标值，$x_{i,\max}$为该地区第 i 个指标在其所在层级（县级/市级）中的最大值，$x_{i,\min}$为该地区第 i 个指标在其所在层级（县级/市级）中的最小值。即通过在同层级进行归一化处理，使各市、县（市、区）之间发展总体水平具有可比性。

三、近年来辽宁省农业农村信息化建设重点项目

（一）数字辽宁工程重点项目

目前，全省数字辽宁农业工程重点项目共计 14 个，包括智慧农业应用基地（共计 10 个）、朝阳凌源市农业农村局数字农业创新应用基地、朝阳市燕都公社（朝阳）数字农业科技有限公司燕都公社数字农业项目、丹东凤城市大业食用菌专业合作社联合社食用菌智慧产业链服务平台项目、东港市国家现代农业产业园草莓全产业链综合大数据平台项目。

（二）省级智慧农业应用基地

为加快推进辽宁省智慧农业应用基地建设工作，围绕全省数字辽宁和数字

乡村总体规划，辽宁省农业农村厅组织开展了智慧农业应用基地创建工作，为全省提供可复制可推广的智慧农业应用经验模式。2021—2025年，计划在全省建成以种植业、设施农业（园艺）、畜牧业、渔业生产、农村电商及农业信息化服务为基础的100个智慧农业应用基地。2022年确定了25家单位创建省级智慧农业应用基地。其中，智慧种植业应用基地类别5个、智慧设施农业（园艺）应用基地类别5个、智慧畜牧业应用基地类别10个、智慧渔业应用基地类别3个、农村电商应用和农业信息化服务基地类别2个。

（三）国家级数字农业创新应用基地

组织开展国家数字农业创新应用基地建设，获批储备国家数字农业创新应用基地储备项目7个。同时，启动2023年国家数字农业创新应用基地建设项目储备申报工作，建设数字种植业、数字设施农业、数字畜牧业和数字渔业等创新应用基地。目前，全省已有5个基地进行了申报。其中，凌源市政府组织召开了数字农业专家座谈会，专门邀请省直部门有关单位负责同志、沈阳农业大学有关专家共同商讨凌源市数字农业未来发展思路和主要措施。在听取凌源市政府关于数字农业工作的汇报后，与会代表就凌源市数字农业下步工作提出了诸多合理性的建议，为凌源市数字农业发展提供了理论支撑和实践指导。

（四）“互联网＋”农产品出村进城工程

贯彻落实农业农村部《关于实施“互联网＋”农产品出村进城工程的指导意见》文件要求，推进“互联网＋”农产品出村进城工程试点工作。及时印发省级实施方案，完善相关配套制度，组织协调彰武、桓仁、北镇、大石桥、凌源5个县（市）开展工程试点提升农村电商工作水平。此外，组织相关科研力量，协助试点县做好试点品种全产业链各项标准和操作规程的研制，推荐条件成熟的标准列入地方标准，为农产品线上销售做好品控工作。

（五）12316农业信息服务

巩固拓展12316“三农”信息综合服务平台内容，创新升级平台服务模式，助力数字乡村建设创新发展。截至2022年底，12316平台总服务量267.13万例；官方微信服务总量40.37万人次；金农热线App注册用户数1.5万人；快手官方账号服务总量89.7万人次，现拥有关注者1.2万人，发布农业科普知识、“三农”政策法规短视频作品134个，直播226场次，直播总时长1.36万分钟，直播现场解答问题4 200条；抖音官方账号服务总量120万余人次，发布农业科普知识、“三农”政策法规短视频作品67个，直播147场次，直播总时长8 820分钟。

四、基本结论

（一）辽宁省县域农业农村信息化发展总体水平持续提升

近年来，辽宁省委、省政府大力发展农业农村信息化，不断开展农业农村电子商务、智慧农业、数字乡村、农业物联网建设，取得了很大成效。全省11 639个行政村实现宽带互联网全覆盖、4G网络全覆盖、中央广播电视节目无线数字化全覆盖，广播电视"户户通"升级工程稳步推进。"12316"金农热线省级平台不断升级，融合多种服务模式，综合信息服务平台服务总量不断提高。

从地级市看，县域农业农村信息化发展水平超过全国水平的地级市为丹东市。具体数据见表1。

表1　2021年辽宁省各地级市农业农村信息化发展总体水平

地级市	发展总体水平/%	省内排名
丹东市	46.5	1
锦州市	36.9	2
本溪市	31.0	3
朝阳市	30.8	4
铁岭市	28.8	5
营口市	28.0	6
沈阳市	26.5	7
大连市	25.4	8
辽阳市	22.5	9
葫芦岛市	19.6	10
抚顺市	19.2	11
盘锦市	18.4	12
阜新市	17.0	13
鞍山市	9.8	14

从县域看，县域农业农村信息化发展水平超过全国水平的有9个县（市、区），分别为东港市、喀喇沁左翼蒙古族自治县（以下简称喀左县）、宽甸满族自治县（以下简称宽甸县）、瓦房店市、义县、黑山县、康平县、西丰县、开原市（表2）。

表 2 2021 年辽宁省县域农业农村信息化发展水平超过全国总体水平的县（市、区）

县（市、区）	发展总体水平/%	全国排名	省内排名
东港市	66.61	82	1
喀左县	59.54	208	2
宽甸县	56.01	291	3
瓦房店市	48.63	585	4
义县	45.75	725	5
黑山县	44.54	798	6
康平县	42.78	895	7
西丰县	41.95	967	8
开原市	41.11	1020	9

（二）农业农村信息化发展投入逐步加强

2021 年，辽宁省乡村人均农业农村信息化财政投入 30.66 元，乡村人均农业农村信息化社会资本投入 24.07 元，县级农业农村信息化管理服务机构覆盖率为 82.05%。与 2020 年相比，农业农村信息化财政投入、乡村人均农业农村信息化社会资本投入、县级农业农村信息化管理服务机构覆盖率略有增长，全省农业农村信息化发展财政投入需进一步加大。

（三）农业生产信息化率稳步提升

2021 年，辽宁省农业生产信息化率为 16.58%，略低于全国平均水平。其中，大田种植信息化率为 21.03%，设施栽培信息化率为 13.84%，畜禽养殖信息化率为 17.26%，水产养殖信息化率为 6.69%，以上几项指标相较 2020 年同比略有增长。

（四）经营信息化发展水平总体良好

2021 年，辽宁省农产品网络销售额占比为 8.92%。农产品质量安全追溯信息化水平为 13.37%，其中大田种植业农产品质量安全追溯信息化水平为 5.97%，设施栽培业农产品质量安全追溯信息化水平为 22.37%，畜禽养殖业农产品质量安全追溯信息化水平为 16.59%，水产养殖业农产品质量安全追溯信息化水平为 12.07%。总的来看，辽宁省在经营信息化方面各项指标与全国平均水平相比差距不大。

（五）县域政务服务及电商服务信息化水平略有提高

2021 年，辽宁省在县域政务服务及电商服务信息化水平上较往年略有增长，但与东部沿海发达地区相比仍存在一定差距。与 2020 年相比，“三务”网上公开行政村覆盖率为 67.60%，提高 11.45 个百分点。其中，党务网上公开行政村覆盖率为 66.88%，提高 11.23 个百分点；村务网上公开行政村覆盖率为 56.55%，提高 0.5 个百分点；财务网上公开行政村覆盖率为 70.07%，提高 13.33 个百分点；村级综合服务站点行政村覆盖率为 66.10%，提高 7.01 个百分点。

五、存在的问题

从本次监测评价情况来看，辽宁省与全国以及东部沿海发达地区平均水平仍存在一定差距。主要表现在以下几个方面：

一是农业农村信息化财政投入较少。2021 年全省乡村人均农业农村信息化财政投入为 30.66 元，在财政投入方面较东部沿海发达省份有一定差距。其原因主要是全省农业农村信息化建设缺乏政策性支持，省级农业农村信息化资金投入长效机制尚未建立；各地、各行业争取国家相关经费相对较少，地方资金投入不足，社会资本进入意愿不强，无法保障农业农村信息化重大项目和工程的实施。

二是县级农业农村信息化专业人才匮乏。目前，全省范围内县区级农业农村局设置了信息中心或信息站等事业单位的仅有 15 个，占全省区县数量的 19%。既懂农业技术又懂信息技术的复合型专业人才比较匮乏，尚未形成农业农村信息化发展的人才集聚效应，专业人才培养孵化机制尚未建立，缺乏可持续创新发展能力。

三是各地区缺乏统筹规划。全省各部门、各地区农业农村信息化发展各自为政，缺乏互联互通，缺少横向跨行业的联动与融合、纵向的长远规划和设计，农业与农村信息化存在一定程度的脱节，从而弱化了农业农村信息化整体应用水平。

六、下一步工作建议

（一）加大农业农村信息化财政投入

全省各级农业相关部门要积极争取对农业农村信息化的财政投入，重点支持农业信息基础设施建设、农业生产和市场监管信息服务、农村电子政务建设等公益性领域，同时优化农业资金投入结构，增加农业信息服务工作经费。要创新投入机制，鼓励和引导IT企业、农业企业等社会力量投资农业农村信息化建设，建立一种政府主导、社会力量广泛参与的机制；充分利用现有工业信息化条件，科研院所、中介组织、运营商、龙头企业、种养大户等社会力量，推进农业信息化发展，形成政府主导、部门实施、各种市场主体广泛参与的多元化投入格局。

（二）建设全省农业大数据

围绕农业供给侧结构性改革、农业高质量发展等，坚持需求导向、问题导向、应用导向，加快构建天空地一体化的全省农业大数据体系。一是构建以土地确权、高标准农田、两区划定、设施农用地备案等为基础的自然资源大数据；二是构建基于遥感技术、全球定位系统、地理信息系统（3S）及农业物联网技术在大田生产、设施园艺、畜牧养殖、渔船渔港等领域采集的空间地面感知实时大数据；三是汇集农业行业部门在政务服务、统计填报、市场预警、质量安全监管过程中产生的大数据。充分释放大数据对农村经济社会发展的放大、叠加、倍增作用，为农村经济社会高质量发展增添新动能。

（三）创建数字农业应用场景

在建设全省数字农业大数据平台基础上，积极创建数字化农业应用场景，开展3S、智能感知、模型模拟、智能控制等技术及软硬件产品的集成应用和示范推广。“十四五”期间分别打造种植业和畜牧业应用场景15个，打造智能化“车间农业”，在大数据平台上能“看得清地块，弄得清情况”，在智慧农业云上利用手机进行生产管理，利用3S、农业物联网、网络视频等手段，采集种植、养殖应用场景的实时信息，实现种植业水肥一体化，畜禽养殖环境智能监控和精准饲喂。针对辽宁省渔业大省的特点，发展智慧渔场，升级改造全省所有渔船卫星通信、定位导航、防碰撞等船用终端和数字化捕捞装备，实现渔船渔港全面联网和智能监控。

（四）建立农业管理服务数字化体系

促进数据与业务融合，提高农业宏观管理决策数字化水平。一是建立农业管理决策支持技术体系。利用大数据分析、挖掘和可视化等技术，开发种植业、畜牧业、渔业、监督管理、政务管理、统计填报等功能模块，为农业农村部门规划设计、市场预警、政策评估、监管执法、资源管理、舆情分析、乡村治理等决策提供支持服务。二是健全重要农产品全产业链监测预警体系。以小粒花生和白羽肉鸡两个优势特色产业集群为突破口，先行启动单品种的全产业链大数据工程，建立生产、加工、储运、销售、消费、贸易等环节的大数据体系，逐步拓展到其他农产品。构建农产品批发市场、商超、电商平台农产品市场交易的大数据。三是建设乡村数字治理体系。推动“互联网＋”社区向农村延伸，逐步实现信息发布、民情收集、议事协商、公共服务等村级事务网上运行。推动乡村规划上图入库、在线查询、实时跟踪管理。

（五）建设数字化农业综合服务体系

整合共享政务、事务、商务信息系统资源，大力发展以数据为关键要素的农业生产性服务业。开发农民爱用、常用、易用、好用的手机 App，让手机尽快成为广大农民的“新农具”。深入实施信息进村入户工程，升级完善“三农”综合信息服务平台。加快建设“一门式办理”“一站式服务”的农业综合信息服务平台，引导各类社会主体利用信息网络技术，开展市场信息、农资供应、农机作业、农业气象“私人定制”等领域的农业生产性服务。加强农机作业安全在线监控和信息服务。

（六）注重农村电商本地化人才培养

在各县、乡建立农村电商实践教学基地，为各高校大学生提供更多的实践机会，培养农村电商发展需要的优秀人才。依托全省高素质农民培训和农村实用人才培训，增加农村电商培训内容。继续组织开展农民手机应用能力培训，提升农民手机直播带货能力。鼓励各地聘请农村电商行业的专家定期给当地的电商从业者及爱好者、返乡创业者等进行电子商务专题讲座和培训，提高参与电商的业务水平和能力。鼓励农民工、中高等院校毕业生、退役军人、科技人员、乡土工匠返乡发展电商创业。

（七）推动农业政务信息化提档升级

政务信息化是提升政府治理能力、建设服务型政府的重要抓手。加强农业政务信息化建设，深化农业农村大数据创新应用，全面提高科学决策、市场监管、政务服务水平。一是大力推进政务信息资源共享开放。完善政务信息资源标准体系，推进政务信息资源全面、高效和集约采集，推动业务资源、互联网资源、空间地理信息、遥感影像数据等有效整合与共享，形成农业政务信息资源“一张图”。二是加快推动农业农村大数据发展。加强农业农村大数据建设，完善村、县相关数据采集、传输、共享基础设施，建立农业农村数据采集、运算、应用、服务体系，统筹国内国际农业数据资源，强化农业资源数据要素的集聚利用。

2022上海市数字乡村发展水平评价报告

指导单位：上海市农业农村委员会
撰稿单位：上海市农业科学院农业科技信息研究所
撰稿人员：王运圣

中央网信办信息化发展局、农业农村部市场与信息化司委托农业农村部信息中心在连续三年开展的全国县域农业农村信息化监测评价工作基础上，进一步强化数据采集、完善相关指标体系，试行开展了数字乡村发展水平评价工作。上海市农业农村委员会按照统一部署，按时间节点组织开展了上海市数字乡村发展水平评价工作。

本次评价数据部分由涉农区农业农村部门填报，部分数据由上海市农业农村委员会提供，还有部分数据来源于统计数据，共收集9个区2021年的基础指标数据。经审核后数据全部采纳，数据收集完成率达到100%，全覆盖1 121个涉农行政村。

一、上海市数字乡村发展水平位居全国第三

2021年全国数字乡村发展总体水平达到39.1%，其中东部地区42.9%，中部地区为42.5%，西部地区为33.6%。浙江省继续在全国保持领先地位，发展总体水平为68.3%；江苏省和上海市分居第二、第三位，发展总体水平分别为58.7%和57.7%。

上海涉农区数字乡村发展水平全部超过全国平均发展水平。各涉农区数字乡村发展水平见图1。

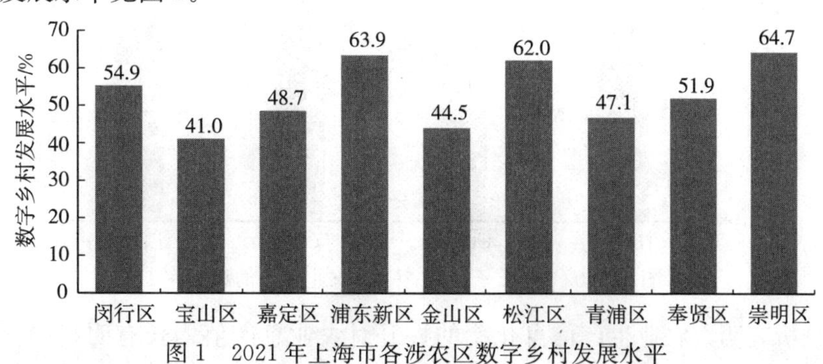

图1　2021年上海市各涉农区数字乡村发展水平

从上海市各涉农区在全国排名情况来看，排在 100～200 名有崇明区、浦东新区和松江区。各区全国排名情况见图 2。

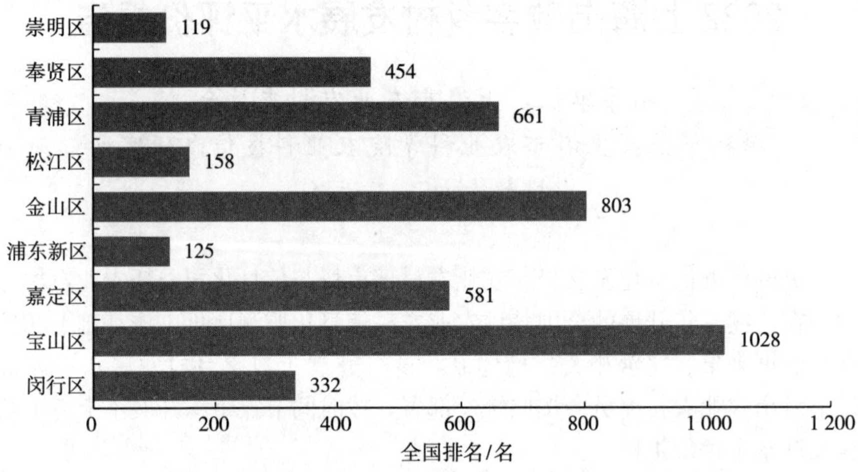

图 2　2021 年上海市各涉农区数字乡村发展水平全国排名情况

二、上海市农业生产信息化率位居全国第二

农业生产信息化是农业农村信息化发展的重点和难点，其发展水平是衡量农业现代化发展程度的重要标志性指标。2021 年全国农业生产信息化率为 25.4%。分区域看，东部地区为 29.2%，中部地区为 33.4%，西部地区为 19.1%。分省份看，长三角三省一市均位居全国前列，其中，安徽省农业生产信息化率为 52.1%，位居全国第一；上海市、江苏省和浙江省分别位居全国第二、第四和第五（图 3）。

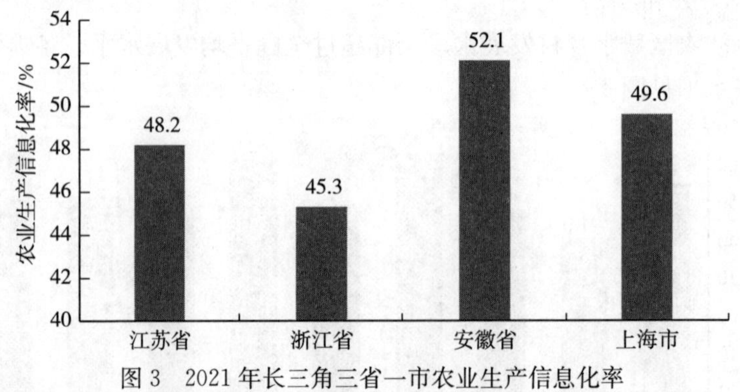

图 3　2021 年长三角三省一市农业生产信息化率

分析表明，农业生产信息化率的提升对农业总产值增长有明显的促进作

用，发展农业信息化是释放农业数字经济潜力的根本途径。

从各涉农区看，农业生产信息化率高于等于全国平均水平的区共 7 个，占比为 77.8%；低于全国平均水平的区有 2 个（图 4）。

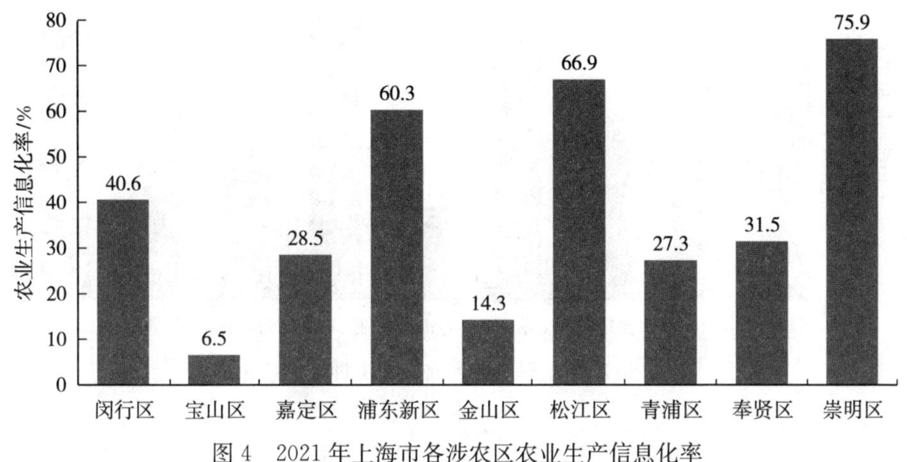

图 4　2021 年上海市各涉农区农业生产信息化率

分行业看，全国畜禽养殖信息化率最高，为 34.0%，设施栽培、大田种植、水产养殖的信息化率分别为 25.3%、21.8%和 16.6%。上海市畜禽养殖信息化率最高，为 67.4%，水产养殖、大田种植、设施栽培的信息化率分别为 50.4%、55.1%、29.5%。如图 5 所示，上海市农业生产四个行业的生产信息化率均高于东部地区平均水平。

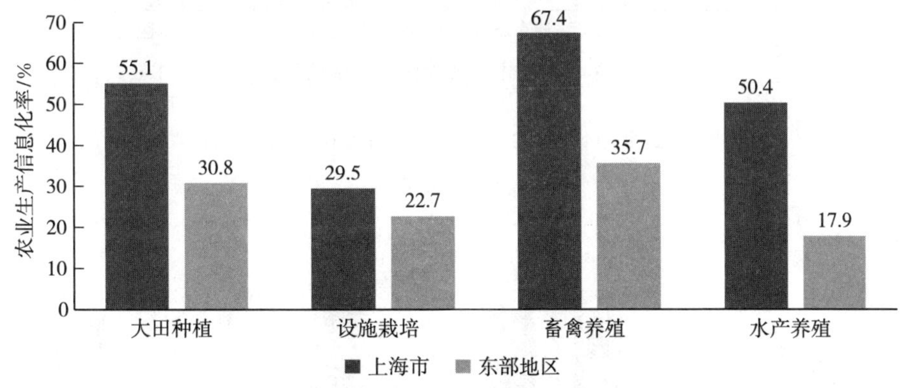

图 5　2021 年上海市农业生产分行业信息化率与东部对比

具体来看，大田种植方面，上海市位居全国第二。上海市各涉农区大田种植信息化率均超过 20%，如图 6 所示。

设施栽培方面，上海市位居全国第九。上海市各涉农区设施栽培信息化率如图 7 所示。

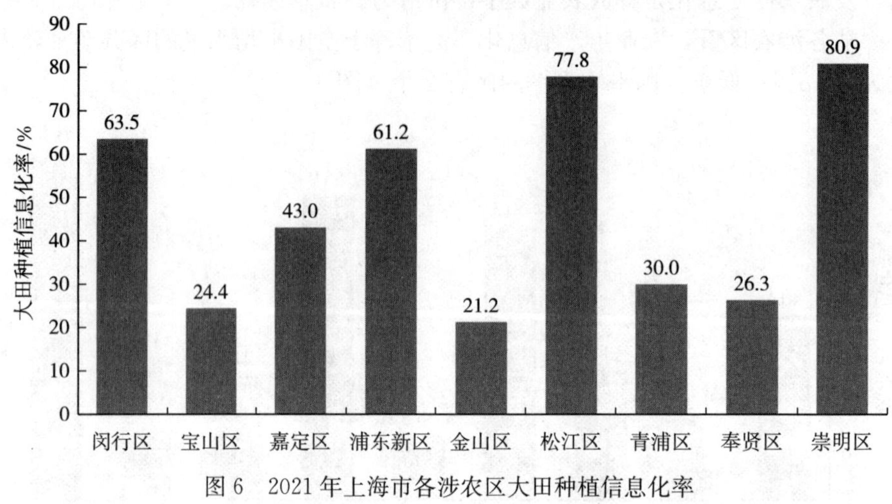

图 6　2021 年上海市各涉农区大田种植信息化率

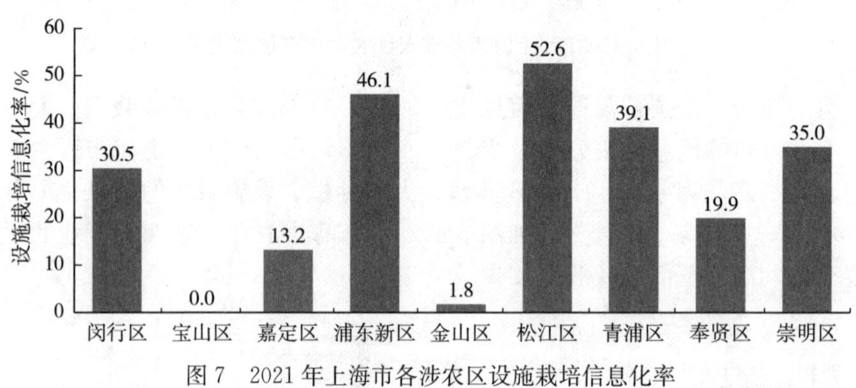

图 7　2021 年上海市各涉农区设施栽培信息化率

畜禽养殖方面，上海市位居全国第一。上海市各涉农区畜禽养殖信息化率如图 8 所示。

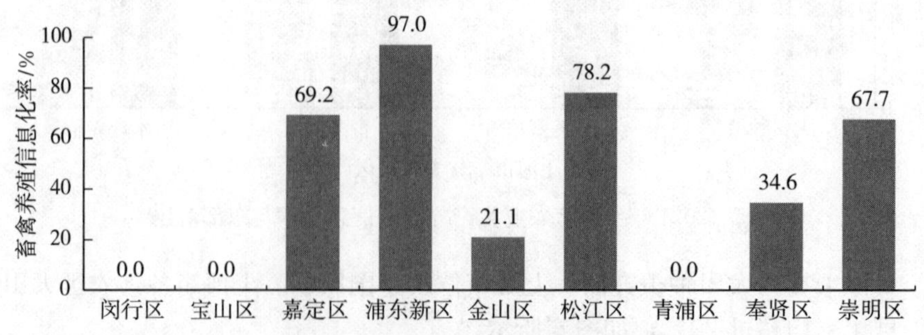

图 8　2021 年上海市各涉农区畜禽养殖信息化率

注：闵行区、宝山区和青浦区均无规模化畜禽养殖场。

水产养殖方面，上海市位居全国第一。上海市各涉农区水产养殖信息化率如图 9 所示。

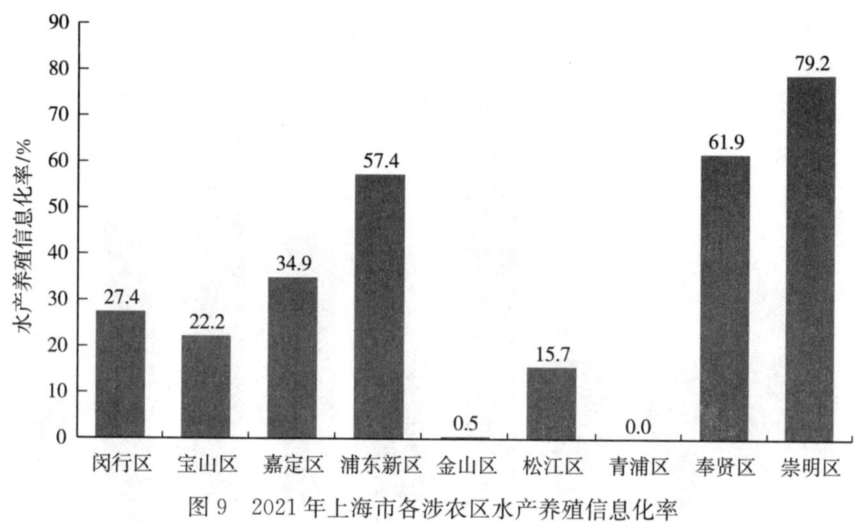

图 9　2021 年上海市各涉农区水产养殖信息化率

三、上海农产品电子商务发展位居全国前列

（一）上海市农产品网络销售额占比 19.4%，位居全国第六

电子商务日益成为农产品销售的重要渠道。2021 年全国县域农产品网络销售额占农产品销售总额的 14.8%。分省份看，浙江省、广东省、江苏省、安徽省和湖北省的农产品网络销售额占比位居全国前列，分别为 42.1%、27.5%、26.1%、22.4%和 21.8%。上海市农产品网络销售额占比为 19.4%，位居全国第六。

从各涉农区看，上海市农产品网络销售额占比高于全国平均水平的区有 5 个，分别是奉贤区、浦东新区、青浦区、松江区和闵行区，如图 10 所示。

（二）上海市农产品质量安全追溯信息化率为 87.3%

上海市委市政府历来非常重视农产品质量安全，建有公共农产品质量安全追溯平台，农产品质量安全追溯信息化率位居全国首位。浙江省和江苏省位居全国第二、第三位，分别为 67.1%、52.1%。全国农产品质量安全追溯信息化率为 24.7%。分行业看，上海大田种植业、设施栽培业、畜禽养殖业和水产养殖业农产品质量安全追溯信息化率分别为 89.8%、89.0%、73.8%和 87.5%，均处于全国首位。

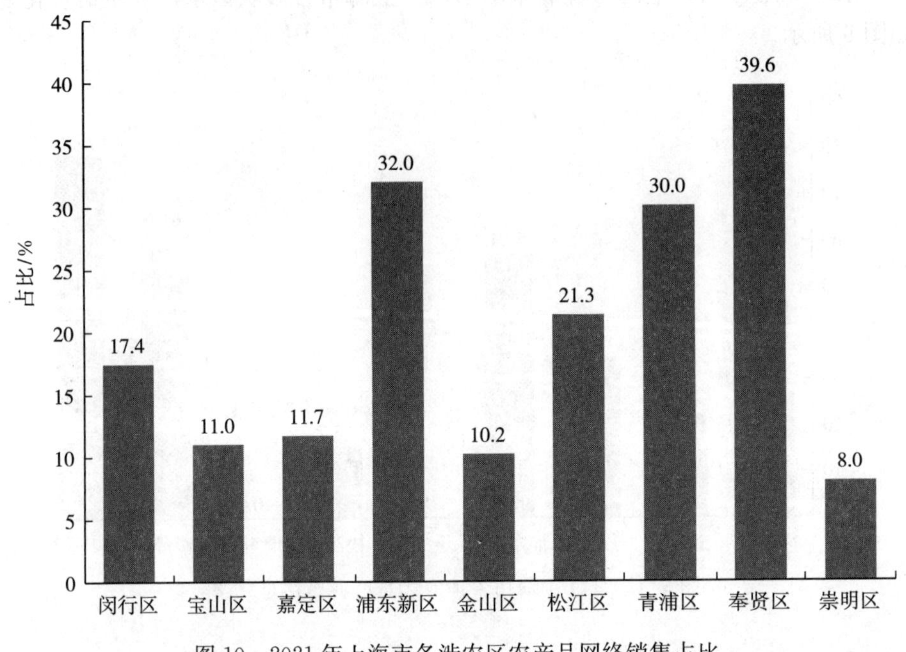

图 10　2021 年上海市各涉农区农产品网络销售占比

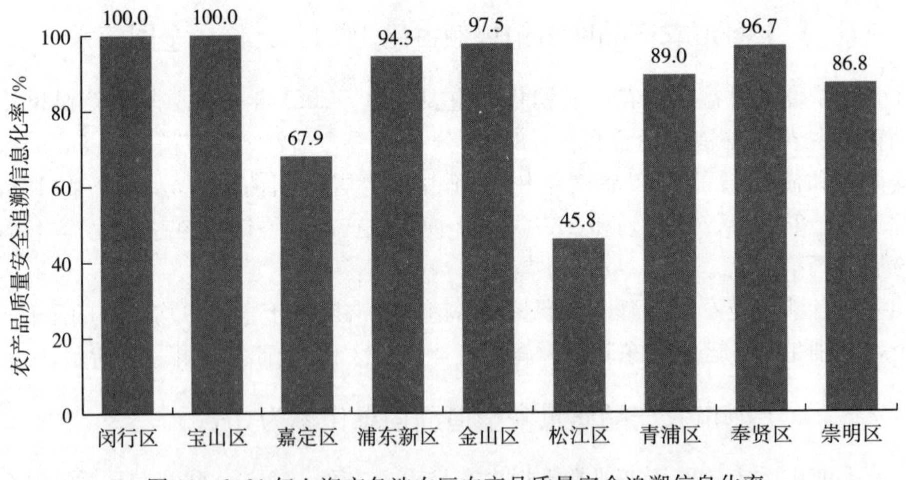

图 11　2021 年上海市各涉农区农产品质量安全追溯信息化率

从各涉农区看，上海有 5 个区农产品质量安全追溯信息化率超 90%，分别为闵行区、宝山区、浦东新区、金山区和奉贤区（图 11）。总体来看，上海市各涉农区、农业各行业农产品质量安全追溯信息化率均相对较高，为上海的农产品安全提供了有力的保障。

四、上海基层治理数字化整体水平位居全国前列

（一）“三务”网上公开、公共安全视频图像应用系统、村级在线议事、应急广播主动发布终端行政村覆盖率达 100%

2021 年全国“三务”网上公开、公共安全视频图像应用系统、村级在线议事和应急广播主动发布终端的行政村覆盖率分别为 78.3%、80.4%、72.3%和 79.7%。上海市以上四个指标均实现了行政村全覆盖。

（二）上海市政务服务在线办事率为 81.5%，位居全国第九

2021 年全国县域社会保险、新型农村合作医疗、劳动就业、农村土地流转、宅基地管理和涉农补贴六类涉农政务服务事项综合在线办事率达 68.2%。上海市政务服务在线办事率为 81.5%，位居全国第九。

从各涉农区看，政务服务在线办事率差异较大，其中闵行区、宝山区、嘉定区、浦东新区和金山区为 100%，青浦区较低，仅 16.7%（图 12）。

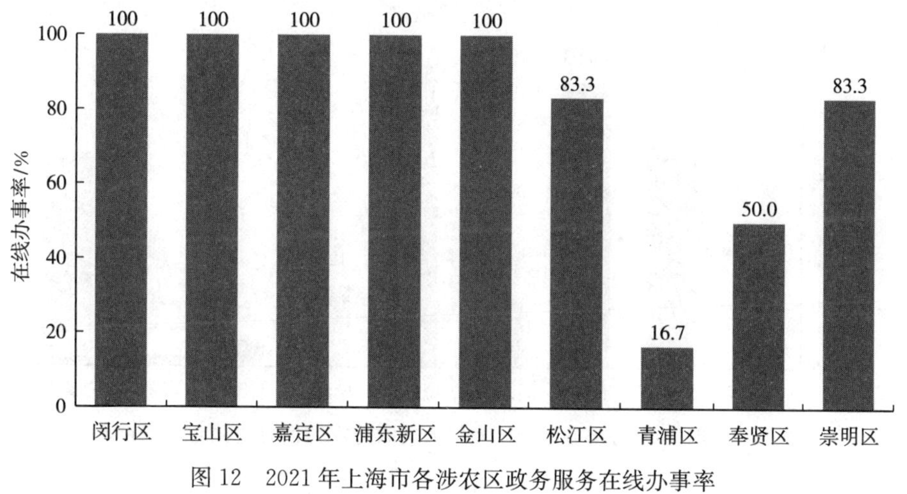

图 12　2021 年上海市各涉农区政务服务在线办事率

五、乡村信息服务体系完善

（一）上海村级服务站行政村全覆盖

截至 2021 年底，全国已建有村级综合服务站点的行政村共 42.8 万个，共建有村级综合服务站点 48.3 万个，行政村覆盖率达到 86.0%。上海市村级综合服务站点已实现行政村全覆盖。

（二）上海农技推广服务信息化率为 95.5％

截至 2021 年底，全国接受信息化农技推广服务的新型农业经营主体（包括农民合作社和家庭农场）数量共计 223.3 万个，农技推广服务信息化率为 61.3％。上海农技推广服务信息化率为 95.5％，位居全国第一。

六、信息化发展环境不断优化

（一）农业农村信息化社会资本投入区均超 8 000 万元

2021 年全国用于县域农业农村信息化建设的社会资本投入为 954.6 亿元，县均社会资本投入 3 588.8 万元、乡村人均 135.2 元。上海农业农村信息化社会资本投入区均 8 439.5 万元，乡村人均 188.1 元，分别位于全国第四和第七。上海市各涉农区乡村人均农业农村信息化社会资本投入如图 13 所示。

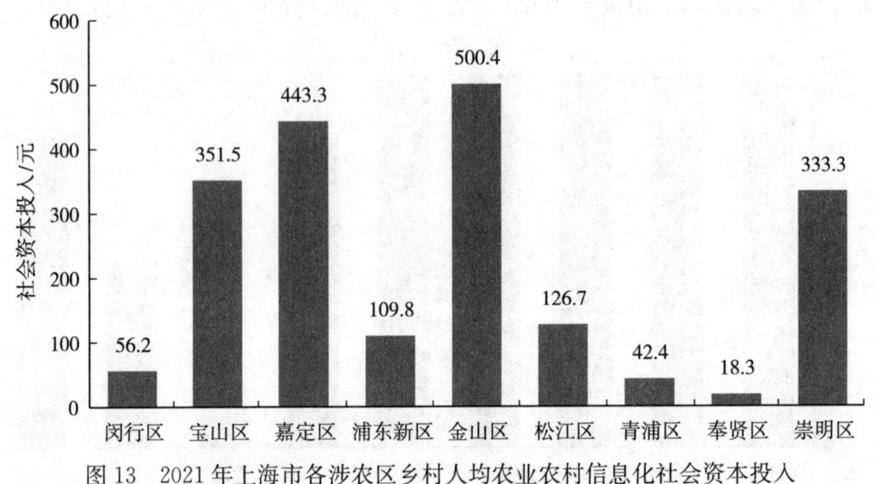

图 13　2021 年上海市各涉农区乡村人均农业农村信息化社会资本投入

（二）部分区农业农村信息化管理服务机构设置待完善

2021 年全国县级农业农村部门设置了承担信息化工作的行政科（股）或信息中心（信息站）等事业单位的占比为 92.6％。上海市涉农区农业农村信息化管理服务机构综合设置情况如图 14 所示。

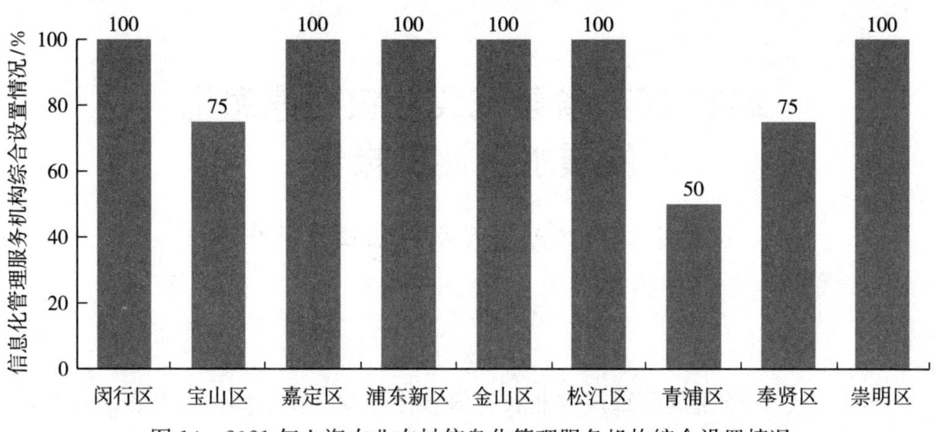

图 14 2021 年上海农业农村信息化管理服务机构综合设置情况

2022江苏省县域农业农村信息化发展水平评价报告

撰稿单位：江苏省互联网农业发展中心

撰稿人员：彭汉良　吴　昊　魏祥帅　陈　雯　陈　可

党中央、国务院高度重视农业农村信息化建设，作出实施大数据战略和数字乡村战略、大力推进“互联网＋”现代农业等一系列重大决策部署。党的十八大以来，先后出台《数字乡村发展战略纲要》《数字农业农村发展规划（2019—2025年）》《数字乡村发展行动计划（2022—2025年）》《“十四五”数字经济发展规划》等政策意见。江苏省委、省政府认真贯彻落实党中央和国务院各项战略部署，相继出台《关于高质量推进数字乡村建设的实施意见》《“十四五”深入推进农业数字化建设的实施方案》《江苏省数字乡村建设指南》等政策性文件，不断深化信息技术在农业生产、经营、管理、服务等方面的创新应用，全省农业农村信息化水平得到进一步提升，为实现乡村全面振兴和农业农村现代化注入新动能。

2022年是连续第四年开展全国县域农业农村信息化能力监测工作，在农业农村部市场与信息化司指导和部信息中心具体组织下，江苏省13个地级市76个涉农县（市、区）参加2022年度县域农业农村信息化发展水平监测，形成本评价报告。

一、评价说明

（一）指标体系

本次监测评价指标体系，在往年指标体系的基础上，对个别指标进行了修改和完善，包含发展环境、乡村网络基础设施、农业生产信息化、经营信息化、乡村治理信息化和服务信息化6个一级指标、17个二级指标和23个三级指标。

（二）数据来源

本次监测评价数据来自全省13个地级市76个县（市、区）2021年的基础指标数据，由县（市、区）农业农村部门负责数据调查统计、资料搜集，填报相关数据，市级和省级农业农村部门负责对数据质量进行审核把关。

（三）数据处理方法

首先基于县域填报值计算得出三级指标值，其次沿用 Min - max 归一化方法对部分数值范围不在 0～1 的三级指标值进行归一化处理，最后按照权重逐级计算二级指标值、一级指标值及发展总体水平。Min - max 归一化方法如下所示：

$$z_i = \frac{(x_i - x_{i,\min})}{(x_{i,\max} - x_{i,\min})} \quad i = 1,2,\cdots,n$$

其中，x_i 为某地区第 i 个指标值，z_i 为该地区第 i 个指标归一化后的指标值，$x_{i,\max}$ 为该地区第 i 个指标在其所在层级（县级/市级）中的最大值，$x_{i,\min}$ 为该地区第 i 个指标在其所在层级（县级/市级）中的最小值。即通过在同层级进行归一化处理，使各市、县（市、区）之间发展总体水平具有可比性。

二、基本结论

（一）江苏省农业农村信息化发展环境稳中向好

近年来，江苏省各级党委、政府把数字农业农村建设作为推动农业高质量发展和乡村全面振兴的重要内容，统筹协调各部门资源，加大财政资金投入力度，多举措引导社会资本投入，总投入连续 3 年保持较大幅度增长，为数字农业农村发展提供资金保障。2021 年江苏省县域农业农村信息化财政总投入达 38.2 亿元，县均财政投入 5 032.6 万元，较上年增长 19.7%，乡村人均财政投入 118.8 元，较上年增长 27.1%。分地市看，2021 年财政投入前三的设区市分别为苏州市、盐城市和徐州市，连云港市较上年增幅最大（图 1）。从县域看，常州市金坛区人均农业农村信息化财政投入最高，为 704.4 元（图 2）。可以看出，排名前十的县域主要集中在苏南地区，一定程度反映出苏南地区对农业农村信息化整体投入水平较高。

2021 年江苏县域农业农村信息化社会资本投入为 112.7 亿元，县均投入为 1.5 亿元，较上年增长 41.9%，乡村人均投入为 350.1 元，较上年增长 56.4%。分地市看，2021 年社会资本投入前三的设区市分别为苏州市、徐州市和南通市，南通市和徐州市较上年增幅较大（图 3）。从县域看，丰县人均社会资本投入最高，为 2 782.3 元（图 4）。

2021 年全省县级农业农村信息化管理服务机构综合设置情况为 91.1%，较上年有所提高。具体来看，有 98.7%的县（市、区）农业农村局为县网络安全和信息化领导机构成员或组成单位；有 98.7%的县（市、区）农业农村

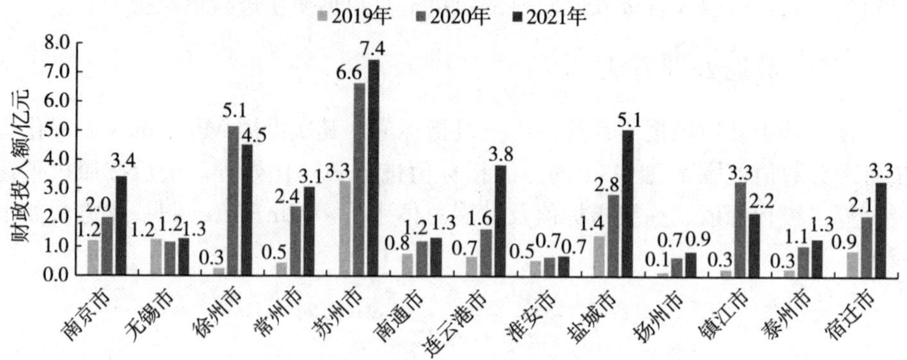

图 1　2019—2021 年江苏省各地级市农业农村信息化财政投入情况

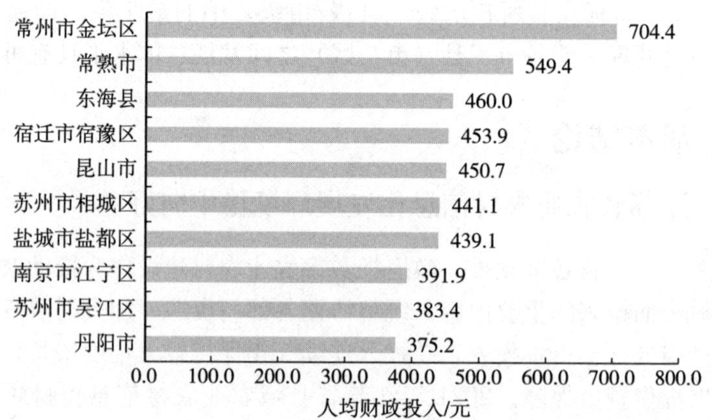

图 2　2021 年江苏省排名前十县域人均农业农村信息化财政投入

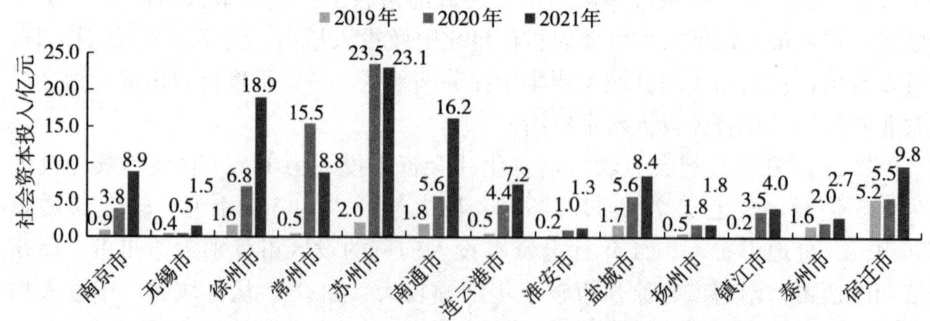

图 3　2019—2021 年江苏省各地级市农业农村信息化社会资本投入

局成立了网络安全和信息化领导机构；有 97.4%的县（市、区）农业农村局设置了承担信息化相关工作的行政科（股）；有 69.7%的县（市、区）农业农

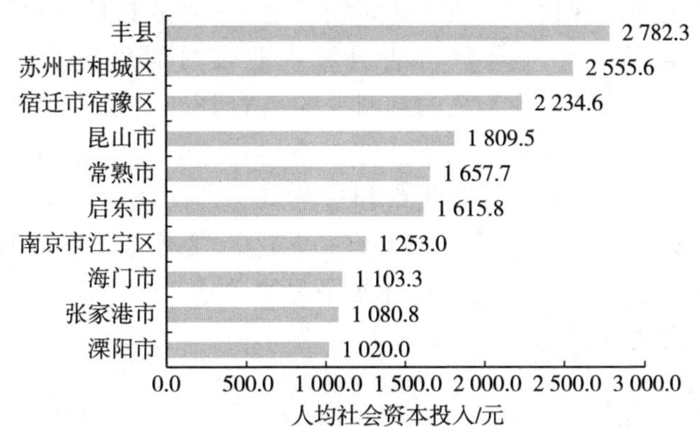

图4 2021年江苏省排名前十县域人均农业农村信息化社会资本投入

村局设置了信息中心（信息站）等事业单位。

（二）江苏省数字农业农村基础支撑日益健全

近年来，江苏省网民规模与互联网普及率快速增长。2021年，全省网民规模达5 761.8万人，互联网普及率达到86.2%，较上年增加超2个百分点（图5）。江苏省不断加快推进新一代信息基础设施建设，深化5G网络建设，打造了富有江苏特色的互联网融合应用生态。2021年，全省行政村5G通达率达90.2%，其中有57个县（市、区）达100%。

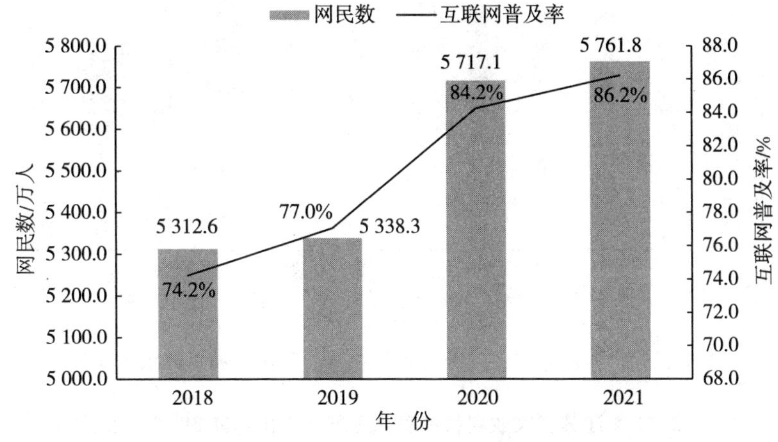

图5 2018—2021年江苏省网民规模与互联网普及率

（三）江苏省县域农业农村信息化发展总体水平达58.7%

近两年来，江苏省把数字化建设作为一项重大而紧迫的战略任务，强化顶层设计和工作推动，深化农业数字化转型，全省农业农村信息化发展水平稳步提升。经综合测算，2021 年江苏省县域农业农村信息化发展总体水平达 58.7%，位居全国第二，高于全国县域平均水平 18.6 个百分点（图 6），同比增长 3.9%，也高于全国平均增长水平。分地市看，常州市发展总体水平为 66.3%，处于全省领先地位，苏州市和盐城市次之，分别为 62.5%和 59.8%（图 7）。从县域看，全省 76 个涉农县（市、区）发展总体水平都超过全国平均水平，其中南京市江宁区发展总体水平最高，达 74.8%，常州市武进区和盐城市亭湖区次之（表 1）。

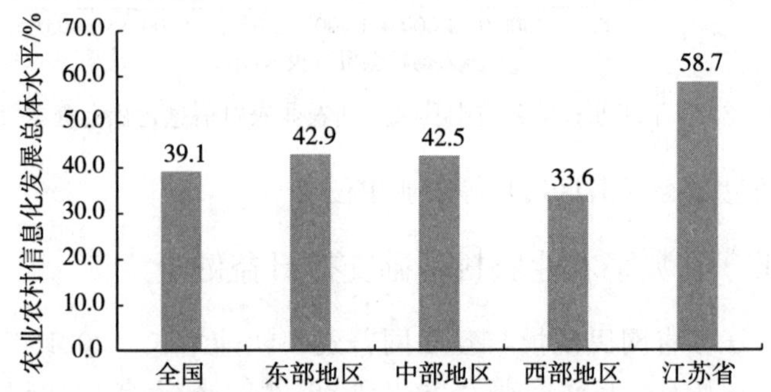

图 6　2021 年江苏省与全国各地区农业农村信息化发展总体水平对比

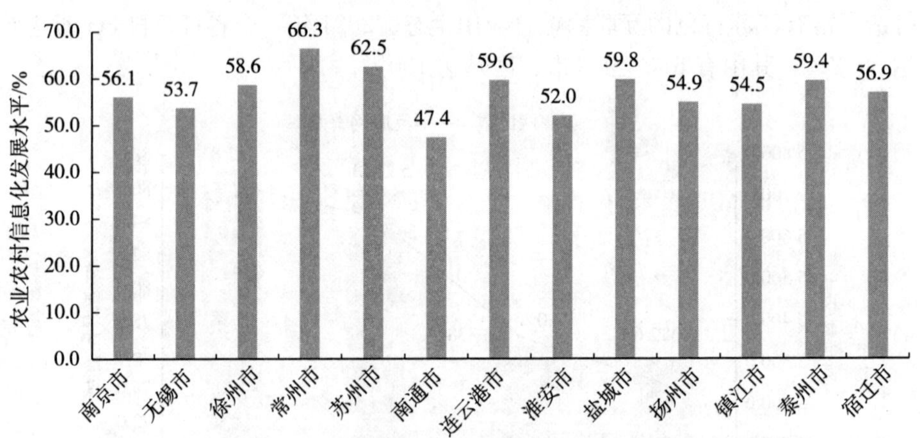

图 7　2021 年江苏省各地级市农业农村信息化发展总体水平对比

表 1　2021 年江苏省农业农村信息化发展水平排名前 30 县（市、区）

县（市、区）	发展总体水平	县（市、区）	发展总体水平	县（市、区）	发展总体水平
南京市江宁区	74.8	盐城市盐都区	70.9	邳州市	67.5
常州市武进区	72.9	灌南县	69.2	泰州市高港区	66.6
盐城市亭湖区	71.0	溧阳市	67.6	常熟市	66.5

（续）

县（市、区）	发展总体水平	县（市、区）	发展总体水平	县（市、区）	发展总体水平
睢宁县	66.3	新沂市	63.4	江阴市	59.9
昆山市	65.5	宿迁市宿豫区	62.9	泰州市姜堰区	59.7
东海县	65.1	泰兴市	62.8	沭阳县	59.2
丹阳市	65.0	阜宁县	62.7	宿迁市宿城区	58.1
扬州市邗江区	64.8	常州市金坛区	62.6	盐城市大丰区	58.1
苏州市吴江区	64.4	丰县	61.9	滨海县	57.7
建湖县	63.4	张家港市	61.4	兴化市	57.7

（四）江苏省农业生产信息化率达 48.2%

农业生产信息化是农业农村信息化发展的关键和重要内容。一直以来，江苏省大力推广应用新一代信息技术装备，设施栽培、畜禽养殖、水产养殖等规模化、集约化程度较高的生产领域应用步伐加快，累计建成全国农业农村信息化示范基地 14 家、省级数字农业基地 194 家。经综合测算，2021 年江苏省农业生产信息化率为 48.2%，位居全国第四。各设区市农业生产信息化率对比情况如图 8 所示。常州市生产信息化率最高，达 75.7%，苏州市和泰州市次之，分别为 61.1%和 54.5%。省内排名前十的县（市、区）如图 9 所示。南京市江宁区最高，达 87.7%，常州市武进区和溧阳市次之。可以看出，县域农业农村信息化发展总体水平较高的地区往往其农业生产信息化率也较高。

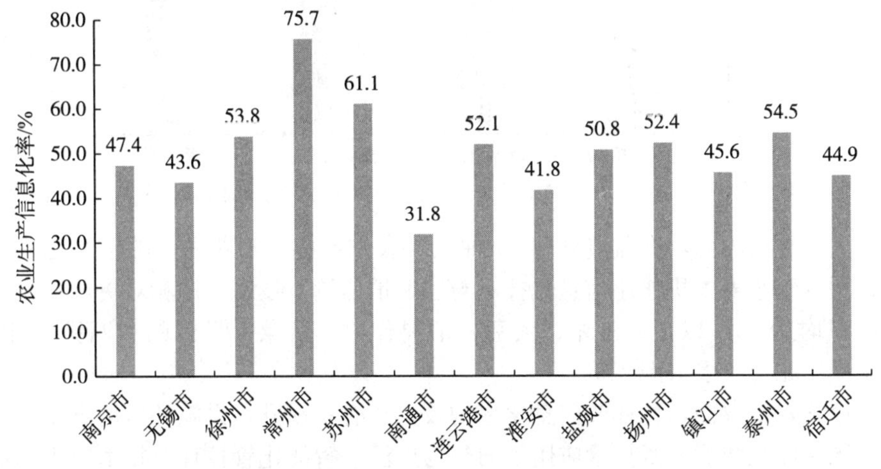

图 8　2021 年江苏省各地级市农业生产信息化率对比

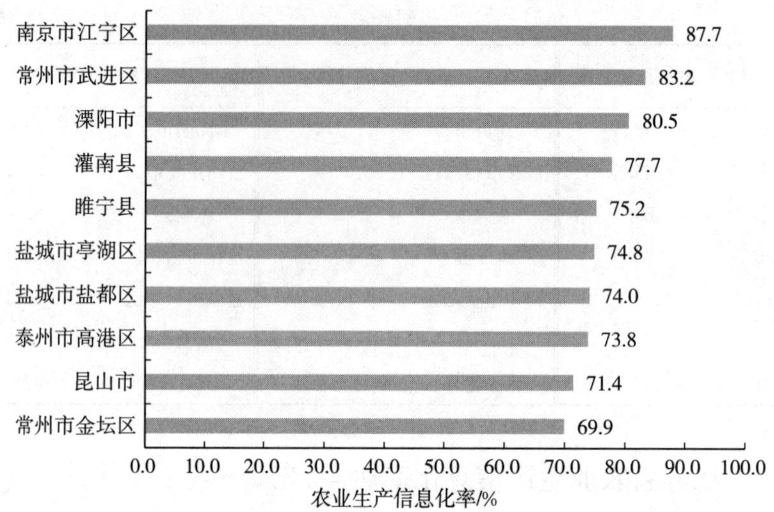

图 9　2021 年江苏省排名前十县（市、区）农业生产信息化率

分行业看，大田种植、设施栽培、畜禽养殖、水产养殖生产信息化率分别为 48.6%、49.9%、61.8%、35.5%，其中，畜禽养殖信息化率最高，大田种植和畜禽养殖信息化率增幅较大（图 10）。

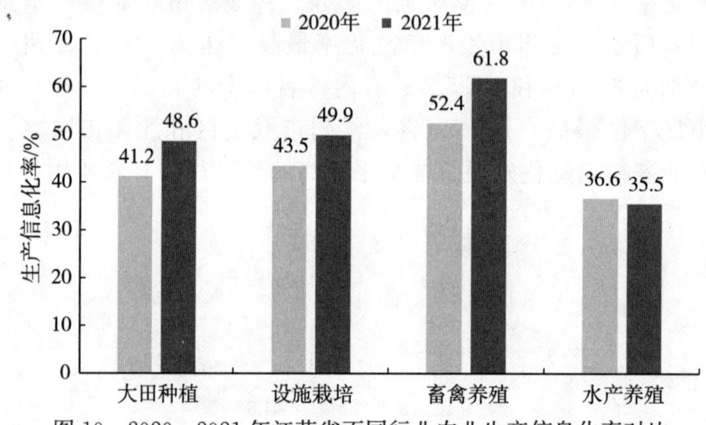

图 10　2020—2021 年江苏省不同行业农业生产信息化率对比

大田种植方面，在监测到的 14 种主要农作物中，棉花种植的信息化率最高；稻谷和小麦农机作业信息化技术与“四情监测”技术应用相对更广泛，覆盖面积均达 50%以上；玉米、大豆、油料作物、蔬菜、果园的“四情监测”技术应用相对较多（图 11）。

设施栽培方面，各环节信息化率均较上年有所提升，设施环境信息化监测和水肥一体化智能灌溉技术应用依旧较为广泛，智能化管控环节技术应用相对较少（图 12）。

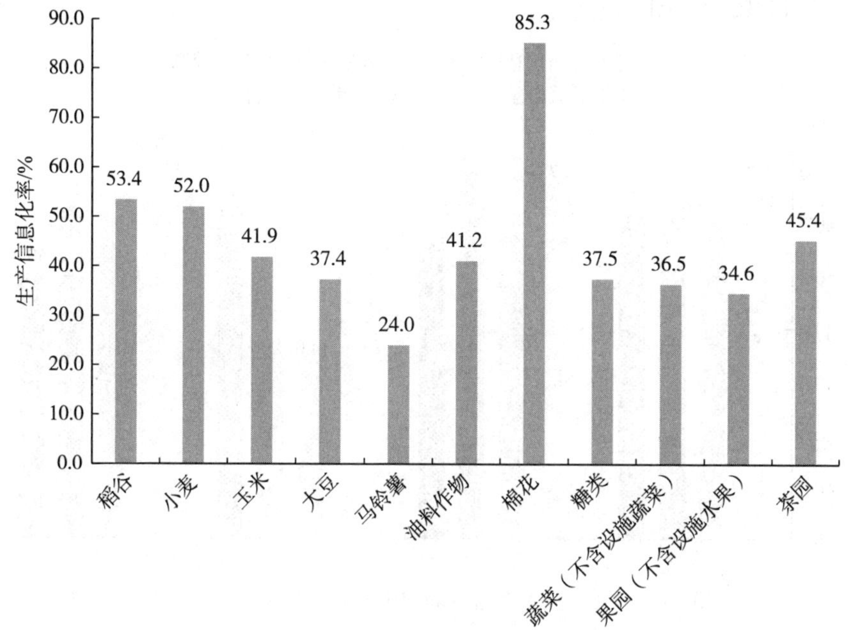

图 11　2021 年江苏省大田种植中不同作物生产信息化率

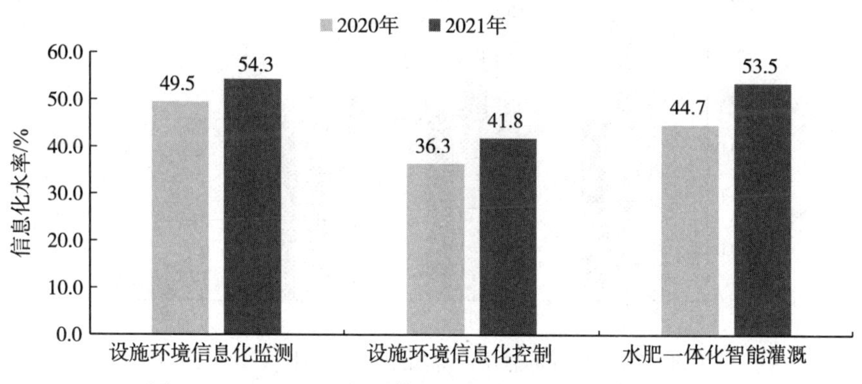

图 12　2020—2021 年江苏省设施栽培中不同技术应用率

畜禽养殖方面，在监测的 4 个主要畜禽品种（类）中，生猪、家禽和牛养殖的信息化率相差不大，分别为 63.5%、63.0%和 62.0%；羊养殖信息化率最低，为 41.1%。从各环节看，牛养殖各环节信息化应用程度相对均衡，羊养殖疫病防控信息化应用相对其他环节水平较高（图 13）。

水产养殖方面，在监测的 4 个主要水产品种（类）中，鱼类和虾类生产信息化率较高，分别为 46.1%和 45.9%；蟹类次之，为 37.8%，贝类最低，仅为 4.2%。各品类信息化增氧和自动化投喂技术应用较多，疫病信息化防控技术应用相对较少（图 14）。

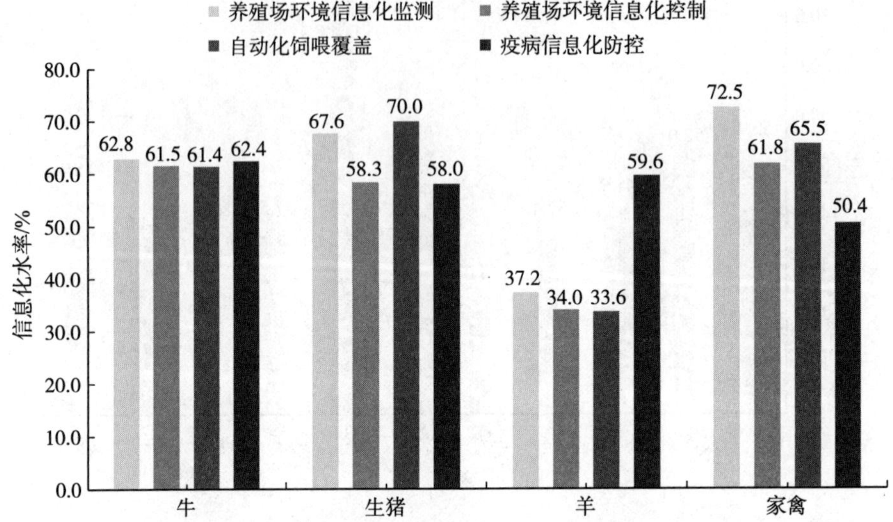

图 13　2021 年江苏省畜禽养殖中不同品种生产信息化率

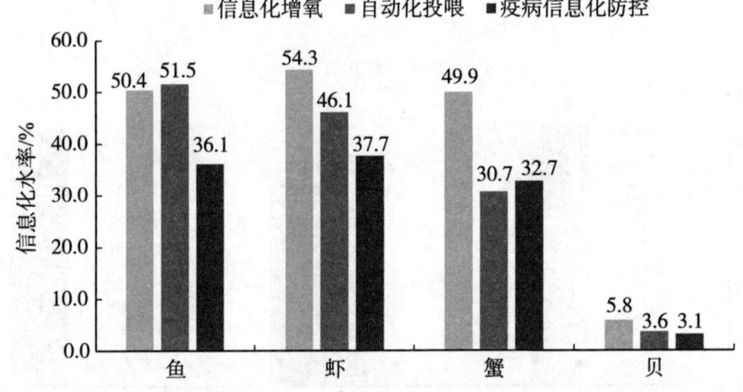

图 14　2021 年江苏省水产养殖中不同品种生产信息化率

（五）江苏省农业经营信息化蓬勃发展

一直以来，江苏省积极引导发展农业电子商务，不断激发乡村数字经济活力。全省累计开展农产品电商专项培训超过 8 万人，培育熟练掌握直播技巧的新农人近 2 万人。各地累计开设农产品线上特产馆 300 多个，建成县级涉农电商产业园 124 个，累计培育淘宝镇 298 个、淘宝村 779 个，分别居全国第二位和第四位。2021 年江苏省县域农产品网络销售额为 1 372.6 亿元，占农产品销售总额的 26.1%。从区域来看，苏南、苏中、苏北农产品网络销售额占比分别为 25.7%、19.5%、29.7%（图 15），苏北地区相对较高。

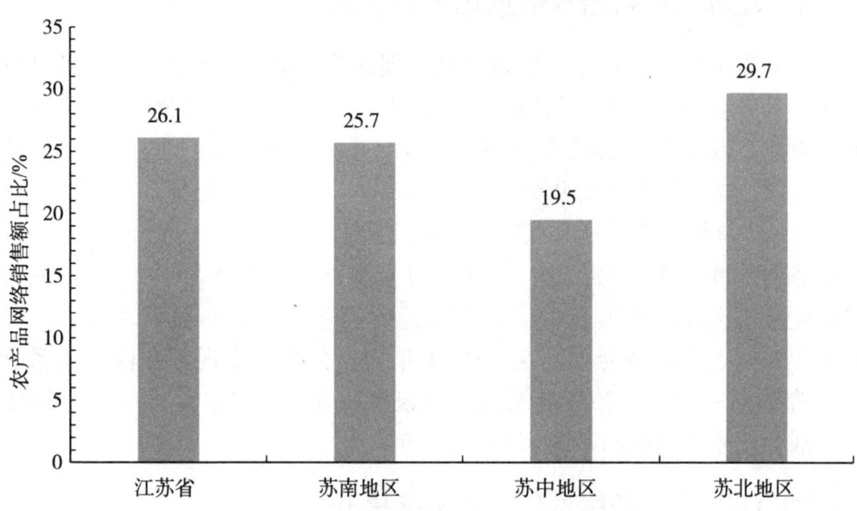

图 15　2021 年江苏省不同地区农产品网络销售占比

农产品质量安全既是食品安全的基础保障，也是实施乡村振兴战略的重要内容。江苏省加强农产品质量安全追溯体系和诚信体系建设，升级上线江苏省农产品质量追溯平台，开发信用模块，加强与市、县监管信息平台对接，初步实现全省农产品质量安全监管和追溯信息互联互通。据测算，2021 年江苏省农产品质量安全追溯信息化水平为 52.1%，较上年提高 6.6 个百分点。分行业看，大田种植业、设施栽培业、畜禽养殖业、水产养殖业农产品质量安全追溯信息化水平分别为 44.6%、61.4%、66.3%、51.0%，2019—2021 年呈逐年上升趋势（图 16）。

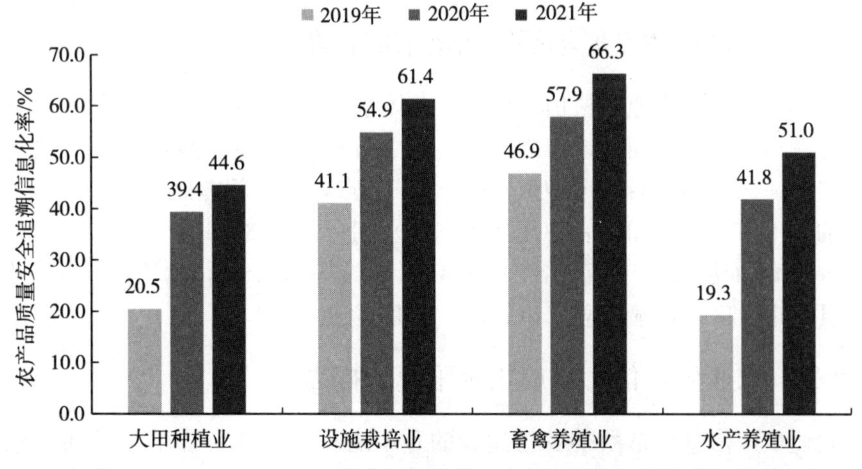

图 16　2019—2021 年江苏省不同行业农产品质量安全追溯信息化率

（六）江苏省乡村治理信息化不断加强

江苏省着力发挥信息化在推进乡村治理体系和治理能力现代化中的基础支撑作用，补齐乡村治理信息化短板。近年来，全省乡村治理能力明显提升，乡村治理效能不断增强。2021 年江苏省党务、村务、财务网上公开行政村覆盖率均为 100.0%。全省在线办事率为 91.7%，其中有 54 个县（市、区）达到了 100.0%。具体来看，社会保险业务网上办理率为 100.0%，新型农村合作医疗业务网上办理率为 98.7%，劳动就业业务网上办理率为 100.0%，农村土地流转业务网上办理率为 90.8%，宅基地管理业务网上办理率为 72.4%，涉农补贴业务网上办理率为 88.2%。2021 年全省公共安全视频图像应用系统行政村覆盖率为 99.7%。2021 年村级在线议事行政村覆盖率为 99.6%。2021 年应急广播主动发布终端行政村覆盖率为 99.6%。

（七）江苏省服务信息化水平持续提升

江苏省持续推进村级综合服务站点建设，支持邮政、供销、电商企业、快递物流企业等进驻，打通各项服务“最后一公里”，满足农民生产生活需求。2021 年全省村级综合服务站总数达 17 665 个，村级综合服务站点行政村覆盖率达 100.0%。不断推动农技推广服务信息化，在全国率先建成推广省级农业科技服务云平台（“农技耘”），汇聚省、市、县 1 000 多名农业专家，为广大农民和新型农业经营主体免费提供农技指导服务，累计访问量逾 1.5 亿次。2021 年江苏省农技推广服务信息化率达 94.3%。

三、存在问题

（一）县域总体发展不平衡问题依旧存在

总体来看，在农业农村信息化发展总体水平、财政投入、社会资本投入和生产经营信息化等方面，地市之间、县域之间不平衡性较为明显。发展总体水平排名第一的市和最后的市相差 18.9 个百分点，县域间差距更为明显，排名第一的县（市、区）和最后的县（市、区）相差高达 32.4 个百分点。人均财政投入最高的县（市、区）比最低县（市、区）多 700 元，人均社会资本投入最高县（市、区）比最低县（市、区）更是多达 2 279 元。

（二）农业生产信息化应用水平亟待提高

农业生产信息化是数字乡村建设的重中之重。2021 年全省农业生产信息化率在全国排第四位，与农业大省和经济强省地位不适应，发展速度亟待提高。细分到各行业来看，大田种植、设施栽培、畜禽养殖、水产养殖生产信息化率分别为48.6%、49.9%、61.8%、35.5%，畜禽养殖信息化率最高，比大田种植和设施栽培均高出10个百分点，比水产养殖高26.3个百分点。各行业数字技术产品和智能装备应用还需不断完善。

（三）信息化人才队伍和体制机制不够健全

虽然全省县级农业农村信息化管理服务机构综合设置情况已达91.1%，但基层信息服务人员大多未经过系统的信息化培训，信息服务人员队伍整体素质不高，并且还不稳定，服务数字农业农村建设能力不够，一些地方还没有专门的农业农村信息化工作机构；不少农业经营主体对新一代信息技术掌握程度不高，利用数字技术发展智能生产的能力不足，信息技术应用及管理维护能力不强。

四、发展建议

（一）加强组织领导

数字乡村建设既是乡村振兴的战略方向，也是数字中国建设的重要内容。数字乡村建设需要各地党委、政府加强组织领导，要做好顶层设计和发展总体规划，通过出台政策、财政补助、减免税收等扶持方式，全面一体化推进。尤其是要加大资金支持力度，统筹整合资金渠道，优化资金使用结构，努力提高“数字化”建设在财政资金盘子中的比重，并加大农业农村重大项目投资招引力度，吸引社会资本投入。同时要将农业农村信息化监测工作作为一项长期性任务，发挥监测评价的“指挥棒”作用，运用评估结果找差距、补短板、强弱项，推动区域农业农村信息化加快转型和协调发展。

（二）探索建立协同创新的机制

要优先推动农业生产环节的信息化，加快物联网、大数据、5G、区块链、北斗等现代信息技术与农业生产深度融合，重点加大在生物育种、粮食蔬菜、水产养殖等重点领域行业的生产信息化推进力度，鼓励行业内领军科研团队、科研机构、涉农高校、农业企业、创新企业等加强协同创新，建立部门间数据共享机制，促进“研发端”“生产端”与“需求端”精准衔接，加快研发与创新一批关键核心技术产品，强化重大实用技术集成与示范应用，实现生产智能化、经营网络化、管理数字化、服务便捷化转型，助推农业产业转型升级。

（三）加强人才队伍建设

数字乡村建设需要一批复合型人才队伍支撑。各地要加强与高等院校、科研院所、IT 企业等协作，探索建立跨学科、跨专业的农业信息化人才培养机制，多渠道、多形式培养现代信息技术与农业技术融合的复合型人才，进一步配置完善省市县数字农业农村建设职能机构，落实专职工作人员，打造一支有战斗力的数字农业农村建设工作队伍，健全完善覆盖省、市、县、乡的数字技术推广应用与服务体系。各级农业农村管理部门要加强数字农业农村业务培训，普及数字农业农村相关知识，提高“三农”干部、新型经营主体、高素质农民的数字技术应用能力。

2022 浙江省县域数字农业农村发展水平评价报告

指导单位：浙江省农业农村厅

撰稿单位：浙江省农业农村大数据发展中心、浙江农林大学

撰稿人员：王　兵　夏　芳　朱　莹　吴飞艳

周素茵　任俊俊

一、总体概述

党的二十大作出了加快建设数字中国和农业强国等一系列重要决策部署，数字乡村作为数字中国建设的重要方面，对于全面推进乡村振兴、实现农业强国起着重要作用。浙江省县域数字农业农村建设以数字乡村建设为统领，认真贯彻党中央、国务院及农业农村部关于数字乡村建设的决策部署，切实落实《乡村振兴战略规划（2018—2022 年）》《数字乡村发展战略纲要》和《数字农业农村发展规划（2019—2025 年）》等文件精神，并于 2021 年出台《浙江省数字乡村建设“十四五”规划》，致力打造国家数字乡村建设的展示窗口、乡村数字生活的服务标杆、乡村整体智治的先行样板。

2020 年以来，浙江省以数字化改革为牵引，聚焦全国数字乡村引领区建设，凝聚合力、创新突破、实战实效，让数字乡村活起来。一是健全一套新机制，有效落实数字乡村统筹协调机制作用，强化部门间协同配合，强化政策、资金等资源的统筹整合力度，积极探索群众、市场、社会力量共同参与机制，形成工作推进的强大合力。二是实施一批新基建，对于有基础、有条件的地区，特别是数字乡村试点地区，要结合稳进提质助农攻坚，抓紧谋划实施“三农”新基建项目，大力推动乡村 5G 基础设施、冷链物流、农业产业大脑等建设。三是展示一批新成果，积极开展数字乡村采风行动、数字乡村“金翼奖”评选等活动，及时总结、集中展示各地数字乡村和数字化改革成效和亮点，着力宣传一批可复制、可推广的典型示范案例。

自 2019 年农业农村部首次开展评价工作以来，浙江省已连续四年组织全省涉农县（市、区）积极参与实施。在前三次评价中，浙江省每年均有 20 余个县（市、区）获评先进县，数量均居全国第一位。2022 年的评价工作，通过对各县（市、区）统计填报的 2021 年度指标数据进行审核、分析、测评，

为各县（市、区）找准位置和差距，从而强弱项、补短板、增优势，指引推动全省县域数字农业农村快速健康发展，以“数字引擎”激活乡村振兴新动力。

二、评价说明

（一）评价指标体系

评价指标体系设计了一级指标包括发展环境、乡村网络基础设施、农业生产信息化、经营信息化、乡村治理信息化和服务信息化 6 项；二级指标包括农业农村信息化财政投入情况、互联网普及程度等 17 项（图 1）；三级指标包括乡村人均农业农村信息化财政投入、互联网普及率、农产品网络销售额占比等 23 项。

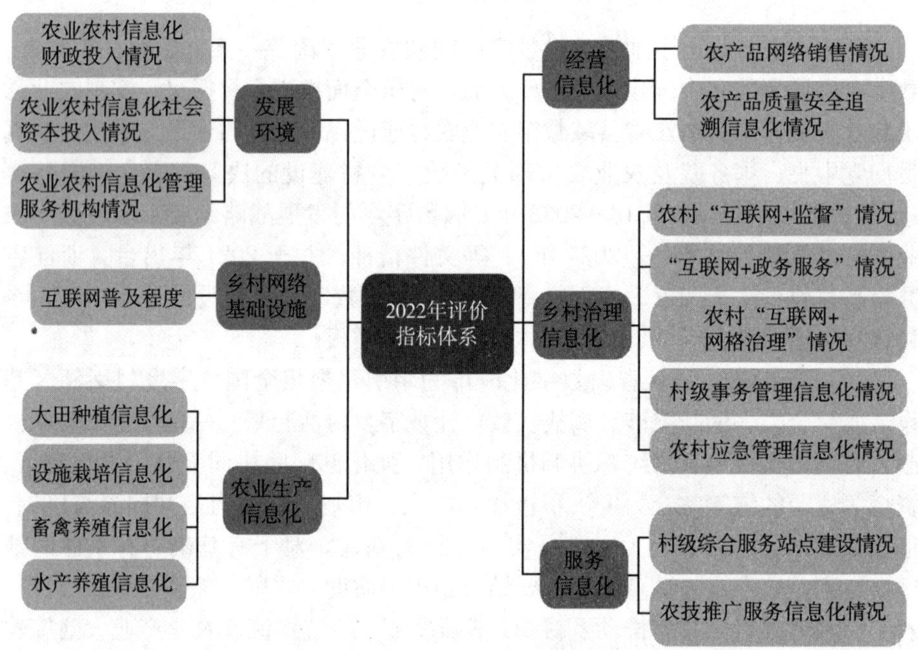

图 1　评价指标体系概况

（二）评价范围

本次评价参照截至 2021 年底的浙江省行政区划调整，全省 90 个县（市、区）中有 87 个参评，县域参与率达到 96.7%。其中：杭州市 10 个、宁波市 10 个、温州市 12 个、绍兴市 6 个、台州市 9 个、湖州市 5 个、嘉兴市 7 个、金华市9个、衢州市6个、丽水市9个和舟山市4个。杭州市所辖上城区、拱墅区、滨江区未参评，本报告中的“全省”指87个有效样本县（市、区），另作说明除外。

（三）数据来源

各县（市、区）农业农村部门负责数据调查统计、资料搜集等事项，填报上传相应数据，市级和省级农业农村部门负责对数据质量进行审核把关，确保数据真实有效、权威可靠。

（四）数据处理方法

首先基于县域填报值计算得出三级指标值，其次沿用Min-max归一化方法对部分数值范围不在0～1的三级指标值进行归一化处理，最后按照权重逐级计算二级指标值、一级指标值及发展总体水平。

（五）其他说明

年度内采用同一指标体系的各省份之间、省内地级市之间和县域之间数据可比。根据《浙江省数字乡村建设“十四五”规划》，浙江省正加速推进农业农村领域的数字化进程，本报告标题及内容沿用“数字农业农村”相关表述，其内涵与全国报告所述“农业农村信息化”一致。

三、评价结果

（一）浙江省县域数字农业农村发展总体水平

根据有效样本综合测算，2021年浙江省县域数字农业农村发展总体水平达68.3%，较上年增长1.6个百分点，连续四年稳居全国第一位。全国总体发展水平39.1%、东部地区42.9 %、中部地区42.5 %、西部地区33.6%。德清县、桐乡市、长兴县、杭州市临安区、嘉兴市秀洲区、杭州市西湖区、平湖市、安吉县、慈溪市、浦江县、湖州市吴兴区、湖州市南浔区、宁波市江北区、杭州市萧山区、三门县、平阳县、海盐县、杭州市钱塘区、温州市龙湾区、建德市、永康市、乐清市、镇海区、嘉兴市南湖区、桐庐县、海宁市26个县（市、区）入围全国100强。

浙江省各地级市总体发展水平均高于全国水平，其中排名前三的依次为湖州市、嘉兴市和杭州市（图2）。

浙江省县域数字农业农村发展水平整体较高。排名全省前10的县（市、区）平均发展水平为81.4%，排名后10的县（市、区）平均发展水平为

37.7%（图3）。

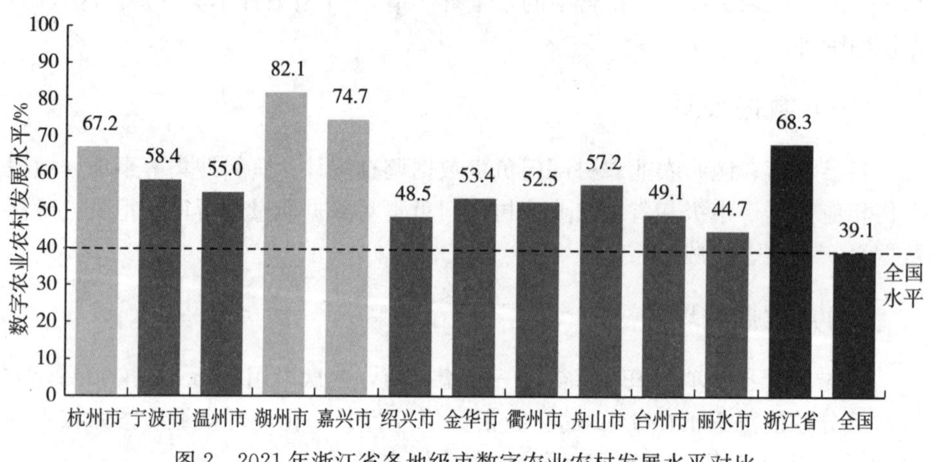

图2　2021年浙江省各地级市数字农业农村发展水平对比

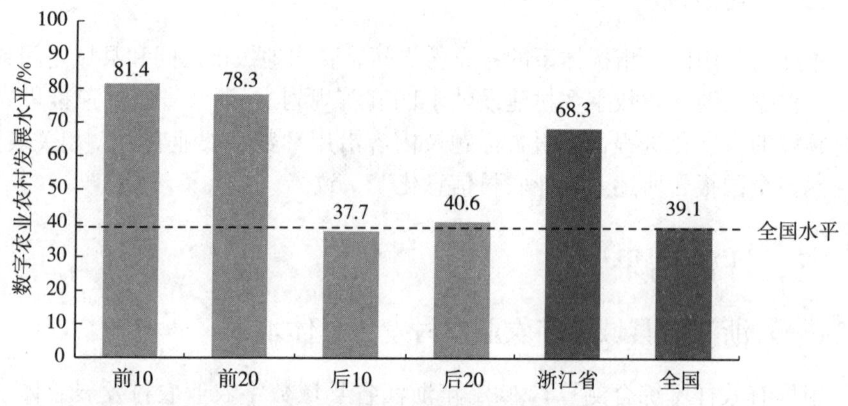

图3　2021年浙江省县域数字农业农村发展水平对比

87个参评县（市、区）中，发展水平超过70%的县（市、区）有21个，占比24.1%；发展水平超过60%的县（市、区）33个，占比37.9%；发展水平超过50%的县（市、区）有54个，占比62.1%；超过全国总体水平的县（市、区）有79个，占比90.8%。

聚焦全省排名前20的县（市、区），德清县以87.1%的发展水平排名第一，桐乡市、长兴县、杭州市临安区、嘉兴市秀洲区、杭州市西湖区、平湖市、安吉县、慈溪市、浦江县位居前10，湖州市吴兴区、湖州市南浔区、宁波市江北区、杭州市萧山区、三门县、平阳县、海盐县、杭州市钱塘区、温州市龙湾区、建德市位居第11至第20（表1）。

表 1 2021 年浙江省县域数字农业农村发展水平排名前二十的县（市、区）

县（市、区）	2021 年排名	2020 年排名	名次变化	县（市、区）	2021 年排名	2020 年排名	名次变化
德清县	1	3	↑2	吴兴区	11	11	→
桐乡市	2	1	↓1	南浔区	12	10	↓2
长兴县	3	9	↑6	江北区	13	25	↑12
临安区	4	23	↑19	萧山区	14	12	↓2
秀洲区	5	6	↑1	三门县	15	17	↑2
西湖区	6	2	↓4	平阳县	16	31	↑15
平湖市	7	8	↑1	海盐县	17	13	↓4
安吉县	8	5	↓3	钱塘区	18	—	—
慈溪市	9	7	↓2	龙湾区	19	18	↓1
浦江县	10	15	↑5	建德市	20	16	↓4

近四年连续入围前 20 名的有德清县、桐乡市、长兴县、平湖市、安吉县、浦江县、吴兴区、南浔区、海盐县 9 个县（市、区），第一次入围前 20 名的有平阳县、江北区和钱塘区 3 个县（市、区），详见图 4。

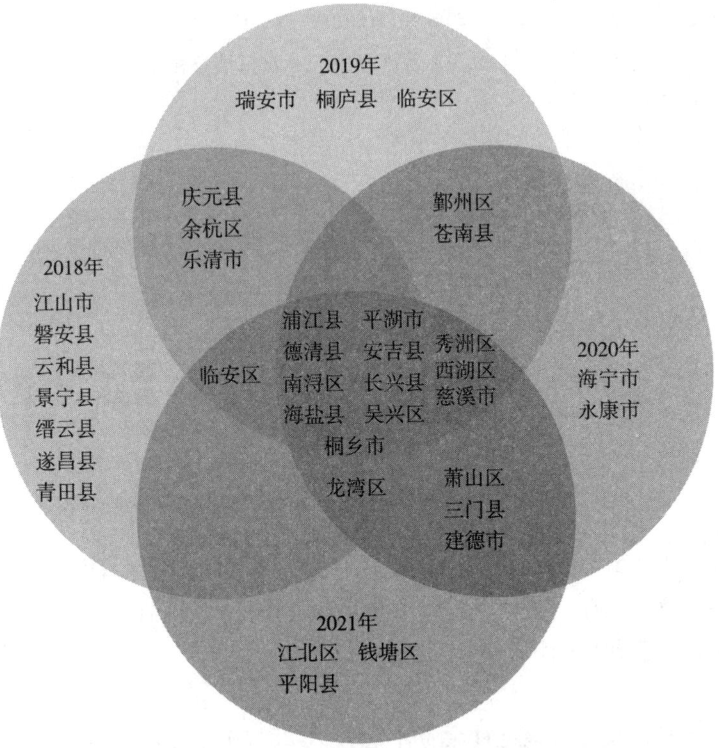

图 4 近四年浙江省县域数字农业农村发展水平排名前 20 的县（市、区）

（二）浙江省县域数字农业农村发展环境

1. 农业农村信息化投入情况

2021 年，浙江省农业农村信息化总投入达 383.6 亿元。各地级市农业农村信息化投入及占比情况见图 5 和图 6。总投入排名前三的地级市依次为嘉兴市、湖州市和温州市。

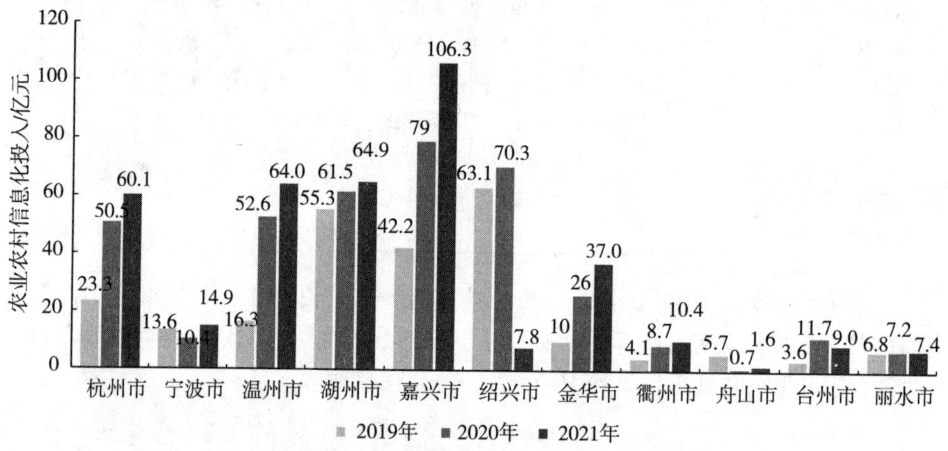

图 5　近三年浙江省各地级市农业农村信息化投入情况

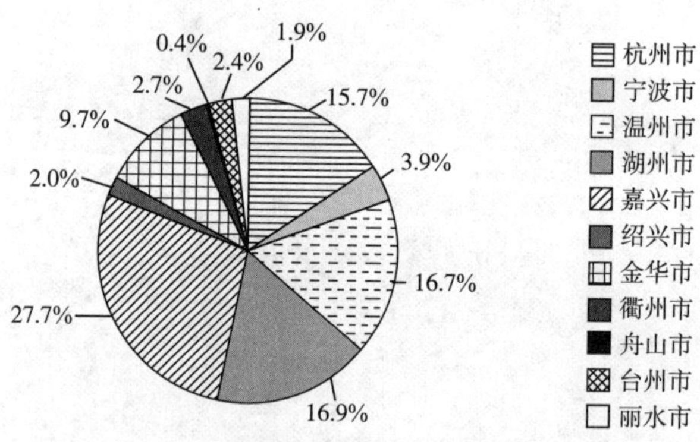

图 6　2021 年浙江省各地级市农业农村信息化投入占比情况

其中，浙江省农业农村信息化财政总投入 132.6 亿元，同比增长 22.2%；县均 1.5 亿元，同比增长 15.4%。2021 年财政投入排名前三的地级市依次为温州市、嘉兴市和杭州市，同比分别增长 8.1%、29.3%、25.2%。详见图 7、图 8。

浙江省农业农村信息化社会资本总投入 251.0 亿元，同比减少 6.8%；县均社会资本投入 2.9 亿元，同比减少 9.4%。2021 年社会资本投入排名前三的

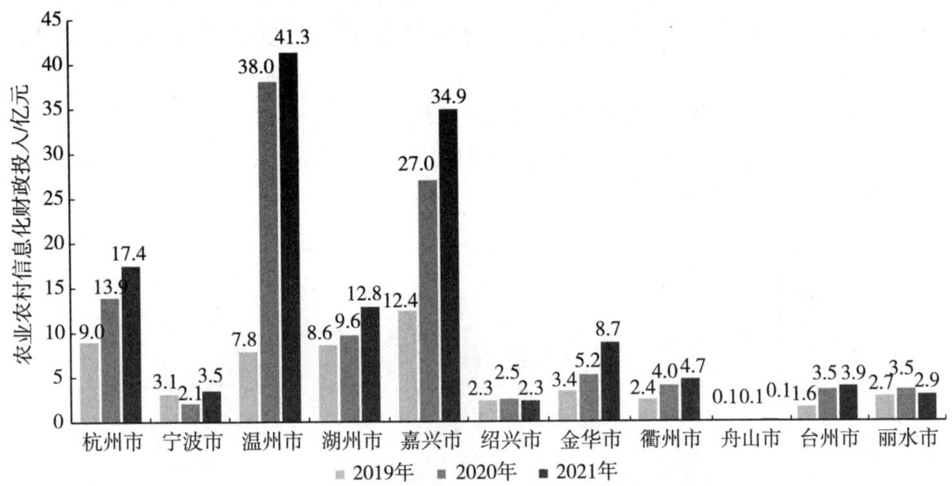

图 7 近三年浙江省各地级市农业农村信息化财政投入情况

地级市依次为嘉兴市、湖州市和杭州市，同比增长 37.3%、0.4%、16.7%（图 8）。

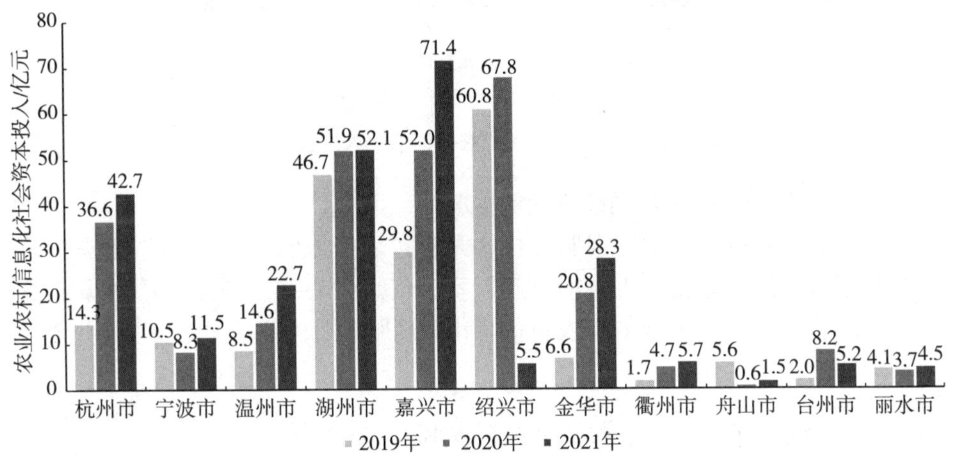

图 8 近三年浙江省各地级市农业农村信息化社会资本投入情况

从县域来看，桐乡市、瓯海区、德清县、长兴县、南湖区、萧山区、乐清市、余杭区、平湖市、金东区农业农村信息化总投入位居前 10，县均 20.6 亿元；秀洲区、海宁市、嘉善县、南浔区、永康市、安吉县、义乌市、浦江县、吴兴区桐庐县位居第 11 至第 20，前 20 县均 14 亿元。

从人均来看，南湖区、龙港市、桐乡市、长兴县、德清县、瓯海区、平湖市、嘉善县、秀洲区和临平区乡村人均农业农村信息化总投入位居前

10，人均 7 996.7 元。余杭区、乐清市、金东区、海宁市、海盐县、吴兴区、桐庐县、萧山区、洞头区和南浔区位居第 11 至第 20，前 20 人均 4 958.3元。

2021 年，浙江省农业农村信息化人均投入达 1 693.8 元，同比增长 4.3%；全省人均财政投入 585.4 元，同比增长 24.6%；全省人均社会资本投入 1 108.4 元，同比减少 4.0%（图 9）。

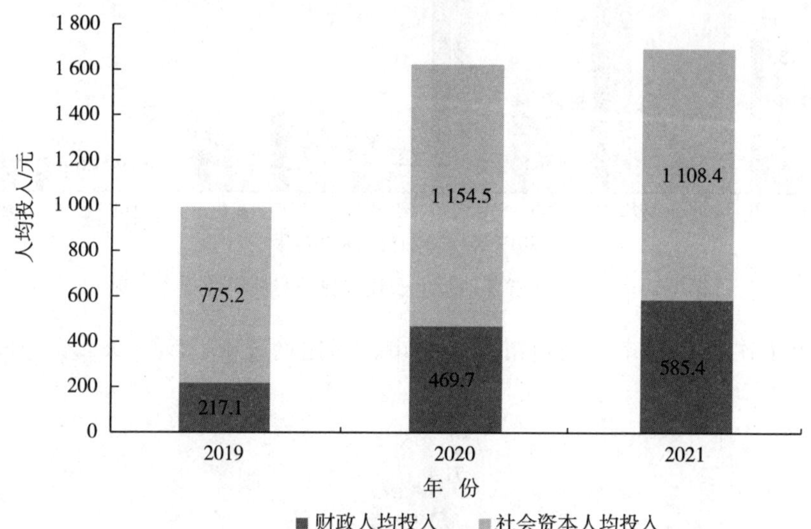

图 9　近三年浙江省农业农村信息化人均投入情况

2. 信息化管理服务机构综合设置情况

县级农业农村信息化管理服务机构是推进农业农村数字化的“排头兵”，主要包括承担信息化相关工作的行政科室、信息中心或大数据中心等事业单位。2021 年，浙江省县级农业农村信息化管理服务机构覆盖率为 100%（全国水平为 92.6%）。

（三）浙江省县域数字农业农村基础支撑情况

基础支撑情况通过县域互联网普及率和行政村 5G 通达率①两个指标来衡量。2021 年浙江省网民规模达 5 506.7 万人，互联网普及率为 84.2%②（全国互联网普及率为 73.0%③）。

① 行政村 5G 通达率为新增指标，指 5G 网络通达的行政村数量占行政村总数的比重。

② 数据来自《浙江省互联网发展报告 2021》。

③ 数据来自第 49 次《中国互联网络发展状况统计报告》。

根据本次评价结果统计①，县域互联网普及率高达 90%及以上的县（市、区）占比 54.0%，80%～90%的县（市、区）占比 26.4%，两者总计占比 80.5%（图 10）。

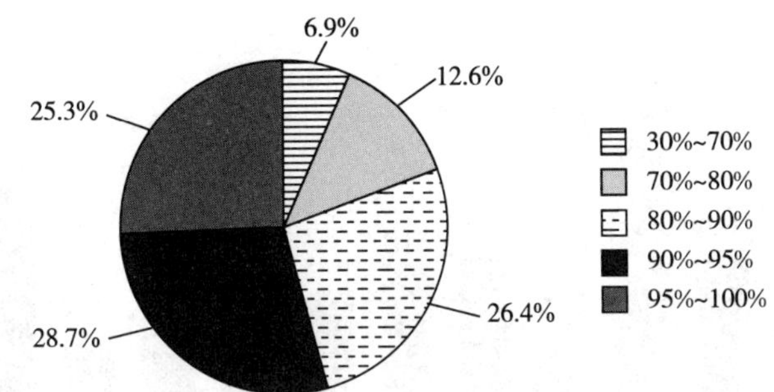

图 10 2021 年浙江省县域互联网普及率

浙江省行政村 5G 通达率为 91.6%（全国行政村 5G 通达率为 57.4%）。其中，行政村 5G 通达率达 90%及以上的县（市、区）占比 79.3%，80%～90%的县（市、区）占比 8.0%，两者总计占比 87.4%（图 11）。

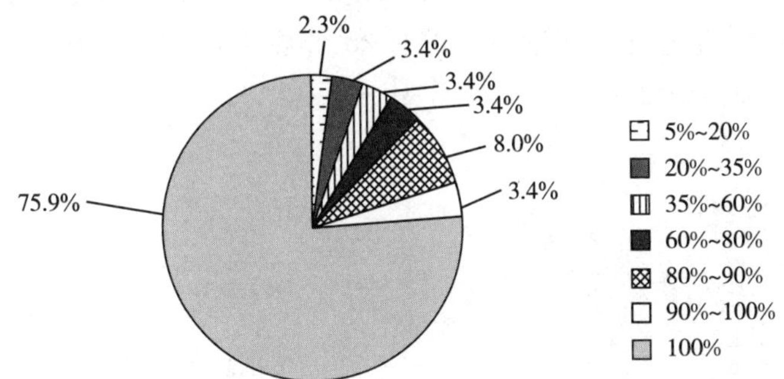

图 11 2021 年浙江省县域行政村 5G 通达率

（四）浙江省县域农业生产信息化水平

2021 年，浙江省农业生产信息化率为 45.3%，同比增长了 3.7 个百分点（排名全国第五，全国县域农业生产信息化率为 25.4%）。各地级市农业生产信息化率对比见图 12。其中，排名前三的地级市依次为湖州市、嘉兴市和杭州市。

全省农业生产信息化率排名前 10 的县（市、区）平均发展水平为

① 本次评价结果数据：浙江省 87 个参评县（市、区）网民规模达 5 122.78 万人，互联网普及率为 87.7%（全国互联网普及率为 72.8%）。

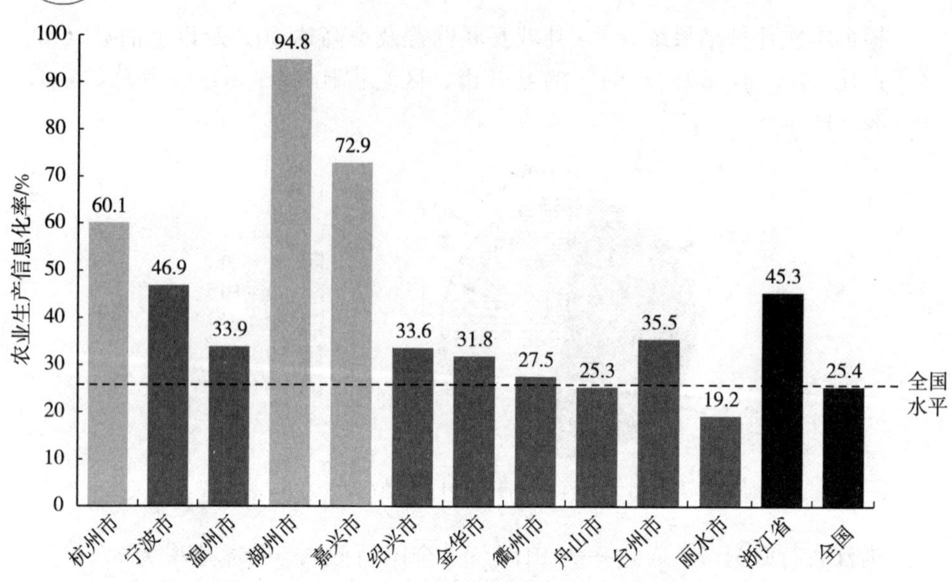

图 12　2021 年浙江省各地级市农业生产信息化率

94.5%，排名后 10 的县（市、区）平均发展水平为 5.4%（图 13)。另外，全省县域农业生产信息化率超过 60%的有 25 个县（市、区)，超过 50%的有 30 个县（市、区)，超过 40%的有 40 个县（市、区)。

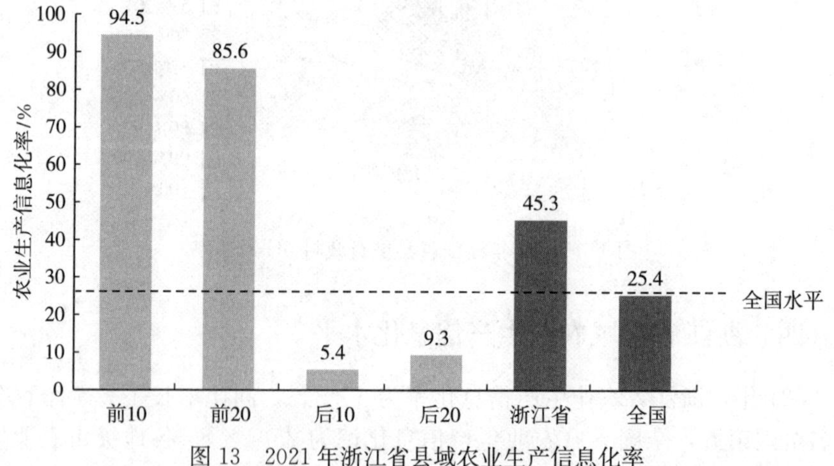

图 13　2021 年浙江省县域农业生产信息化率

近三年来，浙江省县域农业生产信息化率排名前 20 的县（市、区）详见图 14。其中，德清县等 9 个县（市、区）连续三年排名均位于前 20。

分行业来看，浙江省大田种植信息化率为 40.6%（排名全国第五，全国水平为 21.8%)、设施栽培信息化率为 44.4%（排名全国第二，全国水平为 25.3%)、畜禽养殖信息化率为 65.6%（排名全国第二，全国水平为 34.0%)、

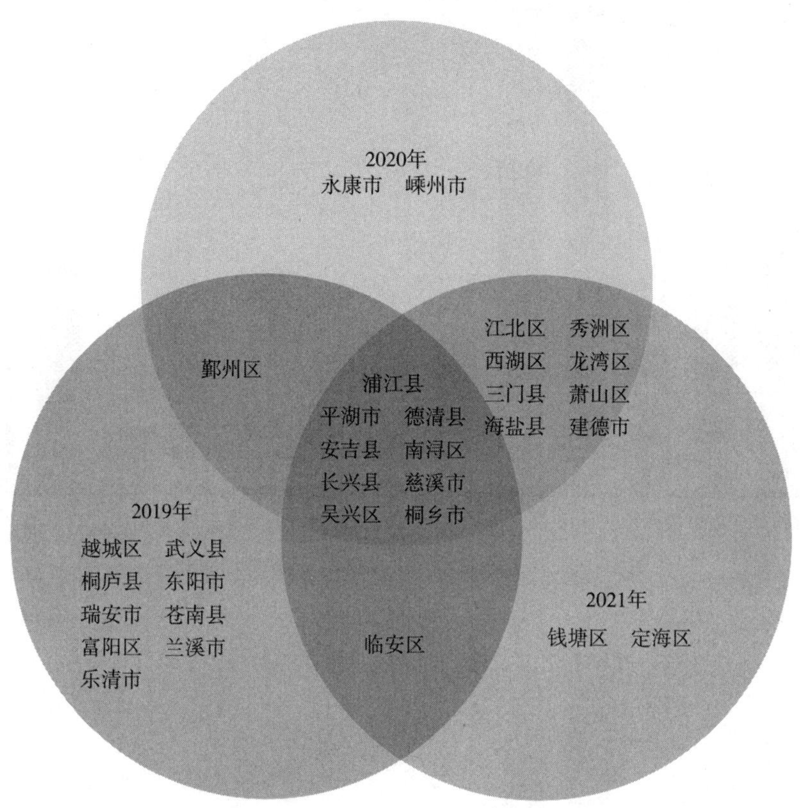

图 14 近三年浙江省县域农业生产信息化率排名前 20 的县

水产养殖信息化率为 44.2%（排名全国第二，全国水平为 16.6%）。

其中，就某些浙江省具有区域优势的子项来看，小麦种植和羊养殖信息化率分别为 73.7%、63.0%，均排名全国第一；稻谷、生猪和虾类的种植养殖信息化率分别为 60.2%、71.5%和 57.8%，均排名全国第二；鱼类和家禽养殖信息化率分别为 41.7%和 57.2%，均排名全国第三。各地级市四个行业的农业生产信息化率详见图 15～图 18。

排名前 10、前 20 以及排名后 10、后 20 的县（市、区）在不同行业生产信息化应用情况详见图 19。

（五）浙江省县域农业经营信息化水平

1. 农产品网络销售情况

2021 年浙江省农产品网络销售额为 1 238.9 亿元[①]。本次评价显示，县域农

① 数据来自浙江省商务厅。

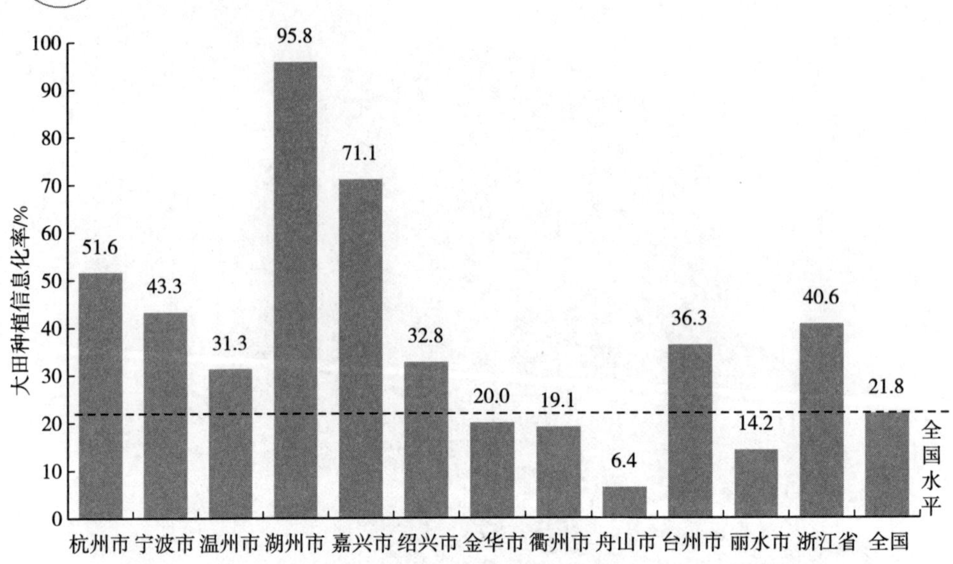

图 15　2021 年浙江省各地级市大田种植信息化率

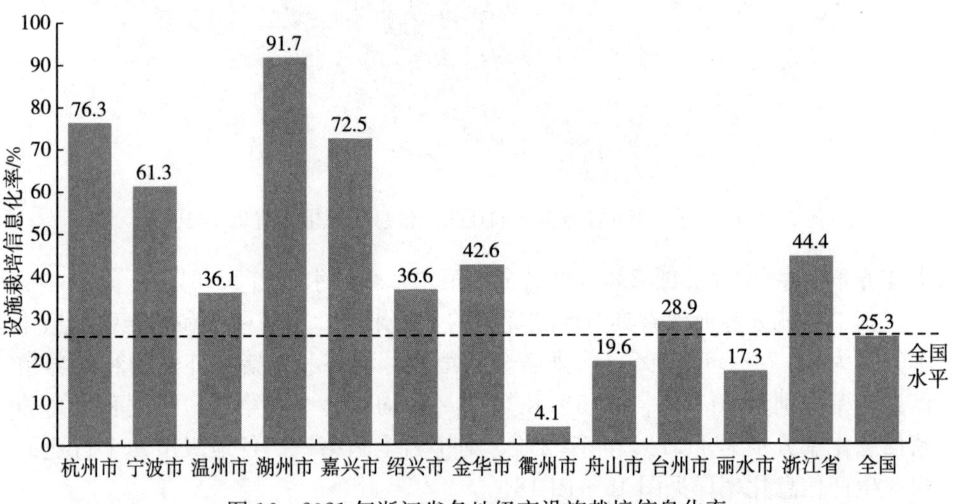

图 16　2021 年浙江省各地级市设施栽培信息化率

产品网络销售额占农产品交易总额的 42.1%（排名全国第一，全国水平为 14.8%），同比增长 4.6 个百分点。近年来浙江省农产品网络销售额变化详见图 20。

本次评价中，农产品网络销售额排名前 10 的县（市、区）依次为普陀区、义乌市、萧山区、临安区、慈溪市、三门县、长兴县、德清县、余杭区和秀洲区，平均为 45.6 亿元；排名后 10 的县（市、区）农产品网络销售额平均为 0.4 亿元（图 21）。2019—2021 年，浙江省县域农产品销售额排在前 20 的县（市、区）详见图 22。

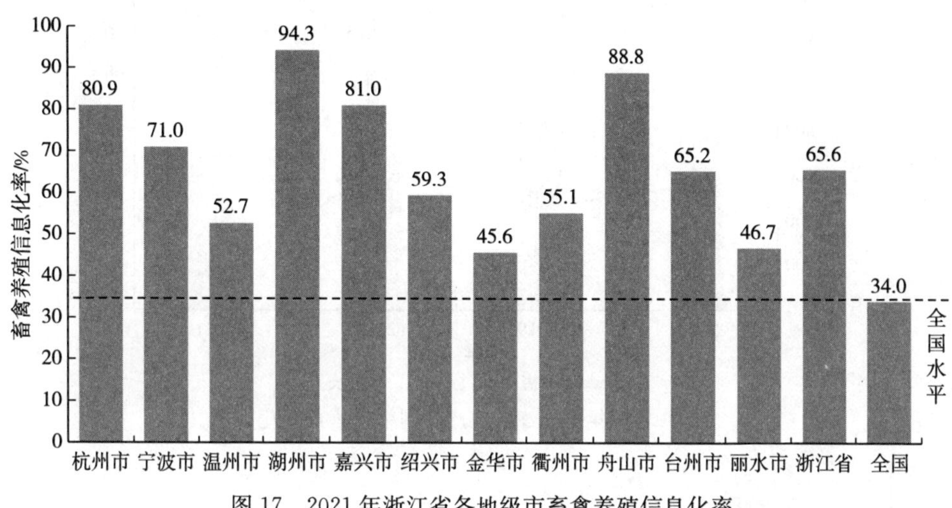

图 17 2021 年浙江省各地级市畜禽养殖信息化率

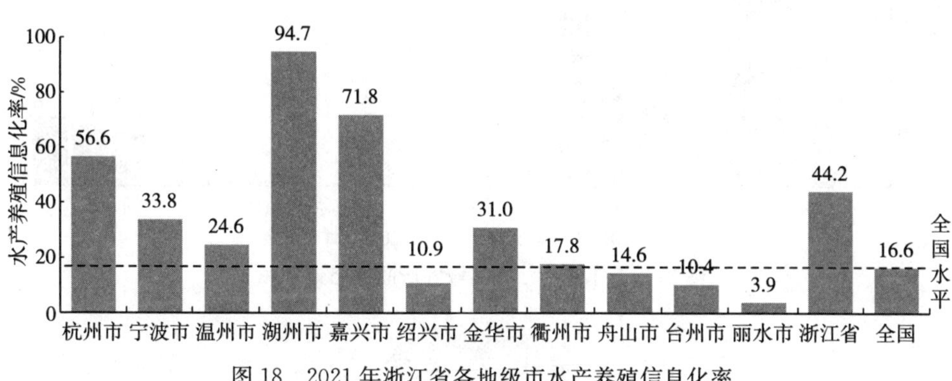

图 18 2021 年浙江省各地级市水产养殖信息化率

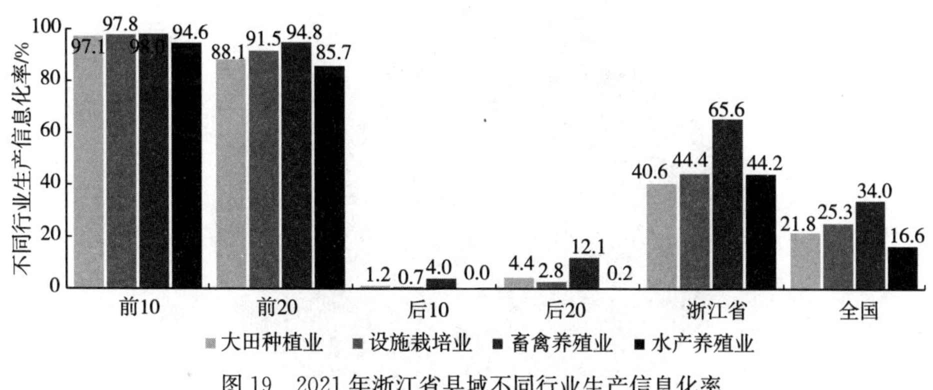

图 19 2021 年浙江省县域不同行业生产信息化率

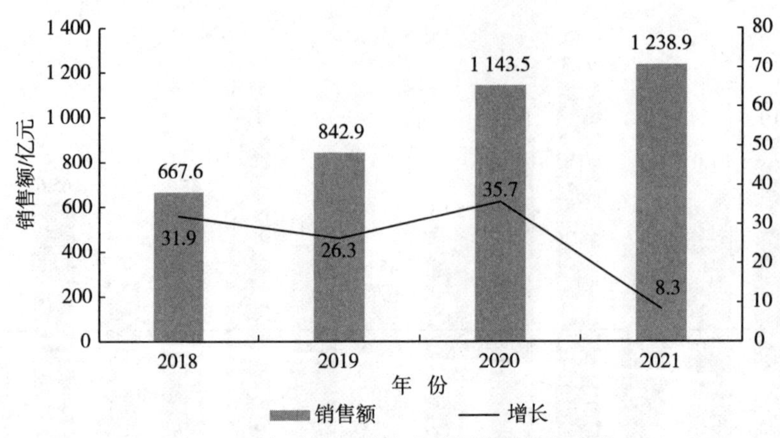

图 20 近年来浙江省农产品网络销售额变化

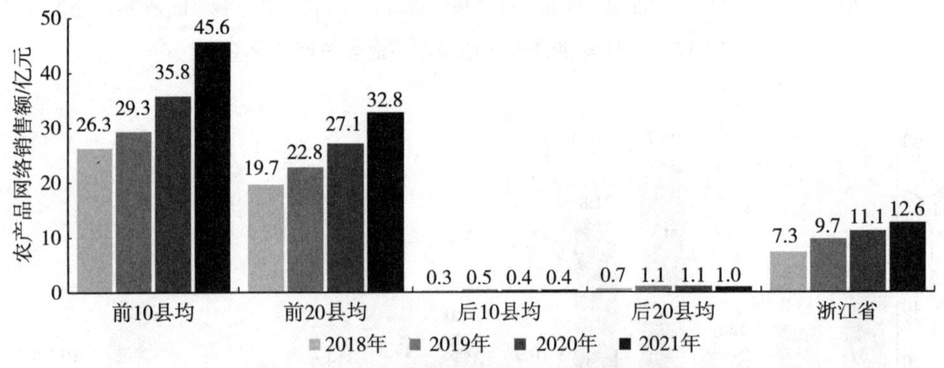

图 21 近年来浙江省县域农产品网络销售额

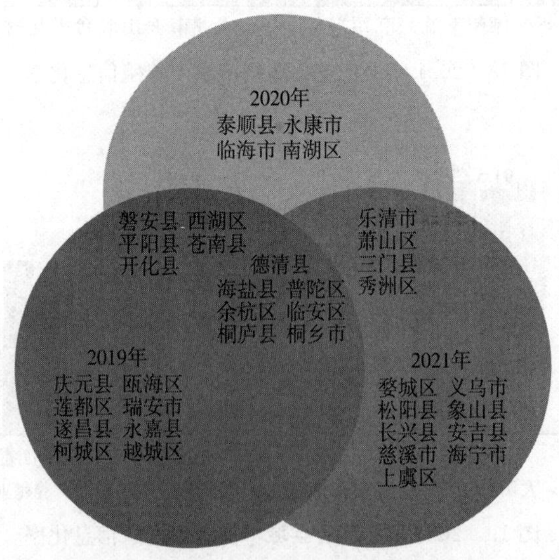

图 22 近三年浙江省县域农产品网络销售额排名前 20 的县（市区）

2. 农产品质量安全追溯信息化

2021 年，浙江省县域农产品质量安全追溯信息化水平为 67.1%（排名全国第二，全国水平为 24.7%），各地级市发展水平见图 23，其中排名前三的地级市依次为湖州市、嘉兴市和宁波市。

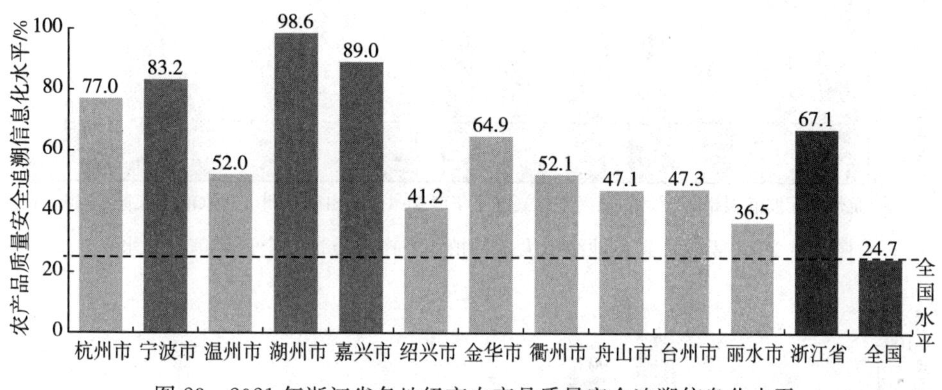

图 23 2021 年浙江省各地级市农产品质量安全追溯信息化水平

浙江省排名前 10 的县（市、区）农产品质量安全追溯信息化平均发展水平为 99.6%（图 24）。

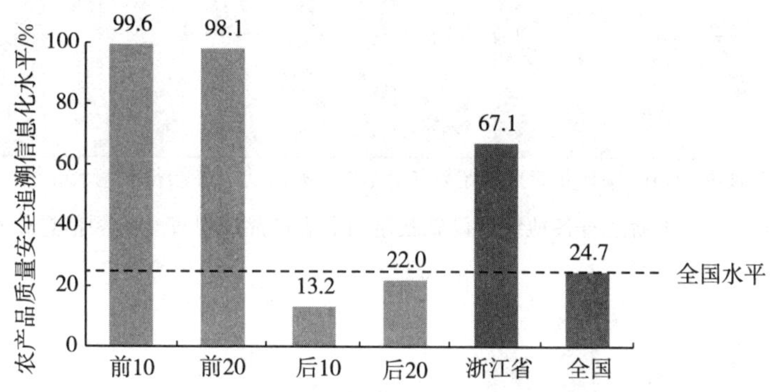

图 24 2021 年浙江省县域农产品质量安全追溯信息化水平

浙江省在大田种植、设施栽培、畜禽养殖和水产养殖四个行业的农产品质量安全追溯信息化水平分别为 64.5%（排名全国第二）、69.9%（排名全国第二）、73.0%（排名全国第二）和 67.7%（排名全国第二）（图 25～图 28），全国水平分别为 19.0%、31.6%、33.0%和 23.4%。

浙江省县域农产品质量安全追溯信息化水平排名前 10、前 20 以及排名后 10、后 20 的县（市、区）在四个行业的发展水平横向对比详见图 29。

农产品质量安全追溯信息化水平/%
100
80
60
40
20
0
77.2
77.7
56.5
98.5
85.6
38.7
62.3
39.5
59.6
46.6
31.7
64.5
19.0
全国水平
杭州市
宁波市
温州市
湖州市
嘉兴市
绍兴市
金华市
衢州市
舟山市
台州市
丽水市
浙江省
全国

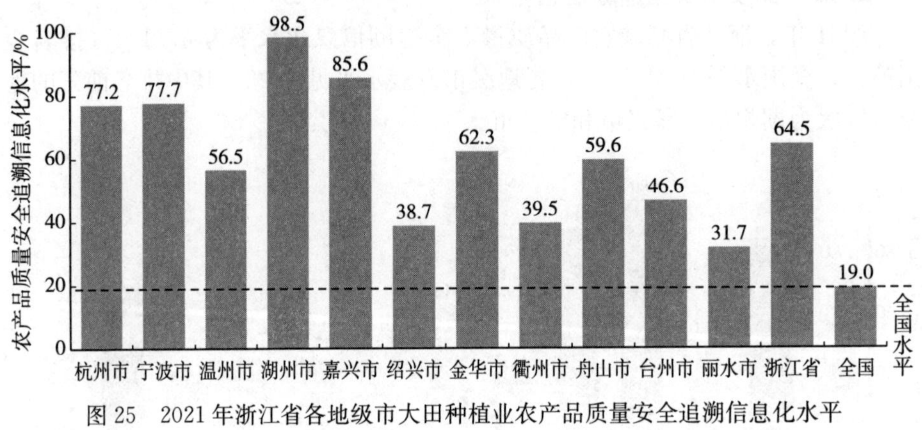

图 25　2021 年浙江省各地级市大田种植业农产品质量安全追溯信息化水平

农产品质量安全追溯信息化水平/%
100
80
60
40
20
0
81.6
92.2
61.9
98.9
90.6
34.9
69.7
54.5
65.2
60.6
47.0
69.9
31.6
全国水平
杭州市
宁波市
温州市
湖州市
嘉兴市
绍兴市
金华市
衢州市
舟山市
台州市
丽水市
浙江省
全国

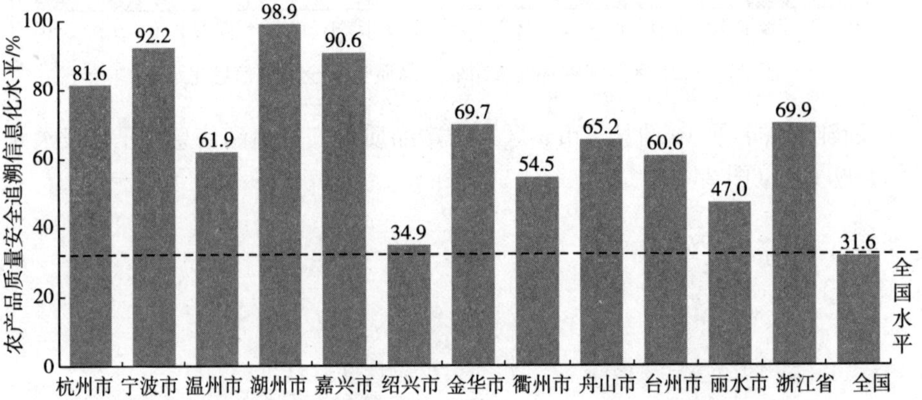

图 26　2021 年浙江省各地级市设施栽培植业农产品质量安全追溯信息化水平

农产品质量安全追溯信息化水平/%
100
80
60
40
20
0
69.8
85.5
81.9
98.8
95.0
69.0
74.4
65.7
40.8
46.7
49.4
73.0
33.0
全国水平
杭州市
宁波市
温州市
湖州市
嘉兴市
绍兴市
金华市
衢州市
舟山市
台州市
丽水市
浙江省
全国

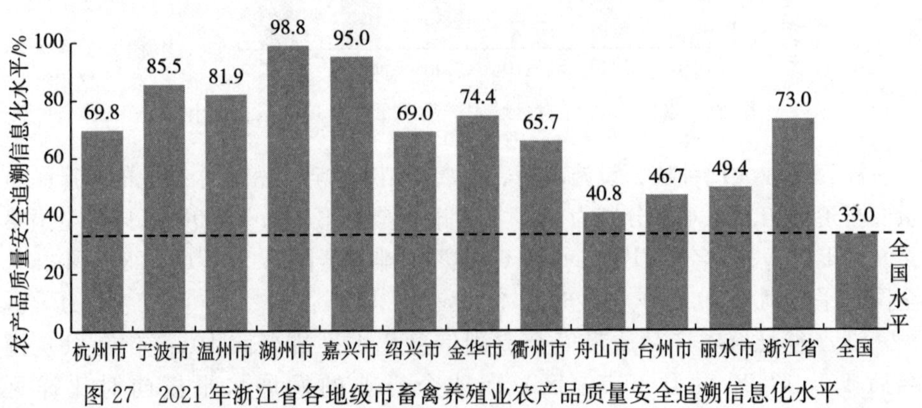

图 27　2021 年浙江省各地级市畜禽养殖业农产品质量安全追溯信息化水平

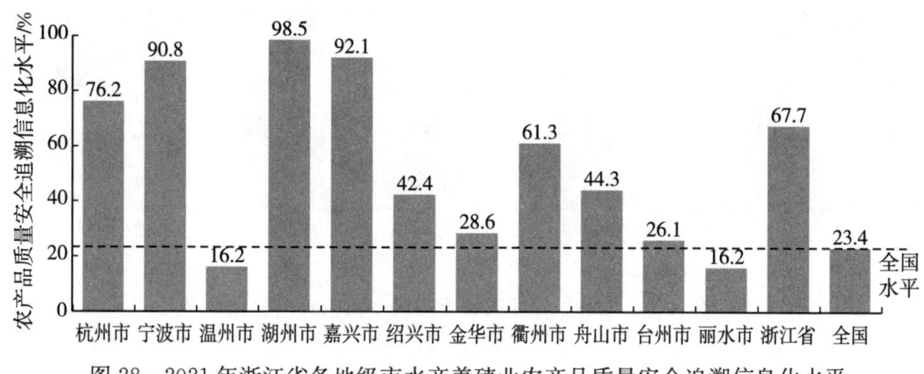

图 28　2021 年浙江省各地级市水产养殖业农产品质量安全追溯信息化水平

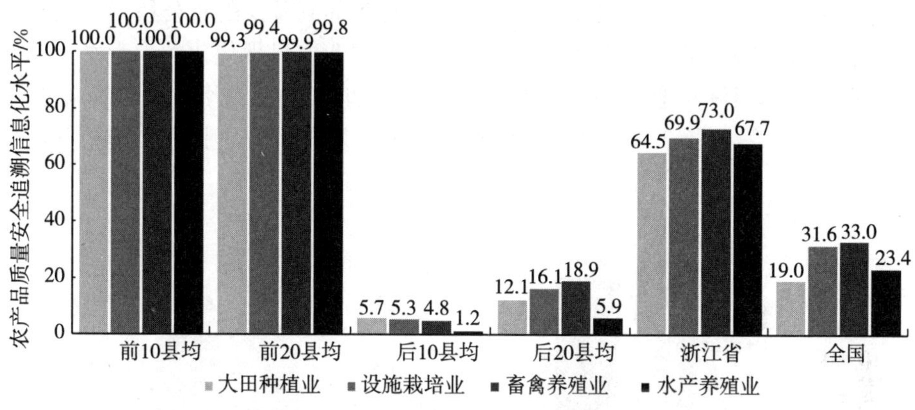

图 29　2021 年浙江省县域不同行业农产品质量安全追溯信息化水平

（六）浙江省县域乡村治理信息化水平

2021 年浙江省各地充分借助互联网技术和数字化手段，推动了党务、政务、财务“三务”线上公开，提升了县域政务服务在线办事效率，加快了公共安全视频图像应用系统、应急广播主动发布终端在行政村的安装应用，全面推进了乡村治理信息化。2021 年，浙江省“三务”网上公开行政村覆盖率为 99.9%（全国水平为 78.4%），县域政务服务在线办事率为 91.2%（排名全国第三，全国水平为 68.2%），公共安全视频图像应用系统行政村覆盖率为 98.2%（排名全国第三，全国水平为 80.4%），村级在线议事行政村覆盖率为 95.5%（排名全国第六，全国水平为 72.3%），应急广播主动发布终端行政村覆盖率为 97.6%（排名全国第五，全国水平为 79.7%），详见图 30。

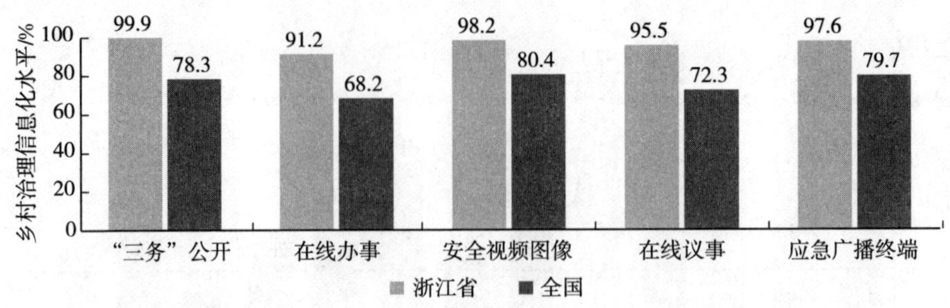

图 30　2021 年浙江省县域农业农村乡村治理信息化水平

（七）浙江省县域农业农村服务信息化水平

村级综合服务站点是农业农村服务信息化延伸到基层的重要桥梁，接受信息化农技推广服务的新型农业经营主体是加快农业农村现代化的生力军。2021年，浙江省村级综合服务站点行政村覆盖率为 99.2%（排名全国第三，全国水平为 86.0%），浙江省农技推广服务信息化率为 83.5%（排名全国第三，全国水平为 61.3%），详见图 31。

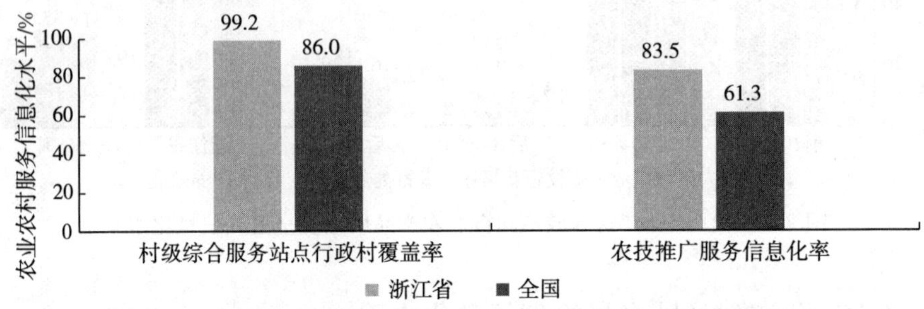

图 31　2021 年浙江省县域农业农村服务信息化水平

四、评价结果分析

（一）浙江省县域数字农业农村发展主要特点

1. 发展水平继续保持全国领先

2021 年，浙江省县域数字农业农村发展总体水平为 68.3%，分别高出全国总体、东部地区、中部地区、西部地区 29.2 个、25.4 个、25.8 个、34.7 个百分点。从总体发展水平、百强县数量来看，浙江省都稳居全国第一。在发展环境方面，浙江省乡村人均财政投入和社会资本投入、信息化管理服务机构综合设置情况排名全国第一。在基础支撑方面，全省互联网普及率排名全国第一。在生产信息化方面，畜禽养殖、水产养殖和设施栽培信息化率排名全国第二。在经营信息化方面，农产品网络销售额占比排名全国第一，农产品质量安全追溯信息化率排名全国第二。在乡村治理信息化方面，全省“三务”网上公开行政村覆盖率、县域政务服务在线办事率和公共安全视频图像应用系统行政村覆盖率均排名全国第三。在服务信息化方面，全省村级综合服务站点行政村覆盖率和农技推广服务信息化率排名全国第三。

2. 农业农村信息化资金投入持续发力

2021 年，全省农业农村信息化资金总投入 383.6 亿元，同比增长 1.3%，县均投入 4.4 亿元。其中，农业农村信息化财政投入持续加大，2021 年达 132.6 亿元，同比增长 21.2%。乡村人均农业农村信息化财政投入和社会资本投入分别达 585.4 元和 1 108.4 元，均为全国第一，分别为全国平均水平的 10.6 倍和 8.2 倍。政府财政支持力度的不断加大和社会资本的踊跃参与，为县域数字农业农村建设发展提供了强劲动力。

3. 数字化生产助推农业高质高效

2021 年，浙江省农业生产信息化发展水平为 45.3%，高出全国 19.9 个百分点。其中，设施栽培、畜禽养殖及水产养殖业分别以 44.4%、65.6%和 44.2%的信息化率排名全国第二；大田种植业信息化率为 40.6%，相对偏低，但仍高出全国 18.8 个百分点。具体来看，小麦和稻谷种植信息化率分别位居全国第一、第二，生猪、羊、家禽、鱼类、虾类和贝类养殖信息化率都位居全国前列。农业数字化转型是农业现代化的必然选择。浙江省正瞄准乡村振兴重大实际需求，积极推动数字技术与农业生产融合，以数字经济赋能乡村产业转型升级，以数字经济驱动农业农村现代化。

4. 经营信息化延伸产业链提升价值链

2021 年，浙江省农产品网络销售额达到 1 238.9 亿元。县域农产品网络销售额占比 42.1%，高出全国 27.3 个百分点，继续排名全国第一。其中，舟山市农产品网络销售额占比高达 84.7%，杭州市、湖州市和嘉兴市农产品网络销售额占比均超过 50%。从“农货”到“网货”的变化，并不只是简单地将农产品直接搬到网上销售，需要实现从“餐桌”上溯到“土地”、从消费端到服务端再到生产端的产业链重塑。同时，浙江省县域农产品质量安全追溯信息化水平为 67.1%，排名全国第二，高出全国 42.5 个百分点。农产品质量安全溯源作为保障农产品质量的有效手段，对保障农产品放心消费具有重要意义。

5. 乡村治理信息化推进基层治理提档升级

2021 年，浙江省基本实现“三务”网上公开行政村全覆盖，县域政务服务在线办事率、村级在线议事行政村覆盖率都超过 90%，公共安全视频图像应用系统和应急广播主动发布终端的行政村覆盖率均超过 95%。浙江省始终坚持以“整体智治”理念为引领，纵深推进数字化应用体系与县乡一体基层治理“四平台”融合建设，形成数字监管“一张网”、数字治理“一张图”，打造“网格化”“精细化”的线上线下事件处置联动体系。数字化赋能，既提升了乡村治理科学性、时效性，也为乡村治理现代化提供了新的方法路径，推进县域治理体系和治理能力现代化。

6. 服务信息化提升农民幸福感获得感

2021年，浙江省村级综合服务站点行政村覆盖率接近100%，农技推广服务信息化率高出全国22.2个百分点。其中，嘉兴市、湖州市和舟山市农技推广服务信息化率均达100%。近年来，浙江省坚持需求导向、问题导向、效果导向，聚焦基层群众“最后一公里”难题，深入打造为民服务多跨场景应用，扎实推进城乡基本公共服务一体化、数字化；通过信息化手段不断提升政府服务水平，让群众办事更加便利，促进乡村数字服务普及覆盖、高效共享，最大程度实现“最多跑一次”，甚至“一次都不跑”。

（二）浙江省县域数字农业农村发展主要问题

1. 县域总体发展水平差距悬殊

2021年，全省排名前10的县（市、区）数字农业农村发展水平平均为81.4%，排名前20的县（市、区）发展水平平均为78.3%，远高于全国水平。而全省排名后10的县（市、区）数字农业农村发展水平平均为37.7%，低于全国水平，排名后20的县（市、区）发展水平平均为40.6%，仅微高于全国水平。从地理分布结构看，“浙北强浙南弱”的总体格局仍然存在，不同区域发展水平相差较大，尤其在农业农村信息化资金投入、农业生产信息化水平和经营信息化水平方面，地市之间、县域之间差距不平衡问题突出。

2. 个别地区农业农村信息化投入不足

全省农业农村信息化资金投入远超全国水平，但是个别地区人均农业农村信息化财政投入和人均社会资本投入较为不足，直接影响县域数字农业农村发展总体水平。同时，部分地区目前仍然过多地依赖于财政资金投入，没有充分发挥市场在资源配置中的决定性作用；个别地区社会资本投入与财政投入占比失衡，未能充分发挥好财政资金对社会资本的引导与撬动作用。

3. 不同行业生产信息化水平差异明显

2021年，浙江省畜禽养殖信息化率（65.6%）远超其他行业，比大田种植业高25个百分点，比设施栽培业高21.2个百分点，比水产养殖业高21.4个百分点，明显高于其他三个行业，尤其是生猪养殖信息化率高达71.5%。从县域来看，不同行业的生产信息化率排在前20的县（市、区）与后20的县（市、区）差异悬殊，在大田种植业、设施栽培业、畜禽养殖业和水产养殖业的信息化率差距分别为83.7个、88.7个、82.7个和85.5个百分点。

4. 县域农产品网络销售呈两极分化

2021年浙江省县域农产品网络销售额占比高出2020年4.6个百分点。排名前10的县（市、区）农产品网络销售额占比为86.9%，排名后10的县（市、区）农产品网络销售额占比为6.9%，排名前20的县（市、区）农产品网络销售额占比为79.5%，排名后20的县（市、区）农产品网络销售额占比为11.5%。本次评价中，有34个县（市、区）的农产品网络销售率高于50%，有13个县（市、区）农产品网络销售率低于全国14.8%的平均水平。在农产品网络销售额及占比总体稳步增长的态势下，部分县域农产品网络销售水平仍有较大的提升空间。

5. 乡村治理和服务信息化仍需提升效能

乡村治理和服务信息化重在以人为本，以需求和问题为导向，以人民群众的幸福感、获得感、安全感为重要衡量标准。浙江省在推进整体智治和服务信息化方面仍面临应用需求多样、工作任务繁杂、“重管理轻服务”，在顶层设计、协同推进、融合应用等方面还面临诸多问题和困难，需要进一步强化应用场景谋划建设，推进数字化服务在农村医疗、养老、教育等方面的深层次应用和普惠共享。

五、对策及建议

（一）以引领区建设为契机，打造数字乡村发展新标杆

高质量建设数字乡村引领区，把浙江数字乡村打造成为“重要窗口”的标志性成果，为全国数字乡村建设推进贡献浙江经验。加强统一领导，坚持运用系统观念、改革思维、数字手段，不断加强力量统筹整合，推动要素资源优化配置，形成数字乡村建设多跨协同、多维发力、多方合力的长效化推进机制。立足浙江实际，坚持以实用管用好用为导向，以群众急需的领域为重点，以建设促应用、以应用强功能，聚力实施农业农村数字化改革、乡村产业数字增效、乡村数字服务提质、乡村网络文化振兴、乡村“四治”融合推进、乡村数字基础提升六大行动。把握数字乡村发展方向，优化农业和产业空间布局，加快建设数字乡村技术标准和规范体系，建立健全浙江省数字乡村建设发展评价指标体系，高水平打造全国数字乡村建设浙江样板。

（二）以共同富裕为目标，消除县域发展“数字鸿沟”

促进农民农村共同富裕是新时期数字乡村发展的战略目标，要将提升县域数字农业农村发展水平作为促进共同富裕的发力点、着力点。完善财政支持政

策，支持现代农业项目资金向数字乡村建设倾斜，尤其要加大薄弱地区资金投入。创设好政策、好措施，鼓励和引导通信运营商、高新企业等多方力量参与数字乡村建设，综合运用财政资金、金融及社会资本，推动相关高校、科研院所、企业开展产学研合作，联合攻关数字乡村前沿领域、关键环节、核心技术。谋划实施一批“三农”新基建项目，加快推进百兆光纤、5G 网络、视联网行政村全覆盖，数字化改造乡村水利、公路、电力、物流等生产生活基础设施，开发推广适应“三农”特点的信息终端、技术产品，通过数字化手段减弱城乡地理空间距离不便感，缩小城乡居民“数字鸿沟”，赋能后进地区跑出共富“加速度”，以数字乡村带动乡村全面振兴和区域协调发展，推动浙江农村共同富裕先行、农业农村现代化先行。

（三）以“未来农场”为载体，加速农业全产业链数字化

推进智慧农业“百千”工程［建设施农业示范基地（数字农业工厂）1 000 家、“未来农场”100 家］，推动农业生产经营主体数字化改造和智能化提升、设施农业提档升级。围绕农业特色主导产业，加速数字技术与种植业、种业、畜牧业、渔业、农产品加工销售深度融合，推动水肥一体化、饲喂自动化、环境控制智能化等设施装备技术研发应用，培育生产效率高、价值链条长、竞争优势强的数字农业工厂、“未来农场”。逐步构建乡村数字化新生产格局，强化“浙江乡村大脑”应用集成，形成“乡村大脑＋产业地图＋数字农业工厂（基地）”的生产格局，利用数字化手段整合农业全产业链，在产业链、供应链、创新链、价值链中提质增效。继续推进“互联网＋”农产品出村进城、电子商务进农村综合示范、快递业“两进一出”（进村、进厂、出海）工程，大力培育直播电商、跨境电商等新业态，推进“互联网＋”农村经济创业创新，促进乡村新业态新模式发展壮大。

（四）以数字化改革为牵引，点亮“未来乡村”美丽图景

贯彻落实全省数字化改革决策部署，对标对表全省数字化改革“1612”体系架构，充分运用数字化改革的理念、思路、方法、手段，引领指导数字乡村建设全过程各领域。聚焦“三农”领域重大需求，持续做强浙江乡村大脑，推进“浙农”系列应用、地方特色场景综合集成，拓展“浙农码”码上服务聚合。开展乡村数字化新生活行动，以乡村基本公共服务数字化推进城乡一体化，促进重大民生应用在乡村落地贯通。建设好“浙里未来乡村在线”应用，积极接入教育、医疗、养老、救助等服务，建设集自助购物、便捷买药、取款缴费等功能于一体的“乡村数字生活馆”，推进智慧医疗站、智能养老中心、空中教育平台等乡村数字生活场景建设。推广应用新版浙江农民信箱，汇聚产

销、农技、办事、政策、培训、气象六大服务。通过数字技术提升基层服务和治理水平，大力构建自治、法治、德治、智治“四治融合”的乡村治理体系，赋能乡村生活之美，围绕“一统三化九场景”，打造一批引领品质生活体验、呈现未来元素、彰显江南韵味的“未来乡村”，高质量建设共同富裕现代化基本单元。

（五）以新技术人才为支撑，筑牢数字农业农村发展底座

加大数字农业农村人才队伍培养力度，构建并完善面向农村地区的数字技能普及体系，是促进农业现代化和乡村振兴的基石。组建数字乡村引领区建设高层次专家智库、课题研究组，为浙江引领区建设提供咨询指导、分析研究、评估总结、模式提炼等支撑服务。深入实施“两进两回”行动，广泛吸引数字化人才下乡创业创新，引育乡村数字化新技术人才，推动引进数字应用开发、智能农机应用、电子商务运营等数字农业紧缺人才。鼓励高校、科研院所、企事业单位加强对农业物联网、数字农业、乡村数字化人才培育等方面的创新投入。持续开展数字素养和数字化技能培训，持续增强农民网络安全意识和数字技能，强化基层干部群众的数字意识、数字能力，提升乡村干部熟练使用数字化应用的水平。不断完善现代农业技能人才评价体系，搭建人才选拔培养平台，构建人才培育使用闭环，培育一批既懂“三农”又懂信息技术的复合型领军人才，夯实数字乡村创新发展基础。

2022安徽省县域农业农村信息化发展水平评价报告

撰稿单位：安徽省农业信息中心

撰稿人员：方文红　梁苏丹　丁　砥　高凌宇

根据农业农村部市场与信息化司和农业农村部信息中心的统一部署和要求，2022年8月安徽省组织开展了安徽省农业农村信息化能力监测试点工作。本次监测评价数据来源于安徽省16个市级农业农村部门，共收集到105个县（市、区）2021年的基础指标数据，县域数据收集完成率达到100%，覆盖15 236个行政村（农村社区）。

一、基本结论

（一）安徽省县域农业农村信息化发展总体水平达到55%

2021年安徽省县域农业农村信息化发展总体水平达55%，高于全国平均水平15.9个百分点，较上年提升6个百分点，位居全国第四。各市发展总体水平均高于全国平均水平，其中市级农业农村信息化发展总体水平排名前10的市是：芜湖市、合肥市、淮北市、滁州市、亳州市、铜陵市、蚌埠市、安庆市、宣城市、阜阳市（图1）。县域农业农村信息化发展总体水平排名前10的县（区）是：来安县、铜官区、全椒县、砀山县、鸠江区、谯城区、贵池区、宿松县、濉溪县、石台县（图2）。

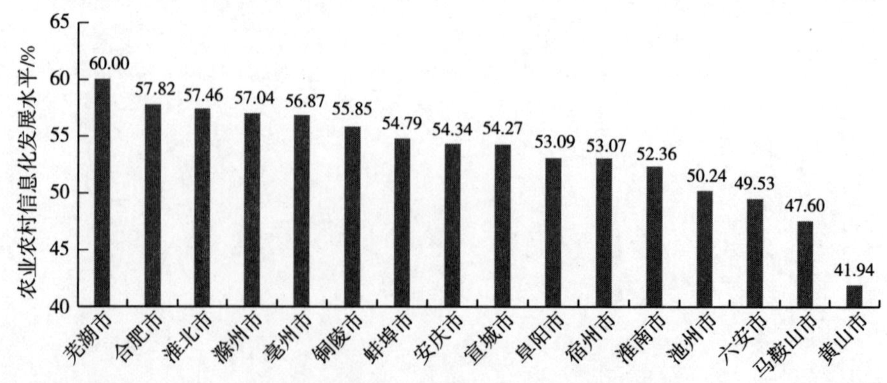

图1　2021年安徽省各市农业农村信息化发展总体水平

从县域来看，农业农村信息化发展水平超过 60%的县（区）24 个，占比 22.9%；发展水平在 45%～60%的县（区）61 个，占比 58.1%；发展水平介于全国总体水平（即 39.1%）和 45%之间的县（区）13 个，占比 12.4%；发展水平低于全国总体水平的县（区）7 个，占比 6.6%。来安县、铜官区、全椒县、砀山县、鸠江区、谯城区、贵池区、宿松县 8 个县（区）进入全国前百强，并被评为“2022 全国县域农业农村信息化发展先进县”，其发展水平分别为 75.1%、74.3%、72.6%、69.8%、68.5%、68.4%、68.0%、67.2%。

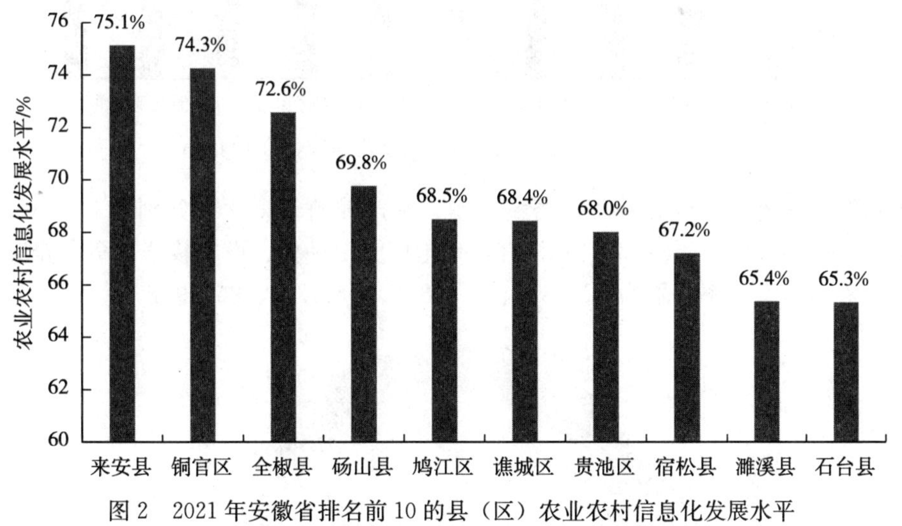

图 2　2021 年安徽省排名前 10 的县（区）农业农村信息化发展水平

（二）农业生产信息化率达到 52.15%

2021 年安徽省农业生产信息化率达到 52.15%，高于全国平均水平 26.79 个百分点，位居全国第一。其中，淮北市、亳州市、宿州市、阜阳市、安庆市、蚌埠市、铜陵市、合肥市、宣城市、淮南市农业生产信息化率在安徽省排前 10 名，农业生产信息化发展水平分别为 72.50%、59.04%、58.13%、57.02%、56.72%、55.84%、52.69%、52.25%、50.39%、49.33%（图 3）。

分地区看，以淮河、长江为界，将安徽省划分为淮北地区[①]、沿淮及江淮地区[②]、沿江江南地区[③]三大区域，其农业生产信息化率分别为 77.34%、52.63%、60.52%（图 4）。其中淮北地区大田种植、设施栽培、畜禽养殖、水产养殖信息化率分别为 67.57%、37.87%、64.24%、20.67%；沿淮及江

① 淮北地区包括阜阳市、淮北市、宿州市、亳州市。

② 沿淮及江淮地区包括蚌埠市、滁州市、淮南市、合肥市、六安市。

③ 沿江江南地区包括黄山市、马鞍山市、芜湖市、池州市、宣城市、安庆市、铜陵市。

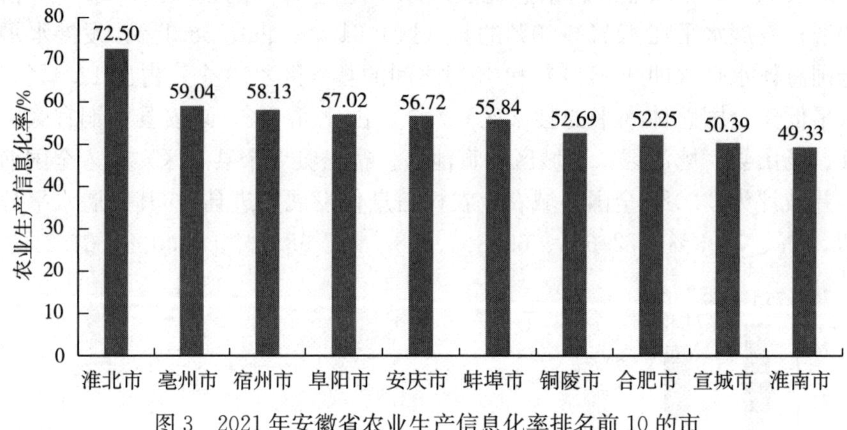

图3　2021年安徽省农业生产信息化率排名前10的市

淮地区大田种植、设施栽培、畜禽养殖、水产养殖信息化率分别为55.78%、30.92%、31.88%、31.68%；沿江江南地区大田种植、设施栽培、畜禽养殖、水产养殖信息化率分别为52.48%、41.98%、30.03%、26.69%。

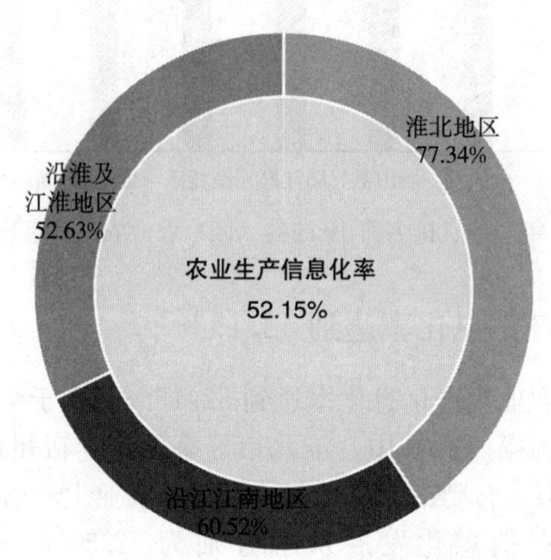

图4　2021年安徽省三大区域农业生产信息化率

分行业看，2021年安徽省大田种植信息化水平最高，达到60.2%，较上年提升12.1个百分点，高出全国水平38.4个百分点，位居全国第一。本次大田种植信息化监测涉及稻谷、小麦、玉米、大豆、马铃薯、棉花、油料、糖料、茶叶等14种主要大田作物，其中稻谷、小麦、大豆、油料、糖料、蔬菜（不含设施蔬菜）、果园（不含设施水果）等作物的农业生产信息化水平均位居全国前三，分别为59.19%、69.06%、57.02%、54.21%、15.5%、39.33%、39.90%；从主要信息技术应用来看，农机作业信息化技术在大田作物生产过程中应用最为广泛，覆盖面积占实际监测面积的 66.5%，水肥药技术次之，“四情监测”技术也得到较好的应用。

畜禽养殖信息化水平达到 52.5%，较上年提升 10.7 个百分点，高出全国水平 18.5 个百分点，位居全国第五。本次监测涉及生猪、牛、羊、家禽 4 种主要畜禽品种（类），其生产信息化水平分别为 57.23%、41.37%、41.39%、51.89%；从主要信息技术应用来看，环境信息化监测技术在畜禽养殖过程中应用最为广泛，覆盖率达到 54.2%，自动化饲喂技术和疫病信息化防控技术次之。

水产养殖信息化水平为 28.5%，位列全国第七。本次监测涉及鱼类、虾类、蟹类、贝类 4 种主要畜禽品种（类），其生产信息化水平分别为 33.51%、15.85%、37.49%、20.12%；从主要信息技术应用来看，信息化增氧技术在水产养殖过程中应用最为广泛，疫病信息化防控技术次之。

设施栽培信息化水平为 35.75%，位列全国第六。从主要信息技术应用来看，水肥一体化智能灌溉技术应用最为广泛，设施环境信息化监测技术次之。

（三）农产品网络销售额占销售总额的比重达到 22.39%

2021 年全省农产品网络销售额为 1 081.12 亿元，同比增长 21.5%；县均农产品网络销售额 10.3 亿元，同比增长 22.6%；其中农产品网络销售额在安徽省排名前 10 的市是芜湖市、合肥市、宿州市、六安市、滁州市、阜阳市、蚌埠市、安庆市、亳州市、宣城市（图 5）；农产品网络销售额在安徽省排名前 10 的县（市、区）是弋江区、砀山县、肥西县、明光市、肥东县、巢湖市、舒城县、怀远县、埇桥区、颍上县。

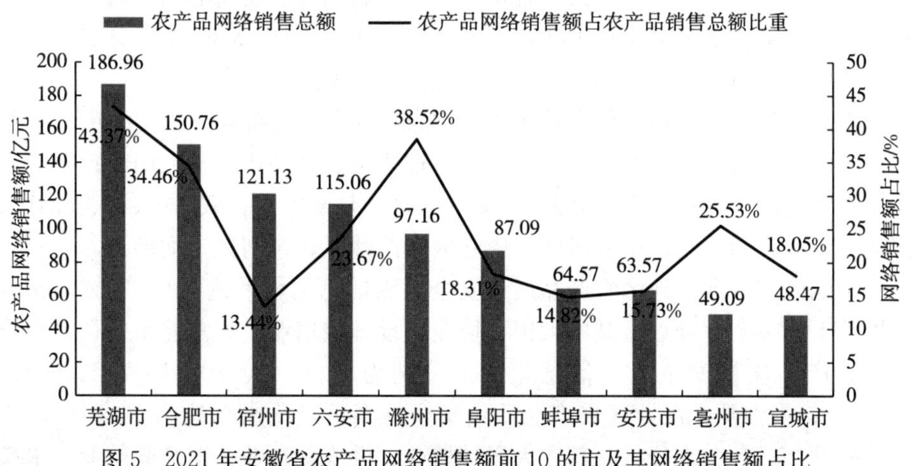

图 5　2021 年安徽省农产品网络销售额前 10 的市及其网络销售额占比

2021年安徽省农产品网络销售额占农产品销售总额的比重为22.39%，比上年提高2.49个百分点，高于全国平均水平7.6个百分点，在全国排名第四。农产品网络销售额占农产品销售总额的比重排名前10的市是芜湖市、滁州市、合肥市、黄山市、亳州市、池州市、六安市、铜陵市、阜阳市、宣城市；农产品网络销售额占农产品销售总额的比重排名前10的县（市、区）是相山区、贵池区、来安县、田家庵区、三山区、全椒县、谯城区、徽州区、砀山县、明光市。

分地区看，淮北地区2021年农产品网络销售额为263.46亿元，同比增长17.3%，县均12.5亿元，同比增长17.9%；2021年淮北地区农产品网络销售额占农产品销售总额的比重16.1%，基本与上年持平。沿淮及江淮地区2021年农产品网络销售额为449.18亿元，同比增长70.3%，县均11.8亿元，同比增长71%；2022年沿淮及江淮地区农产品网络销售额占农产品销售总额的比重为25.6%，比上年提高7.46个百分点。沿江江南地区2021年农产品网络销售额为368.47亿元，同比下降8%，县均8亿元，与上年相比略有下降；2021年沿江江南地区农产品网络销售额占农产品销售总额的比重为25.5%，与上年基本持平。

（四）农产品质量安全追溯信息化水平达到24.3%

2021年安徽省农产品质量安全追溯信息化水平达到24.3%，比上年提高6.4个百分点，与全国水平基本持平。分行业来看，大田种植业、设施栽培业、畜禽养殖业、水产养殖业农产品质量安全追溯信息化水平分别为17.9%、37%、29.27%、30.1%。其中，设施栽培业、水产养殖业农产品质量安全追溯信息化水平分别高于全国平均水平5.43个和6.75个百分点，分别位居全国第七和第十。与往年对比，大田种植业、设施栽培业、畜禽养殖业农产品质量安全追溯信息化水平分别比上年提升5.2个、20.17个、8.55个百分点，水产养殖业农产品质量安全追溯信息化水平比上年下降3.1个百分点。

农产品质量安全追溯信息化水平排名前10的市是铜陵市、芜湖市、合肥市、滁州市、池州市、黄山市、宣城市、宿州市、蚌埠市、马鞍山市；农产品质量安全追溯信息化水平排名前10的县（区）是来安县、徽州区、八公山区、铜陵市郊区、砀山县、田家庵区、鸠江区、湾沚区、包河区、太湖县。

分地区看，淮北地区农产品质量安全追溯信息化水平达到26.39%，比上年提升14.02个百分点，其中大田种植业、设施栽培业、畜禽养殖业、水产养殖业农产品质量安全追溯信息化水平分别为12.67%、20.81%、24.06%、17.07%；沿淮及江淮地区农产品质量安全追溯信息化水平达到43.61%，比上年提升25.25个百分点，其中大田种植业、设施栽培业、畜禽养殖业、水产养殖业农产品质量安全追溯信息化水平分别为 19.9%、48.2%、31.6%、27.6%；沿江江南地区农产品质量安全追溯信息化水平达到 47.33%，比上年提高 20.83 个百分点，其中大田种植业、设施栽培业、畜禽养殖业、水产养殖业农产品质量安全追溯信息化水平分别为 21.6%、40.5%、35.4%、36.4%。

（五）“三务”网上公开行政村覆盖率达 99.54%

2021 年“三务”网上公开行政村覆盖率达 99.54%，较上年提升 3.04 个百分点，高于全国总体水平 21.2 个百分点，位居全国第四。其中党务、村务、财务公开水平分别为 99.74%、99.51%、99.51%，分别高于全国总体水平 19.8 个、20.47 个、23.31 个百分点，较上年分别提升 2.36 个、2.96 个、4.07 个百分点。

“三务”网上公开行政村覆盖率排名前 10 的市是：合肥市、芜湖市、宿州市、蚌埠市、阜阳市、淮北市、滁州市、池州市、黄山市、铜陵市。有 100 个县（市、区）实现“三务”网上行政村全覆盖。

分地区看，淮北地区“三务”网上公开行政村覆盖率为 99.18%，其中党务、村务、财务公开水平均为 99.18%，分别高于全国总体水平 19.24 个、20.14 个、23.11 个百分点，较上年分别提升 6.08 个、6.08 个和 7.87 个百分点。沿淮及江淮地区“三务”网上公开行政村覆盖率为 99.26%，其中党务、村务、财务公开水平分别为 99.96%、99.6%、99.6%，分别高于全国总体水平 20 个、20.56 个和 23.53 个百分点，均较上年小幅提升。沿江江南地区“三务”网上公开行政村覆盖率为 99.55%，其中党务、村务、财务公开水平分别为 100%、99.7%、99.28%，分别高于全国总体水平 20.06 个、20.65 个和 23.21 个百分点，均较上年小幅提升。

（六）县域政务服务在线办事率达到 90.8%

2021 年安徽省县域政务服务在线办事率为 90.8%，高于全国平均水平 22.56 个百分点，位居全国第四。本次监测涉及社会保险、新型农村合作医疗、劳动就业、农村土地流转、宅基地管理、涉农补贴 6 项业务能否实现网上办理（较上年删去了“社会救助”“农用地审批”“婚育登记”，新增了“农村土地流转”“宅基地管理”）。其中社会保险、劳动就业网上办理率达到 100%；新型农村合作医疗网上办理率达到 98.1%，涉农补贴网上办理率达到 94.3%，宅基地管理网上办理率达到 80%，农村土地流转网上办理率达到 72.38%（图 6）。市级排名前 10 的是芜湖市、宣城市、滁州市、合肥市、蚌埠市、亳州市、铜陵市、黄山市、六安市、淮南市，其中芜湖市、宣城市在线办事率均达到 100%，其余 8 个市在线办事率均已达到 90%以上。有 71 个县（市、区）

县域政务服务在线办事率达到100%。

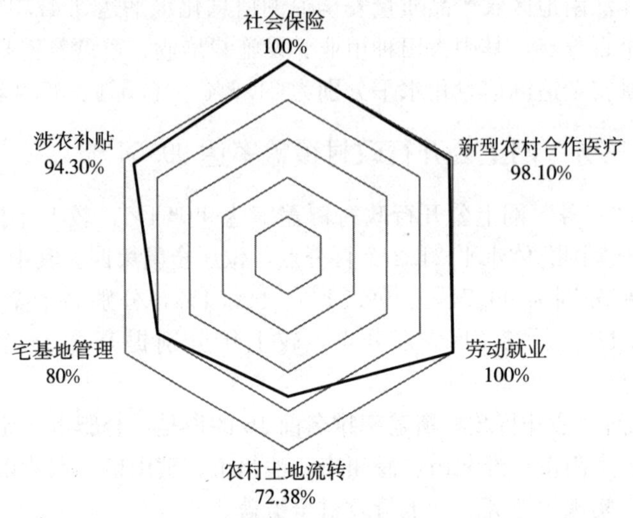

图6　2021年安徽省县域政务服务在线办事率

分地区看，淮北地区县域政务服务在线办事率为78.58%，社会保险、劳动就业业务网上办理率为达到100%，新型农村合作医疗业务网上办理达到90.5%，农村土地流转网上办理率网上办事率为38.1%，宅基地管理网上办事率为52.4%，涉农补贴网上办事率为90.5%；沿淮及江淮地区县域政务服务在线办事率为95.61%，社会保险、新型农村合作医疗、劳动就业网上办理率达到100%，农村土地流转网上办事率为86.8%，宅基地管理网上办理率为89.5%，涉农补贴网上办事率为97.4%；沿江江南地区县域政务服务在线办事率为92.4%，社会保险、新型农村合作医疗、劳动就业网上办理率达到100%，农村土地流转网上办事率为76.1%，宅基地管理网上办理率为84.8%，涉农补贴网上办事率为93.5%。

（七）公共安全视频图像应用系统覆盖率达到98.07%

2021年安徽省实现公共安全视频图像应用系统覆盖的行政村14 942个，覆盖率达到98.07%，高于全国17.72个百分点。其中合肥市、芜湖市、宿州市、淮北市、阜阳市、蚌埠市、淮南市、马鞍山市、安庆市、宣城市、池州市、黄山市均已实现100%覆盖。

分地区看，淮北地区实现公共安全视频图像应用系统覆盖率达到99.2%，比上年提升1个百分点，高于全国平均水平18.85个百分点；沿淮及江淮地区实现公共安全视频图像应用系统覆盖率达到96.9%，比上年提升5.2个百分点，高于全国16.55个百分点；沿江江南地区实现公共安全视频图像应用系统覆盖率达到98.4%，比上年提升7.36个百分点，高于全国18.05个百分点。

（八）村级在线议事行政村覆盖率达到97.89%

2021年安徽省实现村级在线议事的行政村14 915个，覆盖率达到97.89%。村级在线议事行政村覆盖率排名前10的市是合肥市、芜湖市、阜阳市、淮南市、马鞍山市、六安市、铜陵市、池州市、宣城市、滁州市。有97个县（市、区）实现村级在线议事行政村100%覆盖。

分地区看，淮北地区，实现村级在线议事的行政村4 382个，覆盖率达到96.3%；沿淮及江淮地区在线议事的行政村5 754个，覆盖率达到99.1%；沿江江南地区在线议事的行政村4 779个，覆盖率达到97.9%。

（九）应急广播主动发布终端行政村覆盖率达到97.08%

2021年安徽省实现应急广播主动发布终端覆盖行政村14 791个，覆盖率达到97.08%，其中合肥市、芜湖市、淮北市、阜阳市、蚌埠市、淮南市、马鞍山市、滁州市、安庆市、宣城市、铜陵市、池州市、黄山市应急广播主动发布终端行政村覆盖率达到100%；有101个县（市、区）应急广播主动发布终端行政村覆盖率达到100%。

分地区看，淮北地区实现应急广播主动发布终端覆盖行政村4 389个，覆盖率达到96.5%；沿淮及江淮地区实现应急广播主动发布终端覆盖行政村5 520个，覆盖率达到95.1%；沿江江南地区实现应急广播主动发布终端覆盖行政村4 882个，覆盖率达到100%。

（十）村级综合服务站点行政村覆盖率达到98.55%

2021年安徽省村级综合服务站点总数16 607个，建有村级综合服务站点的行政村15 015个，村级综合服务站点行政村覆盖率达到98.55%。村级综合服务站点行政村覆盖率排名前10的市是蚌埠市、池州市、滁州市、淮北市、淮南市、黄山市、马鞍山市、铜陵市、芜湖市、宣城市，均已实现村级综合服务站点行政村100%覆盖；县（市、区）村级综合服务站点行政村100%覆盖有96个。

分地区看，淮北地区村级综合服务站点5 135个，建有村级综合服务站点的行政村4 484个，村级综合服务站点行政村覆盖率达到98.5%；沿淮及江淮地区村级综合服务站点6 225个，建有村级综合服务站点的行政村5 657个，村级综合服务站点行政村覆盖率达到97.5%；沿江江南地区村级综合服务站点5 247个，建有村级综合服务站点的行政村4 874个，村级综合服务站点行政村覆盖率达到99.8%。

（十一）农技推广服务信息化率达到 79.94%

2021 年安徽省新型农业经营主体 274 495 个，其中接受信息化农技推广服务的新型农业经营主体 219 418 个，农技推广服务信息化率达到 79.94%。农技推广服务信息化率排名前 10 的市是：滁州市、安庆市、六安市、淮北市、芜湖市、宣城市、马鞍山市、合肥市、池州市、黄山市。有 56 个县（市、区）实现农技推广服务信息化率 100%。

分地区看，淮北地区新型农业经营主体 109 877 个，其中接受信息化农技推广服务的新型农业经营主体 68 820 个，农技推广服务信息化率达到 62.6%；沿淮及江淮地区新型农业经营主体 104 644 个，其中接受信息化农技推广服务的新型农业经营主体 95 572 个，农技推广服务信息化率达到 91.3%；沿江江南地区新型农业经营主体 59 974 个，其中接受信息化农技推广服务的新型农业经营主体 55 026 个，农技推广服务信息化率达到 91.7%。

（十二）农业农村信息化财政投入和社会资本投入总和已达 72.1 亿元

2021 年安徽省农业农村信息化财政投入和社会资本投入总和已达到 72.1 亿元，比上年增加 30.6 亿元，同比增长 73.76%；县均 6 872.4 万元，比上年增加 2 917 万元，同比增长 73.76%。市均 4.5 亿元，比上年增加 1.91 亿元，同比增长 73.76%。农业农村信息化财政投入和社会资本投入总额在安徽省内排名前 10 的市分别为合肥市、安庆市、六安市、阜阳市、滁州市、马鞍山市、淮南市、黄山市、芜湖市、铜陵市（图 7）。

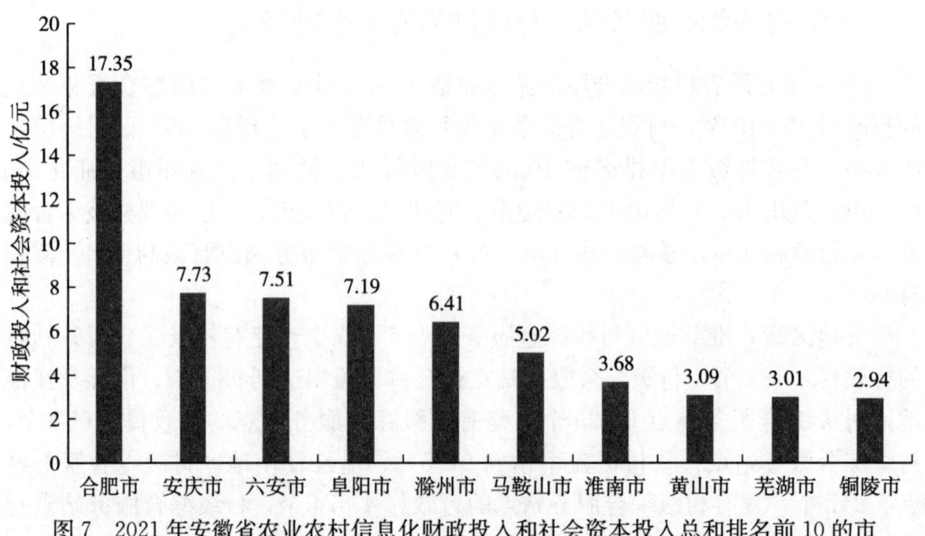

图 7　2021 年安徽省农业农村信息化财政投入和社会资本投入总和排名前 10 的市

分地区看，淮北地区农业农村信息化财政投入和社会资本投入总和为12.81亿元，比上年增加3.64亿元，同比增长36.66%；沿淮及江淮地区农业农村信息化财政投入和社会资本投入总和为35.77亿元，比上年增加17.28亿元，同比增长93.5%；沿江江南地区农业农村信息化财政投入和社会资本投入总和为23.57亿元，比上年增加9.7亿元，同比增长70%。

（十三）县级农业农村信息化管理服务机构覆盖率达到99%

2021年安徽省农业农村信息化管理服务机构覆盖率达99%，高于全国6.49个百分点，较上年提高11.38个百分点，位居全国第八。有15个市、45个县（市、区）实现县级农业农村信息化管理服务机构覆盖率100%。

分地区看，淮北地区县级农业农村信息化管理服务机构覆盖率达到72.6%，沿淮及江淮地区县级农业农村信息化管理服务机构覆盖率达到79.6%，沿江江南地区县级农业农村信息化管理服务机构覆盖率达到80.9%。

二、主要特点

（一）农业农村信息化发展总体水平位居前列

2021年安徽省农业信息化发展总体水平超过50%，排名仍保持全国第四，总体水平及增长幅度均超全国平均水平（图8）。在发展环境、农业生产信息化、经营信息化、乡村治理信息化、服务信息化多方面表现出色，11项指标位列全国前三。

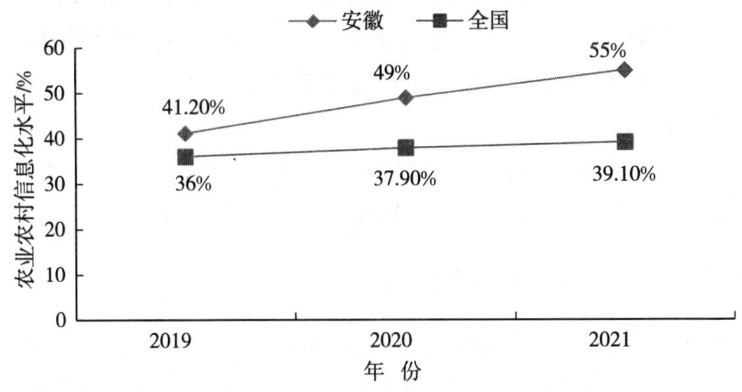

图8 2019—2021年全国与安徽省农业农村信息化总体水平

区域间差距逐渐缩小，2020年淮北地区多项领先，2021年沿淮及江淮地区、沿江江南地区在财政投入、农产品网络销售额、农产品质量安全追溯信息化方面赶超淮北地区，出现“百花齐放”新局面。

（二）农业农村信息化资金投入迅猛增长

2021 年安徽省农业农村信息化财政投入和社会资本投入总和已达 72.1 亿元，财政投入额、同比增长率均创近三年新高（图 9）。沿淮及江淮地区财政投入翻了两番，农业农村信息化社会资本投入持续保持高速增长，连续两年同比增长率保持在 50%以上。

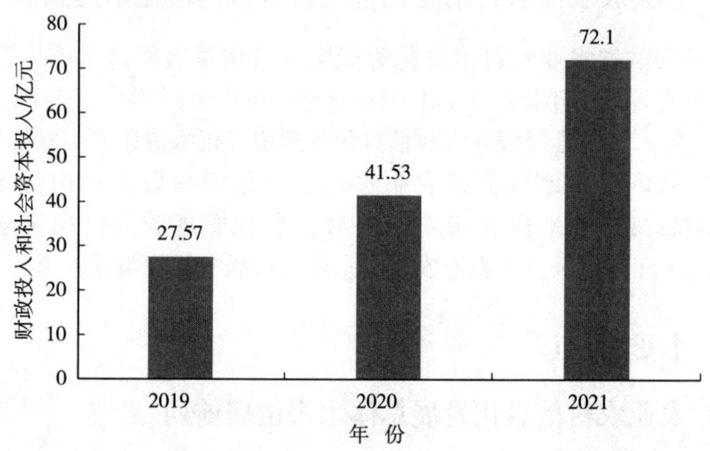

图 9　2019—2021 年安徽省农业农村信息化财政投入和社会资本投入

近年来，安徽省委、省政府加强关于“数字安徽”建设“两强一增”的行动决策部署，以数字乡村智慧农业暨农业产业互联网“5＋8”试点示范为抓手，大力推进互联网、大数据、人工智能等数字技术在农业农村领域应用。农业农村数字化转型已成为农业农村工作关注重点及社会投资新风口。2021 年安徽省出台了《加快“数字皖农”建设若干措施的通知》，安排专项资金扶持建设数字农业工厂，推进省农村金融综合服务平台（裕农通）为农业龙头企业、示范合作社、种养大户提供金融服务，实现“专项支持＋金融贷款”多渠道资金支持模式，激活了农业农村信息化建设“一池春水”。

（三）农业生产信息化全国领先

2021 年安徽省农业生产信息化率首次达到全国第一，连续三年实现快速提升。从产业来看，大田种植和畜禽养殖信息化是农业生产信息化的主要产业，2021 年大田种植信息化率保持在 60%以上，其中粮食作物小麦、稻谷、大豆生产信息化程度稳居前列；2021 年畜禽养殖生产信息化增长较快，生猪和家禽养殖信息化技术应用率已超过 50%，畜禽养殖产业正在向工厂化、规模化、标准化的数字农业工厂转型。从技术应用来看，农机作业信息化技术、畜禽环境信息化监测技术、信息化增氧技术、设施栽培水肥一体化智能灌溉技术应用最为广泛。

(四) 经营信息化水平稳步增长

2021 年安徽省农产品网络销售额占销售总额的比重仍位居全国前列，远超全国平均水平（图 10)。继安徽省提出建设农业产业互联网后，农产品网络销售也从消费电商向产业电商转型，农产品网络销售除了销售端网络化之外，出现了企业自营及 B2B 企业间电商新模式，订单农业、以销定产、精品网红农货开发、区域品牌新农品、农食新消费品牌，电子商务进一步推动农业全产业链上下游衔接，促进农产品产销精准匹配。

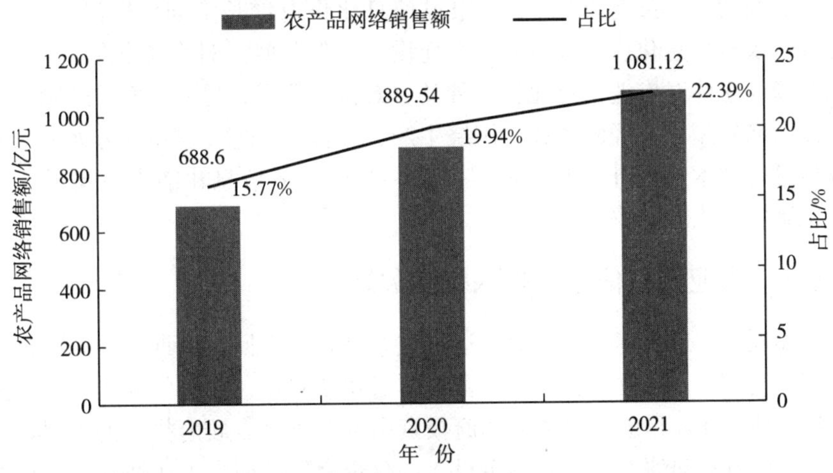

图 10 2019—2021 年安徽省农产品网络销售额及其占农产品销售总额比重

(五) 乡村治理信息化水平总体较高

2021 年数字乡村建设向深水区稳步推进，依托数字技术，在智慧党建、乡村治理、民生服务等方面基层政府服务水平和治理能力得到快速提升。安徽省在“三务”网上公开行政村覆盖率、县域政务服务在线办事率、公共安全视频图像应用系统覆盖率、村级在线议事行政村覆盖率、应急广播主动发布终端行政村覆盖率均达到了 90%以上，为建设平安智慧乡村打下坚实基础。

三、问题及建议

(一) 数据要素价值挖掘利用不够

在智慧农业发展过程中，“天空地”一体化数据获取能力较弱、覆盖率低，在线自动采集数据渠道狭窄，数据采集、分析、应用三个环节没有打通并形成闭环，数据要素价值挖掘利用不够。数据孤岛现象突出，信息共建共享机制欠缺，农业农村部门决策者和使用者无法准确、全面地获取信息资源，不能从多维度进行决策分析和高效管理。建议运用数字化手段融合各类要素资源，发挥数据要素“幂数效应”，重点建设“天空地”一体化农业农村信息采集技术体系，整合分散于多层级、多环节和多主体的涉农数据信息资源，构建农业农村数据资源“一张图”，建设数字乡村大脑。

（二）服务信息化有待提升

2021 年安徽省新型农业经营主体超 27 万个，接受信息化农技推广服务的新型农业经营主体接近 22 万个，服务信息化仍有增长空间。建议：一方面，加强农业农村信息化应用场景开发与建设，加强典型案例的宣传推广，提升新型农业经营主体对农业信息化技术种类、效益的认识；另一方面，鼓励农业服务主体面向新型农业经营主体，围绕生产、经营、管理、流通等方面积极开发服务信息化技术，提升农业产前、产中、产后服务信息化能力，实现节本增效，提高农业生产效率。

（三）农业农村信息化投入机制欠缺

农业农村信息化建设投入大，运维成本高，投入回报周期长，数字化转型成熟商业模式少，导致一般农业经营主体对智慧农业、数字化改造的投资意愿低、积极性不高，目前主要依靠政府投资引导和推动。政府投入的项目，主要依托发行地方专项债券和涉农资金投入，政企合作层面尚未找到好的合作共赢模式，存在总体资金投入不足，部分项目后续无力的情况。建议按照市场逻辑、资本力量、平台思维，将农业产业数字化、数字产业化纳入招商引资和招才引智重要项目，统筹谋划，一体化推进。涉农部门要积极与各类金融机构对接，签订战略合作协议，全面加强合作的深度和广度。充分发挥财政资金的引导作用，激发社会资本的动力和活力，稳妥有序吸引社会资本投入数字农业农村建设。

（四）农业信息化关键核心技术存在短板

农业信息化关键核心技术创新不足，农业专用传感器成本高、使用期短，农业机器人、智能农机装备适应性较差，动植物模型与农业产业互联网通用型平台等创新领域存在很多短板。建议加强农业传感器、机器人实用性研发，加强大型智能农机装备、丘陵山区适用小型机械和园艺机械等农机装备研发，将农业传感器、机器人纳入农机补贴；同时建立农业部门与科研院所、高校、农业高新技术企业的政产学研协同创新机制，不断攻克农业信息化技术短板。

2022 江西省数字乡村发展水平评价报告

撰稿单位：江西省农业技术推广中心智慧农业与农业外经处
撰稿人员：陈勋洪　陈　静　吴艳明　王　瑛　熊倩华　杨　眉

为贯彻落实《中华人民共和国国民经济和社会发展第十四个五年规划和2035年远景目标纲要》提出的“加快推进数字乡村建设”和2021年中央一号文件提出的“发展智慧农业，建立农业农村大数据体系，推动新一代信息技术与农业生产经营深度融合”，持续贯彻落实江西省委网络安全和信息化委员会办公室、江西省农业农村厅印发的《江西省数字农业农村建设三年行动计划》的部署安排，在农业农村部信息中心的指导下，在连续三年江西省县域农业农村信息化监测评价工作的基础上，开展了全省2022数字乡村发展水平评价工作，形成此报告。

在数字乡村建设大力推进，信息技术与农机农艺融合应用日益紧密的环境下，本报告旨在让数字技术更好地服务农业农村、准确反映农业农村数字化发展水平，了解农业农村数字化应用深度和广度，构建农业农村数字化发展的“坐标系”，以便于各级党委、政府科学、准确决策，找准自身的坐标位置。

一、评价说明

（一）指标体系

2022全国数字乡村发展水平监测评价指标体系在上年指标体系的基础上，重点对数字乡村有关指标进行了调整，新的监测评价指标体系主要包括发展环境、乡村网络基础设施、农业生产信息化、经营信息化、乡村治理信息化、服务信息化6个一级指标、17个二级指标和23个三级指标。江西省2021数字乡村发展水平监测评价指标体系以此为依据。

（二）数据来源

本次评价共收集全省93个涉农县（市、区）的13 020条数据，均由县（市、区）农业农村部门负责数据调查统计、资料收集、填报上传，设区市和省级农业农村部门负责对数据质量逐级审核把关，以确保数据真实有效、权威可靠。

二、评价结果

（一）全省数字乡村发展水平

江西省农业农村数字经济提升工程以数字平台建设为引领，以农业数字化转型为重点，大力推广农业物联网和智能化农机应用，加快农村社会治理数字化步伐，不断丰富农业农村数字化应用场景。2021 年江西省数字乡村发展水平为 42%，比全国平均水平高 2.9 个百分点，略低于中部地区平均水平（42.5%），全国排名第十、中部地区第四，如图 1 所示。

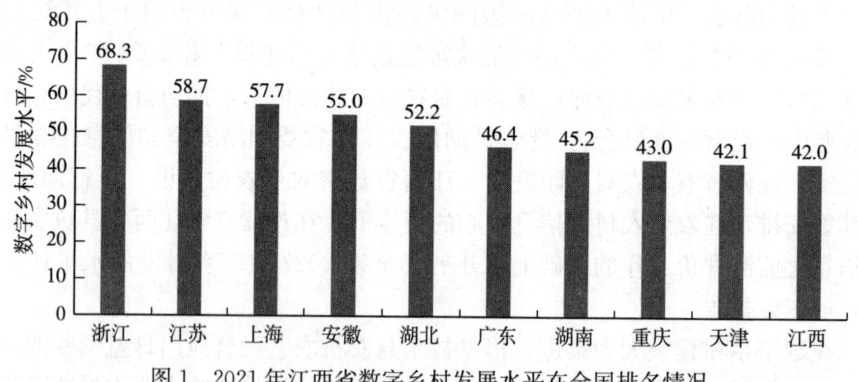

图 1　2021 年江西省数字乡村发展水平在全国排名情况

分地市看，如图 2 所示，江西省 11 个设区市中，数字乡村发展水平高于全国平均水平的有 9 个设区市，高于中部地区平均水平的有 6 个设区市，高于全省平均水平的有 6 个设区市。其中，景德镇市以 51.4%排全省第一位，赣州市、九江市分别排第二、第三位。

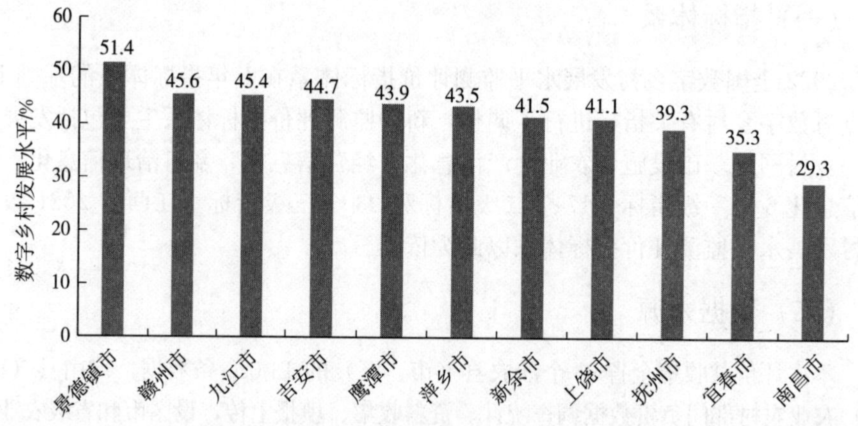

图 2　2021 年江西省设区市数字乡村发展水平

从县域看，全省有吉安市青原区、信丰县、全南县、修水县、铅山县5个县（市、区）分别以74.54%、71.27%、67.67%、66.87%、66.23%进入全国前100位，并被农业农村部信息中心确定为“2022全国县域农业农村信息化发展先进县”。有21个县（市、区）进入全国前500位，分布如图3所示，主要分布在赣州市、吉安市、九江市、上饶市。全省数字乡村发展水平高于全国平均水平的县（市、区）有55个，占比59.1%。全省数字乡村发展水平超过60%的县（市、区）有6个，占比6.5%；发展水平在30%～60%的有77个，占比82.8%，如图4所示。

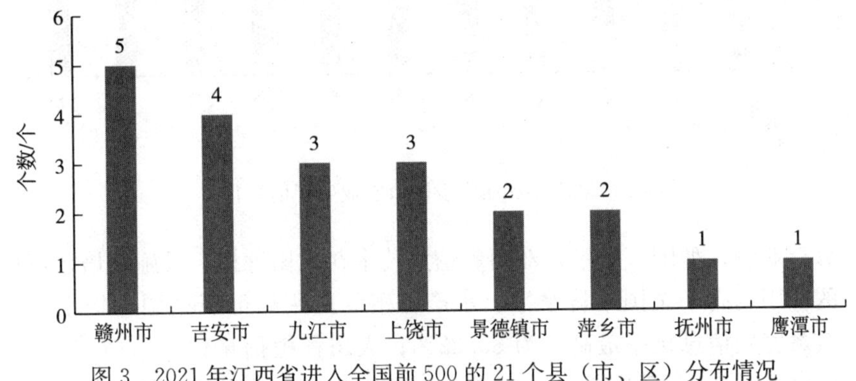

图3 2021年江西省进入全国前500的21个县（市、区）分布情况

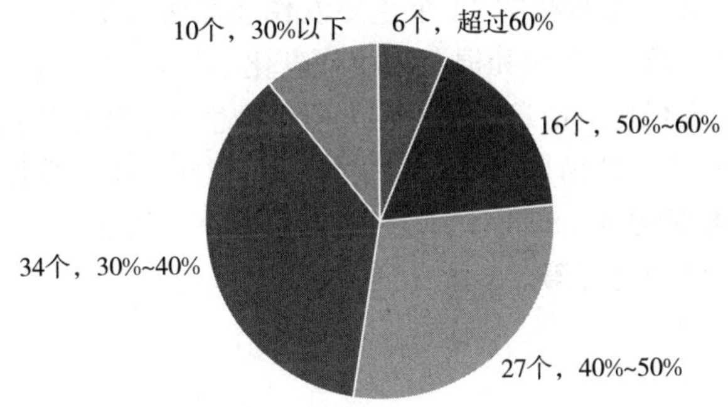

图4 2021年江西省数字乡村发展水平分布情况

（二）农业生产信息化

全省在大田种植、设施栽培、畜禽养殖、水产养殖等领域，探索农业产业数字化转型路径，打造一批产业数字化标杆，推动现代信息技术与产业发展深度融合。2021年全省农业生产信息化率为29.37%，排名全国第八，比全国平均水平高4.01个百分点，但低于中部平均水平。

分地市看，如图5所示，有8个设区市农业生产信息化率超全国平均水平，其中景德镇市以 45.89%排全省第一位，鹰潭市、赣州市分别排第二、第三位。从县域看，全省有 49 个县（市、区）超全国平均水平，占比 52.69%。

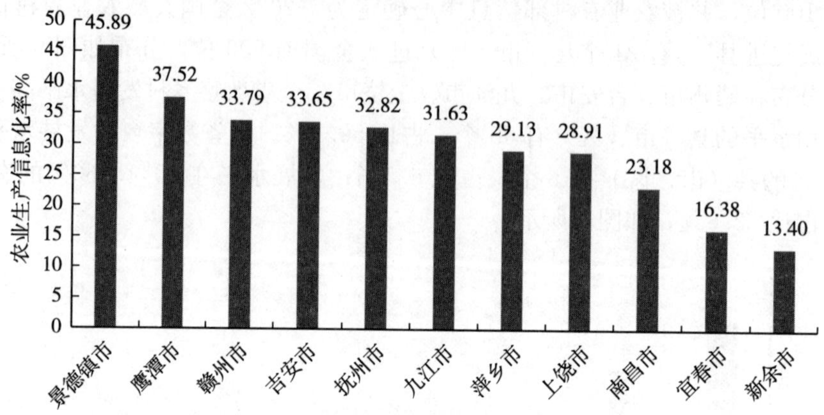

图 5　2021 年江西省设区市农业生产信息化率

分行业看，如图 6 所示，江西省信息技术在大田种植、设施栽培、畜禽养殖中的应用均高于全国平均水平，水产养殖的应用略低于全国平均水平。其中，畜禽养殖信息化率最高，为 35.22%；大田种植信息化率为 30.18%，高于全国水平 8.36 个百分点。

大田种植方面，在监测的 14 个主要农作物品种（类）中，稻谷、小麦、果园（不含设施蔬菜）、茶园和棉花种植信息化率均位居全国前十。从主要信息技术应用看，农机作业信息化技术在大田作物生产过程中应用最为广泛，水肥药精准控制技术、“四情监测”技术也均得到较好应用。分地市看，鹰潭市大田种植信息化率为 40.99%，排全省第一位；景德镇市、吉安市分别以 39.09%、37.99%排全省第二、第三位。

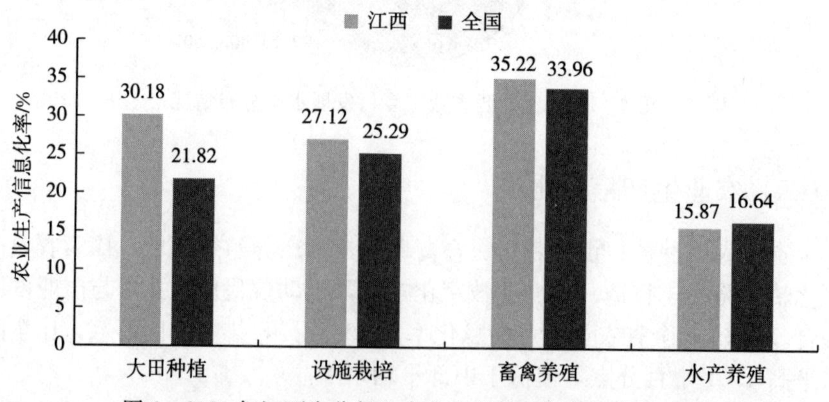

图 6　2021 年江西省分行业农业生产信息化率与全国对比

设施栽培方面，江西省信息化率高于全国平均水平。水肥一体化智能灌溉技术和设施环境信息化监测技术应用最广泛。景德镇市设施栽培信息化率77.66％，排全省第一位；新余市、抚州市分别以56.91％、36.22％排全省第二、第三位。

畜禽养殖方面，江西省信息化率高于全国平均水平。环境感知、精准饲喂、粪污清理、疫病防控等智能化设备应用广泛，在监测的4个主要畜禽品种（类）中，生猪养殖的信息化率最高，为40.66％；羊养殖的信息化率位居全国第四。景德镇市畜禽养殖信息化率为66.91％，排全省第一位；九江市、抚州市的畜禽养殖信息化率分别为49.59％、46.13％，排全省第二、第三位。

水产养殖方面，江西省信息化率略低于全国平均水平。在监测的4个主要水产品种（类）中，贝类、虾类的生产信息化水平位居全国前十，水质在线监测、智能增氧、精准饲喂应用较为广泛。上饶市水产养殖信息化率以30.16％排全省第一位，赣州市以29.44％排全省第二位。

（三）经营信息化

江西省各地积极引导发展农产品电子商务，拓展农产品销售途径，构建农产品质量安全追溯平台与体系，为农产品质量安全监管与信息追溯提供了有力载体。

1. 农产品网络销售额占比

2021年全省县域农产品网络销售额占农产品销售总额的15.28％，高于全国平均水平0.48个百分点，排全国第十一位、中部第四位。分地市看，如图7所示，有6个设区市县域农产品网络销售占比超过全国平均水平。萍乡市以30.53％排全省第一位，但全省发展很不均衡，最大差幅近29个百分点。

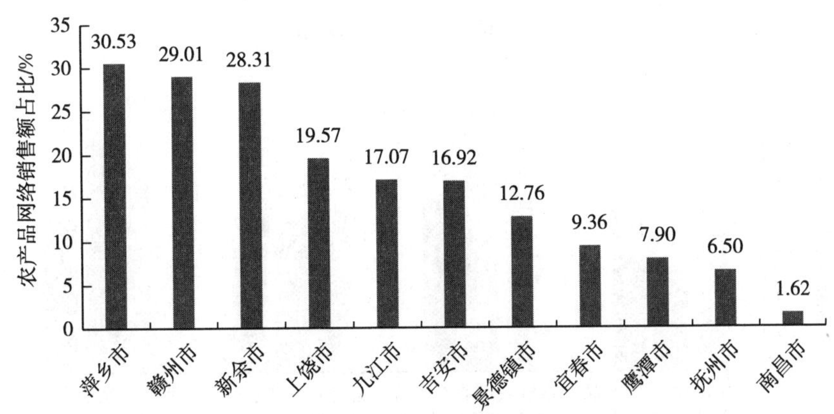

图7 江西省设区市农产品网络销售占比

2. 农产品质量安全追溯信息化率

全省农产品电子商务等互联网产业持续向好发展，农产品质量安全追溯平台建设与应用成效显著，农业经营信息化正处于稳步发展阶段。2021 年全省农产品质量安全追溯信息化率为 22.68%，较上年提升 2.86 个百分点，但低于全国平均水平。分地市看，如图 8 所示，有 4 个设区市高于全国平均水平。其中景德镇市以 66.19%高居全省第一位，九江市、鹰潭市分别以 29.77%、27.94%排全省第二、第三位。

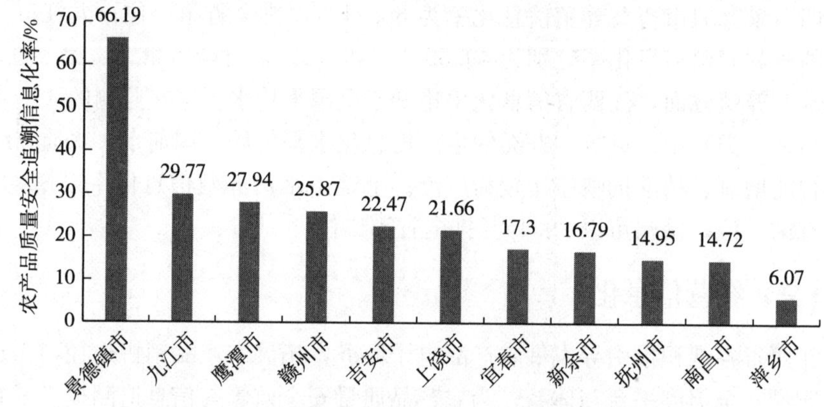

图 8　江西省设区市农产品质量安全追溯信息化率

分行业看，水产养殖业农产品质量安全追溯信息化率超过全国平均水平 9.59 个百分点，排全国第八位；大田种植业、设施栽培业略低于全国平均水平，均排全国第十位；畜禽养殖业与全国水平相差较大；但与上两年相比，除设施栽培业外，其余三个行业农产品质量安全追溯信息化率均超过上两年的平均水平，如图 9 所示。

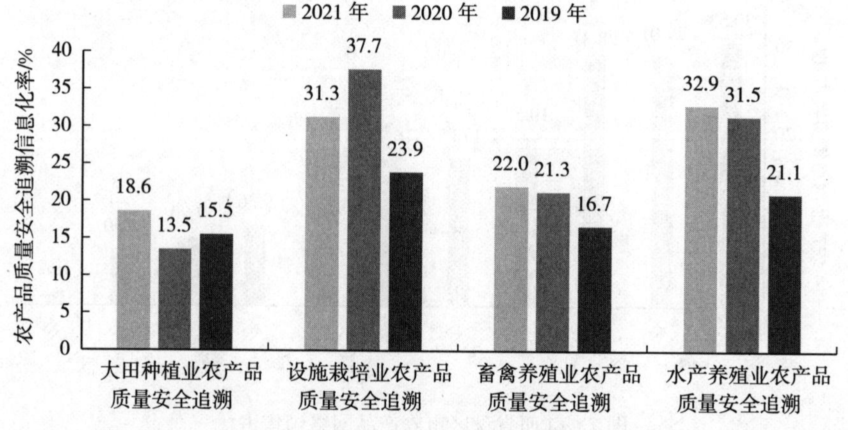

图 9　2019—2021 年江西省分行业农产品质量安全追溯信息化率

（四）乡村治理信息化

2021 年，江西省社会治理大数据平台正式上线运行，着力为乡村社会治理现代化赋能。

1. “三务”网上公开行政村覆盖率

全省各地充分借助互联网技术和信息化手段，推动农村党务、村务、财务线上实时公开，促进了村级民主监督的传统工作方法与现代信息技术的有机融合，乡村治理信息化和信息服务得以全面推进。2021 年全省“三务”网上公开行政村覆盖率达 88.87%，比全国平均水平高 10.52 百分点，排全国第十三，较上年提升 1.37 个百分点。其中，党务、村务、财务网上公开行政村覆盖率分别为 89.89%、89.09%、87.63%。

分地市看，如图 10 所示，有 9 个设区市行政村“三务”行政村覆盖率高于全国平均水平，其中景德镇市行政村“三务”网上公开行政村覆盖率为 100%，吉安市为 99.72%。

从县域看，应用信息技术实现行政村“三务”网上公开行政村覆盖率高于全国平均水平的县（市、区）共有 77 个，占全省 93 个涉农县（市、区）的 82.80%。其中，67 个县（市、区）行政村“三务”行政村覆盖率达 100%，占比 72.04%。

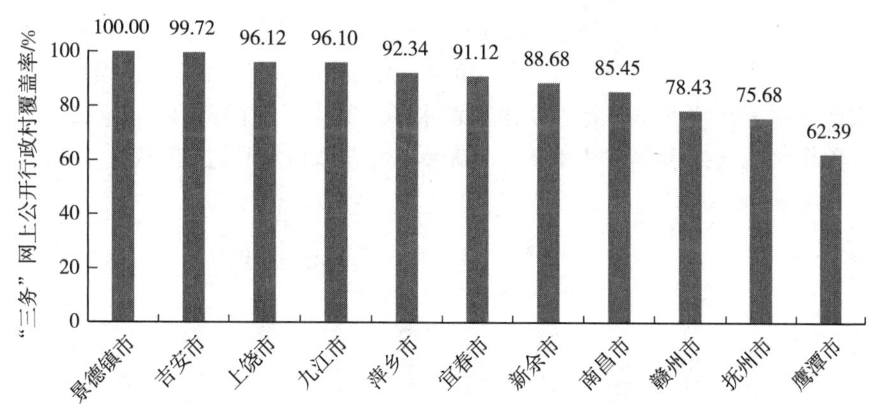

图 10　2021 年江西省各设区市“三务”网上公开行政村覆盖率

2. 公共安全视频图像应用系统行政村覆盖率

2021 年全省公共安全视频图像应用系统行政村覆盖率达 83.2%，高于全国平均水平，略低于中部平均水平。分地市看，如图 11 所示，鹰潭市、景德镇市、新余市、萍乡市等 7 个设区市公共安全视频图像应用系统行政村覆盖率均超过全国平均水平。其中，鹰潭市、景德镇市已实现全覆盖；新余市、萍乡市、吉安市、九江市均超过 90%。

从县域看，公共安全视频图像应用系统行政村覆盖率高于或等于全国平均水平的县（市、区）共有72个，占全省93个涉农县（市、区）的77.42%。其中，63个县（市、区）实现了行政村全覆盖，占比67.74%。

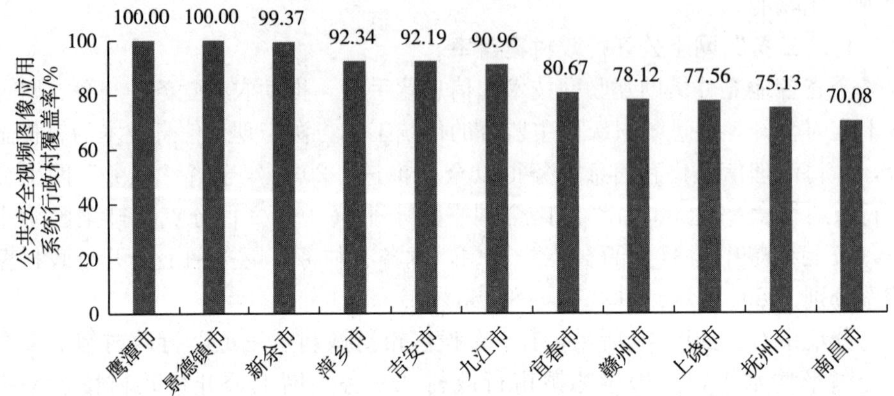

图11　2021年江西省各设区市公共安全视频图像应用系统行政村覆盖率

3. 县域涉农政务服务在线办事率

2021年全省县域社会保险、新型农村合作医疗、劳动就业、农村土地流转、宅基地管理和涉农补贴六类涉农政务服务事项综合在线办事率达77.06%，高于全国和中部地区平均水平，其中高于全国平均水平8.83个百分点。分地市看，如图12所示，景德镇市、新余市、九江市等9个设区市县域涉农政务服务在线办事率超过全国平均水平。其中，景德镇市六类涉农政务服务事项综合在线办事率已达100%，新余市、九江市均超过90%。

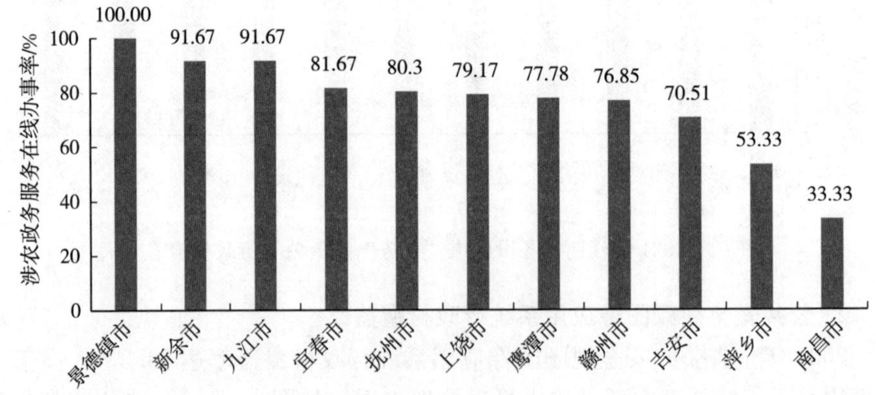

图12　2021年江西省各设区市县域涉农政务服务在线办事率

从县域看，涉农政务服务事项综合在线办事率高于全国平均水平的县（市、区）共有54个，占全省93个涉农县（市、区）的58.06%。其中，

43 个县（市、区）六类涉农政务服务事项均实现了在线办理，占比 46.24%。

4. 村级在线议事行政村覆盖率

村级在线议事是指通过"智慧村庄"综合管理服务平台、微信群、QQ 群等信息化平台对村级事务进行讨论或决策，为村级组织落实基层群众自治制度提供了信息化支撑。2021 年全省村级在线议事行政村覆盖率为 75.88%，高于全国平均水平。分地市看，如图 13 所示，景德镇市、新余市、九江市等 8 个设区市村级在线议事行政村覆盖率超过全国平均水平。其中，景德镇市已实现 100%全覆盖，新余市也达到了 99.37%。

从县域看，村级在线议事行政村覆盖率高于全国平均水平的县（市、区）共有 68 个，占全省 93 个涉农县（市、区）的 73.12%。其中，58 个县（市、区）实现了行政村全覆盖，占比 62.37%。但也有 14 个县（市、区）村级在线议事行政村覆盖率为零。

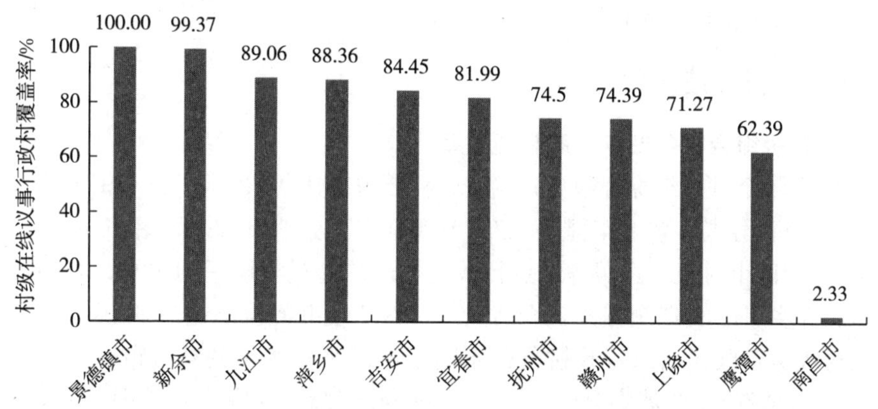

图 13　2021 年江西省各设区市村级在线议事行政村覆盖率

5. 应急广播主动发布终端行政村覆盖率

2021 年全省应急广播主动发布终端行政村覆盖率 83.25%，高于全国平均水平 3.58 个百分点。分地市看，如图 14 所示，景德镇市、新余市、宜春市等 7 个设区市应急广播主动发布终端行政村覆盖率均超过全国平均水平。其中，景德镇市已实现全覆盖，新余市也达到了 99.37%。

从县域看，应急广播主动发布终端行政村覆盖率高于全国平均水平的县（市、区）共有 70 个，占全省 93 个涉农县（市、区）的 75.27%。其中，62 个县（市、区）实现了行政村全覆盖，占比 66.67%。

2021 年江西省乡村治理信息化稳步发展，应用信息技术实现"三务"网上公开行政村覆盖率、公共安全视频图像应用系统行政村覆盖率、县域涉农政务服务在线办事率、村级在线议事行政村覆盖率、应急广播主动发布终端行政

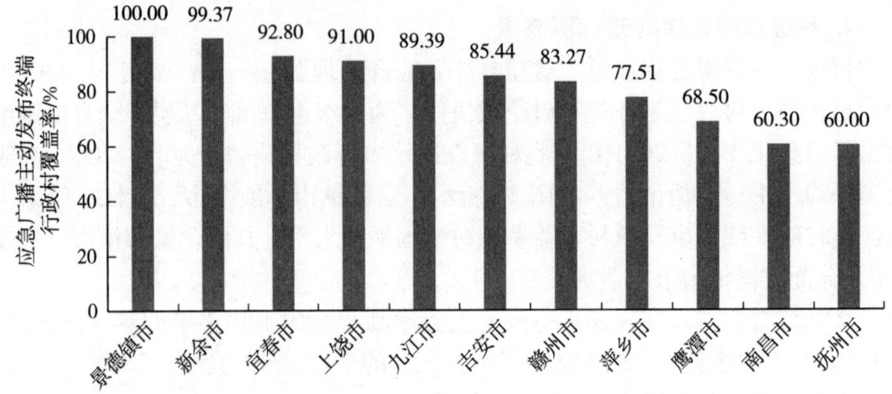

图 14　2021 年江西省各设区市应急广播主动发布终端行政村覆盖率

村覆盖率五个指标全超过全国平均水平。

（五）服务信息化

1. 村级综合服务站点行政村覆盖率

2021 年全省村级综合服务站点行政村覆盖率达 93.39%，比全国平均水平高 7.38 个百分点，较上年提升 2.63 个百分点。分地市看，如图 15 所示，全省 11 个设区市村级综合服务站点行政村覆盖均超过全国平均水平。其中，鹰潭市、萍乡市已实现全覆盖，全省 90.91%设区市覆盖率超过 90%。从县域看，村级综合服务站点行政村覆盖率高于全国平均水平的县（市、区）共有 79 个，占全省 93 个涉农县（市、区）的 84.95%。其中，62 个县（市、区）实现了行政村全覆盖，占比 66.67%。

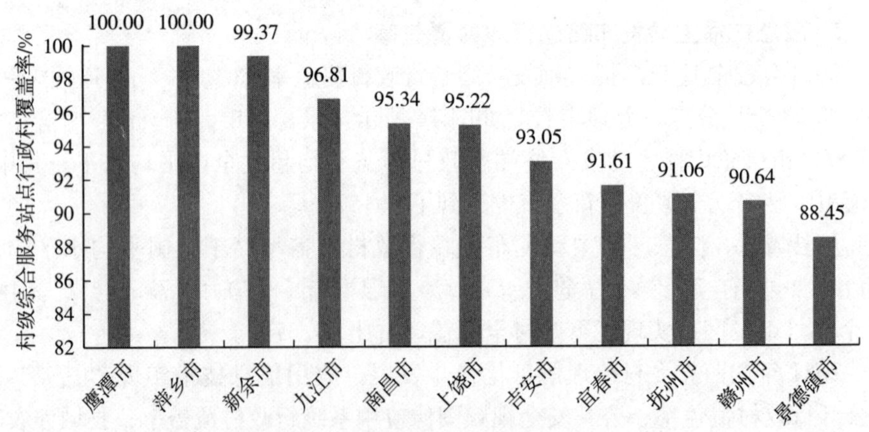

图 15　2021 年江西省各设区市村级综合服务站点行政村覆盖率

2. 农技推广服务信息化率

农技推广服务信息化率通过信息化手段开展农技推广服务覆盖的新型农业经营主体数量占新型农业经营主体总数的比重。2021 年全省农技推广服务信息化率达 61.74%，高于全国及中部平均水平。分地市看，如图 16 所示，全省 6 个设区市农技推广服务信息化率超过全国平均水平。其中新余市以 94.21%排全省第一位，鹰潭市、赣州市分别以 93.39%、91.85%排全省第二、第三位。

从县域看，农技推广服务信息化率高于全国平均水平的县（市、区）共有 56 个，占全省 93 个涉农县（市、区）的 60.22%。其中，34 个县（市、区）通过信息化手段开展农技推广服务已覆盖全部新型农业经营主体，占比 36.56%。

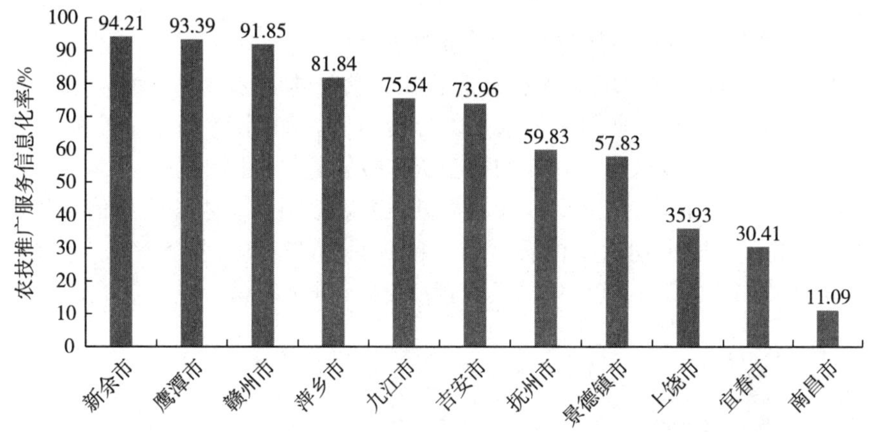

图 16　2021 年江西省各设区市农技推广服务信息化率

（六）信息化发展环境

1. 乡村人均农业农村信息化财政投入

2021 年全省乡村人均农业农村信息化财政投入 43.87 元，较上年提升 8.56 个百分点，全国排名第九，高于中部平均水平，但仍低于全国平均水平。分地市看，如图 17 所示，全省 3 个设区市乡村人均农业农村信息化财政投入超过全国平均水平。其中，萍乡市乡村人均农业农村信息化财政投入以 274.59 元排全省第一位，鹰潭市以 270.47 元排全省第二位。从县域看，乡村人均农业农村信息化财政投入高于全国平均水平的县（市、区）只有 20 个，占全省 93 个涉农县（市、区）的 21.51%，其中吉安市青原区以 855.07 元排全省县域第一位，上栗县、德兴市、贵溪市乡村人均农业农村信息化财政投入均超过了 600 元。

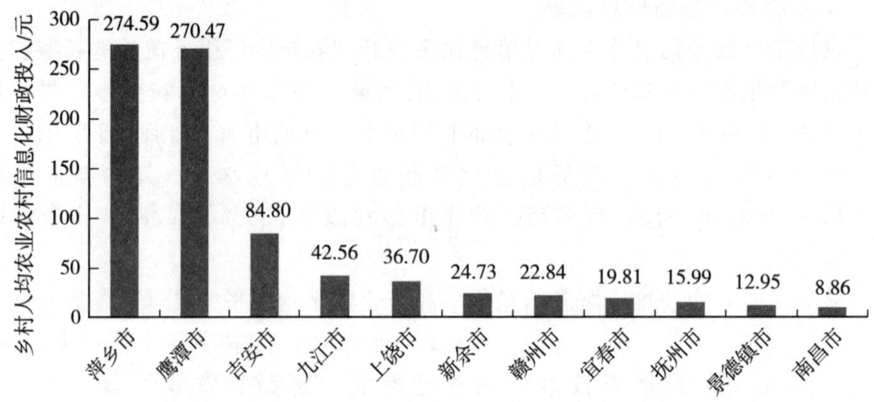

图 17　2021 年江西省各设区市乡村人均农业农村信息化财政投入

2. 乡村人均农业农村信息化社会资本投入

2021 年全省乡村人均农业农村信息化社会资本投入 67.91 元，较上年提升 57.93%，仍远低于全国平均水平。分地市看，如图 18 所示，全省只有萍乡市、吉安市 2 个设区市乡村人均社会资本投入超过全国平均水平。其中，萍乡市 184.15 元、吉安市 139.99 元。从县域看，乡村人均农业农村信息化社会资本投入高于全国平均水平的县（市、区）只有 17 个，占全省 93 个涉农县（市、区）的 18.28%，其中广昌县以 809.24 元排全省第一位。

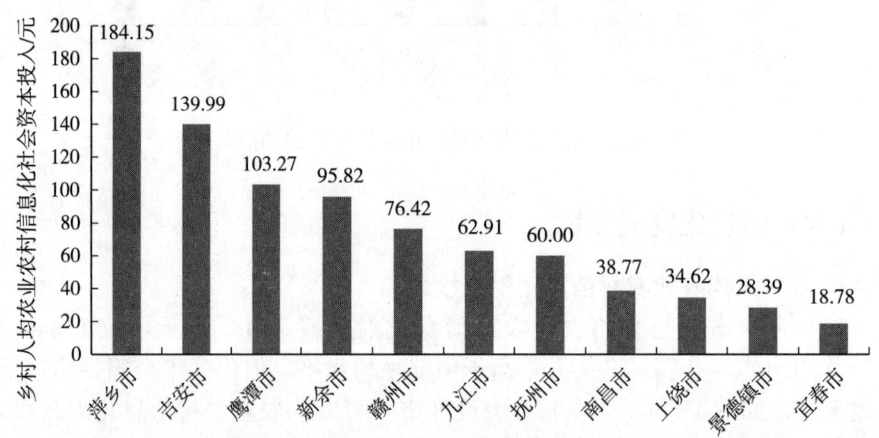

图 18　2021 年江西省各设区市农业农村信息化乡村人均社会资本投入

3. 县级农业农村信息化管理服务机构覆盖率

2021 年全省县级农业农村部门设置了承担信息化工作的行政科（股）或信息中心（信息站）等事业单位的占比为 95.70%，比全国平均水平高 3.14 个百分点。分地市看，全省 8 个设区市县域农业农村信息化管理服务机构覆盖率超过全国平均水平，并实现县级农业农村信息化管理服务机构全覆盖。

从县域看，县级农业农村信息化管理服务机构覆盖率高于全国平均水平的县（市、区）有56个，占比60.22%。而且56个县（市、区）农业农村信息化管理服务机构覆盖率全为100%。

（七）乡村网络基础设施

1. 互联网普及率

2021年，全省县域互联网普及率为70.10%，低于全国平均水平，但比上年提高2.2个百分点，全省九江市、新余市、吉安市3个设区市互联网普及率超过全国平均水平，如图19所示。九江市以79.45%排第一位，各设区市互联网普及率发展比较均衡。

从县域看，互联网普及率高于全国平均水平的县（市、区）有51个，占全省93个涉农县（市、区）的54.84%。其中互联网普及率高于80%的有29个县（市、区）。定南县以97.47%排第一位；全南县、芦溪县分别以93.1%、92.56%排第二、第三位。

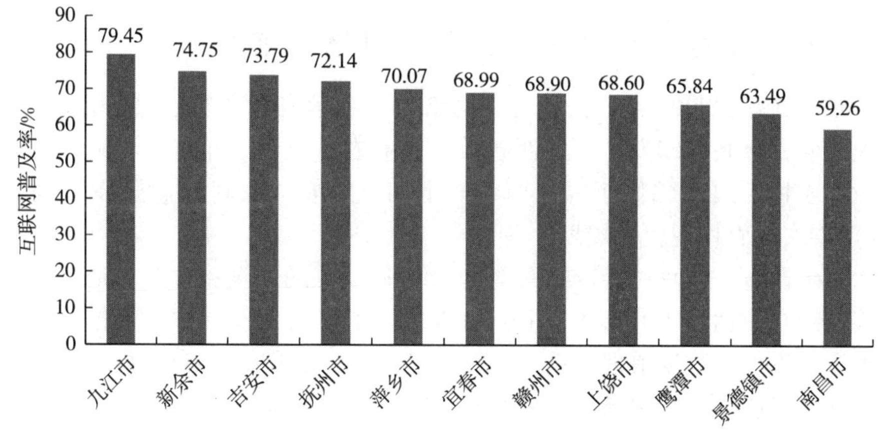

图19 2021年江西省各设区市县域互联网普及率情况

2. 行政村5G通达率

行政村5G通达率是指5G网络通达的行政村数量占行政村总数的比重。2021年，全省县域行政村5G通达率为62.56%，高于全国和中部平均水平，比全国平均水平高5.17个百分点。如图20所示，全省7个设区市行政村5G通达率超过全国平均水平。其中，南昌市以99.07%排第一位，鹰潭市、吉安市分别排第二、第三位。

从县域看，行政村5G通达率高于全国平均水平的县（市、区）有52个，

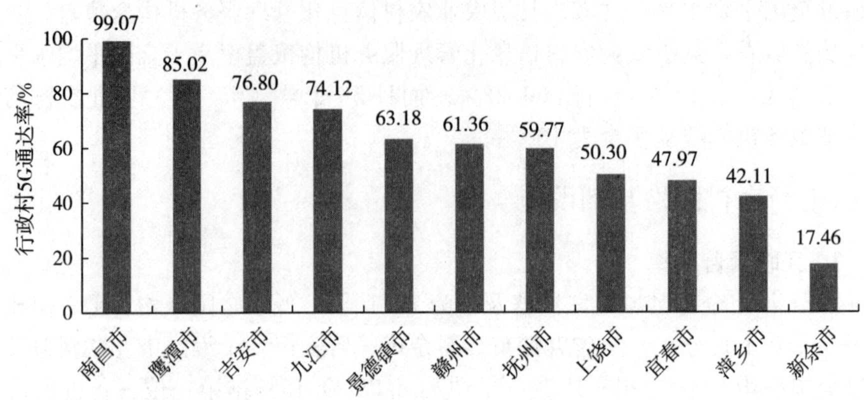

图 20　江西省设区市行政村 5G 通达率

占全省 93 个涉农县（市、区）的 55.91%，其中 33 个县（市、区）行政村 5G 通达率达 100%。

三、主要特点

（一）全省数字乡村发展总体水平位居全国前十

政策利好。2021 年，江西省委网络安全和信息化委员会办公室和江西省农业农村厅联合印发了《江西省数字农业农村建设三年行动计划》，江西省农业农村厅组织编制了《江西省“十四五”农业农村信息化发展规划》《江西省农业农村现代化规划》等。

基础设施。行政村宽带通网率达 100%，5G 网络全省“乡乡通”，物联网终端用户数达到 1 496.2 万个；初步建成了江西农业农村大数据总平台、数据资源库、大数据治理子系统和数据运营平台，并在全省推进市、县重点平台的升级改造，实现纵向平台互联，横向数据互通。

发展态势。2021 年江西省数字乡村发展水平为 42%，比全国平均水平高 2.9 个百分点，全国排名第十；近六成县（市、区）高于全国平均水平，而且发展比较均衡，82.8%的县（市、区）发展总体水平在 30%～60%。

可见，江西经过近几年的发展，在数字乡村发展建设方面取得了可喜的成绩，呈现出向好的发展态势。

（二）信息化与农业融合提速

数据应用手段多样，全省智慧农业“123＋N”体系基本建成并在全省应用推广。以江西农业云及农业农村大数据中心为依托，初步搭建了水稻、生猪、渔业、茶叶、柑橘五个特色单品大数据库。信息化服务覆盖面广，江西“12316”形成集热线、广播、手机、网站、电视、益农社“六位于一体”的“三农”服务“金字招牌”，“赣机惠农”“万村码上通5G+长效管护平台”“全省农产品质量安全追溯平台”等涉及种养殖业、农业农村监管、农技服务等45个业务系统上线运行。

（三）乡村治理数字化快速发展

城乡数字鸿沟逐步弥合，乡村信息惠民便民不断深化。信息技术大幅提升了农村基层党务、村务、财务“三务”公开力度，保障了农村居民知情权、参与权、表达权、监督权，为保障权力在阳光下运行提供支撑，增强了工作的透明度，维护了社会的稳定。2021年全省“三务”网上公开行政村覆盖率高于全国平均水平10.52个百分点，其中，党务、村务、财务公开覆盖率分别高于全国平均水平9.95个、10.05个、11.56个百分点。县域政务服务在线办事率、公共安全视频图像应用系统行政村覆盖率、村级在线议事行政村覆盖率、应急广播主动发布终端行政村覆盖率都超过全国平均水平。有1个设区市、72.04%县（市、区）行政村“三务”综合公开覆盖率达100%。

四、存在问题

从本次数字乡村发展水平监测评价结果看，虽然数字乡村发展取得了一些进展，但与发达省份比，存在不少短板和弱项，主要表现为以下五方面。

（一）基础设施建设存在短板

农村基础设施建设明显落后。网络设施覆盖面和网络速率不足，且通信网络和信息化装备使用成本较高。乡村5G基站、光纤宽带、物联网设施、农机智能装备等基础设施覆盖率远达不到现代农业发展的需求。

（二）数据整合共享不充分

天空地一体化数据获取能力较弱、覆盖率低，数据采集不畅，公共数据资源分散，数据要素价值挖掘不充分。

（三）经营信息化应用水平偏低

2021年，江西省农产品质量安全追溯信息化率虽然有较大提升，但仍未改变低于全国平均水平的现状，可见提升空间和潜力巨大。从农产品质量安全追溯行业信息化应用来看，畜禽养殖与全国平均水平差距较大。

（四）农业数字化人才缺乏

一方面，乡村数字化复合型人才稀缺，基层农技推广人员普遍年龄偏大、整体学历不高，应用数字技术、智能装备意识不强，能力不足。另一方面，智能农机研发人员对农业问题无法全方位精准理解，无法把握农业再生产规律，造成数字技术研发成果与现实需要“两张皮”。

（五）资金投入严重不足

乡村人均财政投入和社会资本投入均低于全国平均水平，乡村人均社会资本投入只达全国平均水平的50%。江西省县域农业农村信息化财政投入和社会资本投入达到全国平均水平分别为20个和17个县（市、区），占比分别为21.51%、18.28%。乡村人均财政投入和人均社会资本投入区域差距大，排名前三位的县（市、区）和排最后三位的县（市、区）相差数百倍。

五、发展建议

抓住江西省实施数字经济“一号工程”的有利契机，全面推进数字农业农村建设三年行动计划，加快数字技术推广应用，发挥数字技术对农村经济发展的放大、叠加、倍增作用，加速推进农业数字化转型。

（一）加快信息化基础设施建设

促进新基建向农业农村领域推进，加快传统基础设施数字化升级，进一步提升网络质量和覆盖深度。重点关注农业生产基础设施与农村物流基础设施数字化升级。

（二）提高农业数字化科技创新能力

依托省内外高校、科研机构加强数字农业核心技术攻关，加快探索大数据、人工智能、物联网、区块链、5G等新一代信息技术在农业农村领域应用场景，加快智能农机研发推广。

（三）提升农业农村数字化应用水平

布局建设一批数字农业、数字乡村试点示范县或示范区，推动5G、人工智能等新一代信息技术在农业农村中的应用场景；探索农业农村在推进数字技术产业化方面的潜力，丰富农业农村数字经济新模式新业态。

（四）培育数字农业农村发展人才

通过大专院校、科研院所、农业企业等机构培养数字农业专业人才；通过新农人等线上、线下培训，提高农民、新型经营主体的数字技能。

（五）加大财政投入支持力度

一方面，完善数字乡村建设相关支持政策，加大对乡村信息基础设施、智慧农业建设等财政投入力度。另一方面，吸引社会资本参加，鼓励更多社会力量参与数字乡村建设。

2022 河南省数字乡村发展水平评价报告

指导单位：河南省农业农村厅市场与信息化处
撰稿单位：河南省乡村产业发展服务中心
撰稿人员：刘志华　李晓梅　刘　佳　王雅坤

一、评价说明

（一）工作背景

为贯彻落实党中央、国务院和中央网信办、农业农村部、河南省委省政府有关实施数字乡村发展战略的决策部署，建立数字乡村发展水平监测评价机制，在农业农村部信息中心的指导和安排下，河南省乡村产业发展服务中心协同河南省农业农村厅市场与信息化处，试行开展了 2022 年度数字乡村发展水平评价工作。通过设立样本县域、数据采集、数据清洗、逐项分析，从发展环境、乡村网络基础设施、农业生产信息化、经营信息化、乡村治理信息化、服务信息化 6 个方面，构建数字乡村发展水平评价指标体系，探索河南省数字乡村发展水平评价工作。

本报告反映了 2021 年以来河南省数字乡村建设过程中取得的阶段性成效，并基于 2022 年度全国数字乡村发展水平评价工作分析了目前存在的短板和弱项，对全省数字乡村的发展进行了建议和展望。本次评价工作旨在帮助全省及各地市找准各自在全国、全省的坐标位置，客观判断优势、亮点和差距，明确努力方向，以期在新征程上更加精准有效地推进数字乡村建设高质量发展。

（二）数据来源

本次评价数据采取县（市、区）农业农村部门通过监测系统填报，地级市、省农业农村市场信息部门逐级审核把关的方式获得。全省行政县域 160 个，共监测收集到 157 个有效样本县（市、区）2021 年的基础指标数据，基本覆盖全省涉农县域。本报告中的“全省”指有效样本县（市、区）总数。

二、数字乡村建设成效

河南省认真贯彻习近平总书记关于河南工作的重要讲话和指示批示精神，落实河南省实施数字化转型战略部署要求，把握发展机遇，通过“数字革命”抢占数字乡村建设制高点，在生产智能化、经营网络化、管理数据化、服务在线化等方面扎实推进，探索出以数字赋能撬动乡村振兴发展的新路子，数字乡村建设稳步推进，2021 年全省数字乡村发展水平达到 38.11%。

（一）抢抓数字机遇，加快全省数字乡村建设布局

一是出台政策规划，河南省将数字乡村建设纳入“数字河南”建设总体规划，立足全省实际，积极探索，出台了《关于加快推进农业信息化和数字乡村建设的实施意见》《河南省数字乡村发展行动计划（2022—2025 年）》等一系列文件，就加快推进农业信息化和数字乡村建设做出部署，提出推进数字乡村建设，发展智慧农业，加强信息技术应用等具体任务。二是选定示范试点，联合网信部门制定下发了《河南省省级数字乡村示范县工作方案》，明确了示范县建设的目标和任务。截至 2022 年底，择优选定 40 个县（市、区）作为试点，积极开展省级数字乡村示范县创建，其中漯河市临颍县、鹤壁市淇滨区、三门峡市灵宝市、南阳市西峡县被定为首批国家级数字乡村试点地区。选定的 40 个数字乡村示范县，探索出以数字乡村建设助力数字乡村振兴发展的新路子。2021 年，数字乡村示范县的数字乡村发展水平平均为 40.51%，其中国家级数字乡村试点地区的数字乡村发展水平平均为 52.20%，发展优势明显。三是搭建展示平台，率先举办了“2021 数字乡村论坛（中国·郑州）”，全方位挖掘展示河南省在数字乡村建设领域取得的成果，为全国的数字乡村建设提供河南实践。

（二）夯实基础平台，推进城乡信息一体化

全省信息通信业累计完成农村网络建设投入 182.50 亿元，在全国率先实现 20 户以上自然村 4G 网络和光纤接入全覆盖，5G 网络实现重点乡镇和部分重点行政村覆盖。

一是强化农业农村信息化应用服务基础平台建设，研发河南农业农村大数据服务平台，建有 39 个“三农”专题数据库，汇集各类涉农数据 6 亿条，形成“三农”服务“一张网”，促进“三农”数据互联互通、资源共享，为数字化乡村发展提供基础支撑。

二是强化科技创新平台建设，联合郑州大学、河南农业大学、河南省农业科学院、黄淮学院等科研院所开展智慧农业和数字乡村创新平台建设，开展了

以智慧县域、智慧城乡、数字乡村、智慧农业、智慧生态、智慧园区为主要应用方向的技术研究、产品开发和应用推广。

（三）制订数字标准，明确数字乡村建设内容

河南省农业农村厅 2021 年 5 月 8 日印发《“一村九园”数字化建设规范（试行）》，统一了数字村庄、数字田园、数字果园、数字菜园、数字茶园、数字菌园、数字药园、数字花园、数字牧场、数字渔场的数字化建设标准，为指导全省数字乡村规范化、标准化建设，加快现代信息技术与农业深度融合、推进农业高质量发展、用数字化引领驱动乡村发展提供了有力的标准化支撑。截至 2022 年底，共发布《小麦苗情监测规范》《大田物联网水肥一体化系统装配技术规范》等 15 项涉及数字化农业生产省级地方标准。

（四）打造数字场景，推动乡村产业数字化

一是依据“一村九园”数字化建设规范，投入财政资金 9 000 万元，支持省级数字乡村示范县打造数字化应用场景，探索构建农业农村数字化标准体系，形成可推广、可借鉴的典型案例。目前，建成高标准农田示范区 202 万亩，配套建设“智慧农业系统（中心）”，实现了高标准农田精准灌溉和智慧灌溉。在全国率先实现动物检疫电子出证，登记备案 2 万辆生猪运输车辆全部实现 GPS 定位跟踪。为全省 5 626 台土地深松作业机械配备智能终端，实现 100%信息化监测。开发网约农机系统，推出“滴滴农机”App，让农民坐在家中动动手指就能找到农机。通过打造农业生产数字场景建设，极大地促进了农业生产信息化的提高，2021 年全省农业生产信息化水平达到 29.26%，高于全国水平 3.9 个百分点，居全国第 9 位。

二是全省开展电商进农村综合示范县 99 个，累计支持资金 20.06 亿元，2021 年底全省县域农产品网络销售额占农产品销售总额的 14.12%，农产品质量安全追溯信息化水平达到 17.56%，行政村快递服务通达率达 90%，极大地增强了农产品供应链的稳定性，促进了农民收入较快增长，特别是在疫情防控期间为农产品稳产保供发挥了独特作用。

三是开展数字普惠金融赋能乡村振兴，组织指导河南省农业信贷担保有限责任公司、中国邮政储蓄银行河南省分行开展“信贷直通车”活动，共计为 1 554 个新农经营主体提供贷款 9.43 亿元，放款金额居全国第 2 位。

（五）培育数字主体，推进乡村数字产业化

深化与全国数字头部企业合作，陆续与阿里巴巴、华为、拼多多、猪八戒网、京东等签订战略合作协议，推动全省数字乡村建设。联合阿里巴巴推进了

县域数字化普惠金融项目；促成华为集团与新农邦集团联合成立“华为·新农邦数字乡村实验室”；与牧原集团开展业务场景深度结合，助力牧原集团在业内率先实现数字化转型；京东集团首个“京喜农场”落地河南，助推河南农产品出村进城。支持省内农业农村信息化或数字化骨干优势企业做大做强。鹤壁“农业硅谷”形成了以农信通和新农邦集团为核心的数字农业企业集群，已聚集 58 家涉农科技企业，建成全国最大的农业行业云中心，运营着 5 000 多个信息化系统，辐射全国 15 万个行政村。全丰植保无人机产业资源协同云平台，上线接入无人机 7 800 多台，在全国累计完成飞防作业 2 亿多亩次，被农业农村部列入航空植保重点实验室试点单位。

（六）提升信息能力，推进乡村治理数字化

全省网格化、信息化、数字化在农村党建、村务公开、民生保障、社会治理、安全管理等方面广泛应用。打造“互联网＋党建”智慧融平台，全省终端站点达到 5.20 万个，提供网络课件 2.70 万余部，注册用户 161 万人。以“豫事办”为载体，持续推进“掌上办”集成优化，将所有事项都搬到网上，实现 100％行政许可事项线上受理。其中，2021 年全省“三务”网上公开行政村覆盖率达到 69.21％，较上年提升 4.78 个百分点。

建设“蓝天卫士”远程监控系统，利用通信铁塔安装监控摄像头 19 885 个，建成省、市、县三级监控平台 131 个，全天候监测农村苗情、火情、灾情。在全国率先开发运用健康码，并与全国 31 个省份实现互认，做到了精准防控，助推了复工复产。

（七）立足便民利民，推进农民生活数字化

全省建成益农信息社 40 285 个，占全省行政村总数的 85.80％，推动 28 类公益服务、13 类便民服务以及电商、培训体验服务落地。益农信息社平台累计开展公益便民服务 3 599 万余次、电子商务 3 845.12 万单，线上线下累计交易额 90.42 亿元。基层信息服务体系进一步健全，村级信息服务实现进村入户，普惠金融服务站点基本实现全覆盖，乡村公共服务数字化水平不断提升，水电费代缴、医疗挂号、在线培训、招工就业等信息化服务高效便捷，打通了服务群众的“最后一米”。2021 年，全省县域乡村信息服务体系持续完善，村级服务站点行政村覆盖率达到 83.89％。

三、数字乡村发展存在的短板和弱项

虽然河南省农业农村信息化发展已取得积极进展，但仍然处于较低水平的

起步阶段。相比国内东中部地区，河南省数字乡村发展还面临诸多困难和挑战，存在不少短板和弱项，主要表现为以下五个方面。

（一）数字乡村发展水平偏低

2021 年河南省数字乡村发展水平 38.11%，居全国第 14 位，与东部地区（42.90%）相差 4.79 个百分点，与中部地区（42.50%）相差 4.39 个百分点，特别是与发展水平排在前三位的省份浙江（68.30%）、江苏（58.70%）、上海（57.70%）发展水平（61.60%）相差较大。县域数字乡村发展水平排名全国前 100 和前 500 的县（市、区），河南省分别占 6 个、22 个，数量占比较少，排名较为落后。

（二）农业生产信息化水平较低

根据评价数据显示，河南省农业生产信息化发展水平为 29.26%，低于中部地区（33.41%），与东部地区的上海（49.60%）、江苏（48.20%）、浙江（45.30%）和中部地区的安徽（52.10%）、湖北（48.50%）、湖南（32.50%）相比，差距较为明显。从行业种类来看，全省大田种植信息化率 26.95%，低于中部地区 8.18 个百分点，水产养殖信息化率 10.78%，低于中部地区 12.41 个百分点，畜禽养殖信息化率与东中部地区基本持平。其中，大田种植中的农机信息化覆盖率、水肥药精准控制覆盖率、“四情监测”覆盖率较为薄弱，落后东中部地区；水产养殖中的信息化增氧覆盖率、自动化投喂覆盖率、疫病信息化防控覆盖率较低，落后东中部地区。

（三）信息化技术推广应用不足

根据评价数据显示，河南省行政村 5G 通达率 64.49%，高于全国平均水平（57.39%）7.10 个百分点，高于东部地区 2.05 个百分点，高于中部地区 3.55 个百分点；互联网普及率 70.43%，低于全国水平（72.83%）2.40 个百分点，低于东部地区 4.13 个百分点，低于中部地区 2.76 个百分点。河南省农产品网络销售额占比 14.12%，略低于全国平均水平（14.80%），低于东部地区（17.70%）3.58 个百分点，低于中部地区（15.63%）1.51 个百分点。信息化技术的推广应用等方面都远远落后于农业现代化发展的需求。

（四）资金投入不足

数字乡村发展需要真金白银的投入，需要财政和社会资本的高效协同。从社会资本投入看，2021 年全国县域农业农村信息化社会资本投入县均超 3 588.80 万元，河南省县域农业农村信息化社会资本投入县均为 2 256.30 万元，与浙江（28 851.60 万元）、江苏（14 834.00 万元）相比差距巨大。2021 年全省有 50 个县（市、区）社会资本投入不足 10 万元，占比 31.85%；社会资本投入超过 1 000 万元的县（市、区）只有 45 个，仅占比 28.66%。从财政投入看，全国县域农业农村信息化财政投入县均超 1 466.50 万元，河南省县域农业农村信息化财政投入县均为 997.00 万元，与浙江（15 238.00 万元）、江苏（5 032.60 万元）相比差距巨大。2021 年全省有 50 个县（市、区）财政投入不足 10 万元，占比 31.85%；财政投入超过 1 000 万元的县（市、区）只有 22 个，仅占比 14.01%。

（五）承担数字乡村发展的机构较少

截至 2021 年底，河南省尚有 32 个县（市、区）既没有设置承担信息化工作的行政科（股），也没有设置信息中心（信息站）等事业单位，机构队伍待建立健全。

四、数字乡村发展展望

（一）加强统筹布局

一是提高思想认识，把数字乡村建设摆在乡村振兴的重要位置，统筹布局。二是强化顶层设计，积极向上对接，完善部、省、市、县四级农业农村大数据平台建设，重点支撑数字乡村基础设施、数据资源、业务应用三大体系建设，统筹推进数字乡村建设。三是推动评价工作，持续推动数字乡村发展水平评价工作，优化评价指标体系，提高指标评价的精准度，加强对数字乡村发展水平评价工作成果的利用，找准不足和短板，明确发展方向，形成工作合力。

（二）强化保障措施

构建多元投入体系。引导和支持网络运营商加快乡村 5G 基站建设，不断扩大 5G 网络覆盖面。加强涉农资金统筹整合，设立财政专项扶持资金，打造一批示范应用项目。引导农业企业等市场主体加大数字建设投入，鼓励社会资本和公众参与数字乡村建设。

（三）加大技术支撑

一是完善技术支撑体系。引导高等院校、科研院所和互联网机构等科技创新服务平台参与农业农村数字化建设，加大高层次人才引进力度，提升本地人才数字技术水平，研发推广适合“三农”特点的信息终端和技术产品。二是提升承接应用能力。将数字乡村场景应用纳入乡村振兴培训课程体系，加大对村级党员干部、新型经营主体和返乡创业青年等新型农民的数字技术教育培训，不断扩大数字乡村应用覆盖面，提升数字乡村建设实效。

（四）紧抓应用重点

一是实施乡村信息基础设施提升工程。加快乡村5G基站建设，推动5G网络与泛在感知、万物互联等物联网技术融合应用，扩大农业农村场景应用。二是加强数字乡村建设统一标准体系。依照“一村九园”数字化建设规范，探索构建农业农村数字化标准体系，进一步整合各方数据资源，建立统一数据资源目录，强化数据归集、集成和治理，完善基础数据、监测数据、业务数据、主题数据，构建农业农村数据资源体系，打破部门数据壁垒，实现数据共享，形成农业农村大数据“一张图”。三是推进农业农村数字应用集成化。依据产业现状和区域特色，坚持从需求导向和问题导向出发，打造跨场景应用，促进乡村产业提能、服务提质、治理提效。四是持续抓好省级数字乡村示范县建设，跟踪推进数字化应用场景建设，积极探索全面推进数字乡村建设的有益经验。

附件1

2021年河南省数字乡村发展水平评价基本结论和主要数据

2021年是“十四五”的开局之年。“十四五”规划等一系列重大政策措施陆续出台，一些重大工程项目相继实施，生产智能化、经营网络化、管理数据化、服务在线化扎实推进，数字乡村建设取得了显著成效，发展水平迈上了新台阶。

一、全省数字乡村发展水平达到38.11%

在网络强国、数字中国、智慧社会等战略决策的推动下，各有关部门、各地区认真贯彻落实智慧农业、农业农村大数据发展、农村电子商务、数字乡村发展战略等重大部署，积极推进数字乡村建设稳步发展。经综合测算，2021年全省数字乡村发展水平达到38.11%，略低于全国发展水平（39.10%）。

分地市看，如图1所示，高于和等于全省发展水平的有8个地级市，其中，鹤壁市在全省继续保持领先地位，发展水平为75.90%，位居全国第2；驻马店市和南阳市紧随其后，发展水平分别为42.90%和40.80%，位居全国第 100 和第 122。

从县域看，鹤壁市淇县、浚县、淇滨区、山城区，驻马店驿城区，商丘市梁园区发展水平分别为 81.06%、77.65%、72.89%、70.39%、67.66%、67.03%，位列全省前六，均排名全国前 100。发展水平排名全省前 10 的县（市、区）平均发展水平为 68.49%，排名全省前 50 的县（市、区）为 52.59%。发展水平超过 50%的县（市、区）有 25 个，占比 15.92%；处于 30%～50%的有 83 个，占比 52.87%；低于 30%的有 49 个，占比 31.21%。高于全国发展水平的县（市、区）有 65 个，占比 41.40%。

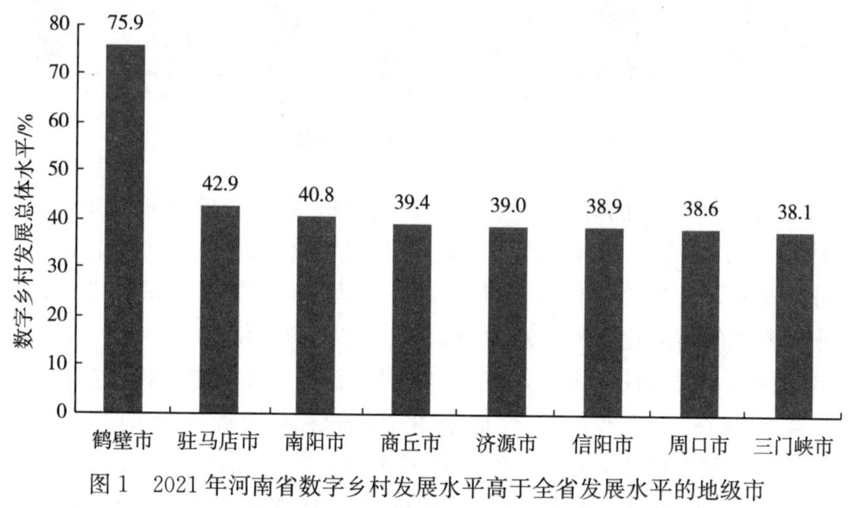

图 1　2021 年河南省数字乡村发展水平高于全省发展水平的地级市

二、农业生产信息化稳步推进

农业生产信息化是农业农村信息化发展的重点和难点，其发展水平是衡量农业现代化发展程度的标志性重要指标，主要由大田种植信息化率、设施栽培信息化率、畜禽养殖信息化率和水产养殖信息化率构成，权重根据各行业产值占比动态调整。2021 年全省农业生产信息化水平为 29.26%，高于全国水平 3.9 个百分点，居全国第 9 位，较上年增长了 1.84 个百分点。分析表明，农业生产信息化水平的提升对农业总产值增长有明显的促进作用，发展农业生产信息化是释放农业数字经济潜力的根本途径。

分地市看，如图 2 所示，农业生产信息化水平排名全省前 7 的地级市均高于全国平均水平（25.40%）。其中，鹤壁市农业生产信息化水平为 85.75%，驻马店市和周口市分别为 40.98%和 36.37%。

分县域看，农业生产信息化水平高于 50%的有 23 个县（市、区），占比

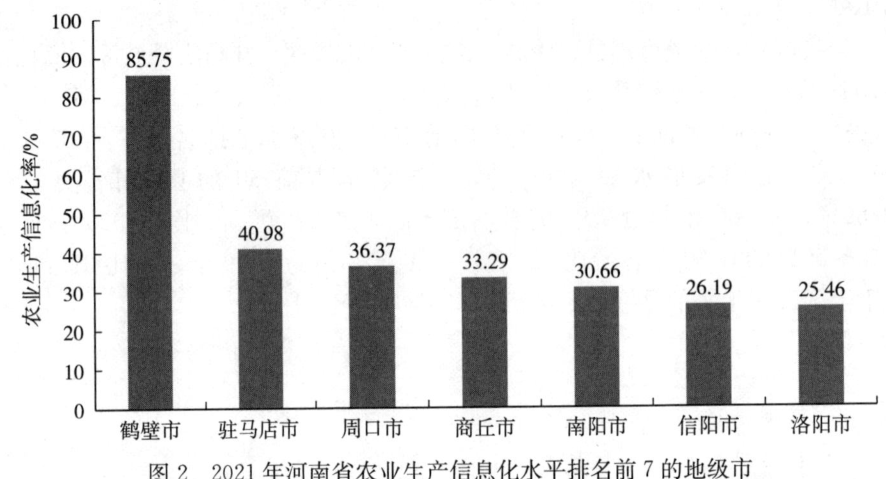

图2　2021年河南省农业生产信息化水平排名前7的地级市

14.65%；30%～50%的有25个，占比15.90%；低于30%的有109个，占比69.40%，其中，22个县（市、区）农业生产信息化水平为0，占比14.01%。

分行业看，畜禽养殖信息化水平最高，为35.69%；大田种植、设施栽培、水产养殖的信息化水平分别为26.95%、25.19%和10.78%。

分品种看，大田种植方面，在监测的14个主要农作物品种（类）中，烟叶、小麦、稻谷和玉米的生产信息化水平总体较高，分别为62.31%、32.86%、30.50%和27.43%。畜禽养殖方面，在监测的4个主要畜禽品种（类）中，生猪和家禽（鸡鸭鹅）养殖的信息化水平均超过30%，分别为44.02%和32.38%。鹤壁市的畜禽养殖信息化水平居全省首位，达87.77%；排名第二、第三和第四的周口市、南阳市和信阳市分别为51.22%、42.34%和42.14%。设施栽培方面，全省设施栽培信息化率25.19%，鹤壁市和周口市的设施栽培信息化水平均超过40%，分别为93.09%和44.10%；驻马店市、濮阳市、三门峡市、济源市和南阳市也均超过30%。水产养殖方面，在监测的4个主要水产品种（类）中，鱼类的生产信息化水平最高，为13.14%；虾类和蟹类的生产信息化水平分别为4.88%和4.22%，均低于水产养殖信息化水平。鹤壁市的水产养殖信息化水平居全省首位，达77.35%；排名第二、第三、第四的商丘市、郑州市和济源市分别为53.04%、40.98%和36.02%。

三、农产品电子商务持续增长

1. 全省县域总产品网络销售额占比为14.12%

全省县域农产品网络销售额占农产品销售总额的14.12%，电子商务日益成为农产品销售的重要渠道，已经成为农业农村数字经济发展的领头羊和突破口，极大地增强了农产品供应链的稳定性，促进了农民收入较快增长，特别是对打赢脱贫攻坚战及在疫情防控期间农产品稳产保供发挥了独特作用。2021年全省县域农产品网络销售额为545.44亿元，占农产品销售总额的14.12%，比上年增长0.32个百分点。

分地市看，如图3所示，鹤壁市、周口市、南阳市的农产品网络销售占比居全省前列，分别为69.98%、24.05%和22.11%，农产品网络销售额分别为11.58亿元、77.90亿元、160.29亿元。从县域看，农产品网络销售占比高于全省平均水平的县（市、区）有66个，占有效样本县（市、区）的42.04%。其中，太康县、鹿邑县、淇县等30个县（市、区）的农产品网络销售占比超过40%。

分析表明，农产品网络销售占比与互联网普及率、家庭宽带入户率具有明显的相关性，完善的网络基础设施对农产品电子商务的发展具有重要的支撑作用。

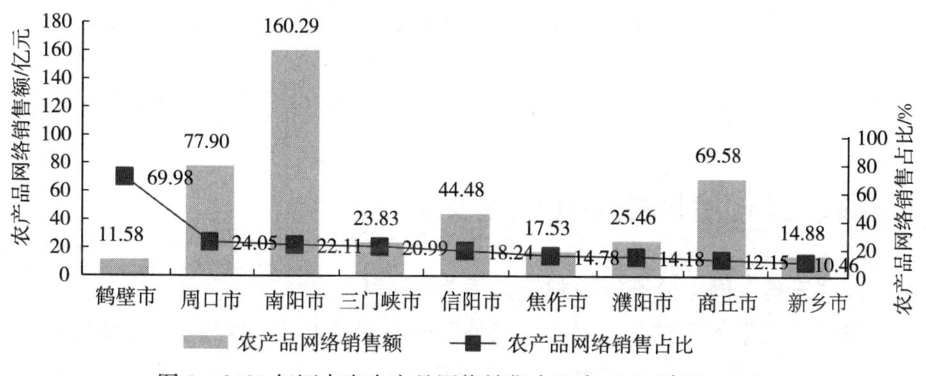

图3 2021年河南省农产品网络销售占比高于10%的地级市

2. 全省农产品质量安全追溯信息化率为17.56%

随着互联网技术和信息化手段的发展，各地农产品质量安全追溯平台持续完善。2021年全省农产品质量安全追溯信息化率达到17.56%，较上年提升2.12个百分点。

分地市看，如图4所示，该指标排名全省前6的地级市中有4个地级市超过全国平均水平（24.66%）。其中，鹤壁市达到73.93%，居全省首位；济源市、平顶山市位居全省第二、第三，分别为50.48%、40.12%。

从县域看，农产品质量安全追溯信息化率高于全省平均水平的县（市、区）有46个，占有效样本县（市、区）的29.30%，其中39个县（市、区）高于全国平均水平。

分行业看，畜禽养殖业农产品质量安全追溯信息化率为34.85%，设施栽培业、水产养殖业、大田种植业农产品质量安全追溯信息化率分别为19.94%、10.94%和8.71%。

分析表明，农产品质量安全追溯信息化率的提升，有助于农产品的网络销售以及价格的稳定提高。近些年来，生产经营主体应用追溯平台的意愿和积极性逐步增强，同时倒逼着农业生产的标准化、品牌化、信息化，为保障全省农产品质量安全提供了新途径。

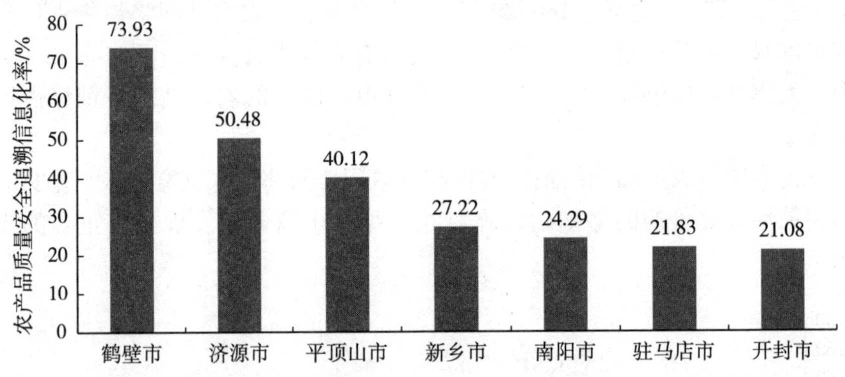

图4　2021年河南省农产品质量安全追溯信息化率高于20%的地级市

四、乡村治理数字化快速提升

1.“三务”网上公开行政村覆盖率为69.21%

农村基层党务、村务、财务“三务”公开是维护和保障农村居民知情权、参与权、表达权、监督权的重要内容和基本途径。2021年河南省“三务”网上公开行政村覆盖率达到69.21%，较上年提升4.78个百分点。其中，党务公开为71.71%，村务公开为69.74%，财务公开为66.19%。

分地市看，如图5所示，该指标排名前11的地级市均超过全省平均水平。其中，漯河市、三门峡市、济源市的“三务”网上公开行政村覆盖率达到100%，鹤壁市、信阳市、焦作市的“三务”网上公开行政村覆盖率均超过90%。

从县域看，“三务”网上公开行政村覆盖率高于全省平均水平的县（市、区）共有104个，占有效样本县（市、区）的66.24%。其中，86个县（市、区）“三务”网上公开行政村覆盖率达到100%。

2. 公共安全视频图像应用系统行政村覆盖率为83.67%

2021年，全省公共安全视频图像应用系统行政村覆盖率达到83.67%，较

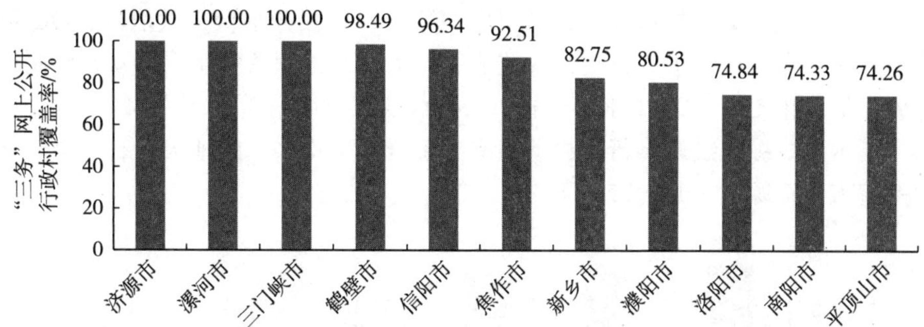

图 5　2021 年河南省"三务"网上公开行政村覆盖率高于 70%的地级市

上年提升 10.30 个百分点，高于全国 3.27 个百分点。

分地市看，如图 6 所示，漯河市等 7 个地级市覆盖率均超过 90%，其中，漯河市、济源市已实现全覆盖。

从县域看，公共安全视频图像应用系统覆盖率高于 80%共有 126 个，占有效样本县（市、区）的 80.30%。其中，111 个县（市、区）实现了行政村全覆盖。

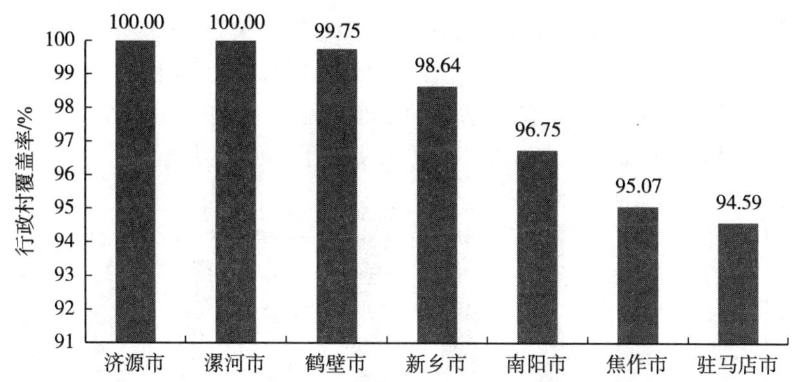

图 6　2021 年河南省公共安全视频图像应用系统行政村覆盖率高于 90%的地级市

3. 全省县域涉农政务服务在线办事率为 66.35%

2021 年全国县域社会保险、新型农村合作医疗、劳动就业、农村土地流转、宅基地管理和涉农补贴六类涉农政务服务事项综合在线办事率达 66.35%，略低于全国县域政务服务在线办事率（68.23%）。

从县域看，政务服务在线办事率高于 80%的县（市、区）共有 60 个，占有效样本县（市、区）的 38.20%，其中，47 个县（市、区）完全实现了六类涉农政务服务事项综合在线办事。

4. 村级在线议事行政村覆盖率为 62.11%

村级在线议事是指通过“智慧村庄”综合管理服务平台、微信群、QQ 群等信息化平台对村级事务进行讨论或决策，为村级组织落实基层群众自治制度提供了信息化支撑。2021 年，全省村级在线议事行政村覆盖率为 62.11%。如图 7 所示，村级在线议事行政村覆盖率高于全国平均水平的地级市有 6 个，其中鹤壁市、济源市、开封市高于 95%。

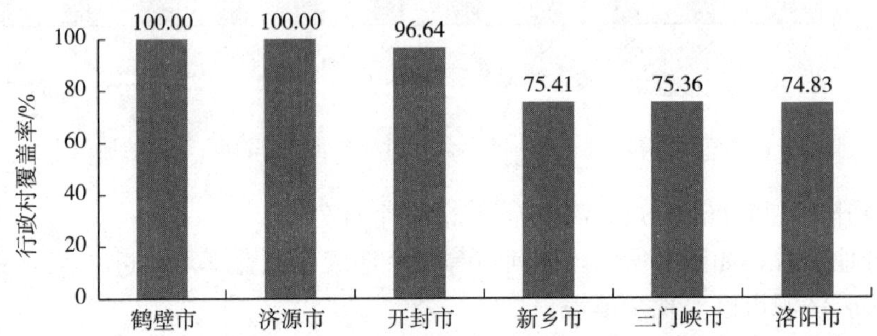

图 7　2021 年河南省村级在线议事行政村覆盖率高于全国平均水平的地级市

从县域看，村级在线议事行政村覆盖率高于 80%县域有 93 个，占有效样本县（市、区）的 59.20%。其中，88 个县（市、区）实现了行政村全覆盖。

5. 应急广播主动发布终端行政村覆盖率为 77.53%

2021 年全省已经建设了应急广播主动发布终端的行政村占比为 77.53%。分地市看，如图 8 所示，应急广播主动发布终端行政村覆盖率高于 80%的有 9 个地级市，其中许昌市、漯河市、济源市实现了 100%覆盖。

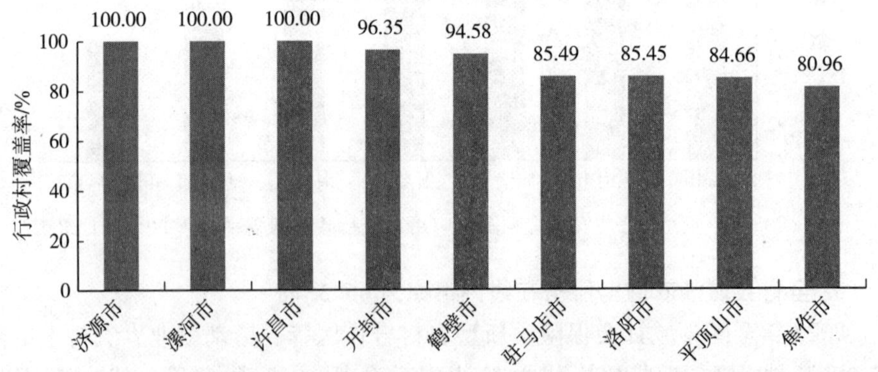

图 8　2021 年河南省应急广播主动发布终端行政村覆盖率高于 80%的地级市

从县域看，应急广播主动发布终端行政村覆盖率高于 80%的县（市、区）有 112 个，占有效样本县（市、区）的 71.80%，其中覆盖率为 100%的有 105 个。

五、乡村信息服务体系持续完善

1. 村级综合服务站点行政村覆盖率为 83.89%

近年来，各地整合利用现有设施和场地推进“一站式”便民服务，完善村级综合服务站点，利用信息化手段开展或者支撑开展党务服务、基本公共服务和公共事业服务。截至 2021 年底，全省已建有村级综合服务站点的行政村共 38 823 个，共建有村级综合服务站点 41 668 个，行政村覆盖率达到 83.89%。分地市看，如图 9 所示，村级综合服务站点行政村覆盖率高于 90%的有 8 个地级市，其中许昌市实现全覆盖。

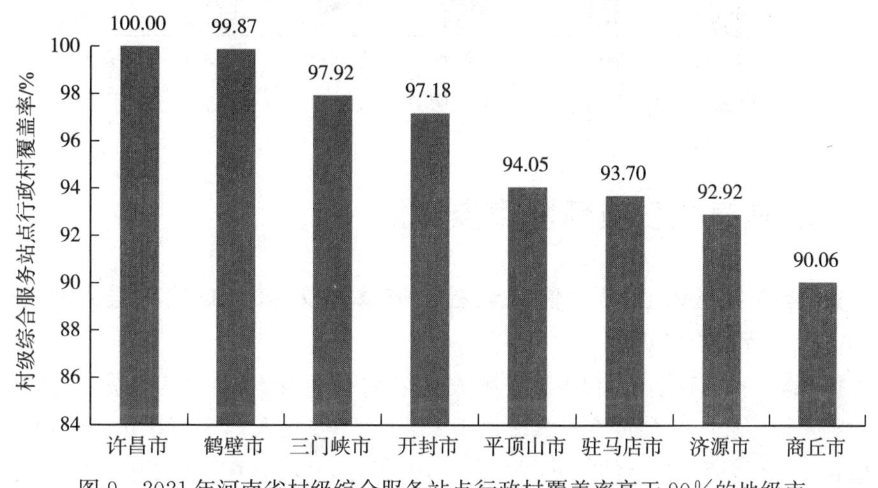

图 9　2021 年河南省村级综合服务站点行政村覆盖率高于 90%的地级市

从县域看，全省已有 91 个县（市、区）实现村级综合服务站点全覆盖，占有效样本县（市、区）的 58%。行政村覆盖率超过 90%的县（市、区）有 106 个，占有效样本县（市、区）的 67.50%。

2. 农技推广服务信息化率为 48.75%

截至 2021 年底，全省接受信息化农技推广服务的新型农业经营主体（包括农民合作社和家庭农场）数量共计 12.31 万个，农技推广服务信息化率（接受信息化农技推广服务的新型农业经营主体数量占新型农业经营主体总数的比重）为 48.75%。分地市看，如图 10 所示，全省农技推广服务信息化率高于 60%的有 6 个地级市。

从县域看，农技推广服务信息化率高于 60%的县（市、区）有 71 个，占有效样本县（市、区）的 45.20%，其中 100%的有 44 个。

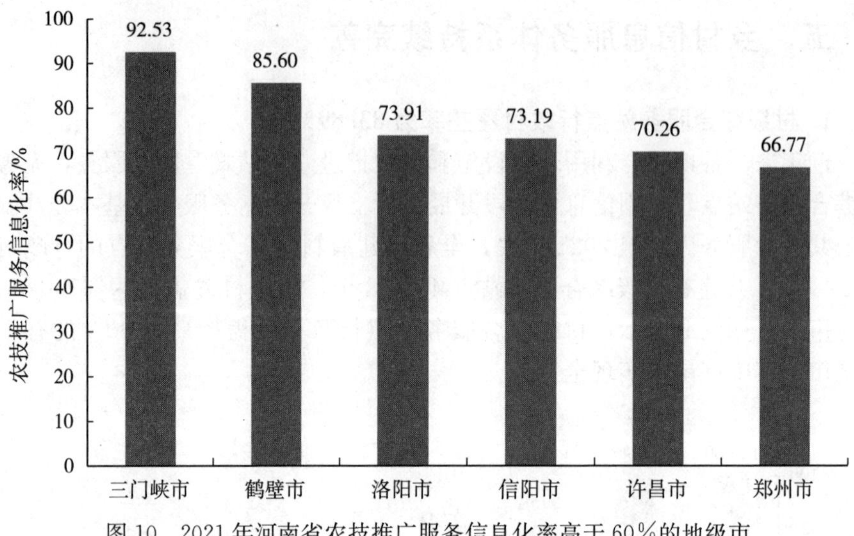

图 10　2021 年河南省农技推广服务信息化率高于 60％的地级市

六、信息化发展环境稳步优化

1. 全省县域农业农村信息化社会资本投入和财政投入县均分别为 2 256.25 万元和 997 万元

据测算，2021 年全省用于县域农业农村信息化建设的社会资本投入为 35.42 亿元，县均社会资本投入 2 256.25 万元、乡村人均 57.68 元，分别比上年增长 18.74％和 20.54％；财政投入 15.65 亿元，县均财政投入 997 万元、乡村人均 25.49 元，分别比上年增长 61.33％和 63.70％。

分地市看，乡村人均社会资本投入和财政投入高于全省平均水平的地级市如图 11 和图 12 所示。

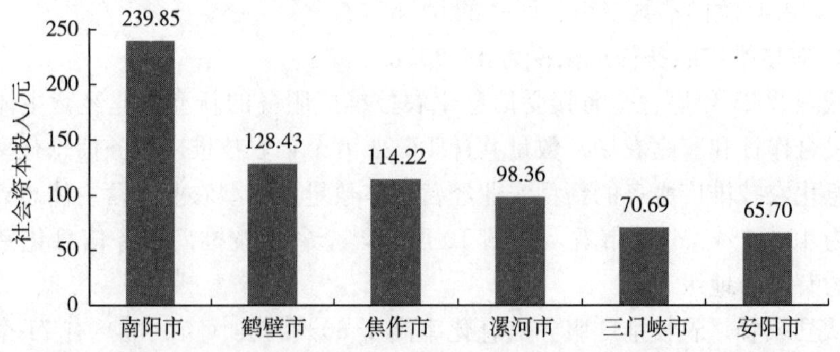

图 11　2021 年河南省乡村人均社会资本投入高于全省平均水平的地级市

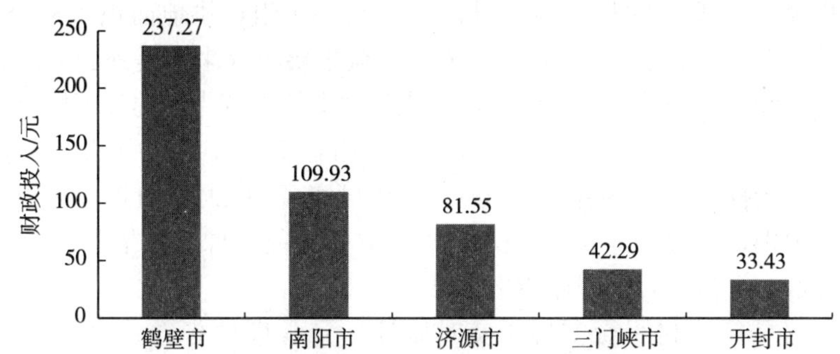

图 12　2021 年河南省乡村人均财政投入高于全省平均水平的地级市

从县域看，社会资本投入高于全省平均水平的县（市、区）有 31 个，占比 19.70%；财政投入高于全省平均水平的县（市、区）有 22 个，占比 14%。

2. 全省县级农业农村部门内设信息化机构覆盖率为 90.51%

2021 年全省县级农业农村部门设置了承担信息化工作的行政科（股）或信息中心（信息站）等事业单位的占比为 90.51%。具体看，有 79.62%的县（市、区）农业农村局为所在县级网络安全和信息化领导机构成员单位；有 76.43%的县（市、区）农业农村局成立了网络安全和信息化领导机构；有 75.80%的县（市、区）农业农村局设置了承担信息化工作的行政科（股）；有 36.90%的县（市、区）农业农村局设置了信息中心（信息站）等事业单位。

附件 2

河南省数字乡村建设“一村九园”典型案例

“一村九园”是贯穿数字乡村建设的数字村庄、数字田园、数字果园、数字菜园、数字茶园、数字菌园、数字药园、数字花园、数字牧场和数字渔场的合称。河南省农业农村厅 2021 年 5 月 8 日印发《“一村九园”数字化建设规范（试行）》，为指导全省数字乡村规范化、标准化建设，加快现代信息技术与农业深度融合、推进农业高质量发展、用数字化引领驱动乡村发展提供了有力的标准化支撑。为总结“一村九园”建设的实践经验，经过广泛征集、择优遴选出以下典型案例。

数字村庄

案例 1：洛宁县兴华镇董寺村距镇政府 4.40 千米，距县城 36.40 千米，位于兴华镇西南部，下辖1个自然村，6个村民小组，耕地面积1 385亩，林地面积80亩，共有农户220户835人。群众主要收入来源是外出务工、种植烟叶、李子和畜牧养殖。在工业和信息化部的支持下董寺村建设了数字乡村平台，包括1个App，1个云广播、20个双向语音摄像头，其中App包括智慧党建、应急指挥、村民自治等7个模块。该村实现5G网络覆盖，运用人工智能、人脸识别、音视频、5G等技术，部署立体智能摄像头，架起5G云广播，搭建一套数字乡村综合治理监控平台。

董寺村数字乡村平台实现了实时监控、异常事件告警、乡村治理等功能，通过设备远程操作、数据上云存储等方式，既解决了农村看家护院、村委会基层治安、卫生防控管理的刚性需求，又能让外出的村民通过电脑或手机实时关注家中留守的老人小孩，大大提升了村民们的安全感及幸福感。

案例2：夏邑县北岭镇人民政府基于现代信息数字技术，在农业生产、社会治安、人居环境、生产生活、减灾防患等方面展开综合开发应用，为北岭镇高质量发展打下了坚实基础。在农业生产方面，北岭镇成立了数字农田控制中心。通过田地互联网植入，结合精密探头、高科技水肥一体机、虫测报仪、光谱分析设备对田地、作物进行全程精准数据分析比对，根据大数据结果，合理利用水、肥、药。通过数字农田建设，节约了生产成本，减少了农药残留，实现了农产品溯源，提高了农产品质量。在农村基层管理方面，开通了网格员管理系统，村干部、党员、志愿者担任网格员，30～50名村民为一个网格管理单元。

本项目的实施通过网格后台对网格员、疫情防控、矛盾纠纷、突发事件、工作进度进行管理。基层管理更便捷，百姓生活更方便。村民足不出户，可以网上预约线下办理，也可以在网上办理相关业务，既节约了时间又方便了生活。

数字田园

案例1：开封市祥符区八里湾镇高标准农田数字农业示范区基于新一代移动通信技术（5G＋），利用现代监测手段，通过实施立体感知、智慧调度、智能控制工程和智慧农业管理云平台搭建，形成“数据实时采集、远程自动控制、管理手段智能、用水决策精准、数据信息共享、配置调度合理、农事实时监测、农产品源头可溯、流向可跟踪”的布局模式，构建集“信息采集—信息传输—用水决策—信息反馈—智能控制”为一体的智慧农业管理系统。示范区内通过固定式喷灌、固定式自动伸缩式喷灌、中心支轴式喷灌、绞盘式喷灌、微喷灌、渠井结合六种喷灌模式项目建设，覆盖了整个项目区内的农作物。

区域内小麦预计亩均增产 230 斤[①]，玉米预计亩均增产 260 斤，粮食生产能力显著提升，并且实现了从田间监测到室内平台实时监测的科技化提升，从传统经验管理到现代化装备自动控制的智能化提升。作为商品粮生产基地的八里湾镇，示范效应更加明显。一是粮食生产能力得到提升，二是耕地地力有所提高，三是年节约用水量达 10 万立方米，四是新增高效农田 1 680 余亩。

案例 2：叶县 2021 年小麦重大病虫害应急防控项目涉及高标准粮田区的 15 个小麦主产乡（镇）的 31.15 万亩小麦，条锈病、赤霉病、蚜虫等病虫害得到了及时防控。该项目实施分两大项：一项为农药采购，即统一采购高效低毒的杀菌剂（防治小麦条锈病、赤霉病等）＋杀虫剂（主要防治蚜虫），由农药供货商直接运送到乡镇或村庄，由乡、村相关负责人统一发放到农户手中，并动员农户积极进行群防群治；另一项为统防统治服务采购，由飞防服务组织按乡（镇）安排逐村进行植保无人机统防统治。

通过项目实施，小麦种植农户每亩减少农药投入约 6 元，实行统防统治农户每亩减少人工费用约 10 元，涉及农户累计节省直接经济开支约 31 万元。通过病虫害统防统治，可以减少小麦产量损失，间接为农户增加经济收入约 1 500 万元（以每亩增加产量 20 千克、每千克小麦 2.4 元计算，每亩地增收约 48 元）。而且通过无人机统防统治，每亩可节约农药使用量 10 克左右，累计减少农药使用量约 600 千克，生态效益也是十分显著。

数字果园

案例 1：为加快乡村产业发展，栾川县围绕农产品种植、加工、销售等关键环节，深入实施数字化管控技术，全面提升数字化应用水平，大力发展以无核柿子为代表的农业智慧园区：一是在基地建设环节，安装视觉监控、气象仪等物联网设备，配套手机应用端，实时采集柿子种植数据，远程了解生长状况，实现数字化管控服务；二是在生产加工环节，安装质量检测、产品追溯等设备，实时了解设备运行、物联网管理、批次追溯等情况，实现产品质量可控、责任可查；三是在市场营销环节，依托“栾川印象”区域品牌，搭建产品销售数字化平台，通过数据分析，掌握不同地区的购买潜力、市场价格和产能定位，实现精准营销。

---

① 斤为非法定计量单位，1 斤＝0.5 千克。——编者注

2021 年，该园区实现产值 4 000 余万元，带动农村劳动力就业 473 人。同时，通过数字化管控，从节肥、节药、节水等方面降低生产成本，减少农业面源污染，进一步提升了农产品质量和产业效益。

案例 2：宝丰县数字化果蔬分拣设备助力秋月梨品牌化经营。宝丰县欣荣种植专业合作社现种植秋月梨面积 2 500 余亩。为了保证上市的“虎狼爬岭”秋月梨品质，合作社投资 200 万元，引进了全省首条数字化果蔬采后分拣生产线，对“虎狼爬岭”秋月梨进行精准分级。通过对每个秋月梨的颜色、糖度、重量、果形、果酸度、是否有霉心病、农药残留等各种数据检测，优中选优后流向市场。利用采后分拣生产线，比人工分拣更加精准、高效，水果品质更有保证。经检测，糖度达到 12.50 度以上的“虎狼爬岭”秋月梨才可进入市场销售，比市场上其他优质梨糖度高出 0.50 度，确保消费者吃到的每个“虎狼爬岭”秋月梨都是放心、优质、健康的产品。数字化检测设备的应用，保证了“虎狼爬岭”秋月梨的优良品质。

“虎狼爬岭”秋月梨品牌得到了市场认可，优质单果可卖到单个 130 元，一箱 8 个 998 元。宝丰县欣荣种植专业合作社年产优质秋月梨 2 500 余吨，销售额近 3 000 万元。

数字菜园

案例：临颍县 5G 辣椒智慧种植基地实现了规模化标准化生产模式，实行统一供种、统一病虫害综合防治、统一种植技术服务。将智慧辣椒种植基地的土地进行网格化划分，通过在每个网格地块中植入 5G 智能土壤传感器、气象监测仪及病虫害监测系统等设备，全面实施智能水肥一体化灌溉、无人机巡航监测、病虫害防治预警、气象预报与预警、全天候物联网土壤墒情监测。以智能水肥一体化为例，高标准智慧辣椒种植基地安装了大量多层土壤水肥传感器。该土壤传感器可实时监测地表以下 7 个不同深度的土壤理化信息数据，包括土壤温度、土壤湿度、土壤 EC 值等。传感器每隔 30 分钟收集一次本区域的多层土壤水肥数据，上传到辣椒物联网大数据平台进行分析计算。依托 5G、物联网、大数据、人工智能这些“硬核新装备和新技术”，将所有现代化农业设施联系起来，提供了数据监测、指标分析、指令下达、田间管理等一系列农业生产服务。

基地辣椒亩均产量提高了 30%，辣椒品质显著提升，辣椒每亩经济效益增长约 1 800 元，提高了当地农业生产技术的进步，有利于带动周边地区数字农业的发展，使农户从土地里解放出来从事别的产业，实现农民脱贫增收，助力乡村振兴。同时，也减少了农户化肥用量 30%。

数字茶园

案例 1：信阳市浉河区国家数字农业创新应用基地（茶叶）总投资 4 000 万元，主要打造“一中心”“四基地”。“一中心”是指建设区级数字茶园指挥中心，探索涉农工作的数字管理模式，实现“一图看全景、一屏管全程、一键控全场”的效果。“四基地”是以四家省级龙头企业为实施主体，以物联网农情监测网络工程、茶叶数字农业综合管理系统应用、水肥一体化智能灌溉系统、茶叶智能生长模型、茶叶质量安全全产业链追溯系统等为主要建设内容。

通过该项目建设，对茶叶的生长态势、病害状况进行实时监管、调度、分析，增强对农业灾害的抵御能力，平均每年减少 5%的茶叶生产损失，单位面积产量提升 12%以上，促进了茶叶高产稳产。同时，通过利用数字化技术手段，构建绿色循环农业体系，对茶园视频监控、气象土壤环境、生产过程、农药化肥使用等情况进行全程记录，实现节约发展、清洁发展、安全发展。通过该数字应用基地项目具备的试验示范、生产销售、辐射带动和农业休闲等多种功能，提高茶叶产业技术水平，推动农业现代化发展、促进茶叶产业结构的优化升级、保障农产品质量、增强品牌知名度，真正让农业变强、农村变美和农民变富。

案例 2：桐柏县国营茶种场节水灌溉茶叶基地位于桐柏县月河镇西湾村，是由桐柏县国营茶种场实施的一项节水灌溉项目。在建立灌溉节水系统过程中，主要涉及以下几个方面：一是灌溉数据采集系统。此系统是指建立雨水利用，河渠水测量以及农田墒情采集等计量数据采集系统，进而为后续工作顺利进行提供数据方面的支持。二是泵站、闸门控制系统。针对部分区域中的关键部分，设置专门人员值班，增强对计算机远程控制系统的管理，进而让工作质量得到良好提升。三是水量调度管理系统。在此系统进行建立的过程中，需要计算灌溉区域的配水量，进行模拟调度，进而为决策工作提供数据方面的支持。

该项目正在实施中。根据规划目标，项目建成后，实行合理灌溉、及时排水，改善水土条件，使茶园光、热、土资源得到进一步完善，生态环境转向良性循环。茶树得到适时适宜的有效灌溉，茶叶产量质量明显提高，经济效益极为可观。特别是进行节水灌溉后，灌溉用水量及能源消耗大大减少，实现传统水利向资源水利、可持续发展水利方向转化的重要途径。改善了园区的人畜用水条件，管、沟、路、茶一体化，给园区人民生产、生活、交通带来方便，同时也创造了良好的人居环境，推动社会全面进步。

数字菌园

案例 1：河南省泌阳县节能食用菌工厂化循环农业项目，是集食用菌工厂化生产、加工、销售、冷链物流、体验旅游为一体的全产业循环项目。该项目一期用地面积约 160 亩，总投资 5.60 亿元。项目在食用菌工厂化生产中采用智慧农业管理系统、企业资源系统、生产执行系统、过程控制系统、智能 AGV 机器人，把设备、生产线、工厂、供应商、产品和客户紧密地联系在一起。项目将会成为全国首例实现生产全过程数字化和智能化的数字化节能循环食用菌工厂。

通过数据采集与分析实现数字化生产，提高了产品质量与产量，增加了经济效益。同时积极探索将食用菌生产、食用菌精深加工、旅游观光教学等相结合，打造菌文旅产业融合示范园区，促进一二三产业融合，推动食用菌全产业链发展。该项目旨在依托食用菌产业，助力农业产业结构调整与乡村振兴，实现“产业融合、强业富民”。

案例 2：温县东留石食用菌产业园位于番田镇东留石村村北、新洛路南。东留石食用菌产业园始建于 2020 年，占地面积 70 亩，总投资 1 500 万元，完成投资 630 万元，建成自动化食用菌大棚 20 座，冷库 1 座，年产双孢菇 60 万斤、草菇 36 万斤，实现年净利润 100 万元。东留石食用菌产业园已具备生产、试验、培训三大功能。园区安装了监控，远程管理园区设备安全运行和食用菌生长状况；安装温湿度传感器、二氧化碳传感器和大屏，实时监控大棚内温度、湿度和二氧化碳，并设置报警处理功能，提醒园区负责人。该项目运用信息化技术，利用物联网智能控制技术对食用菌生产管理进行全过程监管，实现食用菌产业园的智慧管理。利用大数据、区块链技术通过对菌园进行信息化改造，实现菌园环境感知、智能控制、信息化管理，达到食用菌生产数字化、标准化。

该项目通过安装数字监测设备、监控，方便对园区实时监测，提高工作效率。通过数字菌园信息化建设，东留石产出双孢菇加草菇共 96 万斤，年销售额共 450 万元。

数字牧场

案例：洛阳市 2 500 头数字化奶牛养殖基地建设项目，在硬件全自动化的基础上注重软件管理和技术层面的提升，无论是日粮配方的设计、TMR 日粮的实施，还是配种发情的监控都使用科学的软件管理，从软件和硬件两个方面提升，达到奶牛高产与高质。通过集合物联网技术、智能化管控技术与计算机软件技术，通过无线网络连接 TMR 车载终端、铲车终端、牧场控制中心及各牧场 RFID 数据采集终端，实现 TMR 的实施调度及业务数据的下发、采集上报，可降低操作工实施 TMR 的难度和出错率，为饲料管理提供精确的数字化监控，提高奶牛精细化饲养水平。

2 500 头数字化奶牛养殖基地建设项目建设完成后，可实现奶牛存栏量 2 500 头，年新增生牛乳 14 600 吨，年新增饲料 29 200 吨，年新增生牛乳产值 6 132 万元，年新增饲料产值 4 087 万元。建设规模化、标准化的现代牧场、饲草示范基地，可有效提高产品品质，提高生产效率，降低生产成本，提高养殖户养殖效益。该项目将产业发展与生态环保并举，各环节产生的废弃物互为原料、重复利用，实现了经济效益与生态效益双丰收。

数字种园

案例 1：温县依托国家现代农业产业园建设和国家制种大县项目，以温县农业科学研究所、怀药标准化二号园区为中心，建设数字种园，包括小麦品种展示基地 200 亩、小麦品种实验基地 200 亩、麦药轮作高标准种植示范园 800 亩。数字种园内安装气象站 10 套，实现对园区的风速、风向、二氧化碳、光照、雨量、土壤温度和湿度、空气温度和湿度的监测；安装墒情监测站 10 套，实现对土壤墒情进行监测；安装视频监控 37 台，实现对园区进行苗（灾）和病虫草情监测；建设水肥站 3 座，实现对园区智能水肥一体化灌溉。该项目运用信息化技术结合北斗、遥感、物联网、智能控制、大数据等技术，对园区生长环境、生长状况、设备等进行数字化升级和改造，提升园区设施的智能感知、智能分析、智能控制水平。

通过数字化技术，精确调控农作物生长的各个环节，提升了农作物的品质，提高了生态和经济效益。数字化种植提升了农作物品质与产量，节省了劳动力；加工销售管理过程更科学，降低了人工误差与资源浪费；降低使用化肥等化学肥料对土地的污染，使整体生产环境得到良好的生态循环。高品质农作物为消费者的食品安全得到保证，提升了生活质量。

案例 2：济源绿茵数字蔬菜种子产业园规划面积 520 亩，位于承留镇栲栳村。园区于 2020 年 7 月启动建设，2021 年 10 月建成投用，总投资 3 800 万元（其中农业信息化技术投资 500 万元），建成科技研发中心 3 600 平方米、综合服务中心 1 500 平方米、智能连栋温室大棚 18 000 平方米、智能节水灌溉与水肥一体化示范基地 460 亩。园区重点开展蔬菜良种繁育新技术研究，引进与开发集约化育苗、数字化机械种植、工厂化加工等农业机械设备，探索蔬菜种业全程机械化发展路径，建成国家智慧农业示范基地、国家绿色农业展示窗口和国家现代农业技术集成转化平台。

在数字化机械种植上，采用北斗导航系统，实现了土地平整、深松犁耙、病虫飞防的自动化、精细化作业，亩均减少人工投入30%。在数字化种植管理上，实现对土壤温度和湿度、肥力、空气温度和湿度、光照强度、降水量、风速、风向等环境参数的实时监测采集，对苗情、墒情、虫情、灾情等的统一监控与管理。通过数字节水灌溉与水肥一体化示范，亩均节水60%、减少化肥施用量20%。

2022湖北省数字乡村发展水平评价报告

撰稿单位：湖北省农业农村厅、湖北省科技信息研究院
撰稿人员：曾德云　叶　俊　郭　军　余祥华　胡　溪
熊　蕾　何　翔　刘　宝　孙　珊　龙智广
耿墨浓　杨立新　张一博　杜亚辉　汪明召
张纾语　丁　娅

2022年，湖北省农业农村厅组织全省17个市州（直管市、神农架林区，下同）、89个涉农县（市、区）农业农村部门，联合经信、财政、统计、商务（招商）、民政、通信管理、综合治理、大数据管理、政务管理（审批中心）等相关部门和单位开展了县域农业农村信息化发展水平评价工作，在广泛采集各类基础数据并进行系统分析的基础上，形成了湖北省数字乡村发展水平评价报告。

一、评价背景

党的二十大报告指出，“全面推进乡村振兴”。在信息化和农业现代化加速融合的大背景下，数字乡村和农业农村信息化建设无疑是全面推进乡村振兴的有力抓手，是实现农业农村现代化的重要内容和可行路径。《中共中央 国务院关于做好2022年全面推进乡村振兴重点工作的意见》强调，“大力推进数字乡村建设。推进智慧农业发展，促进信息技术与农机农艺融合应用。加强农民数字素养与技能培训。以数字技术赋能乡村公共服务，推动‘互联网＋政务服务’向乡村延伸覆盖。着眼解决实际问题，拓展农业农村大数据应用场景。”数字乡村是乡村振兴的战略方向，中央对数字乡村工作的相关部署，为做好乡村振兴这篇大文章提供根本遵循。

自2019年农业农村部首次开展县域农业农村信息化发展水平评价以来，湖北省已连续三年组织全省所有涉农县（市、区）积极参加。2022年的评价工作，通过对各县（市、区）统计填报的2021年度指标数据进行审核、分析、测评，为各县（市、区）找准位置和差距，从而强弱项、补短板、增优势，指引推动全省数字乡村健康发展，使其成为推动乡村振兴发展的重要突破口。

二、评价说明

（一）评价指标体系

本次评价采用农业农村部 2022 年评价指标体系，其中一级指标包括发展环境、乡村网络基础设施、农业生产信息化、经营信息化、乡村治理信息化和服务信息化 6 项；二级指标包括农业农村信息化财政投入、互联网普及程度等 17 项；三级指标包括乡村人均农业农村信息化财政投入、互联网普及率、农产品网络销售额占比等 23 项。

（二）评价范围

本次评价共选取全省 103 个县（市、区）中的 89 个涉农县（市、区），县域参与率达到 86.4%。其中，武汉市 6 个、黄石市 2 个、十堰市 8 个、宜昌市 10 个、襄阳市 9 个、鄂州市 3 个、荆门市 5 个、孝感市 7 个、荆州市 8 个、黄冈市 10 个、咸宁市 6 个、随州市 3 个、恩施州土家族苗族自治州（以下简称恩施州）8 个，以及仙桃市、潜江市、天门市和神农架林区。除另作说明外，本报告中的“全省”指 89 个有效样本县（市、区）。

（三）数据来源

本次评价数据由全省各级农业农村系统组建工作专班负责填报，并邀请经信、财政、统计、商务（招商）、民政、通信管理、综合治理、大数据管理、政务管理（审批中心）等相关部门和单位共同参与，市州农业农村部门负责初审，省农业农村厅相关处室负责数据终审把关与汇总整理。纳入本次评价的有效样本县域数量为 89 个（图 1），比上年减少 3 个；覆盖行政村 22 315 个（图 2），比上年减少 1 091 个。

（四）数据处理方法

首先基于县域填报值计算得出三级指标值，其次沿用 Min－max 归一化方法对部分数值范围不在 0～1 的三级指标值进行归一化处理，最后按照权重逐级计算二级指标值、一级指标值及发展总体水平。

（五）其他说明

因 2021 年度的评价指标体系较 2020 年度有所调整，故本报告得出的相关评价结果和数据，均采用该年度内同一指标体系下各省份之间、省内各市州之间和县域之间的数据进行比较。

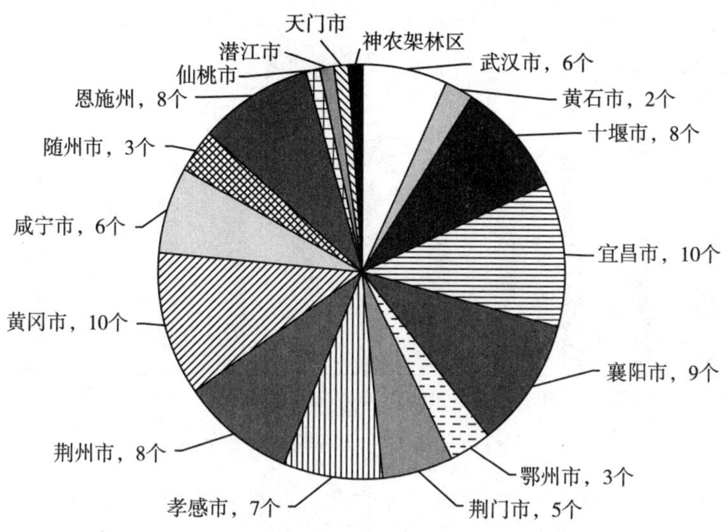

图1　2021年湖北省各市州参与县域数量分布情况

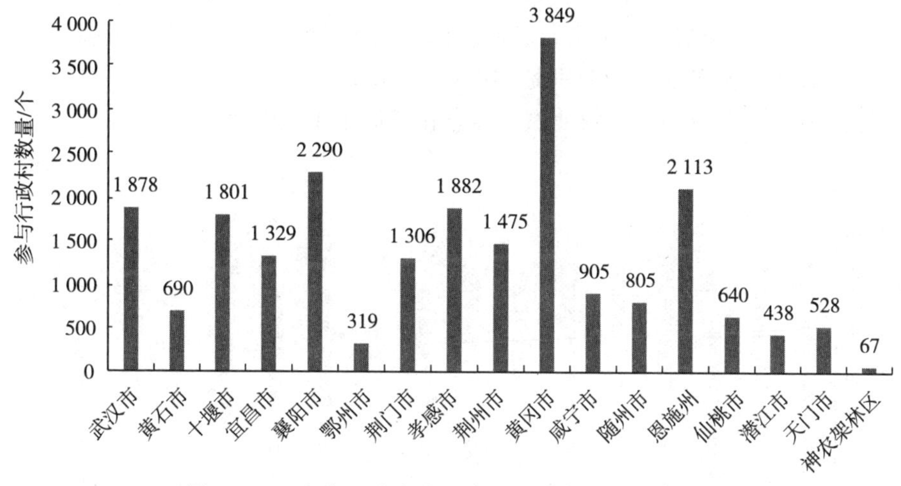

图2　2021年湖北省各市州参与行政村数量分布情况

三、评价结果

（一）全省数字乡村发展水平总体稳中有进

根据有效样本综合测算，2021年全省农业农村信息化发展总体水平为52.2%，已连续三年递增，已超过全国总体水平（39.1%）和中部地区总体水平（42.5%），在全国位列第五（图3），居中部六省第二位。

全省有6个县（市、区）农业农村信息化发展水平位列全国前100，比

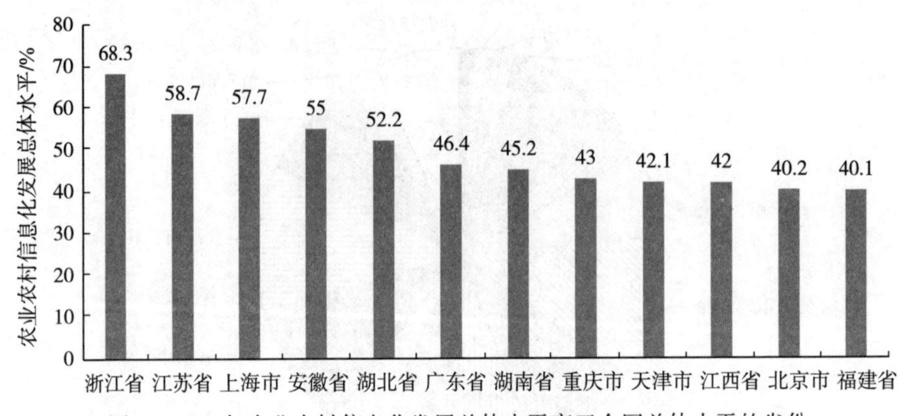

图 3　2021 年农业农村信息化发展总体水平高于全国总体水平的省份

2020 年增加 5 个，其平均发展水平达 67.5%，包括襄阳市襄州区（71%）、武汉市新洲区（69.7%）、应城市（66.5%）、京山县（66.1%）、咸丰县（66%）、南漳县（65.6%）。

从市州看，全省有 8 个市州农业农村信息化发展水平高于全省发展总体水平（52.2%），排名前三的分别是荆门市（64.5%）、潜江市（58.3%）、天门市（56.8%）。全省各市州农业农村信息化发展水平见图 4。

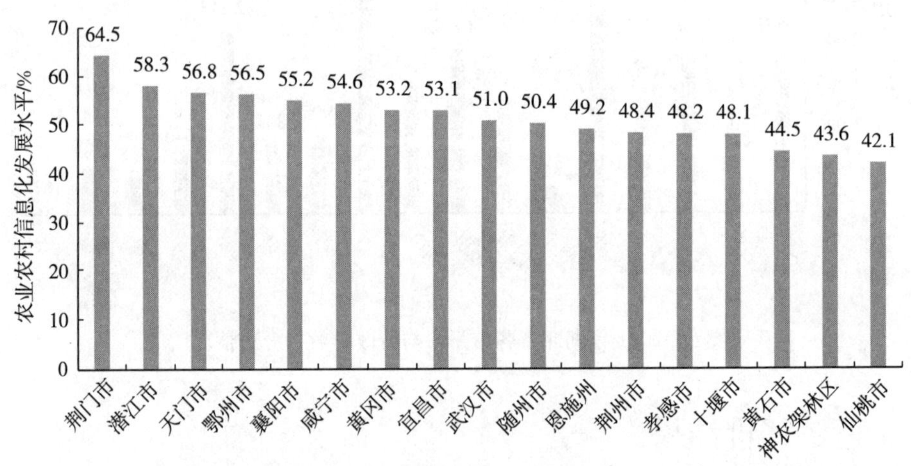

图 4　2021 年湖北省各市州农业农村信息化发展水平

（二）全省县域农业农村信息化发展环境持续向好

1. 农业农村信息化经费总体投入持续提增

2021 年湖北省农业农村信息化经费总投入达 60 亿元，投入排名前三的市州分别为宜昌市（13.9 亿元）、武汉市（9.6 亿元）和襄阳市（7.3 亿元），占全省农业农村信息化经费总投入的 51.3%。2021 年湖北省农业农村信息化财政总投入 18.68 亿元，占比 31.1%，同比增长 62.3%，乡村人均财政投入为 57.06 元，在全国排第六位，高于全国平均水平和中部地区平均水平（图 5），同比增长 62.3%；县均财政投入 0.2 亿元，同比增长 67.8%。2021 年财政投入排名前三的市州分别为武汉市（5.6 亿元）、黄冈市（2.1 亿元）和荆州市（2.1 亿元），同比增长分别为 311.1%、61.5%、5.0%（图 6）。

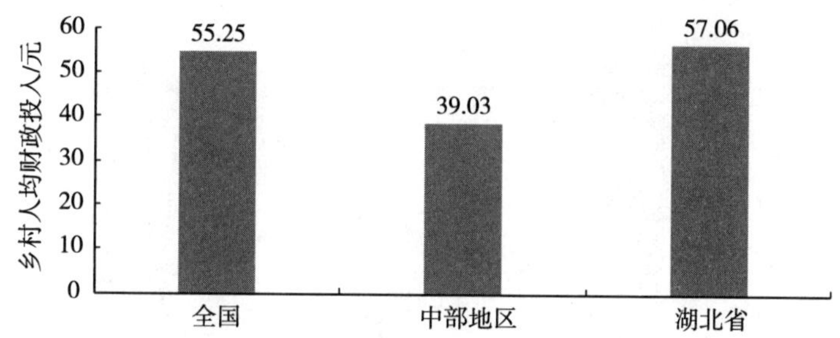

图 5　2021 年湖北省与全国及中部地区农业农村信息化乡村人均财政投入对比

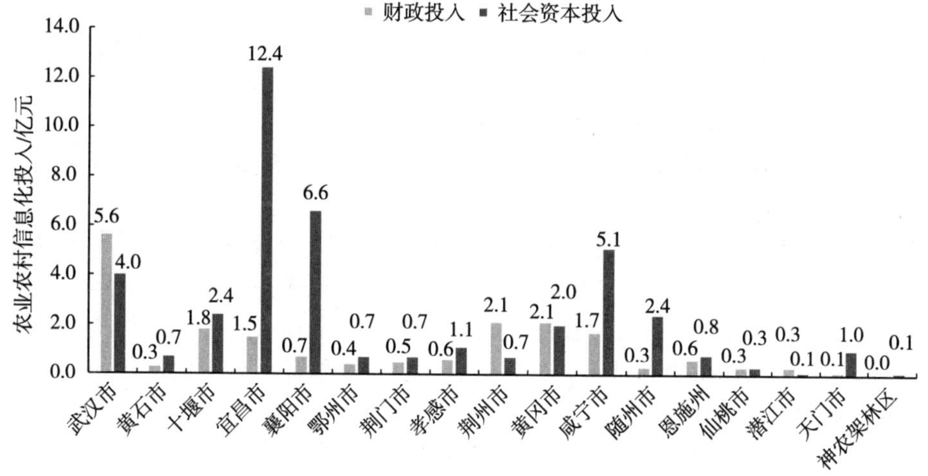

图 6　2021 年湖北省各市州农业农村信息化投入情况

2. 农业农村信息化社会资本投入情况

湖北省农业农村信息化社会资本总投入 41.3 亿元，占比 68.9%，同比减少 8.3%，乡村人均社会资本投入 126.13 元，在全国排名第九，低于全国平均水平但高于中部地区平均水平（图 7）。

全省县（市、区）平均社会资本投入为 4 639.2 万元，同比减少 5.3%，在全国排名第七。社会资本投入排名前三的市州为宜昌市（12.4 亿元）、襄阳市

（6.6 亿元）和咸宁市（5.1 亿元），同比分别增长 7.8%、6.5%、8.5%（图 6）。

全省农业农村信息化总投入位居前 10 的县（市、区）为宜都市、咸宁市咸安区、老河口市、武汉市新洲区、武汉市黄陂区、随县、洪湖市、十堰市郧阳区、武汉市江夏区和红安县，平均投入达3.7 亿元；竹山县、当阳市、云梦县、秭归县、天门市、武汉市蔡甸区、浠水县、枝江市、石首市和仙桃市居第 11～20 位，排名前 20 的县（市、区）平均投入 2.3 亿元。

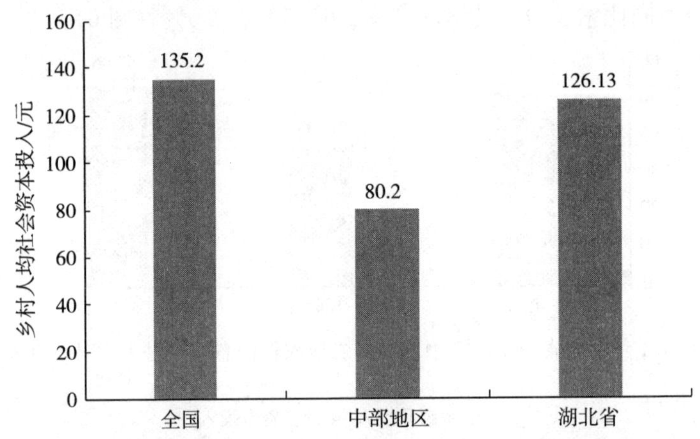

图 7　2021 年湖北省与全国及中部地区农业农村信息化乡村人均社会资本投入对比

3. 县域农业农村信息化管理服务机构基本覆盖

县域农业农村信息化管理服务机构是推进农业农村数字化的“排头兵”，主要包括承担信息化相关工作的领导机构、行政科（股）或信息中心（信息站）等事业单位。在 89 个样本县（市、区）中，有 88 个县（市、区）的农业农村局为县网络安全和信息化领导机构成员或组成单位，覆盖率为 98.9%；有 84 个县（市、区）的农业农村局成立了网络安全和信息化领导机构，覆盖率为 94.4%；有 81 个县（市、区）的农业农村局设置了承担信息化相关工作的行政科（股），覆盖率超 90%。

4. 县域农业农村信息化基础设施条件正逐年改善

互联网普及率高于全国均值。全省 89 个样本县域 2021 年总人口 5 278.57 万人，其中网民规模达 4 044.16 万人，互联网普及率为 76.6%，高于全国平均水平（73%）3.6 个百分点。其中，互联网普及率达 90%级以上的县域有 10 个，占比 16.9%；达 80%～90%的县域有 26 个，占比 33.7%，两者合计占比 50.6%。

5G 网络加速覆盖。截至 2021 年底，全省行政村 5G 网络通达率已达 58.4%，覆盖行政村 13 030 个。其中，行政村 5G 网络通达率达 80%的县域有 16 个；5G 网络通达率达 60%～80%的县域有 6 个；5G 网络通达率达

40%～60%的县域有 6 个。

（三）全省县域农业产业数字化升级改造步伐加快

2021 年全省农业生产信息化率达到 48.5%，在全国排名第三，高于全国平均水平和中部地区县域农业生产信息化水平。

从产业看，在大田种植、设施栽培、畜禽养殖、水产养殖 4 个产业领域中，信息技术在畜禽养殖业中应用水平最高，为 58.06%，同比增长 16.3 个百分点；大田种植业次之，其信息化水平为 50.35%，同比增长 14.3 个百分点；设施栽培和水产养殖信息化水平分别为 40.50%和 32.62%（图 8），同比增长分别为 17.1 个百分点和 9.3 个百分点。

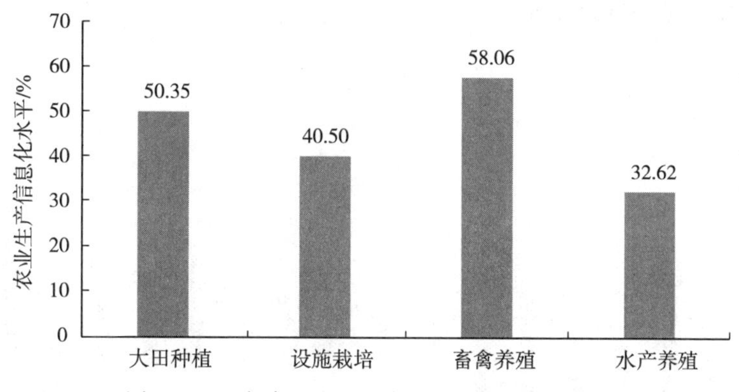

图 8 2021 年湖北省不同产业农业生产信息化率

从市州看，全省农业生产信息化率排名前三的分别是荆门市（80.1%）、鄂州市（57.1%）、襄阳市（56.2%）。各市州农业生产信息化率如图 9 所示。

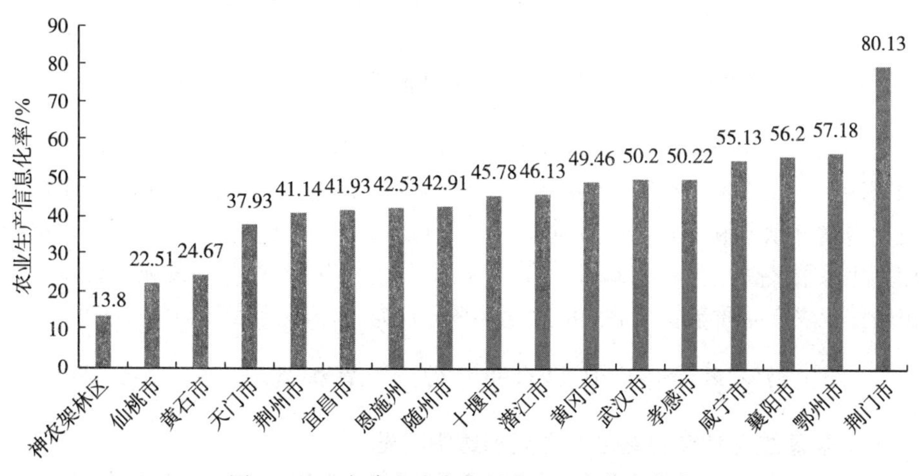

图 9 2021 年湖北省各市州农业生产信息化率

（四）农业农村电子商务激活县域经济发展活力

2021 年全省县域农产品网络销售额总量达 925.2 亿元，同比增长 89.8%，占农产品销售总额的 21.8%，较 2019 年提升了一倍。农业农村电子商务方兴未艾，特别是疫情防控期间直播带货等新型电商形式按下了快进键。农村电子商务正在悄然改变农民的生活方式。现如今，每卖十个农产品就有两个来自网络销售，全省农产品网络销售额已位居全国前五。全省各市州农产品网络销售额占比见图 10。

2021 年全省农产品网络销售额排名前 10 的县（市、区）分别为荆州市沙市区、武汉市东西湖区、当阳市、南漳县、通山县、蕲春县、秭归县、钟祥市、襄阳市襄州区和松滋市，平均为 35.7 亿元。

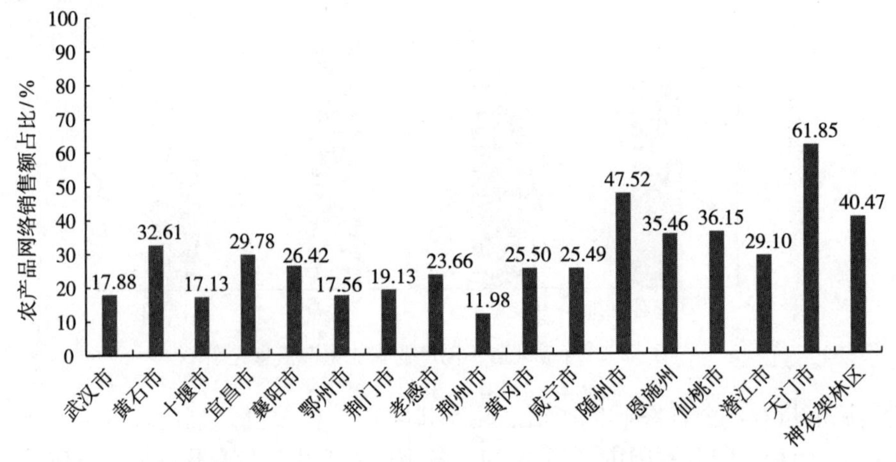

图 10　2021 年湖北省各市州农产品网络销售额占比

（五）全链数字化让农产品从田间到舌尖"厨明灶亮"

2021 年全省县域农产品质量安全追溯信息化发展水平为 36.5%，位居全国第四，同比提升 13.24 个百分点。对比纳入统计的大田种植业、设施栽培业、畜禽养殖业和水产养殖业 4 个产业领域，畜禽养殖业农产品质量安全追溯信息化水平最高，达 50.82%；水产养殖业次之，为 42.90%；设施栽培业和大田种植业农产品质量安全追溯信息化水平分别为 32.75%和 27.19%（图 11）。

（六）数字乡村开启基层治理"智治"新模式

1. 信息服务让乡村基层治理更加透明阳光

全省各地充分借助信息化技术，推动行政村党务、政务和财务实现公开，

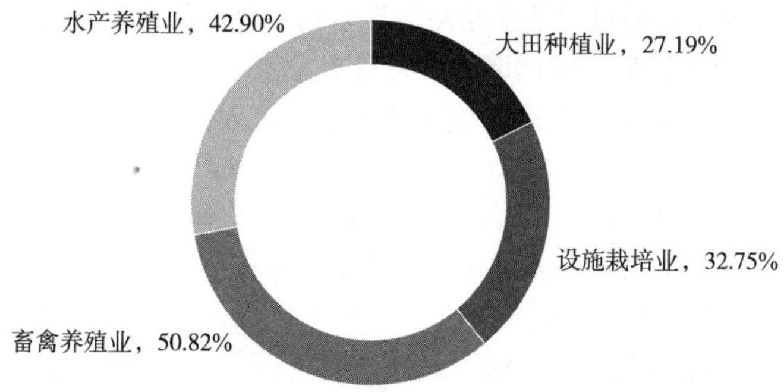

图 11　2021 年湖北省各农业领域农产品质量安全追溯信息化水平

“三务”网上公开行政村覆盖率分别由 2020 年的 86%、86.9%和 83.8%提升到了 2021 年的 98.70%、98.83%和 98.66%（图 12），行政村基本实现全覆盖。村民在线议事成为乡村生活和基层治理的新亮点。“群众性治安防控工程”基本实现全覆盖，形成以乡镇为片区、网格化管理为基础、重点区域视频监控联网为手段的基层公共安全体系，农村居民的安全感显著增强。

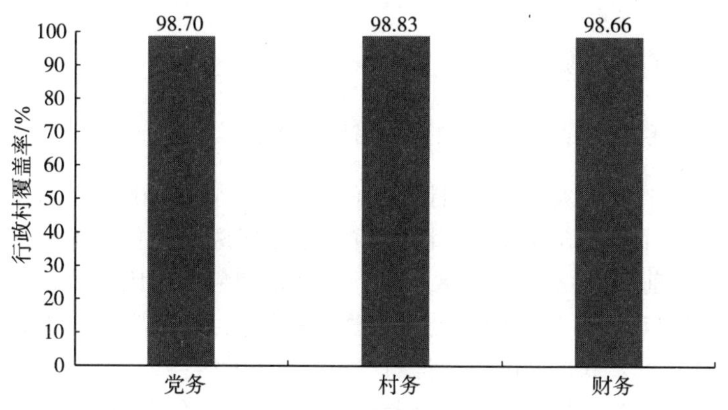

图 12　2021 年湖北省“三务”网上公开行政村覆盖率

2. “放管服”改革让基层农村营商环境不断优化

随着大数据与政务服务的深入融合，国务院启动“互联网+政务服务”以来，各地各县“放管服”改革落地见效，“一网通办”“一事联办”“高效办成一件事”等深入推进，政府成为“有呼必应、无事不扰”的“店小二”，智慧城市和数字政府建设再迈新台阶，县域农村营商环境得到持续优化和改善。2021 年全省社会保险、新型农村合作医疗、劳动就业、涉农补贴兑付业务实现线上办理全域全覆盖。农村改革成势见效，“三权”分置让农村土地不动产动起来。目前，全省已有 66.3%的县（市、区）实现了农村土地流转业务线上办理，56.2%的县（市、区）实现了宅基地管理业务线上办理。越来越多的农民群众和农业企业通过“数字跑路”惠享到农村改革繁荣果实。

3. 农业农村基础应急指挥调度设施基本完善

2021年全省建有应急广播终端的行政村数量为22 215个，行政村覆盖率为99.6%。除武汉市黄陂区（95.0%）、房县（92.1%）、远安县（87.2%）、汉川市（96.3%）、蕲春县（99.3%）、广水市（96.8%）等少数县域外，其余均已实现行政村全覆盖。农业农村系统应急视频指挥终端系统、省委组织部党员干部现代远程教育视频设备终端系统分别实现县域、乡村全覆盖，既可用于日常农民科技教育培训和“上情下达、下情上呈”等，又可开展应急指挥调度，特别是在统筹疫情防控和稳产保供、农业农村工作期间发挥了显著作用。

4. 信息服务不断向农业农村领域拓展延伸

全省已有21 521个行政村设有村级综合服务站，覆盖率达86.0%。近七成新型农业经营主体已通过全国农技推广信息化平台、手机App、12345热线、微信、QQ等不同形式的信息化技术服务手段，接收到最新、最及时、最权威的农业信息和农技推广专家的在线指导，信息服务正在这一领域不断拓展延伸。

四、存在问题

（一）县域农产品网络销售呈两极分化

2021年全省县域农产品网络销售额占农产品销售总额的21.8%，比2020年提升9.6个百分点，县域网络销售额占比呈现两极分化，发展水平差距较大。全省排名前10的县（市、区）农产品网络销售额占比为72.5%，全省排名后10的县（市、区）农产品网络销售额占比仅为6.7%。本次评价中，有16个县（市、区）农产品网络销售额占比高于50%，10个县（市、区）农产品网络销售额占比低于10%。在全省县域农产品网络销售额占比总体稳固增长的态势下，部分县域农产品网络销售水平仍有较大的提升空间。

（二）投资金额存在不均衡问题

当前全省数字乡村和农业农村信息化发展过程中普遍存在投资主体较为单一且投资不充足、不均衡的情况，导致后续一系列的问题，例如基础设施建设、人才队伍建设、信息技术普及应用等。2021年全省农业农村信息化财政资金投入虽大幅增长，但社会资本投入较2020年有所下降，说明市场主体投资农业农村信息化建设的意愿有所下降。同时，投入排名前3的市州占全省总投入的51.3%，其余14个市州投入占比不足一半，资金投入不均衡性更加突出。在投资金额不足、不平衡的背景下，全省农业农村信息化发展必然面临着捉襟见肘的问题，将在一定程度上阻碍农业农村信息化整体水平的进一步提升。

（三）数字乡村人才队伍体系建设有待提高

当前全省各地开展农业农村信息化建设过程中，普遍存在专业人才较少、工作难度较大、人员任务繁重等问题。主要体现在三个方面：一是体系不健全。虽然全省县域农业农村系统设立了相关承担信息化工作的行政科（股），但只有 12 个县（市、区）的农业农村局设置了信息中心（信息站）等事业单位，覆盖率仅为 13.5%，既缺专门的工作机构，又缺人员队伍去抓农业农村信息化技术推广服务和示范应用，“最后一公里”仍未打通。二是缺乏专业人才。既熟悉农业农村领域又懂信息技术的专业人才本来就不多，加之农村条件艰苦，人才培养的上升空间有限，缺乏必要的激励、奖励机制和措施，导致人才留不住、留不下来。三是缺农村电商人才。《2020 中国农村电商人才现状与发展报告》显示，到 2025 年农村电商人才总体缺口为 350 万人，湖北省缺口近 20 万人。近年来通过农村实用人才、高素质农民培训等每年培训农村电商人才 6 000 名左右，远远满足不了市场对农村电商人才的需求。

（四）“信息孤岛”现象仍然存在

当前，乡村治理和服务信息化建设点多面广，对社会数字信息化管理建设支持不够，缺少顶层设计，在协同推进、融合应用等方面还面临诸多问题和困难，“信息孤岛”现象存在。信息服务在农村政务、医疗、养老、教育和农业防灾减灾等方面，尚处于起步阶段，未来随着技术发展及时更新迭代，还有较大的空间可以探索和延伸。

五、对策及建议

（一）强化组织领导，优化农业农村信息化发展环境

深入贯彻落实党中央、国务院关于实施数字中国和数字乡村战略的重大决策部署，坚持将农业农村信息化建设作为全面推进乡村振兴的重要举措来抓。结合湖北各地实际情况，加强对数字乡村和农业农村信息化工作的组织领导，明确目标任务，强化政策引领，突出重点领域和薄弱环节，统筹推进各项相关工作。加快制定完善数字乡村领域相关技术标准和数据规范，推进先进实用装备设施和信息系统研发应用，推动技术、装备、系统和产业深度融合；强化相关部门协作配合，推进涉农信息化基础设施互联互通和资源共享，实现“三务”信息系统对接和数据共享；出台政策措施，引导鼓励新型农业经营主体和

社会资本投入数字乡村建设，健全利益机制，着力构建多元化投入、共建共享共用的数字乡村发展格局。

（二）采取有效措施，提高农业生产信息化发展水平

当前，大数据、人工智能、物联网等信息技术已在农业生产各环节得到广泛应用，各级农业农村部门要加强与科研院所、农业企业、信息化企业等主体的合作，强化农业信息化相关领域技术研究，突出试点示范，及时总结应用模式和成功案例，注重宣传推广，促进信息技术和智能装备在大田种植、设施栽培、畜禽养殖、水产养殖等产业领域广泛应用，着力提升全省农业生产信息化水平，实现农业节本增效。

（三）探索差异化发展路径，推进区域协调发展

综合考虑各县（市、区）的信息化发展现状、发展水平、区位条件和资源禀赋，立足自身特色，探索数字乡村多样化、差异化发展路径。设立数字乡村专项资金，对发展水平相对落后的县（市、区）加大财政和政策支持力度。结合特色农产品优势区、现代农业产业园、农业科技园区等产业聚集区，打造农业特色明显、产业基础好、发展潜力大、带动辐射能力强、应用成效突出的农业农村信息化示范县，基于示范县丰富的实践经验，逐步形成可复制、可推广的典型案例和成功模式，为全省数字乡村提供参考借鉴，形成以点带面的发展趋势，整体推进数字乡村高质量发展。

（四）加强人才队伍建设，提升数字乡村服务保障水平

数字乡村人才队伍建设是促进农业全面升级的现实需要，是推动数字乡村全面进步的客观要求，是实现农业农村现代化的重要举措。在数字化时代，一方面，要采取有效手段转变农民传统的种养思路，提升农民的数字素养，加强高素质农民培养，推动农民的职业化、专业化，不断增强农民的职业认同感，提升农民运用新技术从事农业生产的积极性；另一方面，人才是数字乡村建设的重要主体，要积极解决人才回归从事数字乡村建设与服务过程中的各种现实问题，不断完善吸引相关领域精英人才下乡服务的制度体系，积极引导各类人才回归农村，充分利用各种信息化手段，强化精准对接和服务宣传返乡创新创业的有关政策，发展壮大数字乡村人才队伍。

2022湖南省农业农村信息化能力监测报告

撰稿单位：湖南省农业农村信息中心

撰稿人员：麻剑钧　熊　伟　刘　阳　刘晓慈

王　雅　易森林　封春芳　夏先亮

引言

为深入推进数字乡村战略，认真贯彻落实中共中央办公厅、国务院办公厅印发的《数字乡村发展战略纲要》，中央网信办、农业农村部等十部门印发的《数字乡村发展行动计划（2022—2025年）》，农业农村部印发《“十四五”全国农业农村信息化发展规划》。按照农业农村部关于开展2022年度全国农业农村信息化能力监测试点工作的部署要求，2022年9月，湖南省农业农村信息中心组织完成了全省农业农村信息化能力监测和数据填报、审核、上传等工作，共涉及123个县（市、区），覆盖全部涉农县（市、区）。

2022全国县域农业农村信息化发展水平指标体系涵盖6个一级指标、17个二级指标、23个三级指标；采取县级农业农村部门采集、市级审核、省级复审、部级复核的方式，力求各项监测数据客观、真实、准确。

全国共有2 708个县（市、区）参与监测（有效样本2 660个），基本覆盖全国所有涉农县域，106个县（市、区）获评“2022全国县域农业农村信息化发展先进县”。湖南省武冈市、新田县、韶山市、衡东县、双峰县、长沙县、衡南县、嘉禾县8个县（市、区）获评“2022全国县域农业农村信息化发展先进县”。

根据2023年2月中央网信办信息化发展局、农业农村部市场与信息化司、农业农村部信息中心发布的《中国数字乡村发展报告（2022年）》：

—— 2021年全国数字乡村发展水平达到39.1％；湖南省农业农村信息化发展总体水平为45.2％，在全国排名第七，在中部六省排名第三。

—— 2021年全国农业生产信息化率为25.4％；湖南省农业生产信息化率为32.5％，在全国排名第六，在中部六省排名第三。

—— 2021年全国农业生产经营主体农产品网络销售额占农产品销售总额的14.8％；湖南省农产品网络销售额为3 783.2亿元，占农产品销售总额的17.6％，在全国排名第七，在中部六省排名第三。

——2021 年全国通过接入自建或公共农产品质量安全追溯平台，实现质量安全追溯的农产品产值占比为 24.7%；湖南省农产品质量安全追溯信息化率为 28.2%，在全国排名第九，在中部六省排名第二。

——2021 年全国“三务”网上公开行政村覆盖率达到 78.3%；湖南省“三务”网上公开行政村覆盖率为 98.9%，在全国排名第五，在中部六省排名第一。

——2021 年全国县域社会保险、新型农村合作医疗、劳动就业、农村土地流转、宅基地管理和涉农补贴六类涉农政务服务事项综合在线办事率达 68.2%；湖南省政务服务事项综合在线办事率为 85.5%，在全国排名第八。

——2021 年全国公共安全视频图像应用系统行政村覆盖率为 80.4%；湖南省有 2.22 万个行政村实现公共安全视频图像应用系统覆盖，公共安全视频图像应用系统行政村覆盖率为 88.4%，在全国排名第九，在中部六省排名第三。

——2021 年全国村级在线议事行政村覆盖率为 72.3%；湖南省有 2.16 万个行政村实现村民在线议事，村级在线议事行政村覆盖率为 85.9%，在全国排名第九，在中部六省排名第三。

——2021 年全国已经建设应急广播主动发布终端的行政村占比为 79.7%；湖南省有 2.4 万个行政村建有应急广播主动发布终端，应急广播主动发布终端行政村覆盖率为 94.1%，在全国排名第七，在中部六省排名第三。

——2021 年全国已建有村级综合服务站点的行政村共 42.8 万个，共建有村级综合服务站点 48.3 万个，行政村覆盖率达到 86.0%；湖南省有 2.42 万个行政村建有村级综合服务站点，建有村级综合服务站点总数 2.9 万个，村级综合服务站点行政村覆盖率为 96.4%，在全国排名第五，在中部六省排名第二。

——2021 年全国接受信息化农技推广服务的新型农业经营主体数量共计 223.3 万个，农技推广服务信息化率为 61.3%；湖南省有 20.0 万个新型农业经营主体，有 13.3 万个新型农业经营主体接受信息化农技推广服务，农技推广服务信息化率为 66.6%，在全国排名第十，在中部六省排名第三。

——2021 年全国用于县域农业农村信息化建设的社会资本投入为 954.6 亿元，县均社会资本投入 3 588.8 万元，乡村人均社会资本投入 135.2 元；湖南省农业农村信息化社会资本投入总额为 24.3 亿元，县均社会资本投入 1 977.7 万元，乡村人均社会资本投入 61.5 元、在全国排名第二十。

——2021 年全国县级农业农村部门设置承担信息化工作的行政科（股）或信息中心（信息站）等事业单位的占比为 92.6%；湖南省县级农业农村信息化管理服务机构覆盖率为 92.7%，在全国排名第十九。

2021 年湖南省农业农村信息化发展总体水平为 45.2%，较 2020 年提升 0.7 个百分点，在全国排名第七，在中部六省排名第三。2021 年湖南省农业农村信息化发展重点在数字新基建、数字政府服务、数字乡村、数字农业重点示范、信息进村入户工程、“互联网＋”农产品出村进城试点工程六方面开展，并取得重要良好成效。

在数字新基建方面，为办好通信业民生实事，各通信企业积极承担社会责任，深入开展农村地区通信基础设施建设，大力提升光纤宽带和 4G 网络的覆盖水平，为农村群众提供“用得上、用得起、用得好”的通信网络服务。“数字引擎”正在点亮美丽乡村生活。湖南省现已建成 1 605 个 4G 基站，完成 522 个行政村通光纤。

在数字政府服务方面，省级层面已经建好省农业农村厅互联网、视频会议专网、省级电子政务外网 3 套覆盖全省的网络体系。完成开发并部署运行了湖南省进村入户数据展示平台、湖南省农作物病虫防控指挥子系统、湖南省农作物重大病虫害监测预警信息系统、湖南省农产品“身份证”管理平台、国家农产品质量安全追溯平台湖南省应用系统、湖南省农机作业监测系统、湖南省数字渔业信息系统、湖南省数字畜牧业信息平台等 18 个业务应用系统。通过湖南省农业农村大数据中心平台为各级农业农村部门工作信息化和全省数字农业农村建设提供系统支持。全面打造“空天地一体化”的农业全时全域立体监测监管体系，实现从动态感知监测、精准识别、预警预报和灾害应急指挥处置、协同办公的智慧农业全链条综合监管。

在数字乡村方面，由省委网信办牵头省农业农村厅等省直部门组成数字乡村发展统筹协调机制，加强对数字乡村发展的顶层设计、整体推进和督促落实，先后出台了《湖南省数字乡村发展行动方案》《湖南省数字农业农村发展规划》等政策文件。对标国家数字乡村试点要求，支持安化县、浏阳市、津市、宜章县、花垣县各 20 万元进行数字乡村试点，同年安化县入选农业农村部全国数字乡村建设典型案例集。湘西州花垣县、邵阳市大祥区、永州市双牌县、湘潭市韶山市等国家级数字乡村试点县通过了国家有关部委开展的数字乡村试点评价。安化县、浏阳市、津市、宜章县、花垣县等开展省级数字乡村试点整体规划设计、探索乡村数字化治理、数字化经济发展新业态等创新模式，安化县被农业农村部选定为全国示范推广典型案例。湖南省“三务”网上公开行政村覆盖率为 98.9%，现已有 2.16 万个行政村实现村民在线议事。

在数字农业重点示范方面，湖南省农业生产信息化率为 32.5%，畜禽养殖生产信息化率为 35.6%，大田种植生产信息化率为 32.1%，设施栽培生产信息化率为 29.1%，水产养殖信息化率为 22.5%。先后启动了湘潭雨湖区（园艺作物）、岳阳市华容县（园艺作物）、益阳南县（渔业）、长沙望城区（水产）国家数字农业试点建设，取得了明显成效，涌现出贺家山原种场数字大米、望城水稻无人农场、湘潭绿丰保鲜蔬菜配送数字农业、湖南蘑蘑哒珍稀食用菌 5G、望城区荷花虾、设施蔬菜智慧农业等一批示范典型；构建了一批省级农业产业智能服务系统平台：望城智慧水产管理平台、南县稻虾产业公共服务平台、安化黑茶全产业链监测与大数据分析平台、澧县智慧农业监控平台、湖南农业大学芸园基地温室智慧大棚等。

在信息进村入户工程方面，信息进村入户工程稳步推进，构建了“省级运营中心＋县级运营中心＋村级益农信息社”的线上线下运营服务体系，线下建设了标准型、专业型、简易型 3 种益农信息社，线上建设了“湖湘农事”省级运营平台。现已建成了 122 个县级运营中心，村级益农信息社 2.3 万余个，基本实现了益农信息社覆盖全省所有行政村。全省信息进村入户服务形成网络，上联国家公益平台，下接村级益农信息社，“政府＋运营商＋服务商”三位一体推进机制建立，公益服务、便民服务、电子商务、培训体验等延伸到村、信息精准到户。

在“互联网＋”农产品出村进城试点工程方面，积极开展“数商兴农”专项行动，推动县域商贸流通体系建设，促进乡村商品“出村进城”。根据农业农村部办公厅《关于开展“互联网＋”农产品出村进城工程试点工作的通知》（农办市〔2020〕7 号），湖南省益阳市南县、怀化市麻阳苗族自治县、邵阳市新邵县、湘西自治州龙山县 4 个县被农业农村部认定为全国“互联网＋”农产品出村进城工程试点县。湖南省县域农产品网络销售额为 3 783.2 亿元，占农产品销售总额 17.6%。

一、数据来源

本次监测评价数据采取县级农业农村部门自主填报，市级农业农村部门、省农业农村信息中心逐级审核把关，经农业农村部信息中心复核的方式获得。全省 123 个涉农县（市、区）全部纳入监测范围。为确保数据来源客观、真实、准确，湖南省农业农村信息中心组织专业团队，开展数据抽查、核对工作。从 141 个填报值中选取 15 个关键填报值，采取实地调查、电话调查、网络调查等方式，科学开展样本核查；样本核查主要包括 11 个填报值数据，涉及 123 个县（市、区）、1 342 个指标数据。

二、监测结果

（一）湖南省农业农村信息化发展总体水平

根据有效样本综合测算，2021年湖南省农业农村信息化发展总体水平为45.2%，较2020年（44.5%）提升0.7个百分点，高于全国总体水平（39.1%）和中部六省总体水平（42.5%），在全国排名第七，在中部六省排名第三。

全省有8个县（市、区）农业农村信息化发展水平位列全国前100，其平均发展水平达69.3%，包括武冈市（77.6%）、新田县（69.7%）、韶山市（69.2%）、衡东县（68.7%）、双峰县（68.0%）、长沙县（67.9%）、衡南县（66.7%）、嘉禾县（66.4%）。

分市州看，全省有6个市州农业农村信息化发展水平高于全省发展总体水平（45.2%）。其中，湘潭市排名第一，发展总体水平为53.0%；衡阳市排名第二，发展总体水平为51.0%；长沙市排名第三，发展总体水平为49.4%。湖南省各市州农业农村信息化发展总体水平见表1。

表1 2021年湖南省各市州农业农村信息化发展总体水平

市州	农业农村信息化发展水平/%
长沙市	49.4
株洲市	41.9
湘潭市	53.0
衡阳市	51.0
邵阳市	44.4
岳阳市	43.4
常德市	46.6
张家界市	35.9
益阳市	46.0
郴州市	49.3
永州市	43.9
怀化市	40.3
娄底市	40.3
湘西土家族苗族自治州	38.3

全省14个市州从发展环境、乡村网络基础设施、农业生产信息化、经营

信息化、乡村治理信息化、服务信息化 6 个一级指标维度分析。

从县域看，湖南省农业农村信息化发展水平排名前 10 的县（市、区）平均发展水平为 68.3%。排名前 10 的县（市、区）农业农村信息化发展水平见图 1。

全省共有 17 个县（市、区）农业农村信息化发展水平超过 60%，占比 13.8%；23 个县（市、区）处于 50%～60%，占比 18.7%；42 个县（市、区）处于 40%～50%，占比 34.1%；31 个县（市、区）处于 30%～40%，占比 25.2%；10 个县（市、区）低于 30%，占比 8.1%（图 2）。

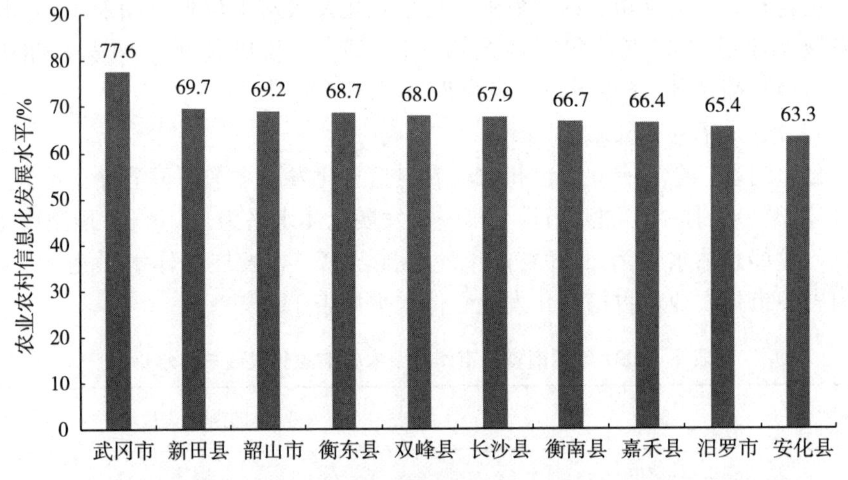

图 1　2021 年湖南省农业农村信息化发展水平排名前 10 的县（市、区）

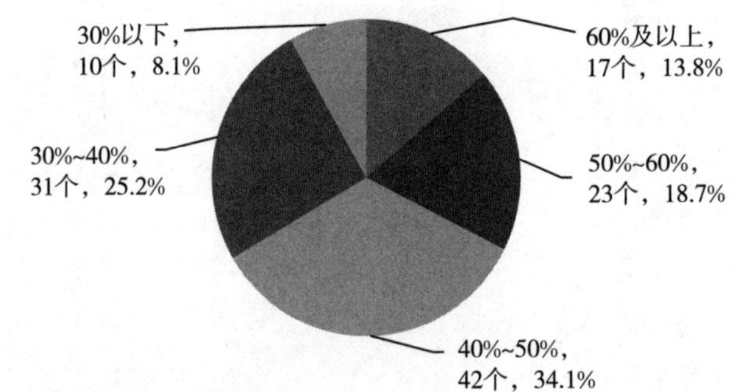

图 2　2021 年湖南省各县（市、区）农业农村信息化发展水平分布情况

（二）农业农村信息化发展环境

发展环境评价指标是指农业农村信息化财政投入情况、社会资本投入情况和管理服务机构情况。

1. 农业农村信息化财政投入情况

湖南省县域农业农村信息化财政投入总额为 12.7 亿元，县均财政投入 1 031.5 万元，乡村人均财政投入 32.1 元，在全国排名第十六。

从市州看，乡村人均财政投入高于全省乡村人均财政投入（32.1 元）的市州有 5 个，其中株洲市为 66.9 元、长沙市为 55.9 元、衡阳市为 54.4 元、益阳市为 52.5 元、常德市为 32.1 元。

从县域看，乡村人均财政投入高于全省乡村人均财政投入（32.1 元）的县（市、区）有 40 个，占样本县（市、区）的 32.5%。

2. 农业农村信息化社会资本投入情况

2021 年全国用于县域农业农村信息化建设的社会资本投入为 954.6 亿元，县均社会资本投入 3 588.8 万元，乡村人均社会资本投入 135.2 元，分别比上年增长 17.2% 和 24.0%；中部六省社会资本投入 193.8 亿元，占全国的 20.3%，县均社会资本投入 2 272.0 万元，乡村人均社会资本投入 80.2 元。

湖南省农业农村信息化社会资本投入总额为 24.3 亿元，县均社会资本投入 1 977.7 万元，乡村人均社会资本投入 61.5 元，低于全国、中部六省乡村人均社会资本投入，在全国排名第二十。

从市州看，乡村人均社会资本投入高于全省乡村人均社会资本投入（61.5 元）的市州有 6 个，其中株洲市为 136.4 元、长沙市为 117.3 元、衡阳市为 97.5 元、张家界市为 94.9 元、岳阳市为 90.6 元、郴州市为 89.9 元。

从县域看，乡村人均社会资本投入高于全省乡村人均社会资本投入（61.5 元）的县（市、区）有 39 个，占样本县（市、区）的 31.7%。

综合财政投入和社会资本投入情况来看，全省财政投入排名前 3 的市州为衡阳市、长沙市和邵阳市；社会资本投入排名前 3 的市州为衡阳市、长沙市、郴州市。全省各市州农业农村信息化投入情况如图 3 所示。全省各市州乡村人均农业农村信息化投入情况如图 4 所示。全省各市州农业农村信息化投入占比分布情况如图 5 所示。

3. 农业农村信息化管理服务机构设置情况

2021 年全国县级农业农村部门设置承担信息化工作的行政科（股）或信息中心（信息站）等事业单位的占比为 92.6%，中部六省为 93.3%。

湖南省县级农业农村信息化管理服务机构覆盖率为 92.7%，在全国排名第十九，高于全国水平，低于中部六省农业农村信息化管理服务机构覆盖率。

全省县级农业农村信息化管理服务机构设置综合指标值为 76.4%，较 2020 年（72.5%）提升 3.9 个百分点，在全国排名第十三。各市州农业农村信息管理服务机构综合设置情况如图 6 所示。

从市州看，县级农业农村信息化管理服务机构覆盖率除怀化市（92.3%）、

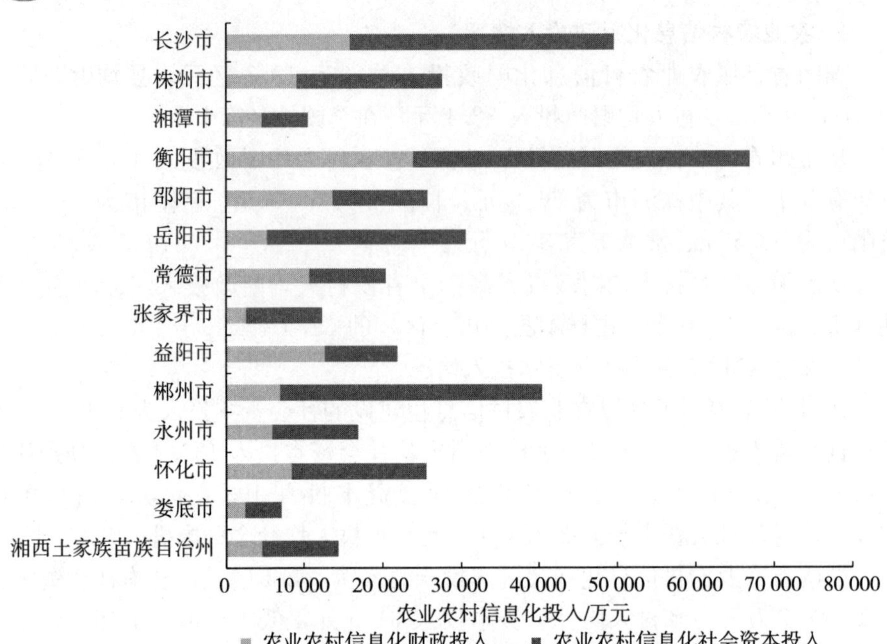

图3　2021年湖南省各市州农业农村信息化投入情况

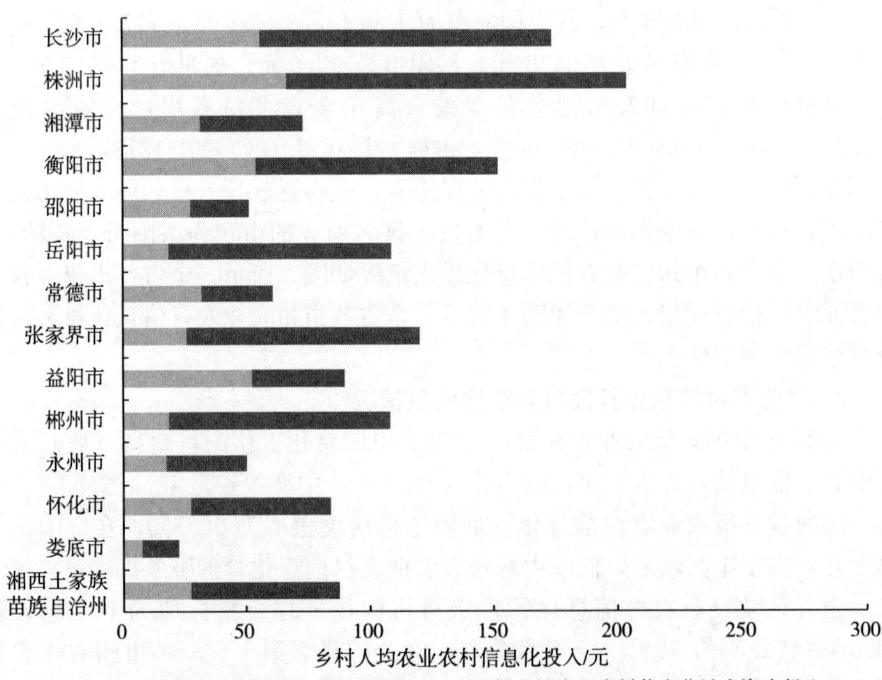

图4　2021年湖南省各市州乡村人均农业农村信息化投入情况

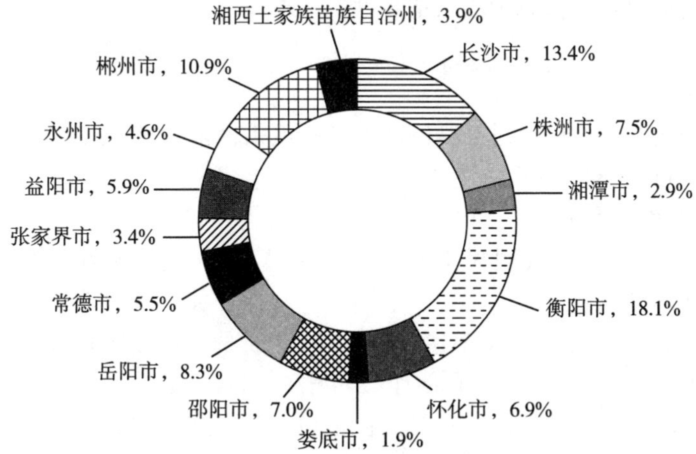

图 5　2021 年湖南省各市州农业农村信息化投入占比分布情况

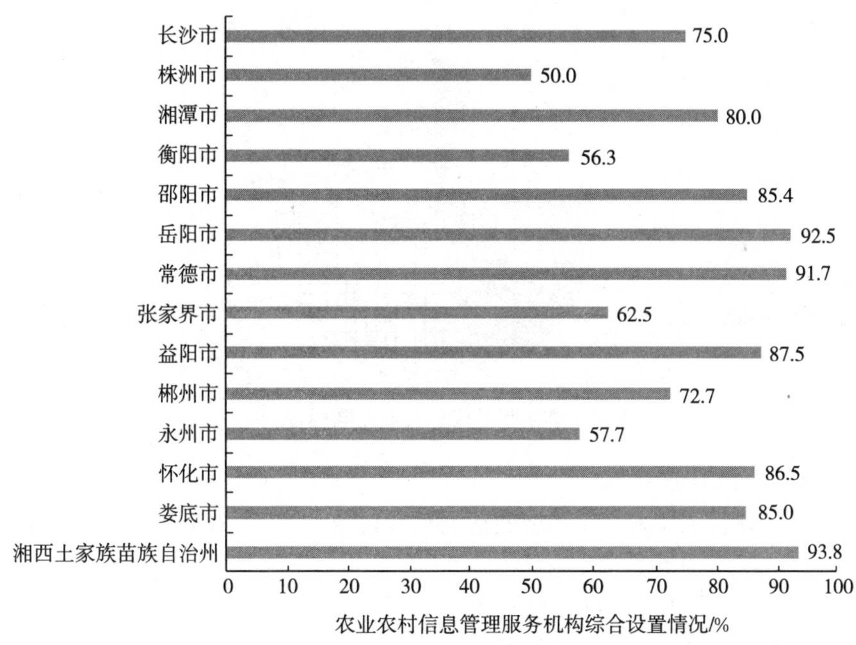

图 6　2021 年湖南省各市州农业农村信息管理服务机构综合设置情况

永州市（92.3%）、衡阳市（75.0%）、株洲市（66.7%）外，其余 10 个市州的县级农业农村信息化管理服务机构覆盖率均为 100%。

具体来看，有 95 个县级农业农村局是县网络安全与信息化领导机构成员或组成单位，有 99 个县级农业农村局成立了网络安全与信息化领导机构，有 105 个县级农业农村局设置了承担信息化相关工作的行政科（股），有 77 个县级农业农村局设置了信息中心（信息站）等事业单位。

（三）乡村网络基础设施

乡村网络基础设施通过互联网的普及程度指标来衡量，具体分为互联网普及率和行政村 5G 通达率。

1. 互联网普及率

2021 年湖南省县域网民规模达 5 047.7 万人，县域互联网普及率为 77.0%，在全国排名第七。

从县域看，互联网普及率达 90%及以上的县（市、区）有 25 个，占比 20.3%；处于 80%～90%的有 37 个，占比 30.1%；处于 70%～80%的有 30 个，占比 24.4%；处于 60%～70%的有 21 个，占比 17.1%；处于 50%～60%的有 5 个，占比 4.1%；低于 50%的有 5 个，分别是临澧县、双峰县、邵阳市北塔区和双清区、吉首市，占比 4.1%（图 7）。

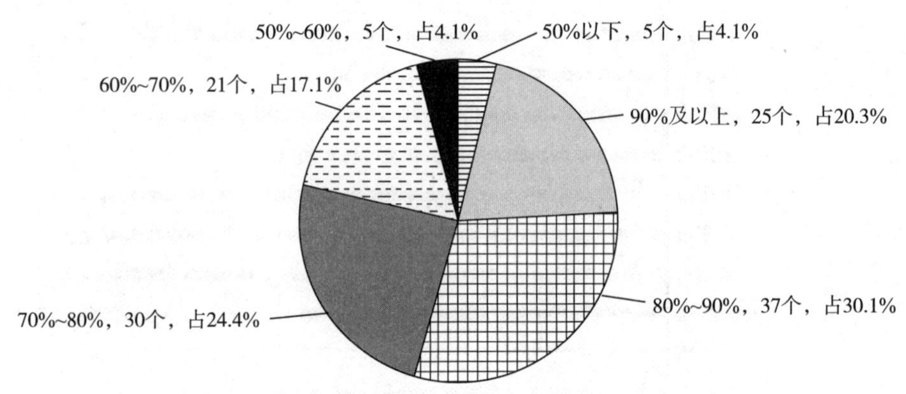

图 7　2021 年湖南省县域互联网普及率

2. 行政村 5G 通达率

2021 年湖南省县域 5G 网络通达的行政村数量为 17 176 个，行政村 5G 通达率为 68.4%，在全国排名第八。

从县域看，行政村 5G 通达率高达 90%及以上的县（市、区）有 61 个，占比 49.6%；处于 80%～90%的有 9 个，占比 7.3%；处于 70%～80%的有 5 个，占比 4.1%；处于 60%～70%的有 4 个，占比 3.3%；处于 50%～60%的有 6 个，占比 4.9%；低于 50%的有 38 个，占比 30.9%（图 8）。

（四）农业生产信息化

农业生产信息化率由大田种植信息化率、设施栽培信息化率、畜禽养殖信息化率和水产养殖信息化率构成，权重根据各行业产值占比动态调整。

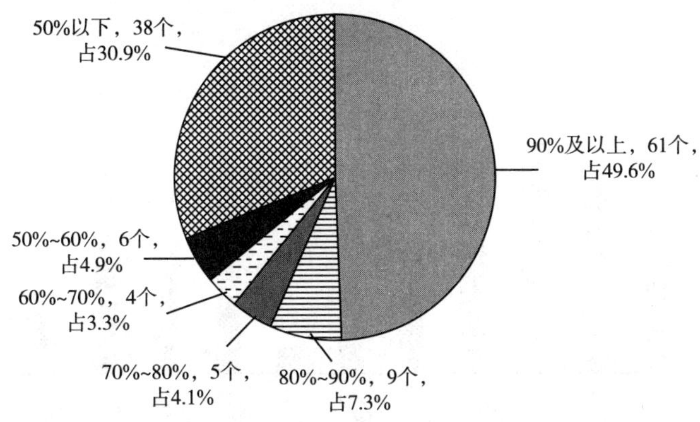

图 8　2021 年湖南省县域行政村 5G 通达率

2021 年全国农业生产信息化率为 25.4%，较上年增长 2.9 个百分点；中部六省农业生产信息化率为 33.4%。湖南省农业生产信息化率为 32.5%，较 2020 年（31.0%）提升 1.5 个百分点，高于全国、低于中部六省农业生产信息化率，在全国排名第六，在中部六省排名第三。

分产业行业看，信息技术在农业各生产领域的应用步伐加快，在大田种植、设施栽培、畜禽养殖和水产养殖 4 个领域，农业生产信息化率最高的是畜禽养殖，生产信息化率为 35.6%；大田种植次之，其生产信息化率为 32.1%；设施栽培和水产养殖生产信息化率相对较低，分别为 29.1% 和 22.5%（图 9）。大田种植、设施栽培、畜禽养殖信息化率分别较 2020 年提升 1.7 个、2.9 个、1.5 个百分点。

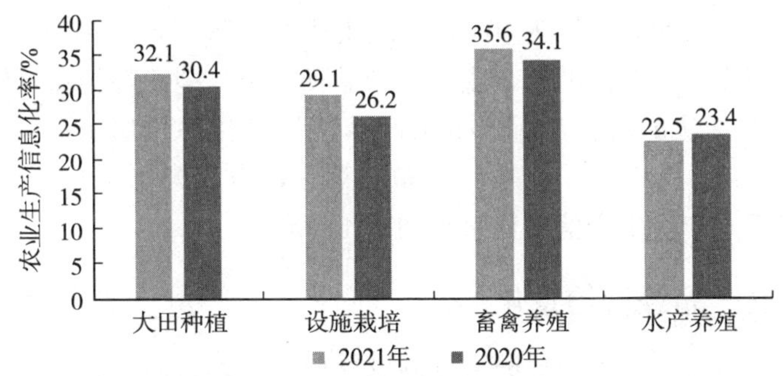

图 9　2021 年湖南省农业不同产业生产信息化率

从市州看，衡阳市农业生产信息化率位居全省第一，为 54.0%；湘潭市位居第二，为 46.9%；长沙市位居第三，为 38.2%。各市州农业生产信息化率如图 10 所示。

大田种植方面，监测的 14 个主要农作物品种（类）中，稻谷、油料作

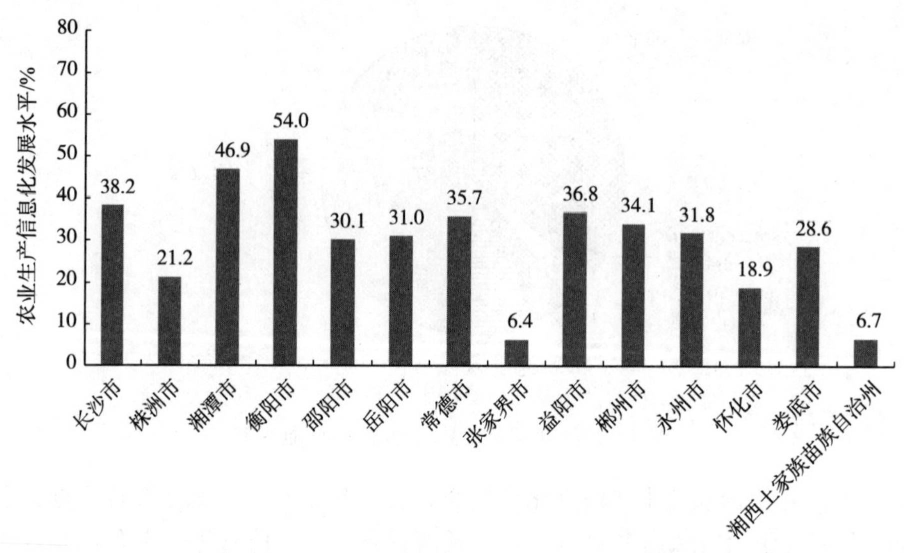

图 10　2021 年湖南省各市州农业生产信息化率

物、棉花 3 个作物的生产信息化率总体较高，分别为 40.3%、31.8%和 28.0%。从市州看，衡阳市大田种植信息化率位居第一，为 60.3%；长沙市位居第二，为 43.5%；益阳市位居第三，为 40.2%。

设施栽培方面，从市州看，益阳市设施栽培信息化率位居第一，为 54.3%；衡阳市位居第二，为 42.9%；岳阳市位居第三，为 42.4%。

畜禽养殖方面，监测的 4 个主要畜禽品种（类）中，生猪养殖信息化率最高，为 38.5%。从市州看，畜禽养殖信息化率超过 50%的有湘潭市、常德市、衡阳市 3 个市州，分别为 57.4 %、51.7 %、51.7%。

水产养殖方面，监测的 4 个主要水产品种（类）中，虾类养殖信息化率最高，为 27.6%。从市州看，衡阳市水产养殖信息化率位居第一，为 41.3%；湘潭市位居第二，为 38.4%；益阳市位居第三，为 31.1%。

各市州不同产业生产信息化水平如图 11 所示。

（五）农产品经营信息化

经营信息化分析指标包括农产品网络销售情况和农产品质量安全追溯信息化情况。

1. 农产品网络销售情况

2021 年全国农业生产经营主体农产品网络销售额占农产品销售总额的 14.8%，中部六省农产品网络销售额占区域农产品销售总额的 15.6%；湖南省县域农产品网络销售额为 3 783.2 亿元，占农产品销售总额 17.6%，较

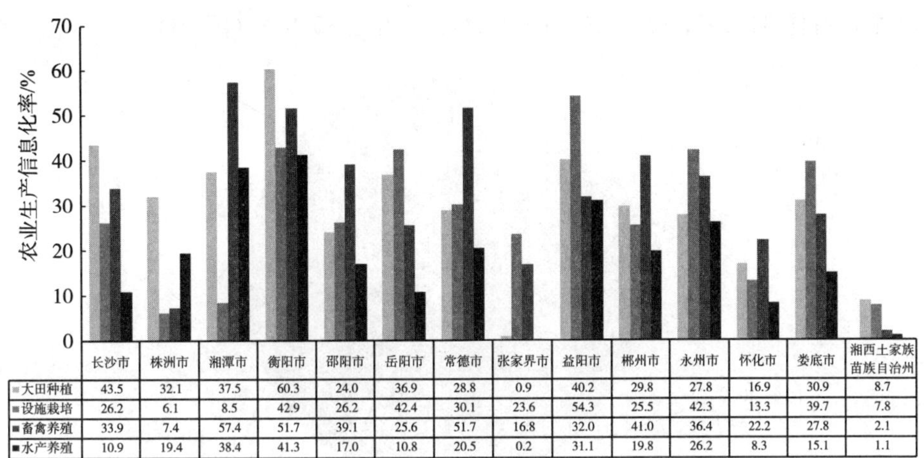

	长沙市	株洲市	湘潭市	衡阳市	邵阳市	岳阳市	常德市	张家界市	益阳市	郴州市	永州市	怀化市	娄底市	湘西土家族苗族自治州
大田种植	43.5	32.1	37.5	60.3	24.0	36.9	28.8	0.9	40.2	29.8	27.8	16.9	30.9	8.7
设施栽培	26.2	6.1	8.5	42.9	26.2	42.4	30.1	23.6	54.3	25.5	42.3	13.3	39.7	7.8
畜禽养殖	33.9	7.4	57.4	51.7	39.1	25.6	51.7	16.8	32.0	41.0	36.4	22.2	27.8	2.1
水产养殖	10.9	19.4	38.4	41.3	17.0	10.8	20.5	0.2	31.1	19.8	26.2	8.3	15.1	1.1

图 11　2021 年湖南省各市州不同产业生产信息化率

2020 年（10.57%）提升 7.03 个百分点，高于全国、中部六省农产品网络销售额占比，在全国排名第七，在中部六省排名第三。

从市州看，郴州市农产品网络销售占比位居全省第一，为 40.8 %；邵阳市位居第二，为 26.7%；益阳市位居第三，为 26.5%。各市州农产品网络销售占比如图 12 所示。

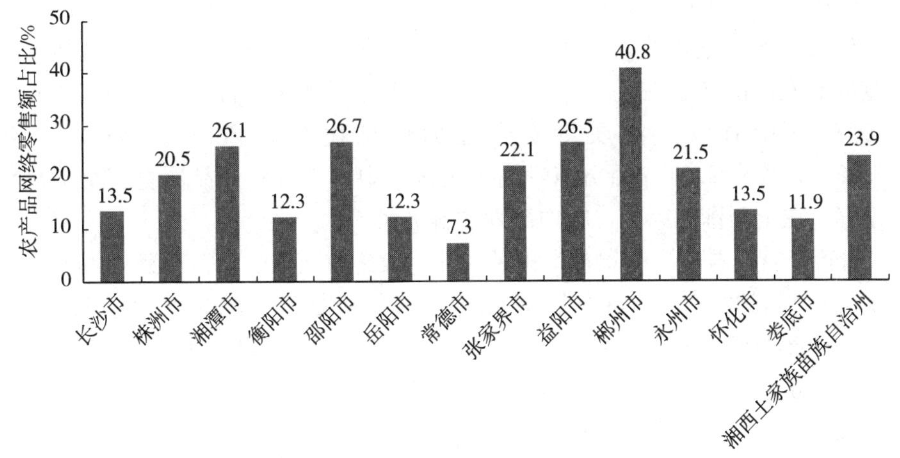

图 12　2021 年湖南省各市州农产品网络销售额占比

从县域看，农产品网络销售占比高于全省农产品网络销售占比（17.6%）的县（市、区）有 62 个，占样本县（市、区）的 50.4%。

农产品网络销售占比达到 80%及以上的县（市、区）有 4 个，占比 3.3%；处于 60%～80%的有 6 个，占比 4.9%；处于 50%～60%的有 7 个，占比 5.7%；处于 30%～50%的有 20 个，占比 16.3%；处于 10%～30%的有

42 个，占比 34.1%；低于 10%的有 44 个，占比 35.8%（图 13）。

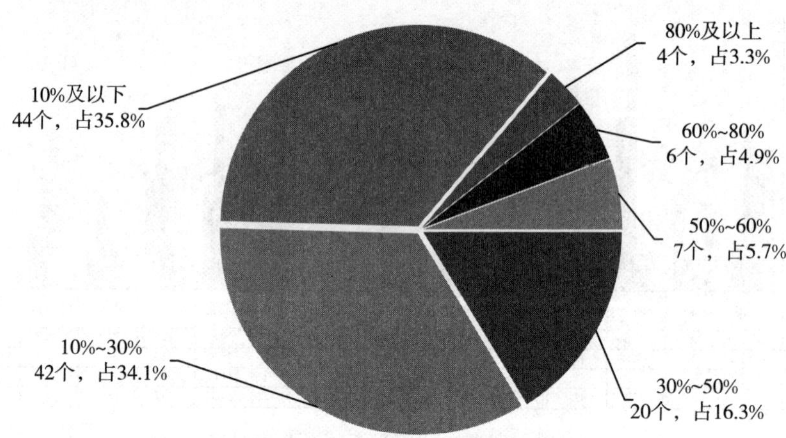

图 13　2021 年湖南省县域农产品网络销售占比情况

2. 农产品质量安全追溯信息化情况

随着国家和地方、公共和自建农产品质量安全追溯管理信息平台的持续完善，越来越多的农产品应用互联网技术和信息化手段已实现质量安全追溯。农产品质量安全追溯信息化具体包括大田种植业、设施栽培业、畜禽养殖业和水产养殖业农产品质量安全追溯信息化率。

2021 年全国通过接入自建或公共农产品质量安全追溯平台，实现质量安全追溯的农产品产值占比为 24.7%，较上年提升 2.6 个百分点；中部六省为 22.9%。湖南省农产品质量安全追溯信息化率为 28.2%，较 2020 年（25.29%）提升 2.91 个百分点，高于全国、中部六省农产品质量安全追溯信息化率，在全国排名第九，在中部六省排名第二。

分产业行业看，湖南省在大田种植业、设施栽培业、畜禽养殖业和水产养殖业 4 个领域的农产品质量安全追溯信息化率分别为 23.4%、48.7%、33.3%和 25.3%，分别较 2020 年提升 2.4 个、15.7 个、2.6 个和 1.9 个百分点（图 14）。

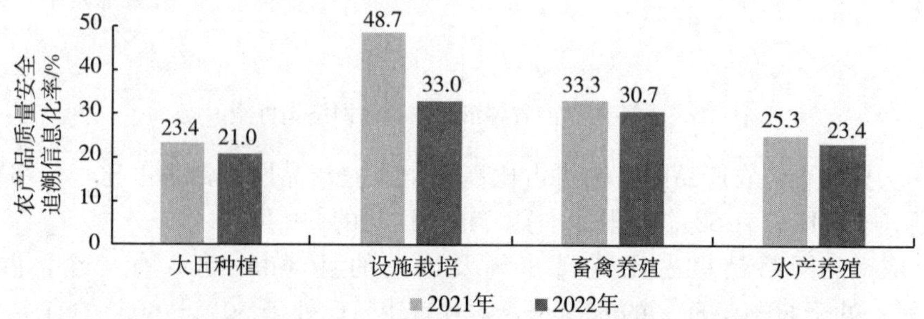

图 14　2021 年湖南省农业不同产业农产品质量安全追溯信息化率

从市州看，长沙市农产品质量安全追溯信息化率位居全省第一，为59.7%；郴州市位居第二，为39.2%；株洲市位居第三，为35.1%。各市州农产品质量安全追溯信息化率如图15所示。各市州不同产业农产品质量安全信息化水平如图16所示。

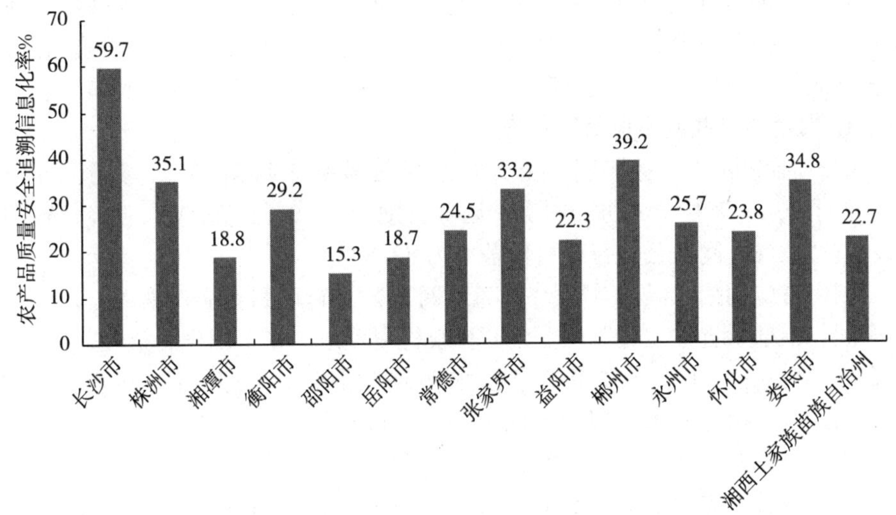

图15 2021年湖南省各市州农产品质量安全追溯信息化率

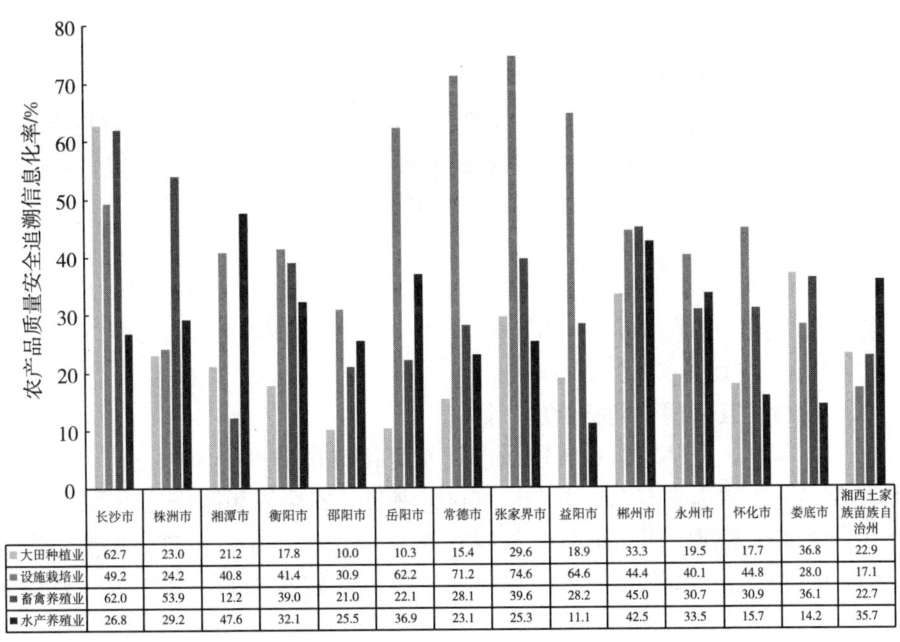

	长沙市	株洲市	湘潭市	衡阳市	邵阳市	岳阳市	常德市	张家界市	益阳市	郴州市	永州市	怀化市	娄底市	湘西土家族苗族自治州
大田种植业	62.7	23.0	21.2	17.8	10.0	10.3	15.4	29.6	18.9	33.3	19.5	17.7	36.8	22.9
设施栽培业	49.2	24.2	40.8	41.4	30.9	62.2	71.2	74.6	64.6	44.4	40.1	44.8	28.0	17.1
畜禽养殖业	62.0	53.9	12.2	39.0	21.0	22.1	28.1	39.6	28.2	45.0	30.7	30.9	36.1	22.7
水产养殖业	26.8	29.2	47.6	32.1	25.5	36.9	23.1	25.3	11.1	42.5	33.5	15.7	14.2	35.7

图16 2021年湖南省各市州不同产业农产品质量安全追溯信息化率

从县域来看，农产品质量安全追溯信息化率高于全省农产品质量安全追溯信息化率（28.2%）的县（市、区）有49个，占样本县（市、区）的39.8%。

（六）乡村治理信息化

乡村治理信息化分析指标包括农村“互联网＋监督”情况、农村“互联网＋政务服务”情况、农村“互联网＋网格治理”情况、村级事务管理信息化情况和农村应急管理信息化情况。

1. 农村“互联网＋监督”情况

2021年全国“三务”网上公开行政村覆盖率达到78.3%，较上年提升6.2个百分点；其中，党务、村务、财务分别为79.9%、79.0%、76.1%；中部六省“三务”网上公开行政村覆盖率为83.8%。

湖南省应用信息技术实现“三务”网上公开行政村覆盖率为98.9%，高于全国、中部六省“三务”网上公开行政村覆盖率，在全国排名第五，在中部六省排名第一。其中，应用信息技术实现党务网上公开行政村覆盖率为99.1%，应用信息技术实现村务网上公开行政村覆盖率为99.1%，应用信息技术实现财务网上公开行政村覆盖率为98.5 %。

从县域看，应用信息技术实现“三务”网上公开行政村覆盖率高于全省应用信息技术实现“三务”网上公开行政村覆盖率（98.9%）的县（市、区）有114个，占样本县（市、区）的92.7%。其中，112个县（市、区）的应用信息技术实现“三务”网上公开行政村覆盖率达到100%。

2. 农村“互联网＋政务服务”情况

2021年全国县域社会保险、新型农村合作医疗、劳动就业、农村土地流转、宅基地管理和涉农补贴六类涉农政务服务事项综合在线办事率达68.2%，中部六省为71.8%。湖南省政务服务事项综合在线办事率为85.50%，在全国排名第八。

从县域看，政务服务在线办事率高于全省政务服务在线办事率（85.5%）的县（市、区）共有76个，占样本县（市、区）的61.8%。其中，76个县（市、区）的在线办事率达到100%。

3. 农村“互联网＋网格治理”情况

2021年全国公共安全视频图像应用系统行政村覆盖率为80.4%，中部六省为83.4%；湖南省有2.2万个行政村实现公共安全视频图像应用系统覆盖，公共安全视频图像应用系统行政村覆盖率为88.4%，在全国排名第九，高于全国、中部六省公共安全视频图像应用系统行政村覆盖率，在中部六省排名第三。

从县域看，公共安全视频图像应用系统行政村覆盖率高于全省公共安全视频图像应用系统行政村覆盖率（88.4%）的县（市、区）有104个，占样本县（市、区）的84.6%。其中，97个县（市、区）的公共安全视频图像应用系统行政村覆盖率达到100%。

4. 村级事务管理信息化情况

2021年全国村级在线议事行政村覆盖率为72.3%，中部六省为75.4%；湖南省有2.16万个行政村实现村民在线议事，村级在线议事行政村覆盖率为85.9%，高于全国、中部六省村级在线议事行政村覆盖率，在全国排名第九，在中部六省排名第三。

从县域看，村级在线议事行政村覆盖率高于全省村级在线议事行政村覆盖率（85.9%）的县（市、区）有102个，占样本县（市、区）的82.9%。其中，99个县（市、区）的村级在线议事行政村覆盖率达到100%。

5. 农村应急管理信息化情况

2021年全国已经建设应急广播主动发布终端的行政村占比为79.7%，中部六省为83.5%；湖南省有2.36万个行政村建有应急广播主动发布终端，应急广播主动发布终端行政村覆盖率为94.1%，高于全国、中部六省应急广播主动发布终端行政村覆盖率，在全国排名第七，在中部六省排名第三。

从县域看，应急广播主动发布终端行政村覆盖率高于全省应急广播主动发布终端行政村覆盖率（94.1%）的县（市、区）有109个，占样本县（市、区）的88.6%。其中，105个县（市、区）的应急广播主动发布终端行政村覆盖率达到100%。

（七）农业农村服务信息化

农业农村服务信息化通过村级综合服务站点建设情况和农技推广服务信息化情况指标来衡量。

1. 村级综合服务站点建设情况

2021年底，全国已建有村级综合服务站点的行政村共42.8万个，共建有村级综合服务站点48.3万个，行政村覆盖率达到86.0%；中部六省村级综合服务站点行政村覆盖率为89.1%。

湖南省有2.42万个行政村建有村级综合服务站点，建有村级综合服务站点总数2.9万个，村级综合服务站点行政村覆盖率为96.4%，高于全国、中部六省村级综合服务站点行政村覆盖率，在全国排名第五，在中部六省排名第二。

从县域看，村级综合服务站点行政村覆盖率高于全省村级综合服务站点行政村覆盖率（96.4%）的县（市、区）有112个，占样本县（市、区）的91.1%。

2. 农技推广服务信息化情况

截至2021年底，全国接受信息化农技推广服务的新型农业经营主体（包括农民合作社和家庭农场）数量共计 223.3 万个，农技推广服务信息化率为 61.3%；中部六省农技推广服务信息化率为 60.5%。湖南省有 20.0 万个新型农业经营主体，有 13.3 万个新型农业经营主体接受信息化农技推广服务，农技推广服务信息化率为 66.6%，高于全国、中部六省农技推广服务信息化率，在全国排名第十，在中部六省排名第三。

从县域看，农技推广服务信息化率高达 90%及以上的县（市、区）有 62 个，占比 50.4%；处于 80%～90%的有 4 个，占比 3.3%；处于 70%～80%的有 5 个，占比 4.1%；处于 60%～70%的有 6 个，占比 4.9%；处于 50%～60%的有 12 个，占比 9.8%；低于 50%的有 34 个，占比 27.6%（图 17）。

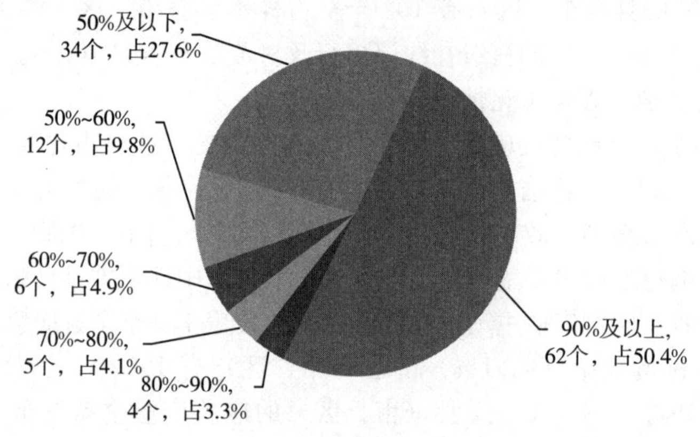

图 17　2021 年湖南省农技推广服务信息化率

三、存在的困难和问题

（一）农业农村信息化发展投入机制还不完善

总体来看，湖南省各级财政投入不足，地区和产业行业差异较大；部分地方重视不够，缺乏有力政策举措；基层农业农村信息化工作服务体系不健全，管理服务水平有待提升；生产经营者自主投入积极性不高，社会资本投入缺乏后劲；各地农业农村信息化发展不均衡，总体水平较低。

从社会资本投入方面分析，2021 年全国用于县域农业农村信息化建设的县均社会资本投入 3 588.8 万元，乡村人均社会资本投入 135.2 元；中部六省县均社会资本投入 2 272.0 万元，乡村人均社会资本投入 80.2 元。湖南省县均社会资本投入仅有 1 977.7 万元，相比全国县均社会资本投入（3 588.8 万元）相差 1 611.1 万元，相比中部六省县均社会资本投入（2 272.0 万元）相差 294.3 万元；湖南省乡村人均社会资本投入仅有 61.5 元，相比全国乡村人均社会资本投入（135.2元）相差73.7元，相比中部六省县乡村人均社会资本投入（80.2元）相差18.7元。

从农业农村信息化管理服务机构设置情况方面分析，湖南省有60个县（市、区）农业农村信息化管理服务机构设置综合指标值低于全省县级农业农村信息化管理服务机构设置综合指标值（76.4%），占比达到48.8%；有8个县（市、区）未设置县级农业农村信息化管理服务机构。

（二）农业农村信息化基础支撑能力仍较薄弱

据监测，2021年湖南省县域互联网普及率为77.0%，行政村5G通达率仅为68.4%；但各县（市、区）互联网普及率和5G通达率严重不均衡。行政村5G通达率高达90%及以上的县（市、区）有61个，占比49.6%；低于50%的有38个，占比30.9%。农业农村“新基础建设”相对滞后，5G、物联网、卫星遥感、大数据等现代信息技术和装备设施在农业农村领域应用相对滞后，基础支撑能力不足，网络资费、资源共享、机具补贴、示范推广等引导扶持政策机制还不完善，制约产业行业应用场景建设，农业农村信息化发展缺乏活力和后劲。

（三）农业生产经营信息化应用融合亟待强化

据监测，2021年湖南省县域农业农村信息化发展总体水平处于全国靠前位置，但现代信息技术与农业全产业链缺乏深度融合，产业信息化发展不平衡，业态创新动力不足。从湖南省农业生产信息化率波士顿矩阵（图18）、农产品质量安全追溯信息化率波士顿矩阵（图19）分析，全省农业生产信息化率、农产品质量安全追溯信息化率偏低。其中，33个县（市、区）农业生产信息化率低于10%，占比26.8%；46个县（市、区）农产品质量安全追溯信息化率低于10%，占比37.4%。

（四）农技推广服务信息化水平相对滞后

据监测，湖南省农技推广服务信息化水平为66.6%，各县（市、区）农技推广服务信息化水平严重不均衡，达到90%及以上的县（市、区）有62个，占比50.4%；低于50%的有34个，占比27.6%。县级农技推广服务驿站发挥“一头连接市场，一头技术下沉指导生产”的纽带作用，要形成以“电商直播间为市场窗口，农业科技示范基地为技术指导下沉样板田”的产业闭环发展模式，以科技支撑统筹产业良性发展。将市场挺在生产前头，培养农民的市场思维，在教会农民“怎么卖”的同时，指导“农民怎么种、怎么养”，提升农业科技服务质量。

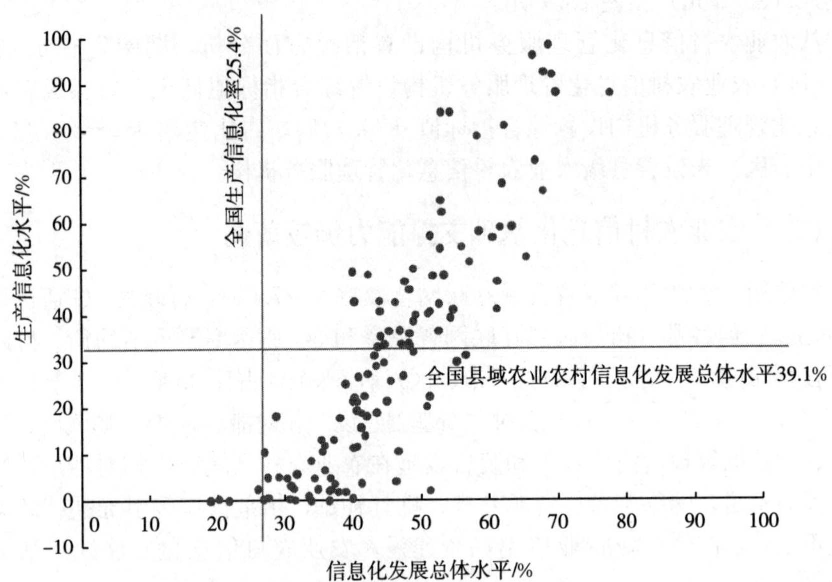

图18　2021年湖南省生产信息化水平波士顿矩阵

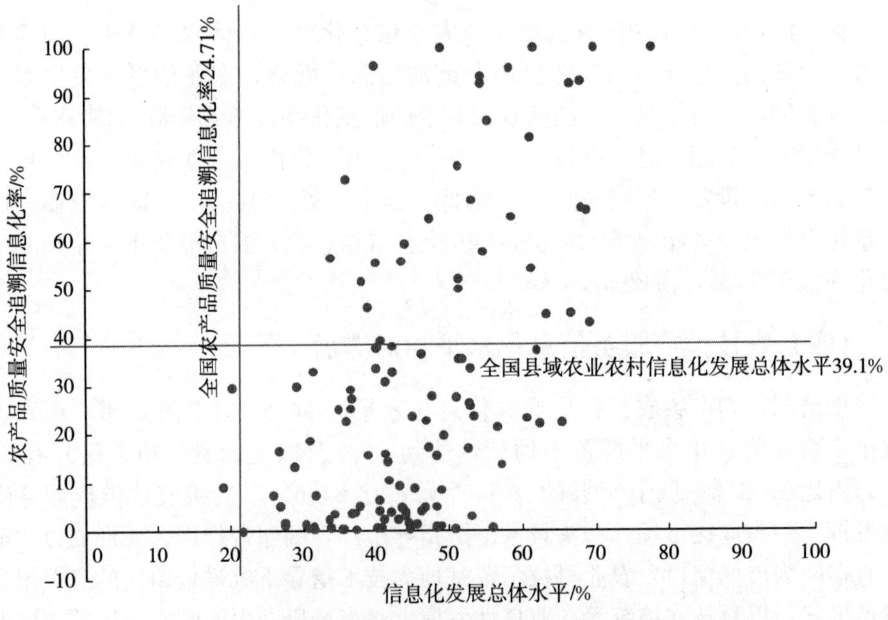

图19　2021年湖南省农产品质量安全追溯信息化率波士顿矩阵

（五）农村电子商务带动农产品销售能力有待提升

据监测，2021 年湖南省村级综合服务站点行政村覆盖率为 96.4%，在全国排名第五。但是，从湖南省农产品网络销售占比波士顿矩阵分析（图 20）分析，大部分县（市、区）农产品网络销售额占比远低于全国总体水平，仅为 17.6%。其主要原因是农村地区物流基础设施落后，保鲜、冷链、配送等环节成本高，严重制约农产品电子商务发展；乡村电商服务站运行困难、市场营销能力较弱，农村电商人才缺乏，农产品网络营销推广手段滞后。

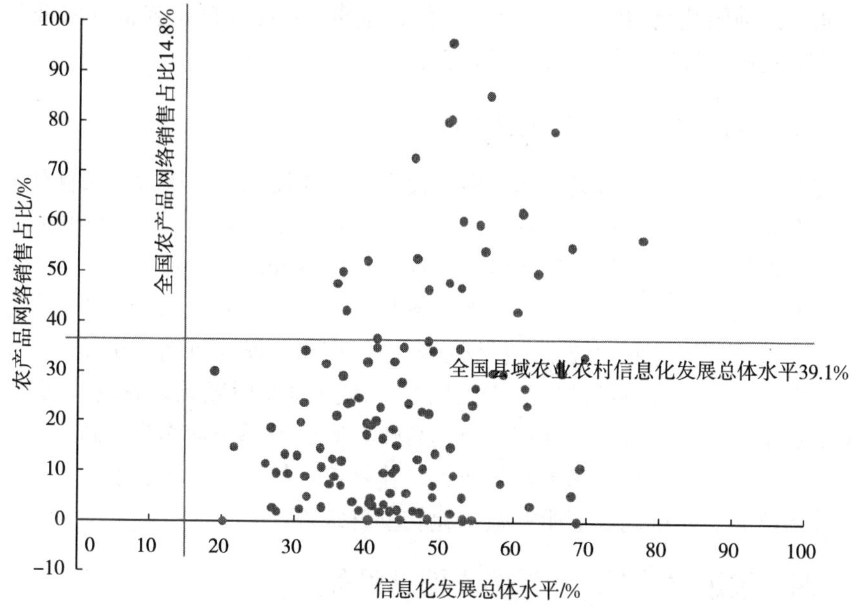

图 20　2021 年湖南省农产品网络销售占比波士顿矩阵

四、对策及建议

（一）强化组织领导和政策投入

党的二十大作出以中国式现代化全面推进中华民族伟大复兴，加快建设网络强国、数字中国，全面推进乡村振兴、加快建设农业强国的重大战略部署。要进一步加强组织领导，健全政策机制，科学统筹谋划，坚持将数字农业农村建设作为全面推进产业兴旺、乡村振兴的重要举措来抓。深入实施《数字农业农村发展规划（2019—2025 年）》《“十四五”全国农业农村信息化发展规划》《湖南省“十四五”数字政府建设规划》《湖南省“十四五”农业农村现代化规划》，明确目标任务，强化政策措施，突出重点领域和薄弱环节，建立多元化投入机制，统筹推进智慧农业、数字乡村发展。

（二）加强数字化基础设施建设

加快实施新一代基础设施建设行动，促进数字农业农村创新应用，提高农村网络普及率，推进农村地区5G、人工智能、物联网等新型基础设施建设与应用示范。围绕智能种植、智能畜禽、智慧渔业、数字大米、无人农场等产业场景，创建数字种植业、数字设施农业、数字畜牧业、数字渔业、数字种业等数字农业创新应用基地。重点支持数字种植业（蔬菜、油料、柑橘）、数字设施农业（设施园艺）、数字畜牧业（生猪、蛋禽）、数字农业装备（农业传感器、智能农机）等数字农业农村创新发展。

（三）全面打造数字化应用场景

按照“政府引导、市场运作、多元投入”的建设思路，围绕县域优势特色产业，布局推动数字农业示范县（区）建设工程、现代农业园区智能化示范工程、无人农场试点工程等工程建设。选择重点领域开展试点示范，集成农业物联网、农业大数据、精细农业、智能装备与机器人、无人农场、农产品质量安全身份证追溯等智慧农业技术，探索农业农村信息化发展机制、路径和建设模式，培育一批可看可听可推广的应用场景，重点建设望城无人农场，西洞庭、贺家山数字大米等项目。加强产学研用合作，充分发挥企业作为创新应用的主体作用，加快现代信息技术创新集成、转化推广，树立一批智慧农业、数字乡村建设示范典型，推动农业生产数字化转型升级。

（四）推进“互联网＋”为农信息服务

继续推进信息进村入户工程体系建设，提升省级信息进村入户综合平台运营维护能力、县级运营中心运营带动能力和村级益农信息社站点可持续运营能力，同时加强人员培训、进行提质改造、加速农资下乡、宣传站点品牌、继续商务推广、最终达成示范引领，为广大农户、农业生产新型经营主体和农业农村部门提供农业农村综合信息服务；统筹乡村已有信息服务站点资源，推广一站多用。整合现有村级信息服务终端、移动互联网应用（App）软件，面向农民提供一站式、一门式信息服务；实施“互联网＋基层治理”行动。同时，推进“互联网＋”农产品出村进城、农产品质量安全监管、“互联网”＋农业品牌建设等工程，提升农产品商品化能力。

（五）提升数字农业科技创新能力

充分发挥科研院所聚集优势，政府引导，联合高校、科研机构、企业等，组建湖南省数字农业技术创新联盟；建立以企业为主体的科技成果转化中试熟化基地，加速数字农业科技成果在优势产业、重点区域转换和应用示范；开展数字农业农村领域人才下乡服务活动，建立线上线下相结合的农民新技术创业创新培训体系，实施数字农业农村人才引育提升行动计划，强化数字农业农村人才支撑体系建设。

2022 广东省县域农业农村信息化发展水平评价报告

撰稿单位：广州国家现代农业产业科技创新中心

撰稿人员：吴惠粦　杨润娜　陈婉姗　张兴龙

张璟楣　卢雪凝　熊万杰

近年来，广东省委、省政府高度重视发展数字政府、数字经济与数字农业农村建设，连续出台《广东省数字政府改革建设“十四五”规划》《广东省数字经济促进条例》《广东数字农业农村发展行动计划（2020—2025 年）等重要规划文件，围绕“数字产业化”和“产业数字化”两大核心，创设农产品“12221”市场体系和农业农村数字化工作体系，有力推动广东县域农业农村信息化发展水平提升。按农业农村部市场与信息化司《关于开展 2022 全国农业农村信息化能力监测试点工作的函》要求，广东省全面部署落实评价工作，以期准确把握全省农业农村信息化建设的水平，推动农业农村现代化发展水平进一步提升，为实现乡村振兴提供决策参考。

一、评价说明

（一）指标体系

为更准确、全面、客观地评价广东省县域农业农村信息化发展水平，广东省严格按照《2022 全国农业农村信息化能力监测指标体系》，评价选取发展环境、乡村网络基础设施、农业生产信息化、经营信息化、乡村治理信息化、服务信息化 6 个一级指标，17 个二级指标，23 个三级指标开展县域农业农村信息化发展水平评价工作。

（二）数据来源

评价数据来源于县（市、区）农业农村部门的填报，共收集到全省 102 个有效涉农县（市、区）2022 年的基础指标数据，其中粤东地区（包括汕头、潮州、揭阳、汕尾）15 个、粤西地区（包括湛江、茂名、阳江）17 个、粤北地区（包括韶关、清远、云浮、梅州、河源）37 个、珠三角地区（包括广州、佛山、惠州、珠海、江门、肇庆）33 个。结合近三年的填报情况来看：一是数据规模不断扩大。2022 年度除深圳、中山、东莞三市因城镇化程度较高、农业数据较少不具可比性未列入分析范围外，全省参与评价范围几乎实现县域全覆盖。二是数据质量不断提升。广东省积极组织开展农业农村信息化能力监测指标解读，指导县域进行填报，并组织专业团队，采取实地检查、电话查询、网络调查等方式开展数据抽查和核对，确保数据来源的客观、真实和准确。

（三）数据处理方法

先基于县域填报值计算得出三级指标值，然后采用 Min - max 标准化方法对部分数值范围不在 0～1 的数据进行归一化处理，将数据按比例缩放，消除量纲和数据取值范围的影响，最后按照权重逐级计算二级、一级指标值及发展总体水平。

Min - max 标准化方法如下所示：

$$z_i = \frac{x_i - x_{i,\min}}{x_{i,\max} - x_{i,\min}} \quad i = 1,2,\cdots,n$$

其中，x_i 为某地区第 i 个指标值，z_i 为该地区第 i 个归一化后的指标值，$x_{i,\max}$为该地区第 i 个指标在其所在层级（县级/市级）中的最大值，$x_{i,\min}$为该地区第 i 个指标在其所在层级中的最小值。通过在同层级进行归一化处理，使各设区市、县（市、区）之间发展总体水平具有可比性。

二、评价结果

（一）广东省县域农业农村信息化发展总体水平

广东省作为改革开放的前沿阵地，同时也是一个农业大省，站立在信息化浪潮的潮头。近年来广东省农村信息基础设施不断完善，农业信息服务体系建设加速，农业经营网络化发展成效初显：创新建成集产品生产加工、产销行情、物流配送、市场销售为一体的“广东农产品保供稳价安心数字平台”；举办“网络节＋云展会”、实施“百名网红千名主播大培训大擂台大卖场”，大力开展数字农业培训，培训对象逐渐覆盖到镇、村一级；构建 5G 智慧农业试验区，部署数字农业示范试点县等，在很短的时间内推动了一批传统农业企业走进数字经济，创新发展农业农村直播新业态，推进农业农村数字化发展，效果喜人。全省县域农业农村信息化发展水平稳步提升，2021 年发展总体水平为 46.4%，高出全国总体发展水平 7.3 个百分点，高出东部地区总体发展水平 3.5 个百分点，高出中部地区总体发展水平 3.9 个百分点，高出西部地区总体发展水平 12.8 个百分点（图 1），位居全国第六。

从地市看，广东省除汕头、阳江两市外，其他各地级市农业农村信息化发

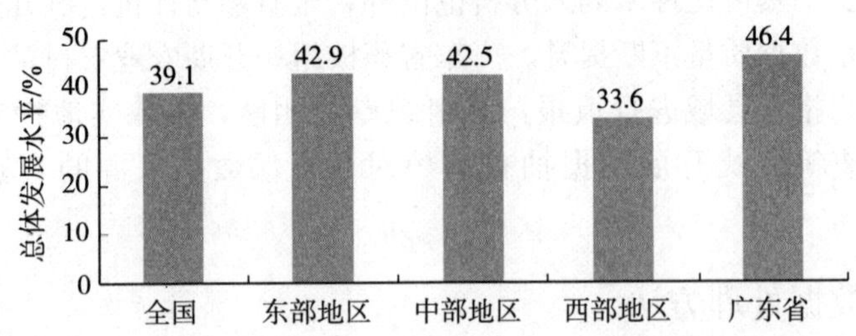

图 1　2021 年广东省与全国及其他地区农业农村信息化发展水平对比

展水平均高于全国平均水平（39.1%）。全省共有 7 个地级市农业农村信息化发展水平高于全省发展水平（46.4%），其中汕尾市排名第一，发展总体水平为 58.3%；茂名市排名第二，发展总体水平为 50.8%；梅州市排名第三，发展总体水平为 49.0%，云浮市、韶关市、江门市以及广州市位列第四至第七，对应发展水平分别为 47.7%、47.3%、47.0%及 46.5%。各地级市发展水平详见图 2。

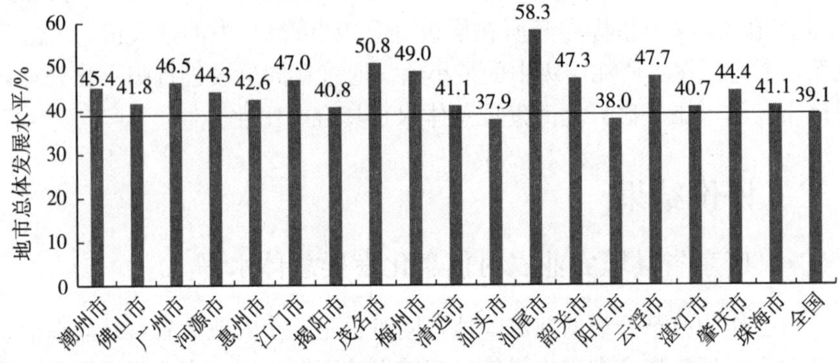

图 2　2021 年广东省各地级市农业农村信息化发展水平对比

从县域看，广宁县、兴宁市、海丰县、高州市农业农村总体信息化发展水平分别达到 73.63%、67.96%、67.88%、66.48%，均进入全国前 100，分别位列第 29、第 63、第 67、第 87。全省县（市、区）农业农村信息化发展水平排名进入全国前 500 名的有 26 个，排名前 1 000 的有 68 个。全省农业农村信息化发展水平排名前 10 的县（市、区）平均发展水平为 63.67%，排名前 50 的县（市、区）平均发展水平为 52.98%。全省农业农村信息化发展水平超过 50%的县（市、区）有 29 个，占比为 28.43%；处于 30%～50%的有 69 个，占比为 67.65%；低于 30%的有 4 个，占比为 3.92%。高于广东发展总水平的县（市、区）有 45 个，占比为 44.12%；高于全国发展总水平的县（市、区）有 80 个，占比为 78.43%。

（二）广东省农业农村信息化发展环境

1. 农业农村信息化建设财政投入情况

2021 年广东省农业农村信息化建设财政投入为 20.63 亿元，市均财政投入为 1.15 亿元，县均财政投入 2 022.50 万元，乡村人均财政投入 50.90 元，其中乡村人均财政投入位列全国第七。

分区域看，珠三角地区财政投入 3.87 亿元，占全省财政投入的 18.77%，县均投入 1 173.06 万元，乡村人均投入 33.87 元；粤东地区财政投入 2.69 亿元，占全省财政投入的 13.05%，县均投入 1 794.33 万元，乡村人均投入 35.74 元；粤西地区财政投入 6.39 亿元，占全省财政投入的 30.98%，县均投入 3 759.47 万元，乡村人均投入 59.32 元；粤北地区财政投入 7.67 亿元，占全省财政投入的 37.2%，县均投入 2 074.3 万元，乡村人均投入 71.11 元。

分地市看，农业农村信息化县均财政投入高于全省平均水平的有茂名市、清远市、湛江市、揭阳市、云浮市、佛山市、珠海市 7 个地级市，其中茂名市遥遥领先，高达 7 222.4 万元。农业农村信息化乡村人均财政投入高于全省平均水平的有珠海市、清远市、云浮市、茂名市、韶关市、佛山市、潮州市、湛江市 8 个地级市，其中珠海市和清远市分别高达 118.61 元、115.47 元。广东各地级市农业农村信息化县均财政投入如图 3。

各县（市、区）投入农业农村信息化建设的财政支出差异较大。仅以清远一市为例，英德市在这一领域财政的投入达 23 033 万元，而阳山县、连山壮族瑶族自治县分别为 106 万元、260 万元。相对于全省的经济发展水平，县域农业农村信息化财政整体投入还有待进一步提高。

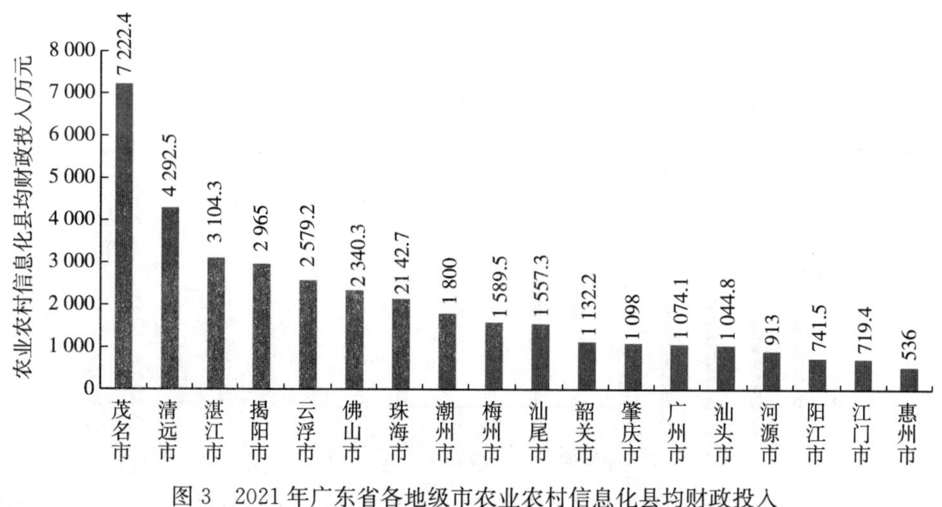

图 3　2021 年广东省各地级市农业农村信息化县均财政投入

2. 农业农村信息化建设社会资本投入情况

2021年广东省农业农村信息化建设社会资本投入为73.33亿元，市均社会资本投入为4.07亿元，县均社会资本投入7 189.41万元，乡村人均社会资本投入180.94元，其中乡村人均社会资本投入位列全国第七。

分区域看，珠三角地区社会资本投入16.73亿元，占广东社会资本投入的22.81%，县均投入5 069.70万元，乡村人均投入146.36元；粤东地区社会资本投入12.06亿元，占广东社会资本投入的16.45%，县均投入8 041.93万元，乡村人均投入160.17元；粤西地区社会资本投入22.59亿元，占广东社会资本投入的30.81%，县均投入13 289.59万元，乡村人均投入209.68元；粤北地区社会资本投入21.95亿元，占广东社会资本投入的29.93%，县均投入5 931.78万元，乡村人均投入203.35元。

分地市看，农业农村信息化县均社会资本投入高于全省平均水平的有茂名市、湛江市、揭阳市、汕尾市、广州市、韶关市6个地级市，其中茂名市县均社会资本投入为1.98亿元，远超其他地级市。农业农村信息化乡村人均社会资本投入高于全省平均水平的有韶关市、汕尾市、湛江市、河源市、佛山市、茂名市、广州市7个地级市，其中韶关市以464.32元位列第一，位列第二、第三的是汕尾市、湛江市，分别为287.89元、253.43元。各地级市农业农村信息化县均社会资本投入和乡村人均社会资本投入分别见图4和图5。

另外，相较于农业农村信息化建设财政投入为20.63亿元而言，社会资本在这一领域的投资达到了73.33亿元，说明在社会资本运作方面比较成熟。

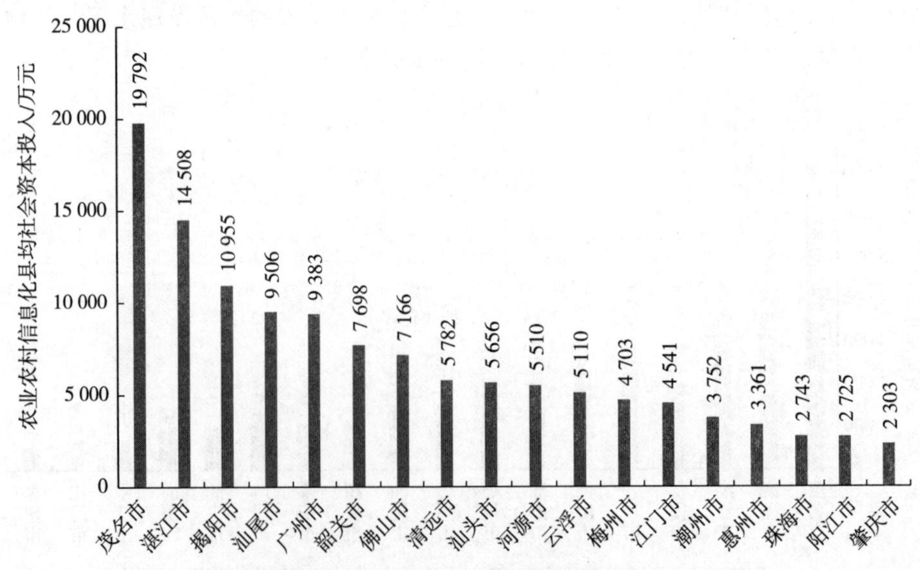

图4　2021年广东省各地级市农业农村信息化县均社会资本投入

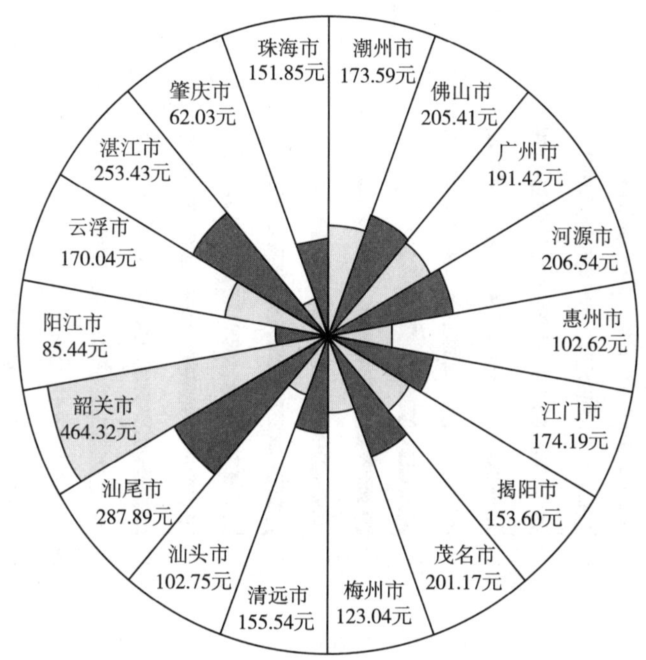

图5　2021年广东省各地级市农业农村信息化乡村人均社会资本投入

3. 信息化管理服务机构综合设置情况

县级农业农村信息化管理服务机构是推进农业农村数字化的“排头兵”，相关的机构设置主要包括是否设置信息化领导机构以及承担相关工作的行政科室、信息中心或信息站等事业单位，农业农村局是否为县网络安全和信息化领导机构成员或组成单位等指标。2021年，广东省县级农业农村信息化管理服务机构覆盖率为81.13%，居全国第六位。

（三）广东省县域农业农村信息化基础支撑情况

基础支撑情况通过互联网普及率、行政村5G通达率两个指标来衡量。广东省农业农村互联网普及率为74.68%，位列全国第十一，行政村5G通达率为76.41%，居全国第六位，说明广东省光纤网络在农村地区有效覆盖和电信服务推进得比较深入。但县域间差异较大，其中江门市新会区、茂名市化州市互联网普及率高达99%，而清远市连山壮族瑶族自治县仅为33.0%。

全省各地级市互联网普及率和行政村5G通达率如图6和图7所示。从地级市来看，互联网普及率方面，湛江市、珠海市和广州市分列前3，均在80%以上，而最后一名揭阳市仅为56.86%；行政村5G通达率方面，汕尾市和珠海市达到100%，而后两名河源市和梅州市仅分别为44.47%和48.47%。

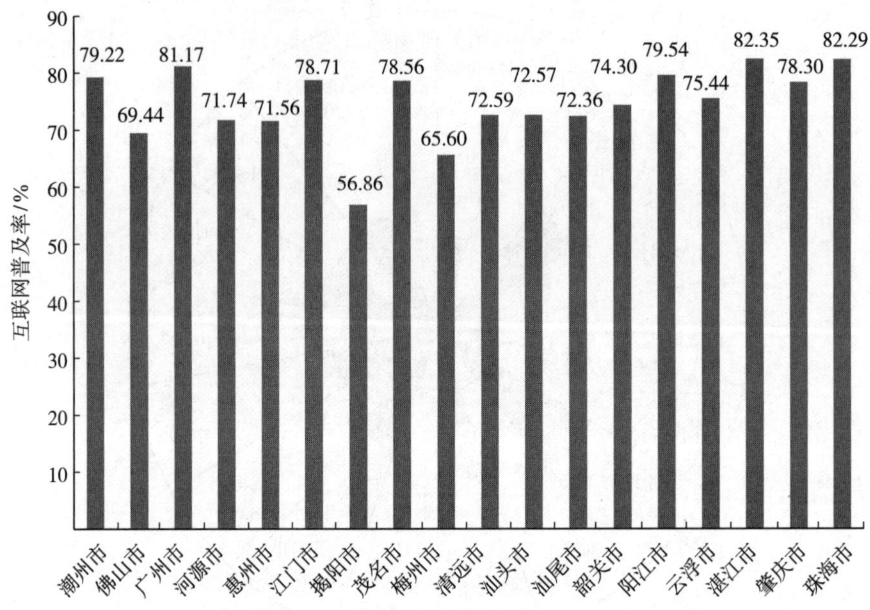

图6　2021年广东省各地级市互联网普及情况

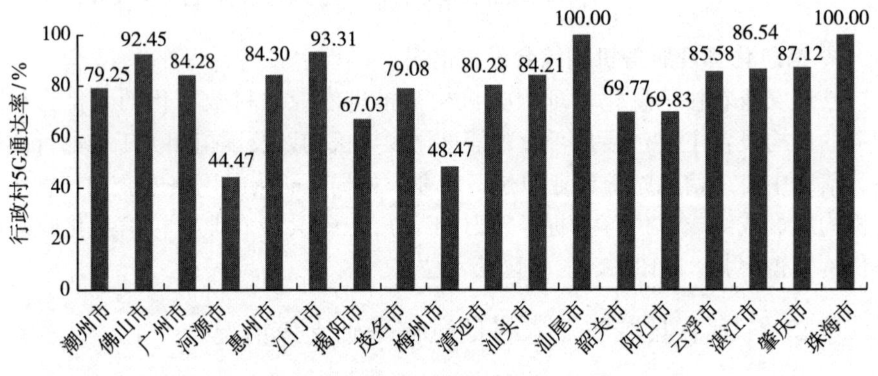

图7　2021年广东省各地级市行政村5G通达情况

（四）广东省农业生产信息化水平

2021年广东省农业生产信息化水平为28.02%，在全国排第十一位，相比于长三角区域的部分省份（安徽省、上海市、江苏省）的50%左右的水平，还有很大的发展进步空间。广东省各地级市农业生产信息化率如图8，汕尾市、梅州市、江门市分列前3。

农业生产信息化包括大田种植、设施栽培、畜禽养殖和水产养殖信息化，这四个方面广东省的信息化水平与全国的对比情况如表1所示。

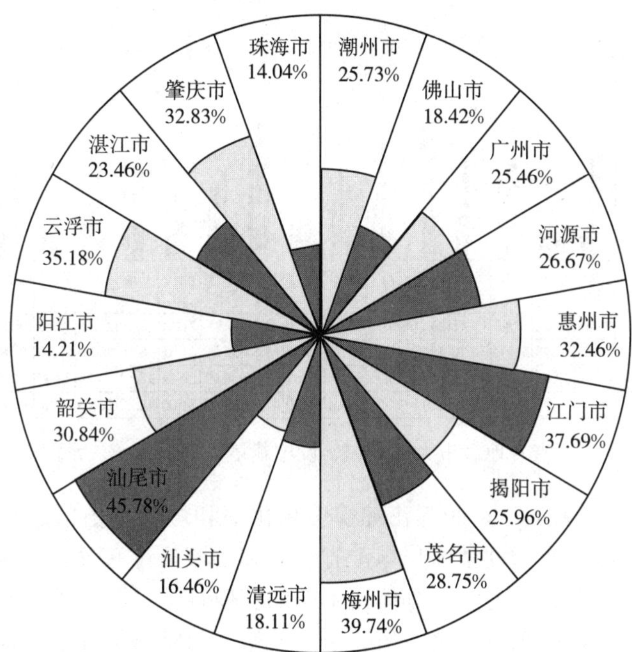

图 8　2021 年广东省各地级市农业生产信息化率

表 1　2021 年广东省大田种植、设施栽培、畜禽养殖和水产养殖信息化水平与全国对比

信息化率	大田种植	设施栽培	畜禽养殖	水产养殖
全国	21.82%	25.29%	33.96%	16.64%
东部地区	30.78%	22.66%	35.73%	17.91%
中部地区	35.13%	16.26%	36.26%	23.19%
西部地区	18.8%	18.8%	20.48%	10.55%
广东省（指标值）	26.32%	39.24%	38.25%	19.35%
广东省（全国排名）	15	4	7	12

从表中可以看出，广东省的设施栽培信息化水平较高，居全国第四名，而大田种植信息化率仅为 26.32%，属于全国中游水平。

全省各地级市大田种植、设施栽培、畜禽养殖、水产养殖信息化水平见图 9。其中，汕尾市和江门市的大田种植信息化率达到了 46.29%和 40.48%，云浮市和河源市的设施栽培信息化率分别到达了 85.44%和 78.30%，珠海市畜禽养殖信息化率达到 95.22%，汕尾市、梅州市和云浮市的水产养殖信息化率分别达到了 48.32%、47.73%和 42.98%。

具体到各种不同的农作物种类，广东省生麻种植信息化率相对较高，为

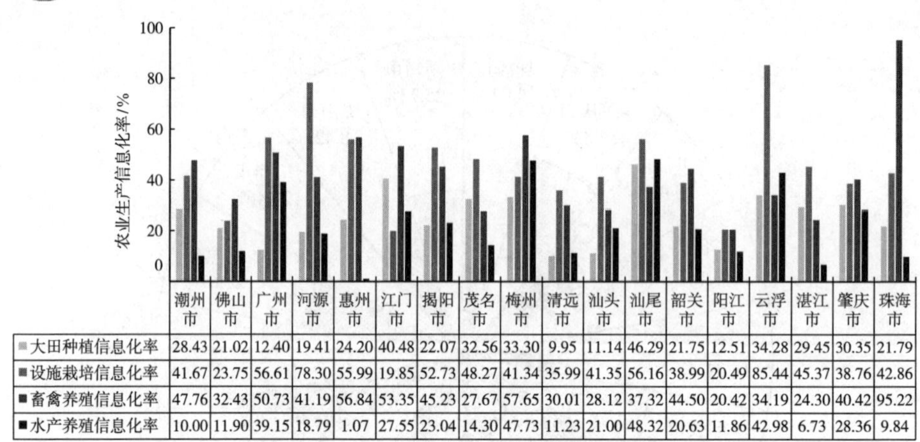

	潮州市	佛山市	广州市	河源市	惠州市	江门市	揭阳市	茂名市	梅州市	清远市	汕头市	汕尾市	韶关市	阳江市	云浮市	湛江市	肇庆市	珠海市
大田种植信息化率	28.43	21.02	12.40	19.41	24.20	40.48	22.07	32.56	33.30	9.95	11.14	46.29	21.75	12.51	34.28	29.45	30.35	21.79
设施栽培信息化率	41.67	23.75	56.61	78.30	55.99	19.85	52.73	48.27	41.34	35.99	41.35	56.16	38.99	20.49	85.44	45.37	38.76	42.86
畜禽养殖信息化率	47.76	32.43	50.73	41.19	56.84	53.35	45.23	27.67	57.65	30.01	28.12	37.32	44.50	20.42	34.19	24.30	40.42	95.22
水产养殖信息化率	10.00	11.90	39.15	18.79	1.07	27.55	23.04	14.30	47.73	11.23	21.00	48.32	20.63	11.86	42.98	6.73	28.36	9.84

图 9　2021 年广东省各地级市大田种植、设施栽培、畜禽养殖、水产养殖信息化率

25.00%，全国排名第一；而棉花种植信息化率和烟叶种植信息化率排名相对较低。不同种类农作物种植面积与全省气候和土壤条件有关，相应的信息化水平又与种植面积有关。另外，具体到不同的养殖种类，除牛羊养殖的信息化水平居全国中游外，广东省生猪养殖、家禽养殖、鱼虾蟹贝养殖的信息化水平均居全国第十名左右。

（五）广东省县域农业经营信息化水平

1. 农产品网络销售情况

2021 年是实施“十四五”规划的第一年。全面推进乡村振兴将为县域电商发展提供更加广阔的舞台，农村电商的巨大潜能将加速释放。据统计，2021 年广东省农产品销售额为 3 456.7 亿元，其中网络销售额为 950.1 亿元，占农产品销售总额的 27.49%，居全国第二位。省内各地级市农产品网络销售额占比情况如图 10，茂名市、潮州市、汕尾市分列前三名。

从县域农产品网络销售额来看，分列全省前三的是茂名市高州市、化州市和广州市白云区，分别为 238.5 亿元，92.8 亿元和 52 亿元。排在第四至第七的另外 7 个县是潮州市饶平县，广州市黄埔区、增城区、南沙区，湛江市徐闻县、梅州市梅县区，佛山市三水区，农产品网络销售额平均为 64.7 亿元。排名后 10 的县（市、区）农产品网络销售额平均为 0.04 亿元。

2. 农产品质量安全追溯信息化情况

2021 年广东省县域农产品质量安全追溯信息化率为 33.48%，居全国第六位。各地级市农产品质量安全追溯信息化率见图 11，其中排名前三的是汕尾市、珠海市和云浮市。广东省排名前三的县（市、区）是广州市从化区、清远市清新区和阳山县，农产品质量安全追溯信息化率均为 100%；排名前十县

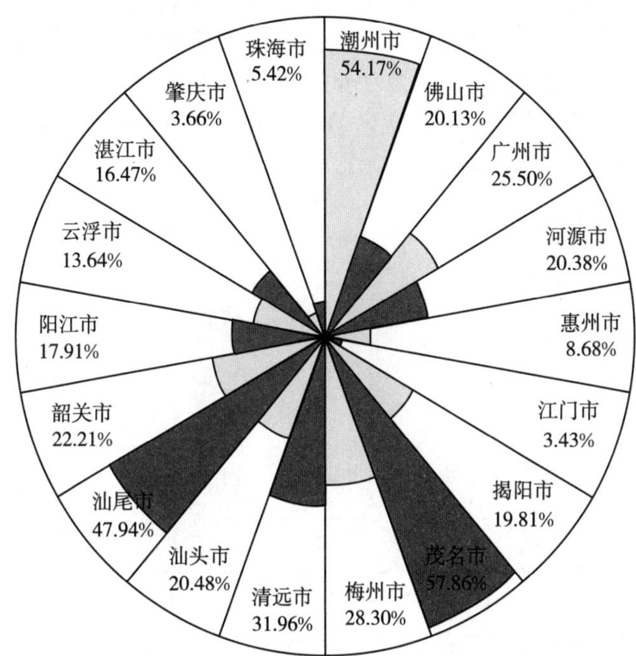

图 10 2021 年广东省各地级市农产品网络销售额占比

（市、区）的农产品质量安全追溯信息化率平均为 86.7%。

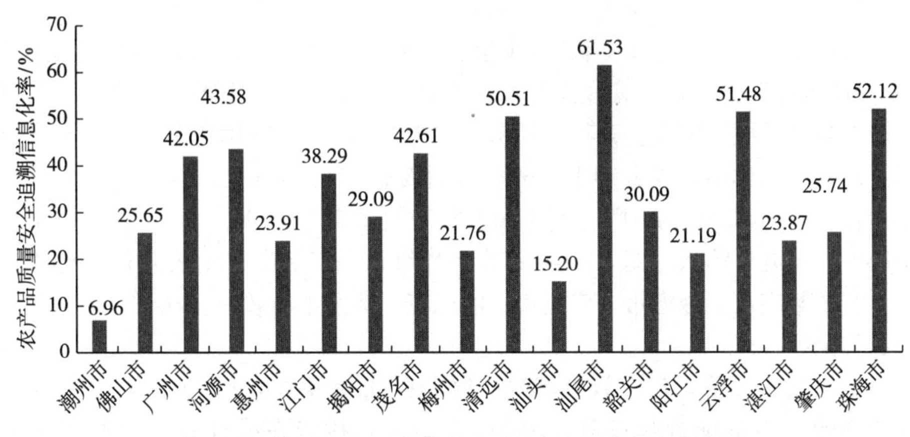

图 11 广东省各地级市农产品质量安全追溯信息化水平

广东省在大田种植业、设施栽培业、畜禽养殖业和水产养殖业四个行业的农产品质量安全追溯信息化率分别为 25.73%、47.73%、48.81%和 33.39%（图 12），分别居全国第七、第五、第八、第七位。

就全省各地级市不同行业农产品质量安全追溯信息化率而言，大田种植业农产品质量安全追溯信息化率第一名为汕尾市，达到了 63.54%；设施栽培业农产品质量安全追溯信息化率前三名为茂名市、汕尾市和广州市，分别达到了 82.31%、80.51%和 74.18%；畜禽养殖业农产品质量安全追溯信息化率第一名为珠海市，达到了 96.49 %；水产养殖业农产品质量安全追溯信息化率前两名为惠州市和清远市，分别达到了 67.84 %和 66.9%。

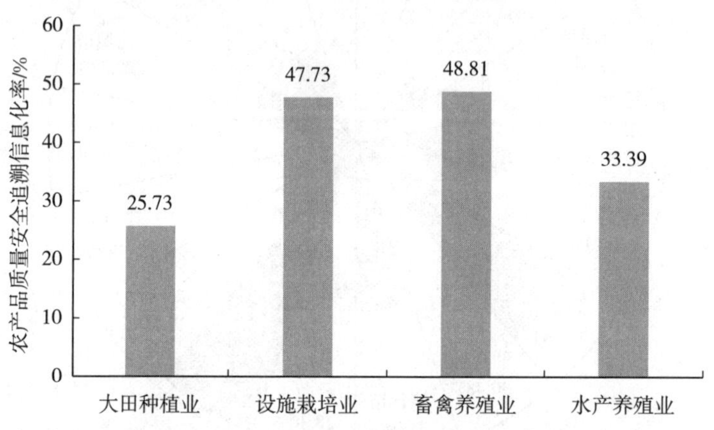

图 12　2021 年广东省农业不同行业农产品质量安全追溯信息化率

（六）广东省县域乡村治理信息化水平

目前广东省正大力推进“数字政府”改革。围绕“数字政府”建设和简政放权改革工作，以“三少一快”（少填、少报、少跑、快速办理）和“免办证”“跨境跨区办”为目标，有效提升了政务服务水平。从本次评价结果看，2021 年广东省“三务”网上公开行政村覆盖率为 94.66%，全国排名第十，高于全国平均水平。其中，党务网上公开行政村覆盖率为 94.6%，村务网上公开行政村覆盖率为 95.16%，财务网上公开行政村覆盖率为 94.23%，分别位于全国第九、第九、第八。图 13 为广东省各地级市“三务”网上公开行政村覆盖率，其中肇庆市、珠海市、广州市、汕尾市、清远市行政村实现了“三务”网上公开全覆盖。

根据此次评价，广东省县域政务服务在线办事率达 87.09%，公共安全视频图像应用系统行政村覆盖率为 87.22%，村级在线议事行政村覆盖率为 91.14%，应急广播主动发布终端行政村覆盖率达 90.4%，村级综合服务站点行政村覆盖率为 91.49%，分别位于全国第六、第十一、第八、第十、第十一。地级市中，清远市的公共安全视频图像应用系统行政村覆盖率和应急广播主动发布终端行政村覆盖率相对较低，仅分别为 56.24%和 53.30%。

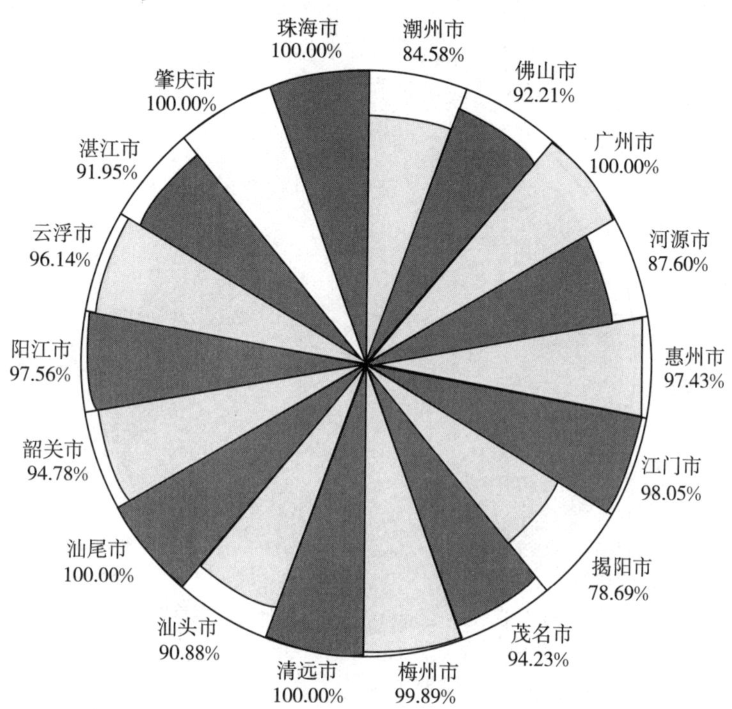

图 13　2021 年广东省各地级市“三务”网上公开行政村覆盖率

（七）广东省县域农村服务信息化水平

2021 年，广东省村级综合服务站点行政村覆盖率为 91.49%，农技推广服务信息化率为 78.49%，分列全国第十一和第五。全省各地级市村级综合服务站点建设情况和农技推广服务信息化情况分别如图 14 和图 15 所示。珠海市在这两项指标中都达到了 100%，茂名市在村级综合服务站点行政村覆盖方面相对比较弱，比率仅为 77.49%，阳江市的农技推广信息化率仅为 50.17%。就县（市、区）而言，这两个指标均为 100%的县有 36 个，超过参与评测县（市、区）的 1/3。

三、评价结果分析

（一）广东省农业农村信息化总体水平较高

2021 年广东省发展总体水平高于全国的平均水平，居全国第六名。其中，汕尾市、茂名市发展总体水平超过 50%，16 个地级市超过 40%。从县城看，全省排名第一的肇庆市广宁县发展总体水平为 73.63%，居全国第 29。整体而

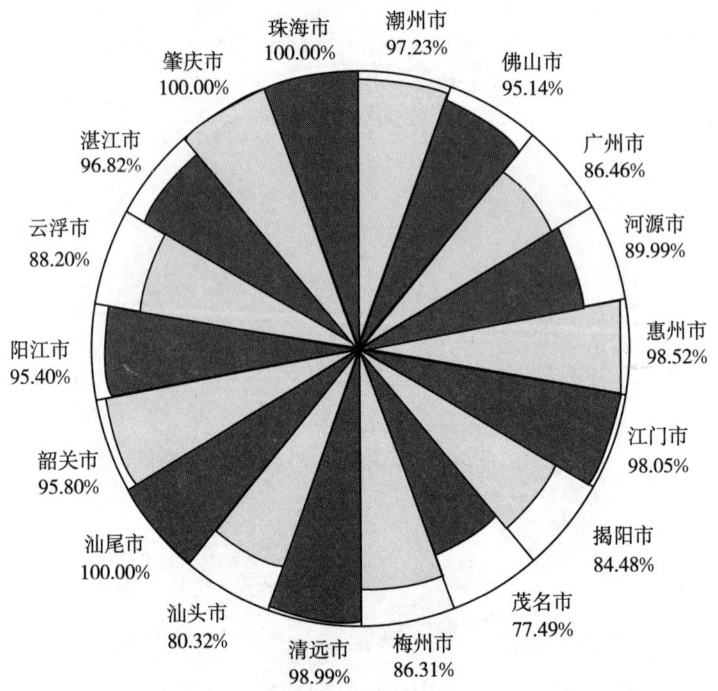

图 14　2021 年广东省各地级市村级综合服务站点行政村覆盖率

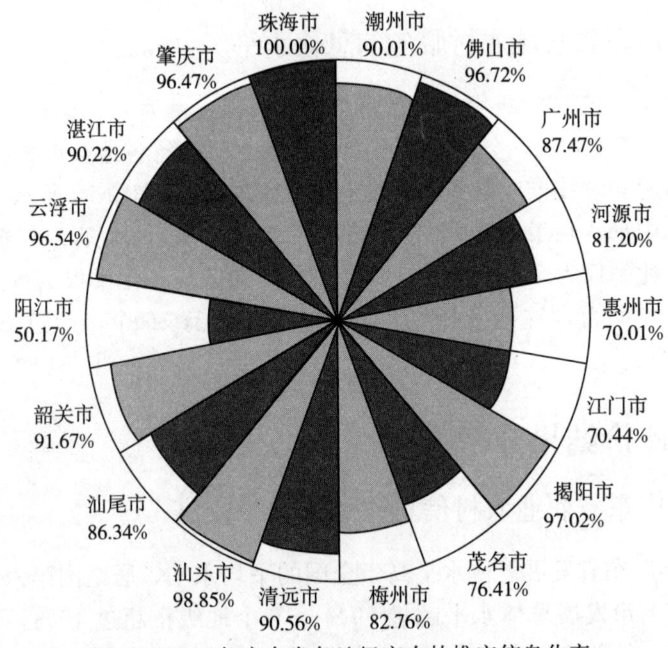

图 15　2021 年广东省各地级市农技推广信息化率

言，广东省在农业农村信息化发展上拥有坚实的基础，在全国范围内进行比较具有一定的优势。但是广东省财政、社会资本对农业农村信息化方面的投入相对于长三角部分省市还比较低，广东省农业农村信息化水平与广东省的经济发展规模相比而言，还有很大的进步空间，还需要爬坡过坎才能与广东省的经济发展在全国的地位相称。

（二）广东省农产品电商业比较发达

2021 年广东省农产品销售额为 3 456.7 亿元，其中网络销售额为 950.1 亿元，占农产品销售总额的 27.49%，居全国第二位。全国、东部地区、中部地区、西部地区农产品网络销售额占比分别为 14.8%、17.7%、15.63%、10.62%。从县城看，分列全省前三的茂名市高州市、化州市和广州市白云区农产品网络销售额分别达到了 238.5 亿元、92.8 亿元和 52 亿元，远超全国平均水平。

（三）广东省农产品质量安全追溯信息化水平稳步提升

农产品质量安全溯源是广东省的重点工作之一。省委、省政府在 2020 年的重点工作中明确提出了“区块链＋农产品”质量安全溯源，探索区块链技术在农产品质量安全溯源管理方面的应用。通过对农产品物流信息管理、流程管理，推进准入制度、生产档案、产品档案、流通检测、终端销售等各环节数据进行痕迹管理及公正记录，实现农产品真伪辨别及有效追溯，提升质量安全保障。从本次评价结果看，大田种植业、设备栽培业、畜禽养殖业、水产养殖业农产品质量安全追溯信息化率分别为 25.73%、47.73%、48.81%、33.39%，都处在全国前 8，相比 2019 年的 7.9%、40.0%、18.2%及 18.1%已经取得了长足的进步，这说明区块链、物联网、二维码等数字技术在农产品质量安全追溯领域的应用已经得到了重视，初步构建了“来源可查、去向可追、责任可究”的农产品追溯机制。

（四）广东省农业农村信息化水平地区间差距依然明显

从总体看，农业规模大的地市，如茂名市，对农业农村信息化比较重视，信息化投入、机构设置和农产品网络销售等方面都明显优于农业规模较低的区域，这种格局一时难以改变。在农业农村信息化投入、社会资本投入和生产经营信息化方面，地市之间、县域之间的差距也非常显著。

农业生产数字化行业应用差异也比较大，2021 年广东省设施栽培和畜禽养殖信息化率分别达到了 39.24%和 38.25%，但是大田种植和水产养殖信息化率仅为 26.32%和 19.35%，两者都低于中部地区的平均水平（35.13%和

23.19%）。从县域来看，不同行业的生产信息化水平排在前30的县（市、区）和排在后30的县（市、区）的信息化水平差异悬殊。例如大田种植、设施栽培、畜禽养殖和水产养殖4个行业的信息化水平，前30和后30的均值差距分别为39.02个、62.65个、57.52个和46.81个百分点。

四、发展建议

（一）加大农业农村信息化财政投入，夯实农村信息基础设施建设

广东省虽已实现全省20户以上自然村4G网络全覆盖，但一些农业生产区域，如大田、山地等种植、养殖区域网络覆盖不足。农村无线网络条件难以支撑数字农业生产、户外直播等新需求。各地要统筹用好涉农资金，加大数字农业农村发展投入力度，建立多元化投入和长效机制，撬动金融和社会资本利用资金优势、技术优势和市场化运营优势，支持数字农业农村发展。加强数字农业农村就业扶持力度，减少事前准入限制。继续扩大农村互联网信息工程覆盖范围，着力推进宽带提速和5G网络升级，提高现代技术应用能力。全面总结“数字乡村”试点建设成功经验，推进数字乡村建设。加快推动产业配套性基础设施数字化、智能化转型升级。

（二）大力推进数字农业农村发展，强化数字深度赋能

大力发展数字农业经济，培育数字农业新技术、数字资源驱动的新业态新模式。围绕“三创建、八培育”，深入实施《广东数字农业农村发展行动计划（2020—2025年）》。开展农业大数据平台建设，实施“百万农民线上免费培训工程”和“百名网红千名主播大培训大擂台大卖场”等，持续提升农民数字技能，促进种植业、种业、畜牧业、渔业、农产品加工业等数字化转型。打造一批数字农业示范（试点），培育一批“互联网＋”农产品出村进城试点县，以数字经济驱动、数字技术应用推动农业高质量发展。

（三）推动农业政务信息化提档升级，提升乡村治理数字化水平

深化农业农村大数据应用服务，构建全省纵横联动、五级协同的“一网统管”工作体系，建成技术先进、数据赋能、灵活开放、安全可靠的“1＋3＋5＋N”架构，即建设1个农业农村大数据底座、2个支撑应用的农业农村态势感知监测体系和可信身份体系、3级省市县平台协同体系以及N个政务农业产业和农村社会治理应用系统，实现省域治理“可感、可视、可控、可治”，打造全省数字化治理示范省。在有效整合省农业农村厅现有信息系统、高度融合全省涉农数据资源的基础上，实现涉农业务一网统管、为农服务一网

通办、农业农村运行一屏纵览、指挥决策一智脑统筹，推动农业农村管理服务向智能化和精细化转变。

（四）加快发展农产品电子商务，建设农业品牌强省

进一步推动涉农电商平台发展，并大力推动短视频、直播带货等农村直播新业态创新发展与落地。加快推进“粤字号”农业品牌发展，重点围绕广东水果、丝苗米、茶叶、花卉、畜牧、水产及预制菜等产业，全面建设农产品“12221”市场体系，加强特色农产品优势区和区域公用品牌实践。进一步开展市场体系理论探索和研究，将“一个特色产业、一套标准体系，一个公用品牌、一套名录管理，一批核心企业、系列品牌产品”的品牌管理思路向特色产业纵深推广。以重大节日节庆为契机，打造节庆经济，助力农业产业高质量发展。加强特色优势农产品宣传推介，利用重大展会活动平台，推动“粤字号”农业品牌走出去。以“小切口”推动农业产业“大变化”。

2022 广西壮族自治区数字乡村发展水平评价报告

撰稿单位：广西壮族自治区农业信息中心

撰稿人员：唐秀宋　饶珠阳　廖　勇　黄腾仪　梁贻玲

数字乡村是农业农村现代化发展和转型的重要内容，随着现代信息技术的创新发展，全面推动现代信息技术与农业农村各领域各环节深度融合至关重要。统筹推进智慧农业和数字乡村建设，促进农业全产业链数字化转型，提升乡村治理和公共服务信息化水平，是信息化引领驱动农业农村现代化、助力乡村全面振兴的关键。

近年来，广西壮族自治区农业农村厅认真落实党中央、国务院和农业农村部、自治区党委政府关于农业农村信息化的各项部署，紧扣“互联网＋现代农业”发展目标，以广西农业云平台和广西农业农村大数据平台建设为核心，聚焦数字资源与农业农村全面融合，按照“1234＋N”（打造一个中心，建设两大体系、三大平台，强化四个支撑，实现多项应用）建设总框架，打造广西农业农村大数据中心，构建智能智慧化服务体系，助力现代农业高质量发展。为贯彻落实《中共中央、国务院关于实施乡村振兴战略的意见》《数字乡村发展战略纲要》《“十四五”全国农业农村信息化发展规划》和全区关于加快数字广西建设等系列文件精神，促进互联网、云计算、大数据、人工智能等新一代信息技术与乡村经济发展深度融合，开创新时代城乡融合新格局，全区出台了一系列政策性文件，特别是《广西数字经济发展规划（2018—2025 年）》《广西加快数字乡村发展行动计划（2019—2022 年）》《广西数字乡村发展行动计划（2022—2025 年）》等，深化了大数据在农业生产、经营、管理和服务等方面的创新应用，为农业生产和各类市场主体生产经营活动提供更加完善的数据服务，全面提升全区农业农村数字化、网络化、智能化水平，为实现“四化同步”和乡村全面振兴注入新动力。

2022 年，为贯彻落实党中央、国务院和中央网信办、农业农村部有关实施数字乡村发展战略的决策部署，在农业农村部市场与信息化司、农业农村部信息中心等相关单位的指导和支持下，广西壮族自治区农业信息中心总结历年经验，围绕发展环境、乡村网络基础设施、农业生产信息化、经营信息化、乡村治理信息化、服务信息化 6 个维度在全区范围内试行开展了数字乡村发展水平评价工作，撰写《2022 广西壮族自治区数字乡村发展水平评价报告》。报告分析了广西数字乡村发展的总体水平与特点，总结了全区数字乡村发展的亮点和存在的不足，并对全区数字乡村未来发展进行展望。

一、评价说明

（一）指标体系

为更准确、全面、客观评价广西数字乡村发展水平，广西壮族自治区农业信息中心严格按照《全国数字乡村发展水平评价指标体系》开展评价工作。本着评价指标的科学性、系统性和实用性，在考虑数据的可获得性、操作性和便捷性的基础上，本次评价选取发展环境、乡村网络基础设施、农业生产信息化、经营信息化、乡村治理信息化、服务信息化 6 个一级指标，17 个二级指标，23 个三级指标构建起数字乡村发展水平评价指标体系。

（二）数据来源

本次评价数据采用县（市、区）农业农村部门填报的方式获取，共收集到 111 个县（市、区）2021 年的基础指标数据。从填报数据规模和质量来看，2021 年参与评价范围实现广西县域全覆盖，其中桂东地区 24 个、桂南地区 31 个、桂西地区 23 个、桂北地区 17 个、桂中地区 16 个①，111 个县域均纳入评价范围，其中 3 个县域的部分数据因存在异常值，未参与县域排名。

（三）数据处理方法

本次评价采用 Min－max 标准化方法对数据进行归一化处理，将数据按比例缩放，消除量纲和数据取值范围的影响，最后按照既定权重逐级计算二级、一级指标值及发展水平。

二、广西数字乡村发展现状

（一）广西数字乡村发展水平为 34.3％

近年来，广西积极推进数字乡村发展，取得了一定成绩。但从综合测算结果看，广西数字乡村发展水平目前仍处于初始阶段，和先进省份相比，基础较

---

① 按地理环境、经济发展、政治因素、历史原因等多种因素将广西壮族自治区划分为桂东、桂南、桂西、桂北及桂中地区。其中，桂东地区包括梧州市、贺州市、玉林市和贵港市，桂南地区包括南宁市、崇左市、北海市、钦州市、防城港市，桂西地区包括百色市、河池市，桂北地区为桂林市，桂中地区包括柳州市、来宾市。

差、底子偏薄，存在较大的差距。经综合测算，2021 年广西数字乡村发展水平为 34.3%，略高于西部地区（33.6%），比全国（39.1%）低 4.8 个百分点。

分地市看，高于全区数字乡村发展水平的有 7 个地级市，其中，贵港市在广西处于领先地位，发展水平为 46.3%，桂林市和贺州市分居第二、第三位，分别为 40.4%和 37.4%（图 1）。

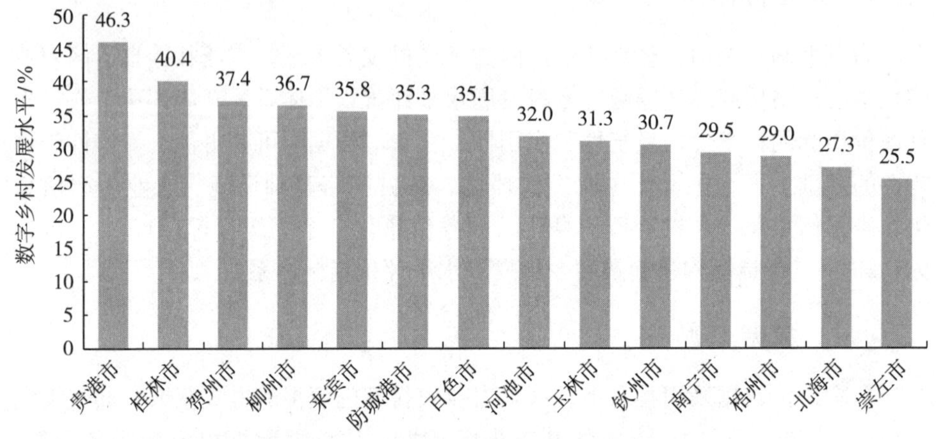

图 1　2021 年广西各地级市数字乡村发展水平

从县域看，全区数字乡村发展水平排名进入全国前 100 名的有 2 个，排名前 500 名的有 9 个，排名前 1 000 的有 27 个。凭祥市以 71.9%排全区首位、全国第 37 名，贵港市港南区以 66.2%排全区第二位、全国第 92 名，德保县以 58.8%排全区第三位、全国第 219 名（图 2）。数字乡村发展水平排名全区前 10 的县（市、区）平均发展水平为 56.9%，排名全区前 50 的县（市、区）为 44.3%。发展水平超过 50%的县（市、区）有 10 个，占比为 9.0%；处于 30%～50%的有 60 个，占比为 54.1%；低于 30%的有 41 个，占比为 36.9%。高于广西数字乡村发展水平的县（市、区）有 59 个，占比为 53.2%。高于全国数字乡村发展水平的县（市、区）有 37 个，占比为 33.3%。

（二）广西数字乡村发展环境优化提升

1. 广西县域农业农村信息化财政投入 5.0 亿元

2021 年广西县域农业农村信息化建设财政投入为 5.0 亿元，较上年提升 2.3%；县均投入 451.5 万元，较上年提升 2.3%；乡村人均投入 14.5 元，较上年提升 5.5%。

分区域看，桂东地区县域农业农村信息化财政投入 2.2 亿元，占广西投入的 44.8%，县均投入 934.6 万元，乡村人均投入 17.1 元；桂南地区投入

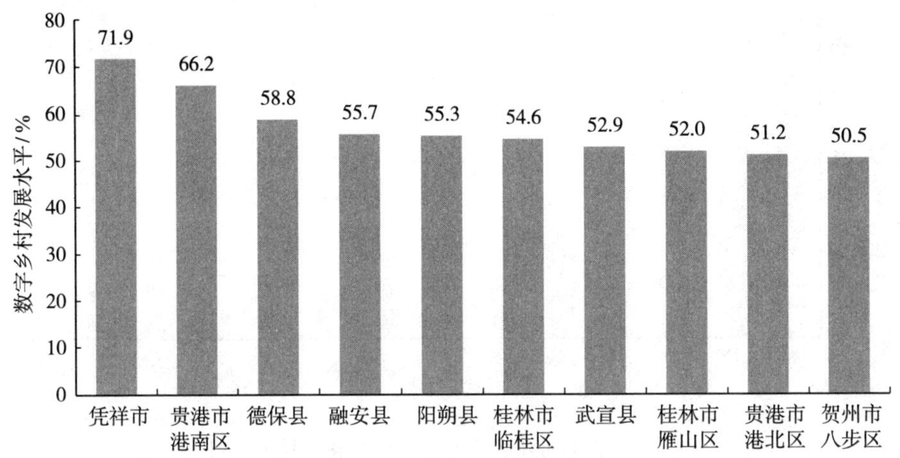

图 2 2021 年广西数字乡村发展水平排名前 10 的县（市、区）

0.8 亿元，占广西投入的 16.5%，县均投入 267.0 万元，乡村人均投入 9.1 元；桂西地区投入 0.5 亿元，占广西投入的 10.0%，县均投入 218.8 万元，乡村人均投入 8.9 元；桂北地区投入 0.9 亿元，占广西投入的 18.8%，县均投入 553.3 万元，乡村人均投入 30.7 元；桂中地区投入 0.5 亿元，占广西投入的 9.9%，县均投入 311.0 万元，乡村人均投入 13.5 元。

分地市看，农业农村信息化县均财政投入高于全区平均水平的有贺州市、贵港市、梧州市、桂林市、钦州市、南宁市 6 个地级市，其中贺州市高达 1 526.9 万元，贵港市、梧州市、桂林市分别为 1 119.0 万元、929.1 万元和 553.3 万元（图 3）。农业农村信息化乡村人均财政投入高于全区平均水平的有贺州市、梧州市、桂林市、柳州市、南宁市 5 个地级市，其中贺州市高达 40.4 元，梧州市、桂林市、柳州市分别为 33.3 元、30.7 元和 23.5 元（图 4）。

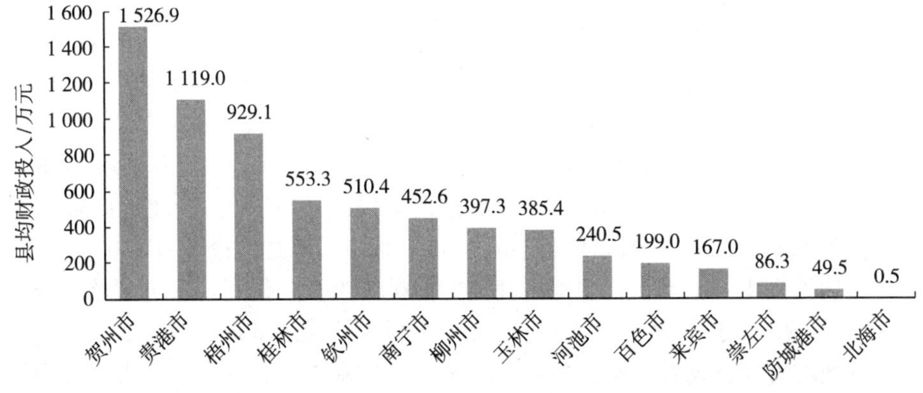

图 3 2021 年广西各地级市农业农村信息化县均财政投入

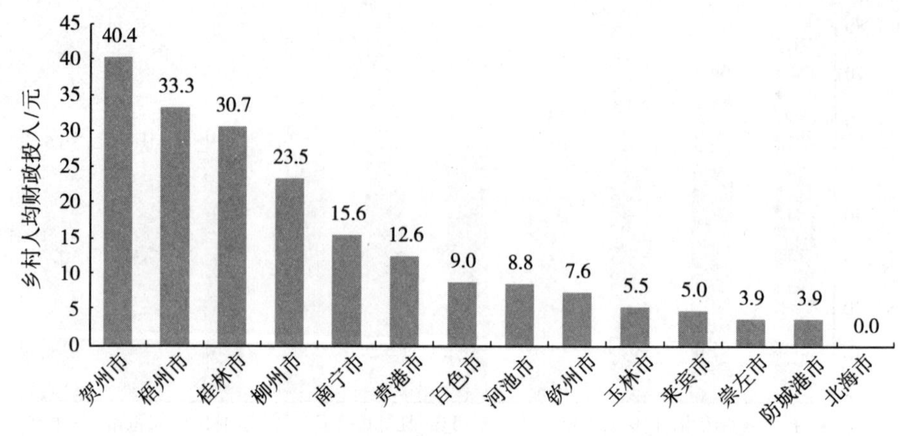

图4　2021年广西各地级市农业农村信息化乡村人均财政投入

从县域看，县域农业农村信息化财政投入低于全区平均水平的县（市、区）有87个、占比为78.4%。该指标排名全区前10的县（市、区）县均投入为2 806.3万元，排名前50的为941.2万元。数字乡村发展水平排名全区前10的县（市、区）县均投入为957.8万元，排名前50的为587.9万元。乡村人均投入低于全区平均水平的县（市、区）有78个、占比为70.3%，低于全国平均水平（55.3元）的有105个、占比为94.6%。该指标排名全区前10的县（市、区）乡村人均投入为86.5元，排名前50的为29.7元。数字乡村发展水平排名全区前10的县（市、区）乡村人均投入为33.5元，排名前50的为17.8元。

2. 广西县域农业农村信息化社会资本投入近20亿元

近年来，广西社会资本投入建设农业农村信息化持续呈现高涨态势。2021年广西用于县域农业农村信息化建设的社会资本投入为19.6亿元，较上年提升64.3%；县均投入1 762.0万元，较上年提升64.3%；乡村人均投入56.4元，较上年提升69.6%。

分区域看，桂东地区社会资本投入为4.9亿元，占全区社会资本投入的24.8%，县均投入2 021.9万元，乡村人均投入36.9元；桂南地区社会资本投入为5.6亿元，占全区社会资本投入的28.6%，县均投入1 806.8万元，乡村人均投入61.7元；桂西地区社会资本投入为1.7亿元，占全区社会资本投入的8.8%，县均投入744.8万元，乡村人均投入30.2元；桂北地区社会资本投入为4.9亿元，占全区社会资本投入的24.9%，县均投入2 860.5万元，乡村人均投入158.7元；桂中地区社会资本投入为2.5亿元，占全区社会资本投入的12.9%，县均投入1 580.2万元，乡村人均投入68.4元。

分地市看，县均社会资本投入超过全区平均水平的有6个地级市，其中钦州市县均社会资本投入最高，为4 130.5万元。乡村人均社会资本投入超过广西平均水平的有 8 个地级市，排名前 3 的为桂林市（158.7 元）、北海市（125.8 元）、柳州市（113.1 元），其余地级市乡村人均社会资本投入均未超 100 元。

从县域看，全区各县（市、区）社会资本投入差距较大，恭城瑶族自治县农业农村信息化社会资本投入和人均社会资本投入均为最高，分别为 2.0 亿元、1 229.3 元（图 5、图 6）。县域农业农村信息化社会资本投入低于全区平均水平的县（市、区）有 81 个、占比为 73.0%。该指标排名全区前 10 的县（市、区）县均社会资本投入为 1.1 亿元，排名前 50 的县（市、区）为 3 818.3万元。数字乡村发展水平排名全区前 10 的县（市、区）县均社会资本投入为 3 769.5 万元，排名前 50 的为 2 265.7 万元。乡村人均社会资本投入低于广西平均水平的县（市、区）有 80 个、占比为 72.1%，低于全国平均水平（135.2 元）的有 94 个、占比为 84.7%。该指标排名全区前 10 的县（市、区）乡村人均社会资本投入为 346.6 元，排名前 50 的县（市、区）为 114.1 元。数字乡村发展水平排名全区前 10 的县（市、区）乡村人均社会资本投入为 131.8 元，排名前 50 的为 68.8 元。

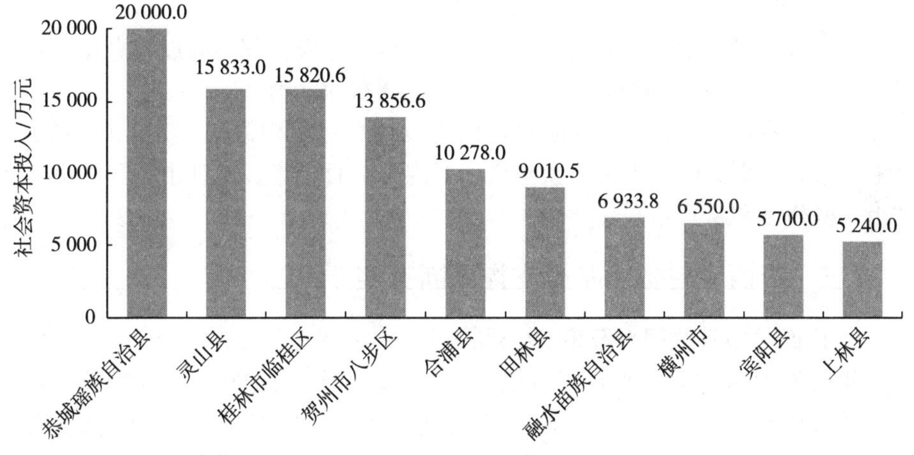

图 5　2021 年广西农业农村信息化社会资本投入排名前 10 的县（市、区）

3. 广西县级农业农村部门内设信息化机构覆盖率 94.6%

县级农业农村信息化管理服务机构是确保各项任务措施落地见效的基层队伍和组织保障，是农村信息化的主要引导力量。2021 年广西县级设置承担信息化相关工作的行政科（股）或者设置了信息中心（信息站）等事业单位覆盖率为 94.6%，较上年提升 15.3 个百分点。

全区有 90.1%的县（市、区）农业农村局为所在县级网络安全与信息化领导机构成员单位，有 82.0%的县（市、区）农业农村局成立了网络安全与

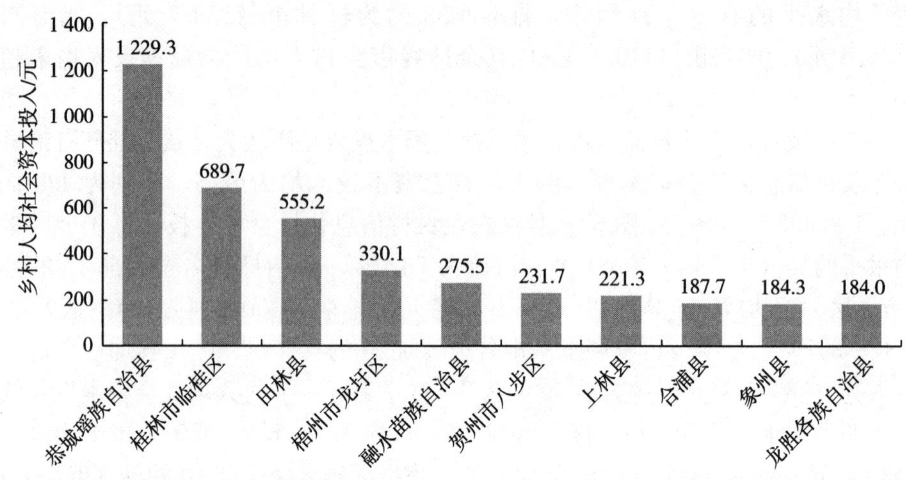

图6　2021年广西农业农村信息化乡村人均社会资本投入排名前10的县（市、区）

信息化领导机构，有76.6%的县（市、区）农业农村局设置了承担信息化相关工作的行政科（股），有43.2%的县（市、区）农业农村局设置了信息中心（信息站）等事业单位。

分区域看，桂中、桂北、桂西地区的县级农业农村部门内设信息化机构覆盖率均达到了100%，桂南地区为90.5%、桂东地区为87.9%。

分地市看，全区县级农业农村部门内设信息化机构覆盖率为100%的有9个地级市，分别是防城港市、钦州市、贵港市、百色市、玉林市、河池市、桂林市、柳州市和来宾市。

（三）广西乡村数字基础支撑不断夯实

1. 广西县域互联网普及率69.4%

截至2021年底，广西网民规模达3 908.5万人，较2020年底增长145万人，互联网普及率达69.4%，较上年提升5.2个百分点，移动互联网使用持续深化，互联网普及率的提高为农业农村信息化的发展提供了坚实的支撑。

分地市看，县域互联网普及率高于全区平均水平的有9个地级市，高于全国平均水平的有柳州市、玉林市、桂林市3个地级市，其中柳州市互联网普及率达高达79.8%，玉林市、桂林市分别达74.7%、73.2%。

从县域看，县域互联网普及率低于全区平均水平的县（市、区）有52个、占比为46.8%，低于全国平均水平（72.8%）的有63个、占比为56.9%。该指标排名全区前10的县（市、区）互联网普及率为96.3%，排名前50的为83.5%。数字乡村发展水平排名全区前10的县（市、区）互联网普及率为75.5%，排名前50的为70.1%。

2. 广西行政村5G通达率51.3%

数字乡村的发展离不开5G技术的赋能。随着支撑农产品上行的基础设施明显改善，广西乡村数字基础不断夯实。2021年，广西5G网络通达的行政村个数达7 699个，行政村5G通达率为51.3%。

分地市看，行政村5G通达率高于全区平均水平的有柳州市、百色市、玉林市、贵港市、钦州市5个地级市，高于全国平均水平（57.4%）的有柳州市、百色市、玉林市、贵港市4个地级市，其中柳州市高达71.9%，百色市、玉林市、贵港市分别达65.0%、63.8%和63.2%（图7）。

从县域看，行政村5G通达率低于全区平均水平的县（市、区）有56个、占比为50.5%，低于全国平均水平的有59个、占比为53.2%。该指标排名全区前10的县（市、区）行政村5G通达率为100%，排名前50的为95.7%。数字乡村发展水平排名全区前10的县（市、区）行政村5G通达率为70.1%，排名前50的为59.0%。

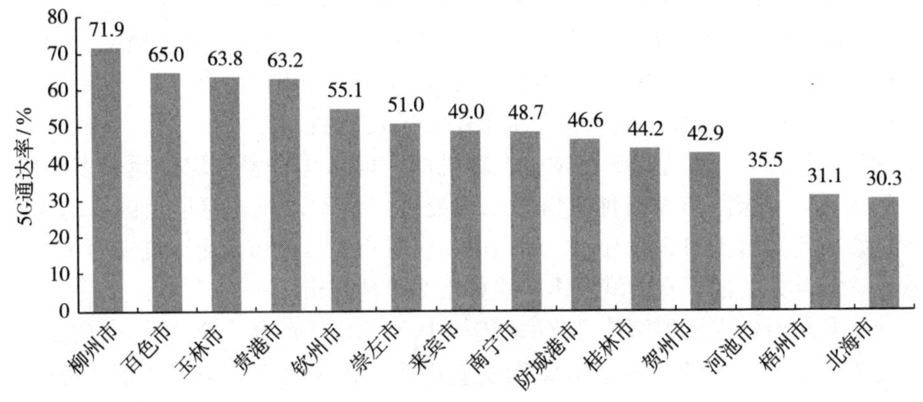

图7 2021年广西各地级市行政村5G通达率

（四）广西农业生产信息化率为16.0%

农业生产信息化是数字乡村发展的重点和难点，也是广西由农业大区迈向农业强区的关键。2021年广西农业生产信息化率为16.0%，较上年提升3.4个百分点。

分地市看，农业生产信息化率高于全区平均水平的有贵港市、贺州市、桂林市、防城港市4个地级市，高于全国平均水平（25.4%）的有贵港市、贺州市、桂林市3个地级市，其中贵港市为32.5%，贺州市、桂林市、防城港市分别为27.9%、26.2%和20.8%（图8）。

分行业看，畜禽养殖信息化率为29.7%，水产养殖、大田种植和设施栽

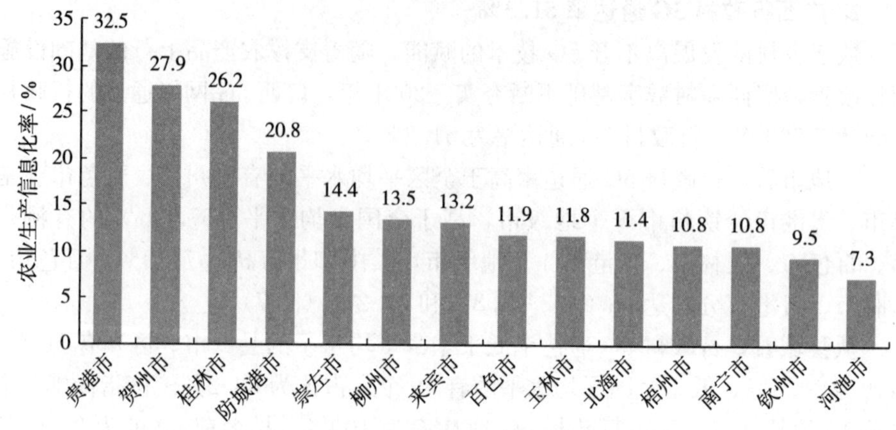

图8　2021年广西各地级市农业生产信息化率

培的信息化率分别为10.2%、11.3%和21.8%。

1. 广西大田种植水肥药精准控制技术应用较为广泛

大田种植方面，在监测的11个主要农作物品种（类）中，稻谷、糖料、玉米作物3个作物的生产信息化率相对较高，分别为15.9%、10.1%和9.9%。从主要信息技术应用看，水肥药精准控制技术在大田作物生产过程中应用较为广泛，“四情监测”技术、农机作业信息化技术也均得到较多应用。从地市看，防城港市大田种植信息化率最高，为31.8%，超过全区平均水平的地级市有防城港市、桂林市、贺州市、贵港市、百色市5个，高于全国平均水平（21.8%）的仅有防城港市、桂林市2个地级市。

从县域看，大田种植信息化率低于全区平均水平的县（市、区）有72个、占比为64.9%，低于全国平均水平的有87个、占比为78.4%。该指标排名全区前10的县（市、区）大田种植信息化率为62.9%，排名前50的为26.6%。数字乡村发展水平排名全区前10的县（市、区）大田种植信息化率为57.9%，排名前50的为22.8%。

2. 广西设施栽培水肥一体化智能灌溉技术应用较为广泛

设施栽培方面，水肥一体化智能灌溉技术和设施环境信息化监测技术应用较为广泛。从地市看，崇左市设施栽培信息化率最高，为49.2%，高于全区平均水平的地级市有崇左市、柳州市、贺州市、防城港市、南宁市、玉林市6个，高于全国平均水平（25.3%）的有崇左市、柳州市、贺州市、防城港市、南宁市5个地级市。

从县域看，设施栽培信息化率低于全区平均水平的县（市、区）有69个、占比为62.2%，低于全国平均水平的有70个、占比为63.1%。该指标排名全区前10的县（市、区）设施栽培信息化率为94.7%，排名前50的为46.5%。

数字乡村发展水平排名全区前10的县（市、区）设施栽培信息化率为65.7%，排名前50的为35.6%。

3. 广西畜禽养殖疫病信息化防控技术应用较为广泛

畜禽养殖方面，在监测的4个主要畜禽品种（类）中，生猪和家禽（鸡鸭鹅）养殖的信息化率均超过25%，分别为37.2%和26.1%。疫病信息化防控技术的应用较为广泛。贵港市的畜禽养殖信息化率居全区首位，达52.9%；贺州市、北海市、桂林市畜禽养殖信息化率也较高，分别为50.0%、47.2%、44.9%。

从县域看，畜禽养殖信息化率低于全区平均水平的县（市、区）有72个、占比为64.9%，低于全国平均水平（34.0%）的有77个、占比为69.4%。该指标排名全区前10的县（市、区）畜禽养殖信息化率为83.5%，排名前50的为52.8%。数字乡村发展水平排名全区前10的县（市、区）畜禽养殖信息化率为59.7%，排名前50的为39.2%。

4. 广西水产养殖信息化增氧技术应用较为广泛

水产养殖方面，在监测的4个主要水产品种（类）中，鱼类的生产信息化率最高，为12.2%；虾类、蟹类、贝类的生产信息化率分别为9.9%、4.1%、1.2%，均低于水产养殖信息化率。信息化增氧技术的应用最为广泛。贵港市的水产养殖信息化率居全区首位，达39.6%，远超第二名；排名第二、第三的桂林市和贺州市水产养殖信息化率分别为19.7%和19.6%。

从县域看，水产养殖信息化率低于全区平均水平的县（市、区）为86个、占比为77.5%，低于全国平均水平（16.6%）的县（市、区）为90个、占比为81.1%。该指标排名全区前10的县（市、区）水产养殖信息化率为60.93%，排名前50的为21.4%。数字乡村发展水平排名全区前10的县（市、区）水产养殖信息化率为33.7%，排名前50的为13.9%。

（五）广西农产品电子商务蓬勃发展

1. 广西农产品网络销售额占比13.4%

“直播＋电商”模式是当前广西农产品销售的新型模式，对于开拓消费渠道、缓解农产品滞销、推动全区农产品稳价保供等有积极的促进作用。2021年广西农产品网络销售额为333.2亿元，占全区农产品销售总额的13.4%，较上年上涨5.4个百分点。

分区域看，桂东地区农产品网络销售额为93.5亿元，占桂东地区农产品销售总额的12.9%；桂南地区为59.6亿元，占比7.9%；桂西地区为28.6亿元，占比13.4%；桂北地区为74.0亿元，占比14.4%；桂中地区为77.5亿元，占比27.3%。

分地市看，该指标排名前 6 的地级市超过了全区平均水平。钦州市农产品网络销售额占农产品销售总额比重最高，农产品网络销售额达 33.8 亿元，占比为 36.9%；柳州市、河池市分居第二、第三位，占比分别为 30.0% 和 18.6%。此外，玉林市、桂林市和贵港市占比也超过全区平均水平（图 9）。

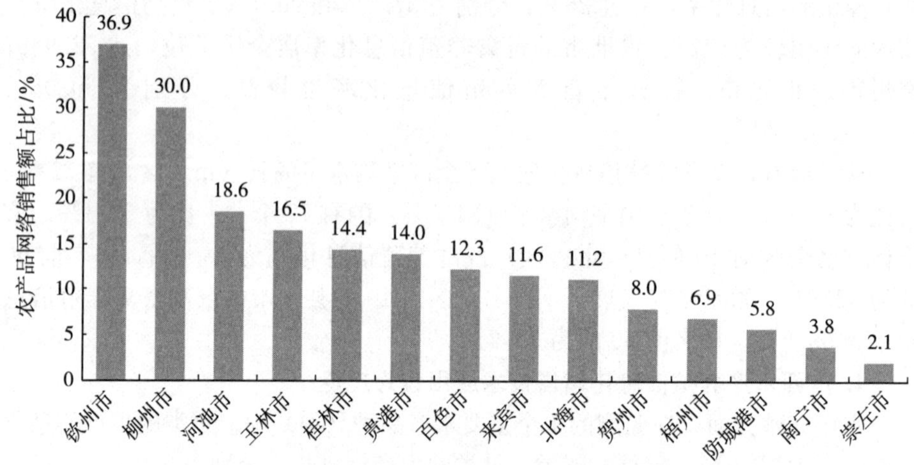

图 9　2021 年广西各地级市农产品网络销售额占比

从县域看，农产品网络销售额占比高于全区平均水平的县（市、区）有 48 个、占比 43.2%，高于全国平均水平（14.8%）的县有 45 个、占比 40.5%。数字乡村发展水平排名全区前 10 的县（市、区）农产品网络销售额占比为 29.9%，排名前 50 的为 17.3%。

2. 广西农产品质量安全追溯信息化率 13.1%

农产品质量安全追溯是实现农产品追踪溯源的重要手段，是信息化与产业发展深度融合的创新举措。对于农产品风险管控，质量安全追溯等具有重要意义。2021 年全区通过接入自建或公共农产品质量安全追溯平台，实现质量安全追溯的农产品产值占比为 13.1%，较上年上升 2.3 个百分点。分区域看，桂东、桂南、桂西、桂北、桂中地区农产品质量安全追溯信息化率分别为 17.8%、9.9%、10.4%、17.0%、9.5%。

分地市看，农产品质量安全追溯信息化率高于全区平均水平的有贵港市、钦州市、桂林市和百色市 4 个地级市，高于全国平均水平（24.7%）的有贵港市和钦州市 2 个地级市。其中，贵港市农产品质量安全追溯信息化率为 38.0%，钦州市、桂林市、百色市分别为 27.7%、17.0% 和 15.1%（图 10）。

分行业看，畜禽养殖业农产品质量安全追溯信息化率为 25.4%，设施栽培业、水产养殖业和大田种植业分别为 15.3%，6.8% 和 9.2%。以上四个行业的质量安全追溯信息化率高于全区平均水平的县（市、区）数量分别为

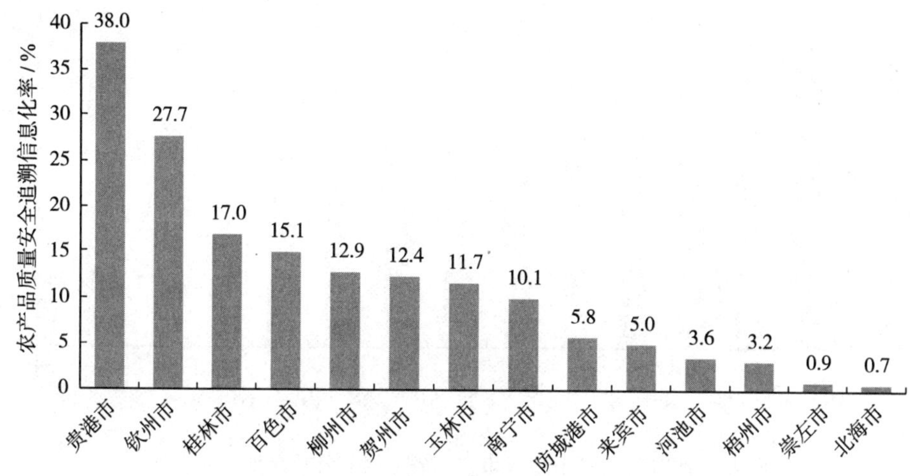

图 10 2021 年广西各地级市农产品质量安全追溯信息化率

36 个、46 个、25 个、26 个，分别占总数的 32.4%、41.4%、22.5%、23.4%；高于全国平均水平的县（市、区）数量分别为 29 个、31 个、15 个、16 个，分别占 26.1%、27.9%、13.5%、14.4%。

从县域看，农产品质量安全追溯信息化率高于全区平均水平的县（市、区）有 29 个、占比 26.1%，高于全国平均水平（24.7%）的有 19 个、占比 17.1%。数字乡村发展水平排名全区前 10 的县（市、区）农产品质量安全追溯信息化率为 21.1%，排名前 50 的为 19.2%。

（六）广西乡村治理数字化稳步提升

1. 广西“三务”网上公开行政村覆盖率为 63.3%

“三务”网上公开，能够密切联系群众、有效拓宽问题线索来源渠道，充分发挥群众知情和监督的作用。2021 年全区“三务”网上公开行政村覆盖率达到 63.3%，较上年提升 0.8 个百分点，其中，党务公开水平为 65.4%，村务公开水平为 66.0%，财务公开水平为 58.3%。分区域看，桂东、桂南、桂西、桂北、桂中地区“三务”网上公开行政村覆盖率分别为 67.1%、52.8%、64.1%、72.2%、68.6%。

分地市看，“三务”网上公开行政村覆盖率排名前 3 的地级市均超过了全国平均水平（78.3%），排名前 8 的地级市均超过了全区平均水平，其中贵港市“三务”网上公开行政村覆盖率已达 100%，贺州市已达 99.9%（图 11）。

从县域看，“三务”网上公开行政村覆盖率达 100%的有 61 个县（市、区），占比 55.0%；高于全区平均水平的县（市、区）共 68 个，占比 61.3%；高于全国平均水平的县（市、区）共 64 个，占比 57.7%。发展水平排名前 10

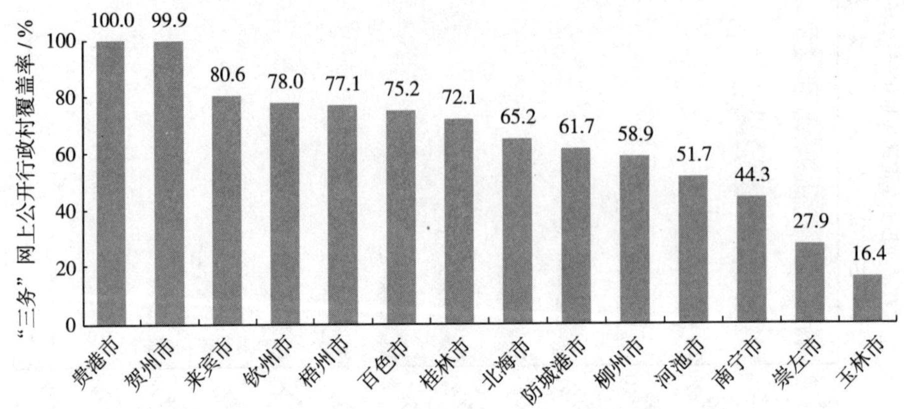

图 11　2021 年广西各地级市"三务"网上公开行政村覆盖率

的县（市、区）覆盖率为 100%，排名前 50 的为 81.2%。

2. 广西县域涉农政务服务在线办事率为 70.9%

推进"互联网＋政务服务"有利于优化政府服务，提高政府效率和透明度。2021 年全区县域社会保险、新型农村合作医疗、劳动就业、农村土地流转、宅基地管理和涉农补贴六类涉农政务服务事项综合在线办事率为 70.9%，较上年上涨 5.6 个百分点。分区域看，桂东、桂南、桂西、桂北、桂中地区县域政务服务在线办事率分别为 70.8%、65.1%、77.5%、67.7%、76.0%。

分地市看，全区有 4 个地级市县域政务服务在线办事率超过 80%。防城港市在线办事率达到 100%，六类重要民生保障业务均可实现在线办理；贵港市在线办事率达到 96.7%，河池市和贺州市在线办事率均分别为 89.4%和 83.3%（图 12）。

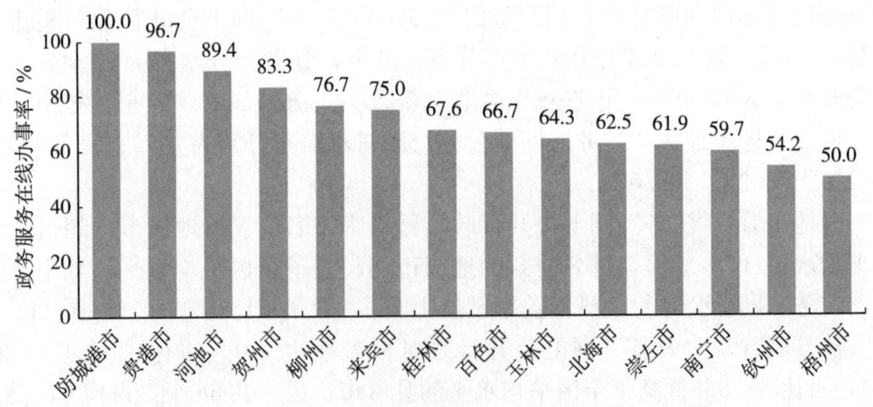

图 12　2021 年广西各地级市县域政务服务在线办事率

从县域看，县域政务服务在线办事率高于全区平均水平和全国平均水平（68.2%）的县（市、区）均为59个、占比53.2%。数字乡村发展水平排名全区前10的县（市、区）政务服务在线办事率为93.3%，排名前50的为83.3%。全区有43个县（市、区）在线办事率达到100%。

3. 广西公共安全视频图像应用系统行政村覆盖率86.4%

2021年全区公共安全视频图像应用系统行政村覆盖率为86.4%。分区域看，桂东、桂南、桂西、桂北、桂中地区行政村公共安全视频图像应用系统行政村覆盖率分别为88.7%、75.0%、84.9%、98.2%、99.7%。

分地市看，全区有9个地级市公共安全视频图像应用系统行政村覆盖率超过80%，玉林市、柳州市、贵港市和防城港市4个地级市已实现100%全覆盖，来宾市、桂林市覆盖率均超过90%（图13）。

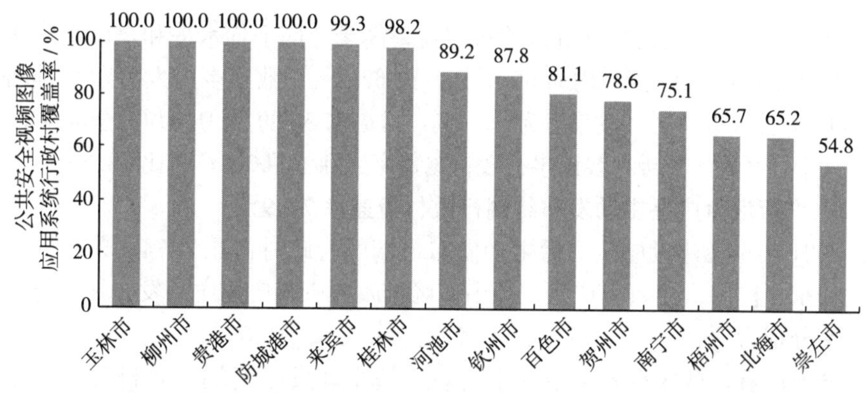

图13 2021年广西各地级市公共安全视频图像应用系统行政村覆盖率

从县域看，公共安全视频图像应用系统行政村覆盖率高于全区平均水平的县（市、区）有89个、占比80.2%，高于全国平均水平（80.4%）的县（市、区）有90个、占比81.1%。数字乡村发展水平排名全区前10的县（市、区）覆盖率为100%，排名前50的为98.1%。全区共有85个县（市、区）的公共安全视频图像应用系统行政村覆盖率达到了100%。

4. 广西村级在线议事行政村覆盖率为65.5%

村级在线议事为村级组织落实基层群众自治制度提供了信息化支撑。2021年全区村级在线议事行政村覆盖率为65.5%。分区域看，桂东、桂南、桂西、桂北、桂中地区行政村村级在线议事行政村覆盖率分别为62.5%、49.9%、71.0%、84.2%、79.8%。

分地市看，全区有5个地级市村级在线议事行政村覆盖率超过80%，贵港市、防城港市已实现100%全覆盖（图14）。

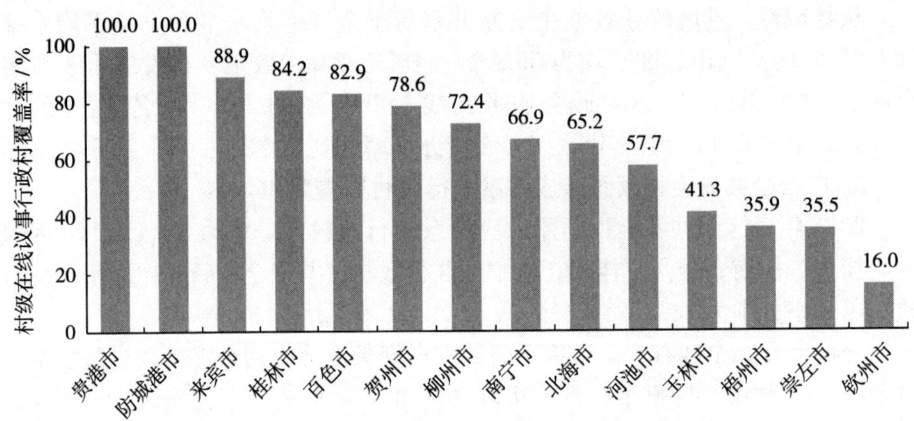

图 14　2021 年广西各地级市村级在线议事行政村覆盖率

从县域看，村级在线议事行政村覆盖率高于全区平均水平和全国平均水平（72.3%）的县（市、区）均为 69 个、占比 62.2%。数字乡村发展水平排名全区前 10 的县（市、区）覆盖率为 99.1%，排名前 50 的为 91.8%。全区共有 65 个县（市、区）的村级在线议事行政村覆盖率达到了 100%，占比 58.6%。

5. 广西应急广播主动发布终端行政村覆盖率 74.9%

2021 年全区建设应急广播主动发布终端的行政村占比为 74.9%。分区域看，桂东、桂南、桂西、桂北、桂中地区行政村应急广播主动发布终端行政村覆盖率分别为 76.1%、48.7%、87.9%、89.0%、94.0%。

分地市看，全区有 8 个地级市应急广播主动发布终端行政村覆盖率超过 80%，贵港市已实现 100%全覆盖，来宾市、百色市、柳州市覆盖率均超过 90%（图 15）。

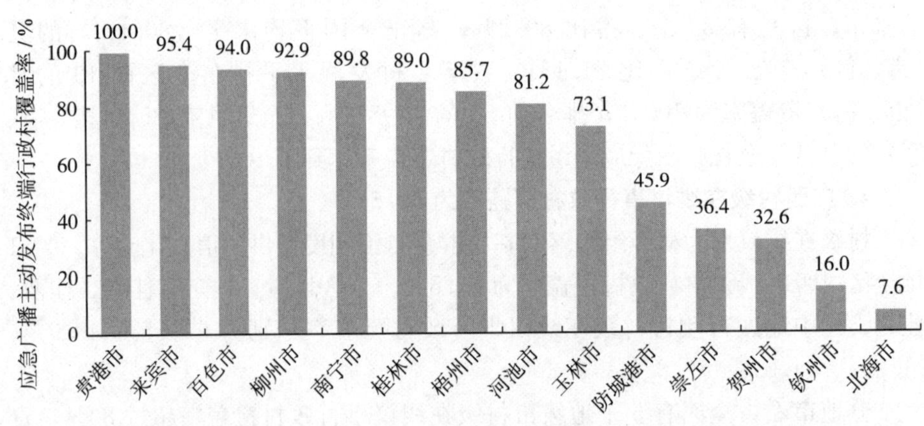

图 15　2021 年广西各地级市应急广播主动发布终端行政村覆盖率

从县域看，应急广播主动发布终端行政村覆盖率高于全区平均水平和全国平均水平（79.7%）的县（市、区）均为78个、占比70.3%。数字乡村发展水平排名全区前10的县（市、区）应急广播主动发布终端行政村覆盖率为76.5%，排名前50的为88.1%。全区共有71个县（市、区）应急广播主动发布终端行政村覆盖率达到了100%。

（七）广西服务信息体系持续完善

1. 广西村级综合服务站点行政村覆盖率为96.1%

2021年全区已建有村级综合服务站点的行政村共计1.4万个，行政村覆盖率达到96.1%，较上年提升2.6个百分点，在全国排名第六、在西部地区排名第一。全区共有村级综合服务站点2.5万个。分区域看，桂东、桂南、桂西、桂北、桂中地区的覆盖率分别为99.1%、92.4%、98.7%、100%、88.1%。

分地市看，该指标排名前9的地级市村级综合服务站点行政村覆盖率均超过全区平均水平，玉林市、桂林市、贵港市、防城港市已经实现行政村电子商务站点100%全覆盖，百色市、来宾市覆盖率分别达到99.4%、99.3%（图16）。

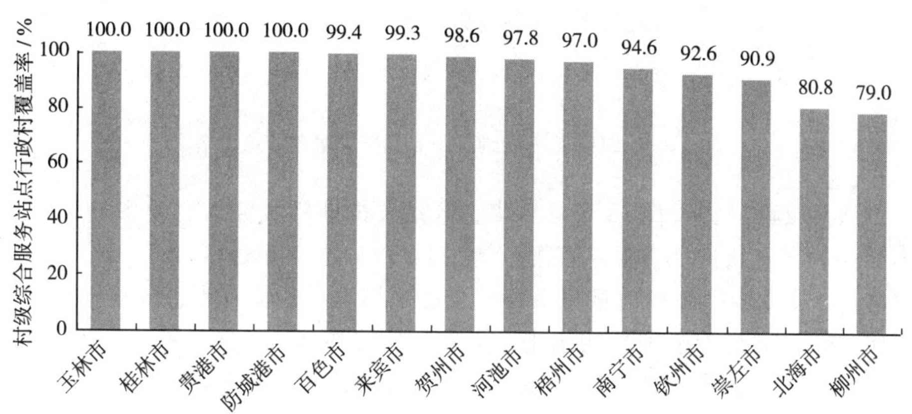

图16 2021年广西各地级市村级综合服务站点行政村覆盖率

从县域看，全区有86个县（市、区）行政村电子商务站点全覆盖、占比77.5%；村级综合服务站点行政村覆盖率超过90%的县（市、区）有96个、占比86.5%，服务站点行政村覆盖率高于全区平均水平的县（市、区）为91个、占比82.0%，高于全国平均水平（86.0%）的县（市、区）为100个、占比90.1%。数字乡村发展水平排名前10的县（市、区）行政村电子商务站点覆盖率为94.4%，排名前50的为98.7%。

2. 广西农技推广服务信息化率 57.9%

2021 年全区接受信息化农技推广服务的新型农业经营主体（包括农民合作社和家庭农场）数量共计 5.5 万个，农技推广服务信息化率为 57.9%。分区域看，桂东、桂南、桂西、桂北、桂中地区的农技推广服务信息化率分别为 51.1%、44.4%、65.5%、69.4%、79.4%。

分地市看，该指标排名前 8 的地级市农技推广服务信息化率均超过全区平均水平，其中北海市、来宾市、梧州市农技推广服务信息化率超过 80%，分别为 88.2%、84.2%、83.7%，柳州市、百色市超 70%，分别为 73.9%、73.3%（图 17）。

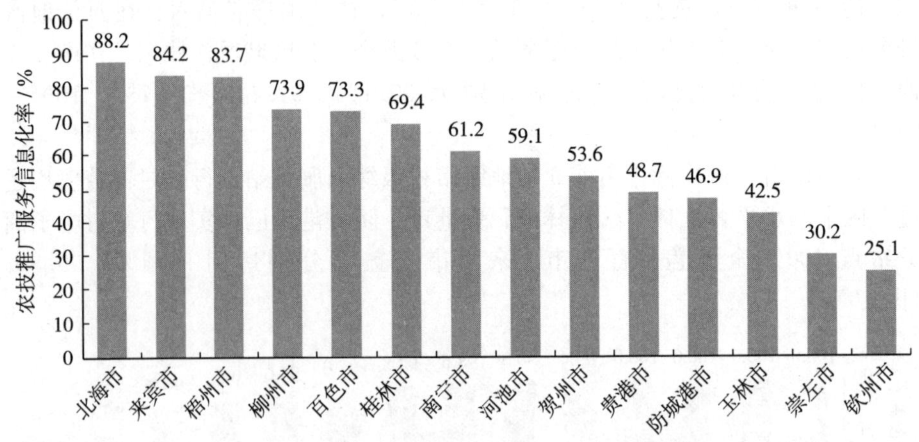

图 17　2021 年广西各地级市农技推广服务信息化率

从县域看，全区有 38 个县（市、区）农技推广服务信息化率达 100%、占比 34.2%；农技推广服务信息化率超过 90%的县（市、区）有 46 个、占比 41.4%，农技推广服务信息化率高于全区平均水平的县（市、区）有 66 个、占比 59.5%，高于全国平均水平（61.3%）的县（市、区）有 62 个、占比 55.9%。发展水平排名前 10 的县（市、区）农技推广服务信息化率为 83.3%，排名前 50 的为 61.7%。

三、广西数字乡村发展亮点

（一）财政投入增加，社会资本投入呈高涨态势

广西各级政府高度重视基层农业农村信息化管理保障体系建设，持续加大财政资本投入，多举措引导社会资本投入，社会资本投入大幅上涨，为数字乡村发展营造了良好的环境氛围。

2021年广西县域农业农村信息化建设财政投入、县均投入、乡村人均投入分别上涨2.3%、2.3%、5.5%，其中县均财政投入在1 000万元以上的有13个县（市、区），占比14.3%。财政投入的增加使得广西向“数字富农”迈进一大步。自治区财政投入“上云用数赋智”、农业数字化、服务业数字化等补助资金，通过增加对数字乡村建设的财政投入，加快补齐农业农村发展的短板，助推传统农业向智慧农业加速转变，提升农民群众的幸福感和成就感。社会资本是全面推进乡村振兴的重要支撑力量。广西县域农业农村信息化建设的社会资本投入、人均投入分别上涨64.3%、69.6%，其中社会资本投入在1亿元以上的有5个，占比5.7%。自治区通过政府投资引导基金投入资金，带动国有企业、各类社会资本等投入，发展数字经济，建立区市联动投资新机制，引导带动社会资本共同出资，按照市场化方式支持数字经济相关产业发展，进一步为数字乡村发展助力。

（二）信息化管理服务水平上涨，优势凸显

在数字乡村发展环境上，广西表现较好，每年均有提升，其中在县级农业农村部门内设信息化机构上呈逐年上涨趋势，机构覆盖率较上年更是大幅上涨，提升15.3个百分点。2021年县级设置承担信息化相关工作的行政科（股）或信息中心（信息站）等事业单位的县级农业农村信息化管理服务机构覆盖率达到了94.6%，比全国（92.6%）高2.0个百分点。全区14个地级市中就有11个地级市县级农业农村信息化管理服务机构覆盖率达到100%的水平。随着经济社会快速发展、城乡融合发展不断深入，信息化与农业现代化的融合趋势更紧密，农业综合信息服务机构有序向基层覆盖。自治区不断加强农业农村信息化机构队伍建设，推进乡村管理服务数字化。在新一轮改革中，广西信息化管理水平提升，优势凸显。

（三）广西在政务服务和智慧应急上优势显著

数字化赋能乡村治理是构建乡村治理新体系、实现乡村治理精准化的关键，能使乡村社会充满活力、和谐有序。2021年，广西县域政务服务在线办事率为70.9%，公共安全视频图像应用系统行政村覆盖率为86.4%，均达到较高水平，拉动广西乡村治理整体水平，进一步推进现代农业农村发展，提升了农村基层公共服务和社会管理水平。其中，县域政务在线办事率位于西部地区前列，比全国平均水平（68.2%）高2.6个百分点，桂中、桂西大幅高于全国水平；在智慧应急能力上，广西公共安全视频图像应用系统行政村覆盖率高于全国平均水平（80.4%）6.1个百分点，高于东部地区（83.9%）2.6个百分点，桂中、桂北接近全覆盖。广西致力于提升乡村数字治理水平，政务服务

在线办事率和智慧应急水平均已达到相对较高的水平，数字化基础能力和数字化治理水平高于全国平均水平。未来将进一步提升面向乡村的数字化产品质量和服务水平，提高优质数字资源在乡村治理中的积极作用。

（四）服务信息化水平上涨，发展潜力大

近年来，广西以信息传输、信息技术和信息内容服务为主要内容的信息服务业得到了较快发展，服务信息化水平增长潜力大、带动作用强的特点初步显现。2021 年广西服务信息化水平显著上涨，村级综合服务站点行政村覆盖率较上年提升 2.4 个百分点，比全国高 10.1 个百分点，位列全国第六，在西部地区排第一，有 86 个县（市、区）覆盖率达 100%，占比 78.9%。广西按照区有服务平台、县有运营中心、镇有服务站、村有服务点“四位一体”架构，面向农业农村的便捷、经济、高效的综合信息服务体系正逐渐完善。在农技推广服务信息化水平上，桂西、桂北、桂中地区可观，其中桂中高达 79.4%，显著高于全国水平，在接受信息化农技推广服务的县域中，农技推广服务信息化率达到 100%的有 38 个、占比 38.4%。自治区为提升农业信息化水平，利用互联网技术为现代农业装上“数据引擎”农业信息系统，建立广西农业农村大数据管理平台，并在 2016 年获评全国“互联网＋”现代农业百佳实践案，通过大数据提供快捷信息服务的水平大幅提升。

（五）农业农村大数据建设持续提供强力支撑

广西深入推进农业农村大数据建设，扎实开展重要农产品监测预警，为农业数字化转型和现代农业高质量发展提供有力支撑。广西农业数字化水平在 2020 中国数字经济发展指数（DEDI）中位列全国第五。

自 2015 年起，广西按照“1234＋N”的建设总框架，通过“出政策”“定标准”“抓整合”“保资金”“建队伍”“强合作”一系列强有力举措，大力推进广西农业农村大数据建设，打造“广西农业云”，全面提升数据获取、传输、分析能力，进一步发挥数据支撑决策作用。

四、广西数字乡村发展存在的问题与不足

（一）数字乡村发展水平个案突出，但各地差异大

广西数字乡村发展在局部地区和部分领域取得了一定成绩，总体发展趋势较好，个案突出，但各地区发展不均衡，个体差异较大。从全国排名情况看，2021 年广西数字乡村发展水平排名正态曲线呈双峰形状，“中间低，两头高”，正态曲线“矮胖”，说明排名靠前和靠后的地区占大多数，在全国范围内其发

展不够均衡（图 18）。而从发展水平看，广西个案成绩突出，凭祥市以 71.9% 的高分入围全国 50 强，排 37 名，贵港市港南区达 66.2%，排 92 名，但个别县（市、区）发展水平不足 10%。发展水平正态曲线基本呈“钟形”分布，区域发展总体相对集中，但图形略偏向左，说明处于低发展水平的县域仍占比较多，水平低于 30% 的县（市、区）占比达了三成以上，发展并不平衡（图 19）。广西数字乡村发展区域间差异较大，这与广西的地域形势有很大关系，虽然个案发展突出、但低水平发展地区较多，综合发展水平偏低，目前还未形成成熟的、可推广的经验和模式，发展水平亟待提升。

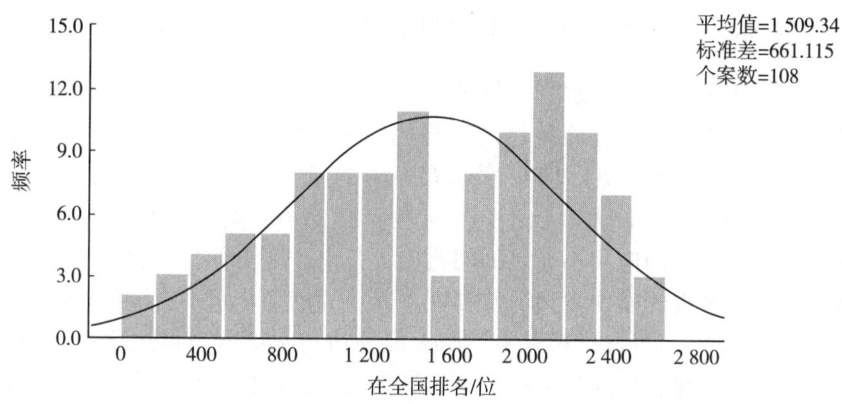

图 18　2021 年广西数字乡村发展水平排名直方图分布情况

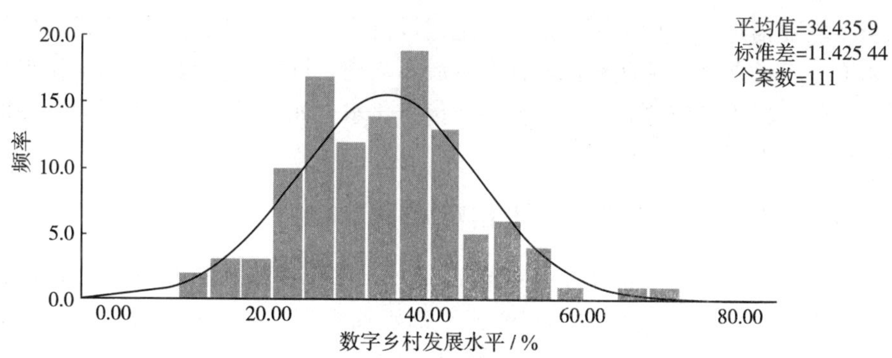

图 19　2021 年广西数字乡村发展水平直方图分布情况

（二）互联网普及率偏低，对数字乡村发展支撑力较弱

深度融入“互联网＋”是大势所趋，互联网普及率和行政村 5G 通达率是数字乡村发展的基础，为数字乡村发展提供强力支撑。2021 年，广西互联普及率较上年提升 3.5 个百分点，但低于全国平均水平（72.8%）3.4 个百分

点，较西部地区（70.3%）低 0.9 个百分点。行政村 5G 通达率高于西部地区（46.8%）4.5 个百分点，较全国平均水平（57.4%）、东部地区（62.7%）分别低 6.1 个、11.1 个百分点，仍有 50 多个县（市、区）行政村 5G 通达率不足 50%。广西农业人口比重大，偏远地区农户多，大部村落分布散、地理位置偏远，互联网、宽带普及较难。乡村数字基础设施落后，信息社会乡村发展不平衡，互联网及 5G 通达率总体水平也不高。随着自治区互联网、5G 宽带逐步向极度及深度贫困地区普及和边境市县行政村光缆联网及“广电云”信号覆盖，未来广西乡村互联网的应用将更广泛。

（三）农业生产信息化在不同行业的应用发展不平衡

全区农业生产信息化水平整体偏低，较全国低 9.1 个百分点。畜禽养殖、水产养殖、大田种植和设施栽培的信息化水平分别低于全国 4.3 个、6.5 个、10.5 个和 3.5 个百分点，应用率不足 1%的县（市、区）分别占 25.2%、55.0%、37.8%和 45.0%。从不同行业生产信息看，行业发展不平衡、行业水平差异大、行业内应用不充足的问题比较突出。畜禽养殖与设施栽培信息化发展水平高，畜禽养殖中生猪养殖和家禽养殖的信息化水平遥遥领先，分别达到了 37.2%和 26.1%，远超其他，而大田种植与水产养殖信息化水平均不足 12%。主要原因是：广西目前仍以小农经济为主，规模化生产水平较低，多数地区受环境、经济条件等多种因素的制约，农民对农业信息的需求并不迫切，信息化意识较为淡薄；农业信息网络基础设施相对薄弱，多数地级市和绝大多数县乡农业信息网络设备不完备、设施建设落后，部分地区与农业现代信息化需求有一定的差距；地区经济和社会发展不均衡，许多脱贫地区基础工作水平低、工作手段不到位等，使得广西生产信息化水平相对较低，在各行业、各地区之间应用发展并不均衡。

（四）农产品电子商务水平相对薄弱

广西农产品电子商务水平相对薄弱，较全国仍有一定差距。2021 年全区农产品网络销售额占比为 13.1%，比全国平均水平（14.8%）低 1.7 个百分点，其中低于全国平均水平的县（市、区）有 66 个、占比 59.5%；县域农产品质量安全追溯信息化水平比全国（24.7%）低 11.6 个百分点，其中大田种植业、设施栽培、畜禽养殖和水产养殖业分别比全国低 9.9 个、16.2 个、7.6 个和 16.5 个百分点。2021 年随着电子商务的快速发展，广西农产品电商也进入持续快速发展阶段。但由于全区农业人口基数大且农村居住分散，交通基础设施差，分散的小农市场使得农产品网络销售处于劣势地位，加上组织化程度低，农业社会化服务难以落实，农户在农业发展销售中存在技术设施采用率低、市场不稳定、持续增收动力不足等多种问题。此外，农产品种类分散，小规模生产使得物流成本、资金成本高，加上信息技术水平有限、标准化生产程序和效率低，影响农产品质量安全追溯的发展。

（五）乡村治理信息化水平短板比较突出

“三务”网上公开、村级在线议事、应急广播主动发布终端是广西乡村治理的短板。2021年，广西“三务”网上公开行政村覆盖率较全国平均水平（78.3%）低15个百分点，较上海市、江苏省等覆盖率达100%的省份低36.7个百分点；村级在线议事行政村覆盖率虽高于西部地区，但较全国平均水平（72.3%）低6.8个百分点；应急广播主动发布终端行政村覆盖率较全国平均水平（79.7%）低4.8个百分点，与上海市（100%）相差25.9个百分点。随着现代化进程的不断推进，数字化乡村治理模式不断推广，农村基层治理体系也面临较大的挑战。一方面，农村地区经济条件相对薄弱、硬件设施较差、村民受教育程度低，对制度的理解和认识不足，缺乏意识；另一方面，乡村治理问题从单一到多元转换，乡村社会人员流动性的加大，遇到的问题日新月异愈加复杂，治理难度加大。广西农业人口占比大，村落分布散，乡村治理现代化水平有限，短板突出。

五、广西数字乡村发展展望

（一）推进数字技术与农村生产生活的深度融合

随着信息化和农业现代化深入推进，农业农村大数据正与农业产业深度融合，数字乡村建设持续推进，数字技术赋能农业生产，新一代信息技术、智能农机装备等数字技术在农业生产领域广泛应用。广西实施数字乡村建设发展工程，持续开展数字乡村试点，推动数字技术与农村生产生活的深度融合。一方面，通过将资源整合和架构重建，形成上下联动、覆盖全面的自治区农业农村大数据共享平台，为数字农业农村提供重要支撑；另一方面，全区依托乡村信息基础设施体系建设，推动政府信息、乡村信息、市场信息融合互动，形成以管理和应用为核心的共享机制，为乡村振兴工作、决策、协调提供支撑。

（二）加快乡村数字基础建设，释放数字红利

数字基础建设是拉动农业农村经济增长的重要基础，在数字化基建上，广西不断加快以数字经济为特征的，包括5G互联网、数据中心、人工智能、工业互联网等领域的建设，为数字乡村建设提供良好的环境，持续释放数字红利。一方面，不断深化农村光纤网络、移动通信网络、数字电视和下一代互联

网覆盖，深度融入“互联网＋”，提升农村通信网络质量，让数字技术为乡村振兴提供强有力的支撑和保障；另一方面，巩固提升乡村宽带工程建设成果，实施新一代农业农村信息基础设施建设工程，进一步提高乡村网络覆盖率、行政村 5G 通达率，实现“村村通光纤，户户有网络”。随着数字基础建设的加快，广西农业农村大数据中心等新型基础设施建设也加快推进，乡村公共服务将加速向数字化转型，数字农业新业态将不断涌现、数字惠民红利将加速释放。

（三）加强农业信息化建设，构建全产业链大数据体系

随着广西统筹推进乡村振兴战略，农业信息化建设不断加快，自治区从实施智慧农业、数字农业等方面着手，建立农业农村大数据体系，推进自治区级大数据与农业深度融合。在生产信息化上，优先在粮食、蔬菜生产、经营、流通等方面，加快实施数字化改造，并以县域农产品生产基地、产业园和农业龙头企业为单元，在全区大数据平台的基础上形成“块数据”，条块结合，健全数据采集、分析、应用循环体系，促进农业生产信息化在大田种植、畜禽养殖、水产养殖、设施栽培等领域深度融合及广泛应用。在经营信息化上，广西实施特色优势产业数字化提升工程，完善农产品追溯体系，完善农产品原产地可追溯制度和质量标识制度，加快培育“三品一标”农产品，推动更多规模以上农产品生产经营单位入驻区追溯管理信息平台，探索采用区块链技术，推动农产品质量安全追溯管理，实现生产、收购、贮藏、运输等环节的全程可追溯。

（四）丰富农业经营模式，形成农村数字经济新动能

数字经济作为农村经济发展的重要推动力，拓宽了农民就业渠道，特别是农村电商的发展，已经成为乡村振兴新引擎。从形式上，广西通过发展智慧农业，深入实施“互联网＋”农产品出村进城工程和“数商兴农”行动，有效促进数字经济发展；突出农业领域“电商换市”，培育壮大农业农村数字化服务企业和农产品电商主体，用好用活直播带货模式，逐步形成农村数字经济新动能。从内容上，广西以物联网、云计算、人工智能等技术构建农产品质量安全、农药数字、生猪生产等监管平台，以及“广西好嘢”营销、农村产权流转交易信息服务、数字农机信息化管理等一批数字化平台；着力打造柳州螺蛳粉、武鸣沃柑、灵山荔枝等一批农产品电商产业园；搭建农业政务、贸易、融媒等一组农业服务网；试点建设数字果园、猪场、渔场等一批数字农业示范基地；以推动大健康与大数据、大生态、大旅游深度融合，因地制宜整合发展乡村“农文旅”产业融合项目，丰富乡村旅游数字体验产品，培育发展一批智慧

乡村旅游服务企业。

（五）推进乡村管理服务数字化，驱动乡村发展

现代技术飞速发展，乡村治理与时俱进，数字化乡村治理模式成为治理乡村难题的最佳途径。广西通过构建乡村综合信息服务体系，有效促进区域、城乡的公共服务资源优化配置，提升信息惠农服务水平。用数字化引领驱动乡村发展，推动“互联网+党建”、村务财务网上公开；加强农村集体经济和集体资产数字化管理，持续深化“放管服”改革；推动“互联网+”服务向农村延伸覆盖，推进涉农事项在线办理，加快推进乡村治理数字化和城乡灾害监测预警信息共享；加快农村公共区域、重要交通路段视频监控建设；加快建设综合治理信息系统与综治视联网、公共安全视频监控平台“三网合一”工程，提升乡村治理能力，推进农村生产生活数字化应用，使广大农民群众共享数字经济发展成果。

2022 重庆市县域农业农村信息化发展水平评价报告

撰稿单位：重庆市农业信息中心
撰稿人员：李雪燕　卢　祎　宋　琦　刘美伶

为贯彻落实党中央、国务院有关农业农村建设、大数据战略和数字乡村发展战略等一系列重大部署安排，重庆市坚持农业农村优先发展的总方针，聚焦高质量、供给侧、智能化，加大数字技术赋能农业农村创新发展，不断强化产业数字化、数字产业化转型，推进农业数字化转型升级，先后印发《重庆市数字乡村发展行动计划（2020—2025 年）》《重庆市智慧农业发展实施方案（试行）》《重庆市“互联网＋”农产品出村进城工程实施方案（2020—2022 年）》等文件，深入实施以大数据智能化为引领的创新驱动发展战略行动计划，奋力开创全市农业农村信息化建设新局面。按照农业农村部市场与信息化司《关于开展 2022 年度全国农业农村信息化能力监测试点工作的函》工作安排，重庆市农业农村信息化能力监测工作在农业农村部市场与信息化司和农业农村部信息中心的指导下，在市农业农村委员会的领导下，科学安排、有序推进、按时完成，最终形成评价报告。

一、评价说明

（一）数据来源

本次监测数据由区县农业农村主管部门自主采集、客观填报，经过市级农业农村部门审核，农业农村部信息中心审定等流程获取，全市 39[①] 个涉农区县全部纳入监测范围，实现涉农区县信息化能力监测全覆盖，共计采集到5 460 条基础填报数据。

① 渝中区不含涉农行政村（社区），故未参与此次监测。由于部分县名称过长，不易在图表中显示，本报告中图表均使用简称，如秀山土家族苗族自治县简称秀山县、酉阳土家族苗族自治县简称酉阳县、石柱土家族自治县简称石柱县、彭水苗族土家族自治县简称为彭水县。

(二)指标体系

评价指标体系为2022全国农业农村信息化能力监测体系，该指标体系基于以往三年工作基础，细化调整了部分指标。一级指标包含发展环境、乡村网络基础设施、农业生产信息化、经营信息化、乡村治理信息化和服务信息化6项，二级指标包含农业农村信息化财政投入情况、互联网普及程度等17项，三级指标包含乡村人均农业农村信息化财政投入、互联网普及率等23项。

二、评价结果

(一)重庆市农业农村信息化发展总体水平

经综合测算，2021年重庆市县域农业农村信息化发展总体水平为43.0%①，高于全国发展总体水平3.9个百分点，居全国第八位，高于西部地区发展总体水平9.4个百分点，居西部第一位（表1）。分区县看，17个区县高于全国农业农村信息化发展总体水平值，占比43.59%，35个区县高于西部地区农业农村信息化发展总体水平值，占比89.74%。

表1 2021年全国、各地区及重庆市县域农业农村信息化发展水平

层级	发展总水平（%）
全国	39.1
东部地区	42.9
中部地区	42.5
西部地区	33.6
重庆市	43.0

(二)重庆市农业农村信息化发展环境

1. 农业农村信息化财政投入情况

2021年重庆市农业农村信息化财政投入额约为17.40亿元，乡村人均农业农村信息化财政投入为112.59元，居全国第三位、西部地区第一位。分区县看，13个区县超过全国乡村人均农业农村信息化财政投入（55.25元），占比33.33%（图1）。

① 由于2022全国农业农村信息化能力监测指标体系在2021年指标体系的基础上对部分指标进行了增加和细化，故本报告中的部分指标结果未与上年指标结果进行比较。

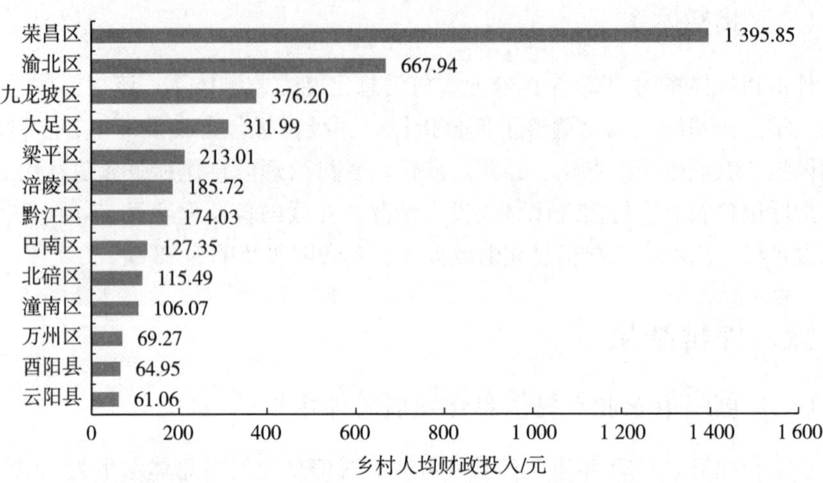

图 1 2021 年重庆市超过全国乡村人均农业农村信息化财政投入的区县

2. 农业农村信息化社会资本投入情况

2021 年重庆市农业农村信息化社会资本投入额约为 34.09 亿元，乡村人均农业农村信息化社会资本投入 220.6 元，居全国第五位、西部地区第二位。分区县看，18 个区县超过全国乡村人均农业农村信息化社会资本投入（135.2 元），占比 46.15%（图 2）。

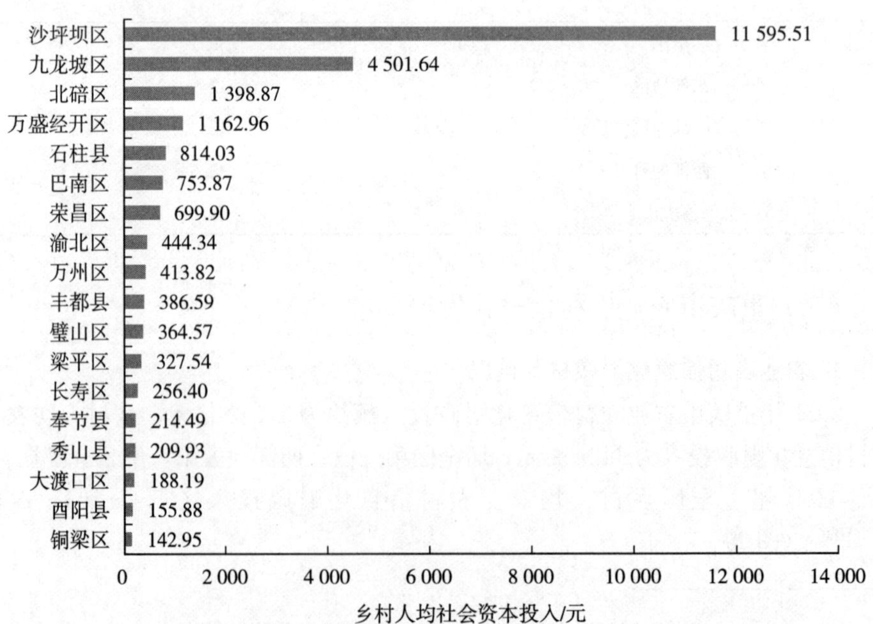

图 2 2021 年重庆市超过全国乡村人均农业农村信息化社会资本投入的区县

3. 农业农村信息化管理服务机构情况

2021 年重庆市县级农业农村信息化管理服务机构综合设置情况为 81.41%，居全国第五位、西部地区第一位。分区县看，20 个区县农业农村信息化管理服务机构综合设置率已达到 100%，12 个区县为 75%，4 个区县为 50%，3 个区县仅为 25%。

（三）重庆市乡村网络基础设施

乡村网络基础设施主要由行政村 5G 通达率和互联网普及率两个指标衡量。2021 年重庆市行政村 5G 通达率为 46.62%，重庆市网民数达 2 774.84 万人，互联网普及率为 82.94%。分区县看，14 个区县超过全国行政村 5G 通达率（57.39%）和全国互联网普及率（72.83%），占比 35.9%（图 3）。

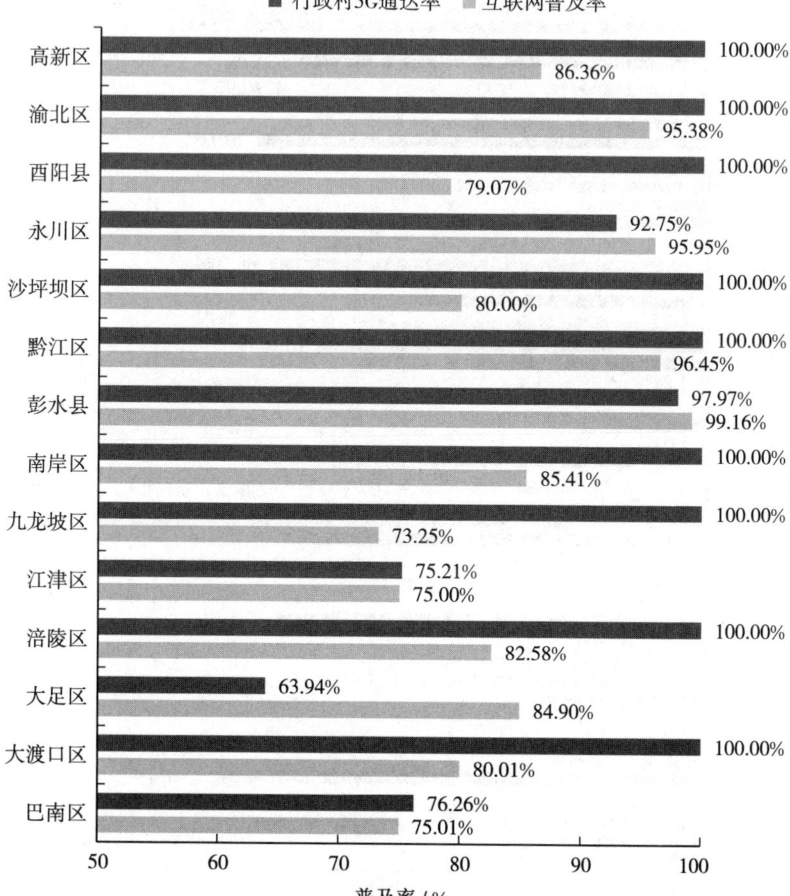

图 3　2021 年重庆市超过全国行政村 5G 通达率和全国互联网普及率的区县

（四）重庆市农业生产信息化

2021 年重庆市农业生产信息化率为 26.48%，居全国第十三位、西部地区第一位。其中，大田种植信息化率为 25.51%，设施栽培信息化率为 23.87%，畜禽养殖信息化率为 29.27%，水产养殖信息化率为 22.8%。分区县看，13 个区县超过全国农业生产信息化率（25.36%），占比 33.33%。全市超过全国农业生产信息化率的区县各行业信息化情况见图 4。

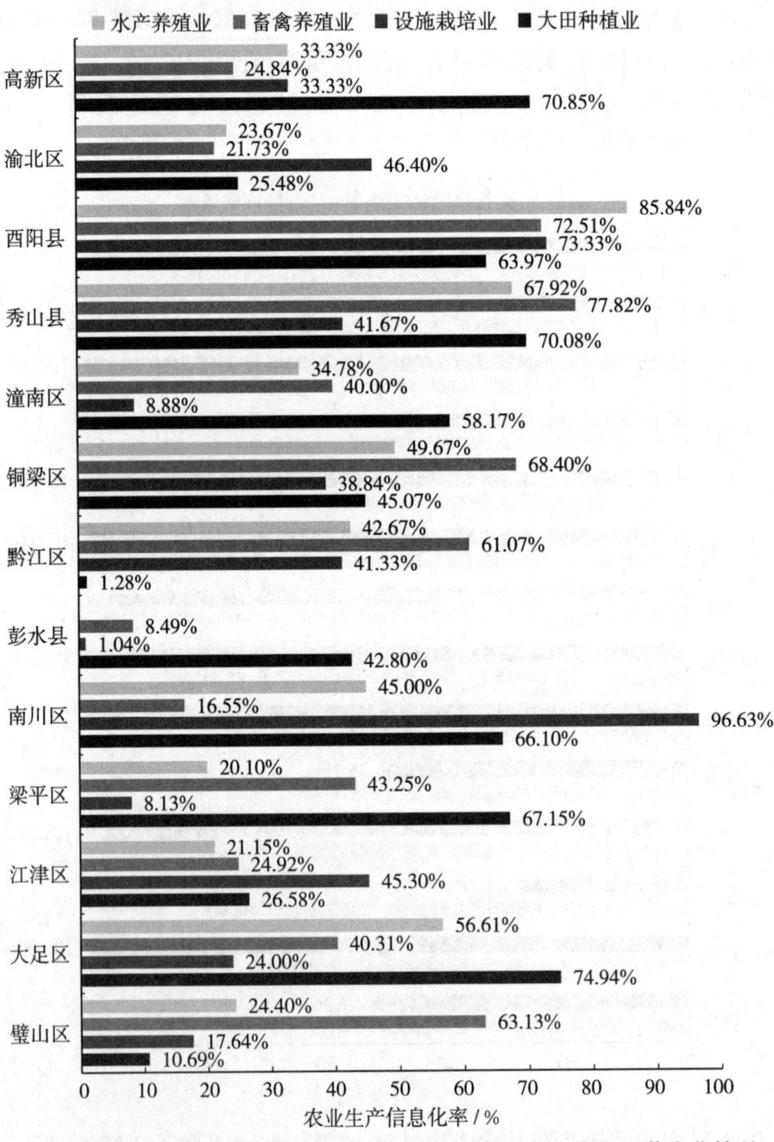

图 4　2021 年重庆市超过全国农业生产信息化率的区县各行业信息化情况

（五）重庆市农业经营信息化

1. 农产品网络销售额占比情况

2021年重庆市农产品网络销售额占比为9.46%，居全国第十九位、西部地区第七位。分区县看，15个区县超过全国农产品网络销售额占比（14.8%），占比30.77%（图5）。

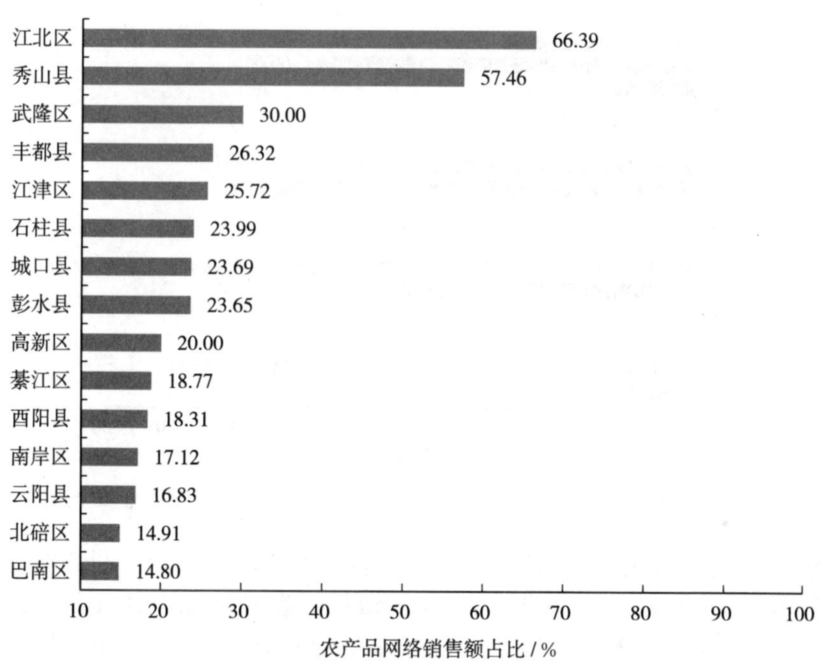

图5　2021年重庆市超过全国农产品网络销售额占比的区县

2. 农产品质量安全追溯信息化情况

2021年重庆市农产品质量安全追溯信息化率为10.81%，居全国第三十位、西部地区第十一位。其中，大田种植业农产品质量安全追溯信息化率为9.52%，设施栽培业农产品质量安全追溯信息化率为35.12%，畜禽养殖业农产品质量安全追溯信息化率为9.29%，水产养殖业农产品质量安全追溯信息化率为14.67%。分区县看，6个区县超过全国农产品质量安全追溯信息化水平（24.66%），占比15.38%（图6）。

（六）重庆市乡村治理信息化

1. 农村“互联网+监督”情况

2021年重庆市“三务”网上公开行政村覆盖率为95.37%，居全国第七位、

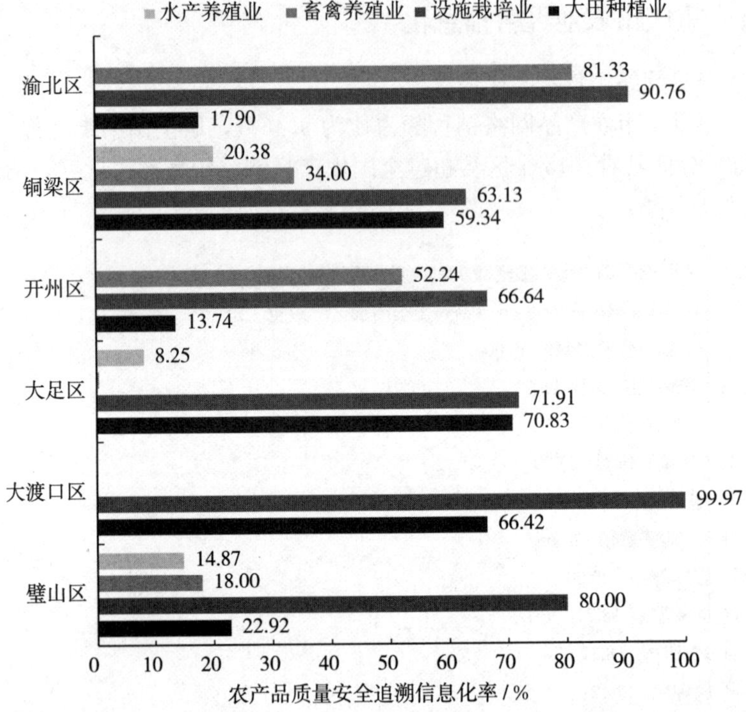

图6　2021年重庆市超过全国农产品质量安全追溯信息化率的区县各行业安全追溯情况

西部地区第一位。其中，党务网上公开行政村覆盖率为97.65%，村务网上公开行政村覆盖率为97.68%，财务网上公开行政村覆盖率为90.77%（表2）。分区县看，32个区县"三务"网上公开行政村覆盖率达到100%，38个区县超过全国"三务"网上公开行政村覆盖率（78.35%），占比97.44%。

表2　2021年全国、西部地区及重庆市"三务"公开行政村覆盖率

单位：%

地区	党务网上公开行政村覆盖率	村务网上公开行政村覆盖率	财务网上公开行政村覆盖率
全国	79.94	79.04	76.07
西部地区	74.69	73.09	69.13
重庆市	97.65	97.68	90.77

2. "互联网+政务服务"情况

2021年重庆市县域政务服务在线办事率为87.18%，居全国第五位、西部地区第一位。分区县看，22个区县政务服务在线办事率达到100%；28个区县超过全国县域政务服务在线办事率（68.23%），占比71.79%；39个区县社会保险业务、新型农村合作医疗业务全部实现网上办理，社会保险业务、新型农村合作医疗业务在线办事率达到100%；38个区县劳动就业业务实现网上办理，劳动就业业务在线办事率达到97.44%；25个区县农村土地流转业务实现网上办理，农村土地流转业务在线办事率达到64.10%；28个区县宅基地管理业务实现网上办理，宅基地管理业务在线办事率达到71.79%；35个区县涉农补贴业务实现网上办理，涉农补贴业务在线办事率达到89.74%（图7）。

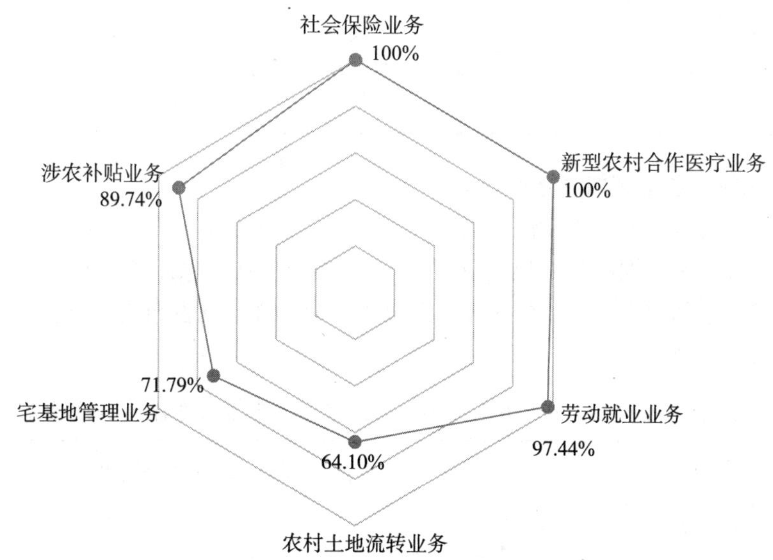

图7 2021年重庆市重要民生保障业务在线办理情况

3. 农村“互联网+网格治理”情况

2021年重庆市公共安全视频图像应用系统行政村覆盖率为91.17%（表3），居全国第八位、西部地区第一位。分区县看，28个区县公共安全视频图像应用系统行政村覆盖率达100%；31个区县超过全国公共安全视频图像应用系统行政村覆盖率（80.35%），占比79.49%。

表3 2021年全国、西部地区及重庆市公共安全视频图像应用系统行政村覆盖率

地区	公共安全视频图像应用系统行政村覆盖率/%
全国	80.35
西部地区	72.3
重庆市	91.17

4. 村级事务管理信息化情况

2021年重庆市村级在线议事行政村覆盖率为92.57%（表4），居全国第七位、西部地区第一位。分区县看，32个区县村级在线议事行政村覆盖率达100%；33个区县超过全国村级在线议事行政村覆盖率（72.25%），占比84.62%。

表4　2021年全国、西部地区及重庆市村级在线议事行政村覆盖率

地区	村级在线议事行政村覆盖率/%
全国	72.25
西部地区	63.96
重庆市	92.57

5. 农村应急管理信息化情况

2021年重庆市应急广播主动发布终端行政村覆盖率为93.51%（表5），居全国第八位、西部地区第一位。分区县看，32个区县应急广播主动发布终端行政村覆盖率达到100%；36个区县超过全国应急广播主动发布终端行政村覆盖率（79.67%），占比92.31%。

表5　2021年全国、西部地区及重庆市应急广播主动发布终端行政村覆盖率

地区	应急广播主动发布终端行政村覆盖率/%
全国	79.67
西部地区	76.37
重庆市	93.51

（七）重庆市乡村治理信息化

1. 村级综合服务站点建设情况

2021年重庆市村级综合服务站点行政村覆盖率为95.4%（表6），居全国第七位、西部地区第二位。30个区县村级综合服务站点行政村覆盖率达到100%，35个区县超过全国村级综合服务站点行政村覆盖率（86.01%），占比89.74%。

表6　2021年全国、西部地区及重庆市村级综合服务站点行政村覆盖率

地区	村级综合服务站点行政村覆盖率/%
全国	86.01
西部地区	81.18
重庆市	95.4

2. 农技推广服务信息化情况

2021 年重庆市农技推广服务信息化率为 70.79%（表 7），居全国第八位、西部地区第二位。15 个区县农技推广服务信息化率达到 100%，28 个区县超过全国农技推广服务信息化率（61.34%），占比 71.79%。

表 7 2021 年全国、西部地区及重庆市农技推广服务信息化率

地区	农技推广服务信息化率/%
全国	61.34
西部地区	55.03
重庆市	70.79

三、发展亮点

（一）农业农村信息化资金投入充分保障

随着数字经济逐步向基层、向农村延伸，全市农业农村信息化事业日益壮大，专项信息化建设财政资金投入和社会资本投入不断增加，以保障农业农村信息化建设快速发展。2021 年，全市 39 个涉农区县在农业农村信息化建设方面，信息化财政资金投入约为 17.40 亿元，乡村人均财政投入为 112.59 元，较 2020 年增加了 13.25 元，社会资本投入约为 34.09 亿元，乡村人均社会资本投入为 220.6 元，较 2020 年增加了 111.25 元，信息化人均资金投入均居全国前列。

（二）信息化管理服务机构不断健全

按照《重庆市智慧农业发展实施方案（试行）》《重庆市数字乡村发展行动计划（2020—2025 年）》等文件，县域层面结合实际情况，健全信息化管理服务机构，落实主体责任，细化工作方案。32 个区县农业农村局为县网络安全和信息化领导机构成员或组成单位，35 个区县农业农村局成立了网络安全和信息化领导机构，38 个区县农业农村局设置了承担信息化相关工作的行政科（股），22 个区县农业农村局设置了信息中心（信息站）等事业单位，促进了信息化工作制度化、规范化。同时，在信息化建设方面，做到了人才优先配备、项目优先建设，高效推动了信息化工作。2021 年，全市县级农业农村信息化管理服务机构覆盖率达到 81.41%，居全国前列。

（三）农业生产信息化短板持续补齐

近年来，全市着力补齐农业生产信息化短板，以产业链关键环节改造提升为重点，充分利用区块链、物联网、大数据、人工智能等信息技术，聚焦智能化与生产发展深度融合。2021 年，重庆市农业生产信息化率达到 26.48%，较 2020 年提升了 3.76 个百分点，其中大田种植信息化率、设施栽培信息化率、畜禽养殖信息化率水产养殖信息化率分别较 2020 年提升了 2.6 个、2.12 个、5.8 个、6.43 个百分点，信息化水平持续提档加速。

（四）乡村治理信息化成效显著

近年来，重庆市积极推动乡村治理数字化转型，健全农村政务公开管理体系，推动党务、村务、财务网上公开，畅通社情民意，全面推进基层政务公开标准化、规范化。2021 年实现党务、村务、财务网上公开的行政村数量分别为 8 896 个、8 899 个、8 269 个，“三务”网上公开行政村覆盖率达到 95.37%，居全国前列。全市依托“渝快办”等一体化在线政务服务平台和数据共享交换体系，加强推广“最多跑一次”“不见面审批”等改革模式，保障重要民生业务在线办理全面下沉到乡镇、村居。2021 年全市民生事项网上办理率达到了 94.14%，其中 28 个区县在线办事率超过 80%，22 个区县在线办事率达到 100%。根据《重庆市公共安全视频图像信息系统管理办法》，全市深入实施农村“互联网＋网格治理”，打造基层治理“一张网”，促进现代信息手段与传统治理资源有效衔接，提高农村社会综合治理精细化、现代化水平。2021 年重庆市实现公共安全视频图像应用系统覆盖的行政村数量共计 8 306 个，公共安全视频图像应用系统行政村覆盖率达到 91.17%，居全国前列。

（五）服务信息化全面深入

近年来，重庆市利用信息化手段积极开展党务服务、基本公共服务和公共事业服务，2021 年村级综合服务站点总数共计 11 333 个，村级综合服务站点行政村覆盖率达到 95.4%，近 80%的区县村级综合服务站点行政村覆盖率达到 100%。依托农技推广软件，及时为农民提供高效便捷、双向互动的农技推广服务，实现农技推广服务全域全天候全覆盖，确保农技指导服务精准高效。2021 年接受信息化农技推广服务的新型农业经营主体数量共计 52 665 个，农技推广服务信息化率达到 70.79%，服务信息化保持全国先进水平。

四、存在问题

（一）信息化发展水平不均衡

根据评价结果分析，重庆市农业农村信息化水平已处于全国前列，但各区县发展不平衡特征依旧明显。由于各地政策、建设基础和发展资源的差异性，各区县信息化发展水平参差不齐。2021 年全市农业农村信息化发展水平排名全区前 10 的区县平均发展水平为 53.03%，排名后 10 的区县平均发展水平仅为 33.24%。部分区县信息化水平达到全国先进县域队列，但部分区县信息化建设较为薄弱，发展步伐严重滞后。

（二）行政村 5G 通达率亟待加强

行政村 5G 通达率首次纳入信息化能力监测体系，但全市行政村 5G 通达率处于较低水平，仅为 46.62%，低于全国平均水平 10.77 个百分点，低于东部地区 15.82 个百分点，低于中部地区 14.32 个百分点，低于西部地区 0.19 个百分点，与全国先进省份仍有较大差距。全市 60%的区县低于全国平均水平，仍有近半的区县通达率低于 40%，距离工业和信息化部在《“十四五”信息通信行业发展规划》中明确指出的“到 2025 年，我国行政村 5G 通达率将达到 80%”的发展目标存在较大差距。

（三）农产品网络销售占比有待提升

农产品网络销售作为一种高效的营销渠道，具有良好的市场发展前景，对于扩展农产品市场、发展农村经济具有重要作用。2021 年重庆市农产品网络销售额占比为 9.46%，低于全国平均水平 5.34 个百分点，低于东部地区 8.24 个百分点，低于中部地区 6.17 个百分点，低于西部地区 1.16 个百分点。全市大部分特色农产品已着手开展网络营销，大部分区县电商服务站已基本实现行政村全覆盖，但农产品网络销售占比普遍较低，50%的区县未超过 10%，80%的区县未超过 20%，农产品网络销售转换仍停留在较低的应用水平。在网络销售运作中也存在较多问题，如网络营销意识淡薄、网络人才缺乏、物流配送体系不健全、缺乏有效的推广策略等。

（四）农产品质量安全追溯信息化率普遍较低

农产品安全追溯是解决农产品质量安全问题的内在要求。2021 年全市农产品安全追溯信息化率仍处于较低水平，仅为 10.81%，低于全国平均水平 13.85 个百分点，低于东部地区 20.96 个百分点，低于中部地区 12.08 个百分点，低于西部地区 6.31 个百分点，尤其是畜禽养殖业农产品质量安全追溯信息化率仅为 9.29%，全国排名明显落后。部分区县受制于投入成本高、经营主体意愿不强等因素，产品安全追溯应用较差，其中 15 个区县水产养殖业农产品质量安全追溯信息化率为零。

五、发展建议

（一）发挥试点作用，带动县域高效发展

围绕粮猪菜保供产业和山地特色高效农业，促进大数据和智能化技术在农产品生产管理、加工流通、市场销售、安全追溯 4 个关键环节融合应用，建设一批大田种植、设施园艺、畜禽养殖、水产养殖智慧示范基地，熟化一批农业智能化关键技术和成套设备，推广一批节本增效智慧农业应用模式，探索出可复制的农业全产业链数字化改造模式。结合特色农产品优势区、农业园区、“一村一品”示范乡镇，依托物联网、大数据、人工智能在特色农业上的应用场景，打造农业特色优势明显、产业基础好、发展潜力大、带动能力强的农业特色“互联网”示范小镇。基于示范点丰富的实践经验，逐步形成系统的、可推广的成功典型案例模式，为全市数字乡村建设提供参考借鉴，形成以点带面的发展趋势，整体推进数字乡村发展。

（二）加强基础建设，筑牢数字乡村基座

加强乡村 5G 基站建设，部署新一代通信网络基础设施，持续提升 5G 网络覆盖的深度和广度，全面推进 5G 网络向乡镇和农村延伸，实现自然村移动网络和光纤网络未覆盖区域动态清零，促进城市农村“同网同速”，缩小城乡数字鸿沟，加快农村信息基础设施建设，以技术先进、品质优良的乡村精品网络为乡村振兴筑牢数字基座。

（三）提升网络经营，促进农村电商发展

继续深入实施“互联网＋”农产品出村进城工程，大力培育农产品产业化运营主体，建立完善适应农产品网络销售的供应链体系、销售服务体系和支撑保障体系，做好农村电商、云端带货、网络直播等服务支撑，强化本地农特产品推介，构建农产品出村进城、走出大山、走向全国的供应链体系。开发平台电商服务能力，引入头部互联网企业，孵化培育农村本地化电商服务商，提升电商能力水平，不断提升市场营销电商化水平，实现卖得出、卖得远、卖得好。积极开拓批发电商、分销电商渠道，大力发展农产品社交电商、直播电商等新模式，打造一批重点网货生产基地和产地直播基地。加强农产品电商数据监测和农产品电商网络零售额考核工作，督促各区县重视农产品电商发展。

（四）聚焦质量安全，强化农产品追溯体系

加强市、县、乡、村四级农产品质量安全监管服务体系建设，强化农产品

质量安全全程追溯和投入品监管，优化市农产品质量安全追溯综合管理信息平台建设与管理，实现市追溯综合管理信息平台与国家追溯平台的互通共享，融入全国追溯“一张网”，应用区块链技术使追溯数据上链，增强平台可信性，提升监管农产品全链条、全流程、全领域质量安全能力，保障农产品质量安全智能溯源和农业投入品智能监管基本覆盖全市农产品规模生产基地和农业投入品生产经营企业、监管机构，实现“带证上网、带码上线、带标上市”。

2022 四川省县域农业农村信息化发展水平评价报告

撰稿单位：四川省农业农村厅市场与信息化处、信息中心，
四川农业科学院农业信息与农村经济研究所
撰稿人员：刘　娜　冷奕光　陈　挚　王兰惜
汤海英　高文波　胡　亮

一、评价说明

（一）工作背景

党中央、国务院高度重视农业农村信息化建设，中共中央办公厅、国务院办公厅出台了《数字乡村发展战略纲要》，有关部门先后出台了《农业农村信息化发展规划（2019—2025 年）》《2020 年数字乡村发展工作要点》《数字乡村建设指南 1.0》等一系列重大方针政策，为新阶段推进农业农村信息化建设指明了方向。四川省委、省政府深入贯彻落实党中央、国务院关于农业农村信息化工作的决策部署，紧紧抓住数字经济为乡村振兴赋能的新机遇，相继出台了《四川省“十四五”推进农业农村现代化规划》《四川省落实〈数字乡村发展战略纲要〉重点任务分工方案》等文件，为四川省全面实施乡村振兴战略、推进农业农村信息化发展提供了政策指引和行动指南。

四川省立足抢占农业农村信息化战略制高点，广泛运用物联网、云计算、大数据、人工智能等信息化技术，加快提升农业农村信息化水平。在广汉市、达州市通川区、筠连县试点探索数字农业建设机制，坚持数字产业化和产业数字化两条主线，稳步推进农业农村大数据体系建设。结合《农业农村部市场与信息化司关于开展 2022 年度全国农业农村信息化能力监测试点工作的函》的有关要求，立足四川省实情，紧密围绕关键绩效理念，从发展环境、乡村网络基础设施、农业生产信息化、经营信息化、乡村治理信息化和服务信息化六个维度，对四川省涉农县（市、区）农业农村信息化发展现状进行了研究分析，形成了《2022 四川省县域农业农村信息化发展水平评价报告》。

开展全国农业农村信息化能力监测工作，打造农业农村信息化发展的“坐标系”，既顺应了数字经济快速发展的时代要求，也必将促进全省各级党委、

政府，特别是县级党委、政府在智慧农业建设和数字乡村发展中比较科学、准确地找准自己在全国、在全省的坐标位置。通过对比，帮助各地找准差距和问题、明确努力方向，从而补短板、强优势，在智慧农业、乡村治理信息化和涉农部门数字政府建设等领域找准着力点，打造推动农业农村数字化转型的“新引擎”，推动全省农业农村信息化快速健康发展。

（二）数据来源及相关说明

本次评价工作中，四川省 178 个县（市、区）（含 176 个涉农县和成都市天府新区、东部新区）中 173 个参评，县域参评率达到 97.19%。因壤塘县、康定市、盐亭县、天全县、兴文县部分指标存在异常值，不纳入县域排名，故上述 5 县（市）未参评。报告根据四川省的地形地貌等自然条件和农业农村工作特点，将全省参评县域划分为五个区域：成都平原区（31 个参评县）、丘陵地区（63 个参评县）、盆周山区（28 个参评县）、川西南山地区（22 个参评县）和高原山地区（29 个参评县）。报告采用了农业农村部 2022 年推出的《2022 全国农业农村信息化能力监测指标体系》，使用的基础指标数据为 2021 年度数据，并对部分数值范围不在 0～1 的三级指标值用 Min - max 归一化方法进行数据处理。

二、评价结果

（一）四川省县域农业农村信息化发展总体水平

2021 年四川省县域农业农村信息化发展总体水平为 35.6%，低于全国平均 39.1%的发展水平，高出西部地区发展水平 2.0 个百分点。四川省农业农村信息化发展水平排名前 3 的市州分别是眉山市、遂宁市和广元市，全省共有 7 个市州农业农村信息化发展水平高于全国平均水平（图 1）。

从地域方面分析，全省五个区域中，成都平原区和盆周山区的农业农村信息化发展水平高于全国平均水平。其中：成都平原区发展水平最高，为 42.3%，显著高于全省其他区域；盆周山区和丘陵地区紧随其后，分别为 39.4%和 38.5%；川西南山地区和高原山地区发展水平相对滞后，分别为 28.0%和 28.2%（表 1）。

从县域尺度分析，各县（市、区）差异较大：雅安市芦山县以 68.0%排在第一；南充市顺庆区，眉山市丹棱县、洪雅县，成都市大邑县，乐山市峨眉山市、井研县、金口河区，雅安市荥经县，绵阳市江油市在此次评价中位列第二至第十。农业农村信息化发展水平排名全省前 10 的县（市、区）中位于成都平原区的县（市、区）有 4 个，位于丘陵地区的县（市、区）有 2 个，位于

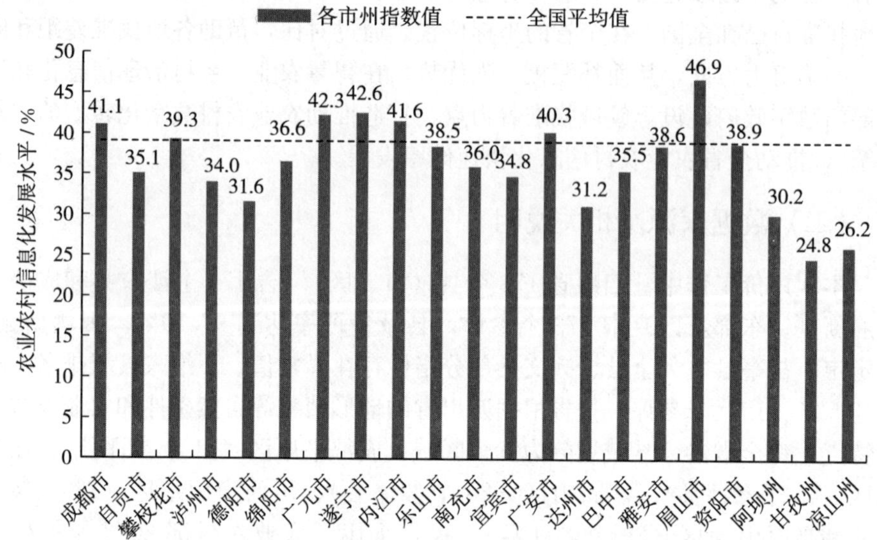

图 1　2021 年四川省各市州农业农村信息化发展水平

注：在整个报告中，甘孜藏族自治州简称甘孜州，阿坝藏族羌族自治州简称阿坝州，凉山彝族自治州简称凉山州。

表 1　2021 年四川省按地形分区各区域农业农村信息化发展水平

地形分区	县（市、区）数量/个	乡村人口数/万人	发展水平/%
成都平原区	31	807.5	42.3
丘陵地区	63	2 709.5	38.5
盆周山区	28	672.24	39.4
川西南山地区	22	485.36	28.0
高原山地区	29	154.28	28.2
全省	173	4 828.88	35.6

盆周山区的县（市、区）有 4 个。排名全省前 10 的县（市、区）平均发展水平为 59.4%，排名全省后 10 的县（市、区）平均发展水平为 14.7%（图 2）。发展水平超过 50%的县（市、区）共计 17 个，其中成都平原区 7 个、丘陵地区 4 个、盆周山区 6 个；全省县域农业农村信息化发展水平高于全国平均水平 39.1%的县（市、区）共有 68 个，其中来自成都平原区、丘陵地区、盆周山区、川西南山地区和高原山地区的县（市、区）数量占比分别为 26.5%、41.2%、19.1%、8.8%和 4.4%。

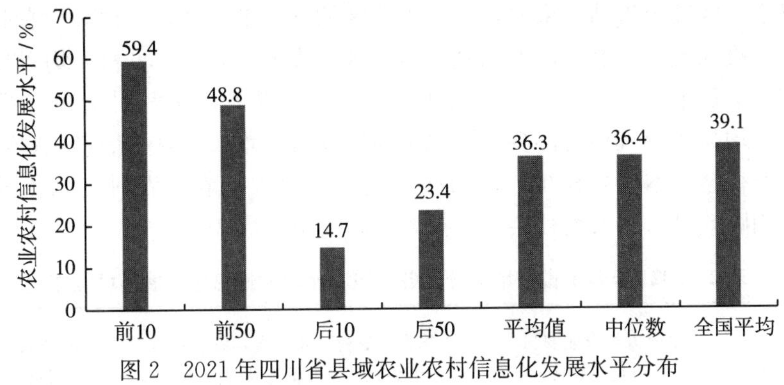

图 2　2021 年四川省县域农业农村信息化发展水平分布

(二) 四川省农业农村信息化“六维”发展水平

根据农业农村部《全国农业农村信息化能力监测指标体系》，对四川省涉农县（市、区）农业农村信息化发展环境、乡村网络基础设施、农业生产信息化、经营信息化、乡村治理信息化和服务信息化六个维度分析如下。

1. 发展环境情况分析

2021 年，全省乡村人均农业农村信息化财政投入 33.6 元，乡村人均农业农村信息化社会资本投入 88.1 元，其中乡村人均农业农村信息化社会资本投入较 2020 年增加了 14.2 元。

从市（州）尺度分析，乡村农业农村信息化总投入排名前 3 的市（州）分别为乐山市、甘孜州和成都市。甘孜州、雅安市和乐山市乡村人均农业农村信息化财政投入排名全省前 3；乡村人均农业农村信息化社会资本投入排名前 3 的市州是乐山市、攀枝花市和成都市。各市州乡村人均农业农村信息化投入详见图 3。

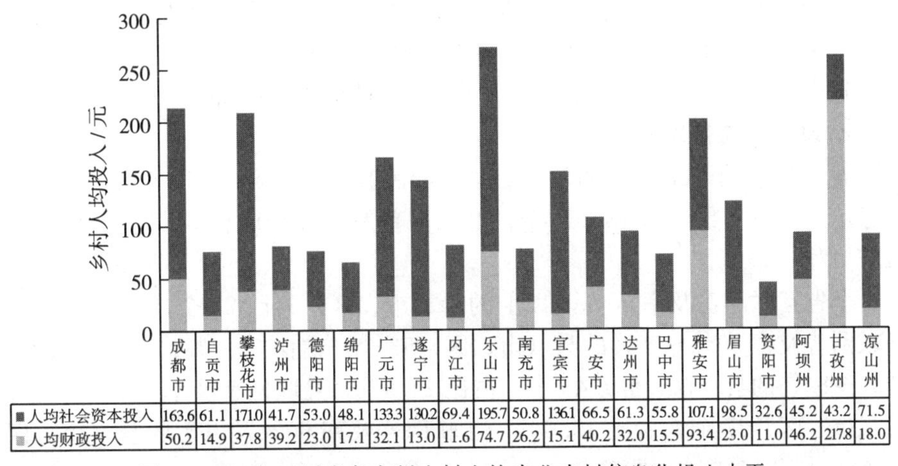

	成都市	自贡市	攀枝花市	泸州市	德阳市	绵阳市	广元市	遂宁市	内江市	乐山市	南充市	宜宾市	广安市	达州市	巴中市	雅安市	眉山市	资阳市	阿坝州	甘孜州	凉山州
■人均社会资本投入	163.6	61.1	171.0	41.7	53.0	48.1	133.3	130.2	69.4	195.7	50.8	136.1	66.5	61.3	55.8	107.1	98.5	32.6	45.2	43.2	71.5
■人均财政投入	50.2	14.9	37.8	39.2	23.0	17.1	32.1	13.0	11.6	74.7	26.2	15.1	40.2	32.0	15.5	93.4	23.0	11.0	46.2	217.8	18.0

图 3　2021 年四川省各市州乡村人均农业农村信息化投入水平

以不同区域分析结果来看，成都平原区的县（市、区）乡村人均农业农村信息化总投入最多。盆周山区的县（市、区）投入也较多，乡村人均财政投入和人均社会资本投入均高于四川省平均水平；丘陵地区人均社会资本投入较高，但人均财政投入相对偏少；高原山地区乡村人均农业农村信息化财政投入较好，但社会资本投入较少；川西南山地区乡村人均农业农村信息化投入最少，人均财政投入和人均社会资本投入均相对不足（表2）。

表2　2021年四川省按地形分区各区域农业农村信息化发展环境数据

地形分区	乡村人均农业农村信息化总投入/元	乡村人均农业农村信息化财政投入/元	乡村人均农业农村信息化社会资本投入/元	县级农业农村信息化管理服务机构综合设置情况/%
成都平原区	272.1	43.4	228.7	76.6
丘陵地区	125.1	31.2	93.9	81.0
盆周山区	195.7	70.9	124.8	84.8
川西南山地区	113.4	30.5	82.9	76.1
高原山地区	161.4	121.0	40.4	63.8
四川省	121.7	33.6	88.1	77.7

2021年，四川省县级农业农村信息化管理服务机构综合设置情况为77.7%，较2020年提高了3.2个百分点，排名全国第十一。其中，全省有158个县域农业农村局被列为县网络安全和信息化领导机构成员或组成单位，145个县域农业农村局成立了网络安全和信息化领导机构，148个县域农业农村局设置了承担信息化相关工作的行政科（股），102个县域农业农村局设置了信息中心或信息站等事业单位，各指标数量均较2020年有一定增加，已成为全省推进县域农业农村信息化建设发展重要管理保障力量（图4）。

2. 基础支撑情况分析

截至2021年末，四川省涉农县县域网民数总计达到6 075.5万人，5G网络通达的行政村数量达13 267个，互联网普及率和行政村5G通达率分别为71.7%和46.1%。

全省互联网普及率90%及以上的县（市、区）共计23个，占比13.3%；互联网普及率80%～90%的县（市、区）53个，占比30.6%；互联网普及率70%～80%的县（市、区）43个，占比24.9%；互联网普及率60%～70%的县（市、区）27个，占比15.6%；互联网普及率60%及以下的县（市、区）27个，占比15.6%（图5）。

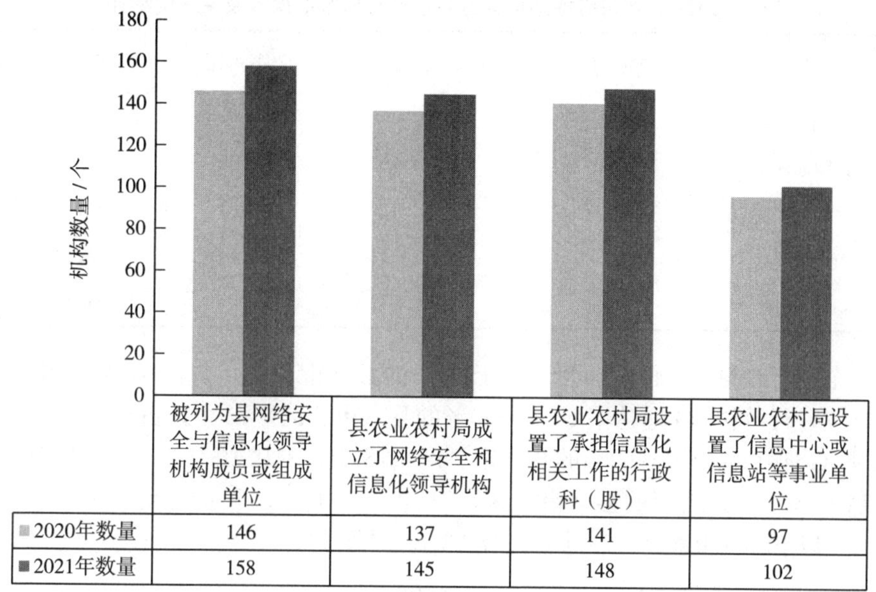

	被列为县网络安全与信息化领导机构成员或组成单位	县农业农村局成立了网络安全和信息化领导机构	县农业农村局设置了承担信息化相关工作的行政科（股）	县农业农村局设置了信息中心或信息站等事业单位
2020年数量	146	137	141	97
2021年数量	158	145	148	102

图4　2021年与2020年四川省农业农村信息化管理服务机构综合设置情况

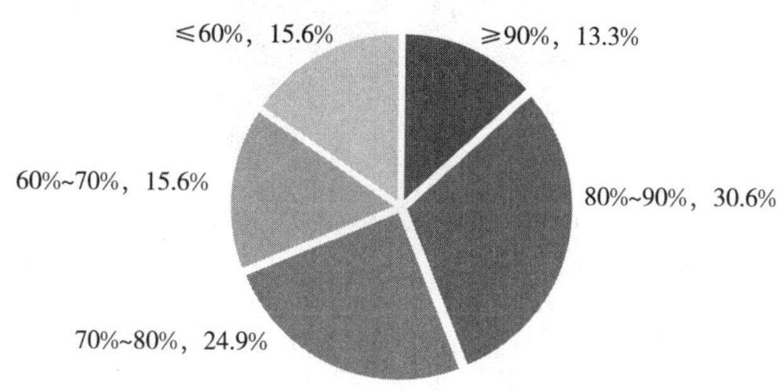

图5　2021年四川省县域互联网普及率分布

从地区来看，成都平原区共有30个的县（市、区）互联网普及率在60%[①]及以上，占该区域县域总数的96.8%；丘陵地区互联网普及率在60%及以上的县（市、区）有52个，占该区域县域总数的82.5%；盆周山区互联网普及率有24个县（市、区）互联网普及率在60%及以上，占该区域县域总数的85.7%；川西南山地区互联网普及率有15个县（市、区）互联网普及率在60%及以上，占该区域县域总数的68.2%；高原山地区互联网普及率在60%及以上的县（市、区）有25个，占比86.2%（表3）。

① 根据《中国互联网络发展状况统计报告2022》，截至2021年12月，我国农村互联网普及率为57.6%，故取互联网普及率≥60%进行分析。

表 3　2021 年四川省按地形分区各区域县域互联网普及率比例统计

地形分区	≥90%占比	≥80%占比	≥70%占比	≥60%占比
成都平原区	12.9%	51.6%	80.6%	96.8%
丘陵地区	19.0%	46.0%	69.8%	82.5%
盆周山区	14.3%	50.0%	75.0%	85.7%
川西南山地区	4.5%	18.2%	45.5%	68.2%
高原山地区	6.9%	44.8%	65.5%	86.2%

全省行政村 5G 通达率大于等于 80%的县（市、区）共计 62 个，占比约 35.8%；行政村 5G 通达率 60%～80%的县（市、区）14 个，占比 8.1%；行政村 5G 通达率 40%～60%的县（市、区）18 个，占比 10.4%；行政村 5G 通达率 20%～40%之间的县（市、区）21 个，占比 12.1%；行政村 5G 通达率 20%及以下县（市、区）58 个，占比 33.5%（图 6）。

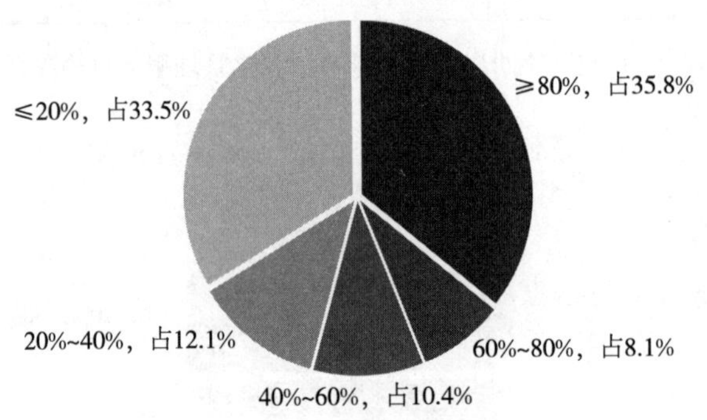

图 6　2021 年四川省县域行政村 5G 通达率分布

从地区来看，成都平原区共有 18 个县（市、区）行政村 5G 通达率在 60%及以上，占该区域县域总数的 58.1%；丘陵地区行政村 5G 通达率在 60%及以上的县（市、区）有 27 个，占该区域县域总数的 42.9%；盆周山区有 7 个县（市、区）行政村 5G 通达率在 60%及以上，占该区域县域总数的 25%；川西南山地区有 9 个县（市、区）行政村 5G 通达率在 60%及以上，占比 40.9%；高原山地区行政村 5G 通达率在 60%及以上的县（市、区）有 15 个，占比 51.7%。

3. 生产信息化情况分析

农业生产信息化情况主要涵盖大田种植、设施栽培、畜禽养殖及水产养殖领域。2021 年四川省农业生产信息化率为 18.4%，其中大田种植、设施栽培、畜禽养殖和水产养殖信息化率分别为 14.5%、28.5%、23.9%和 16.0%。

市州方面，四川省农业生产信息化率排名前3的市州分别为眉山市、乐山市和广安市（图7）。其中：大田种植领域，全省排名前3的是眉山市（39.1%）、乐山市（28.9%）和南充市（26.1%）；设施栽培领域，广元市（54.7%）、乐山市（47.4%）和资阳市（47.4%）位列前3；资阳市（45.8%）、眉山市（41.3%）和广安市（40.8%）的畜禽养殖信息化率领先；水产养殖领域，全省排名前3的市州是绵阳市（45.5%）、乐山市（38.6%）和攀枝花市（35.5%）。各市州具体数值详见图8。

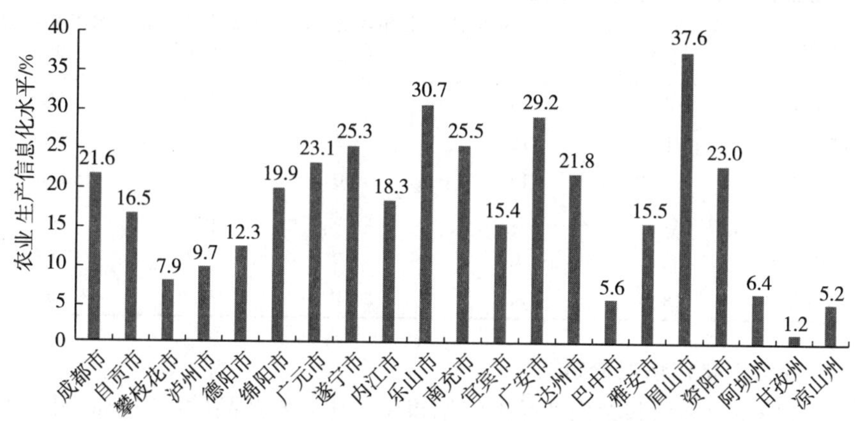

图7 2021年四川省各市州农业生产信息化率

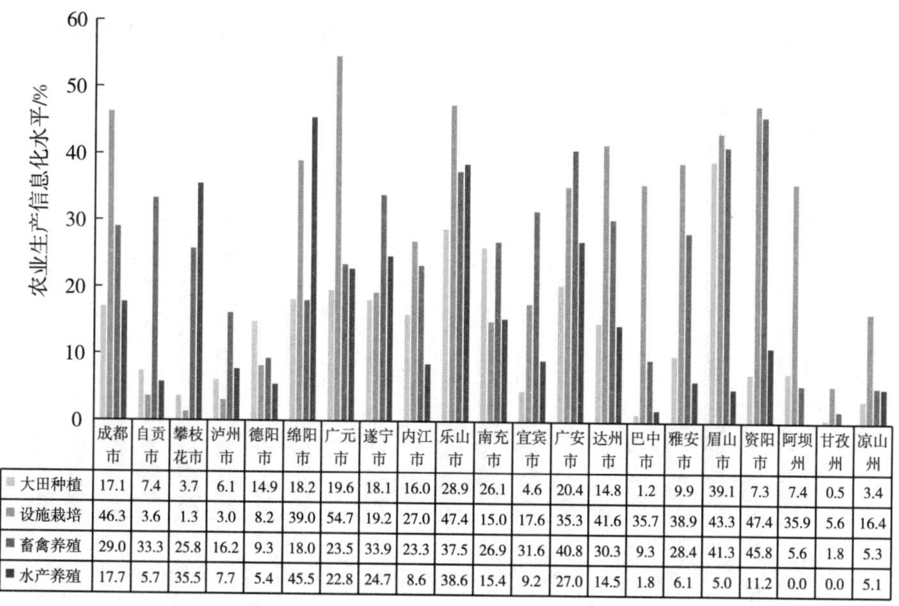

	成都市	自贡市	攀枝花市	泸州市	德阳市	绵阳市	广元市	遂宁市	内江市	乐山市	南充市	宜宾市	广安市	达州市	巴中市	雅安市	眉山市	资阳市	阿坝州	甘孜州	凉山州
大田种植	17.1	7.4	3.7	6.1	14.9	18.2	19.6	18.1	16.0	28.9	26.1	4.6	20.4	14.8	1.2	9.9	39.1	7.3	7.4	0.5	3.4
设施栽培	46.3	3.6	1.3	3.0	8.2	39.0	54.7	19.2	27.0	47.4	15.0	17.6	35.3	41.6	35.7	38.9	43.3	47.4	35.9	5.6	16.4
畜禽养殖	29.0	33.3	25.8	16.2	9.3	18.0	23.5	33.9	23.3	37.5	26.9	31.6	40.8	30.3	9.3	28.4	41.3	45.8	5.6	1.8	5.3
水产养殖	17.7	5.7	35.5	7.7	5.4	45.5	22.8	24.7	8.6	38.6	15.4	9.2	27.0	14.5	1.8	6.1	5.0	11.2	0.0	0.0	5.1

图8 2021年四川省各市州分行业农业生产信息化率

从区域发展来看，成都平原区生产信息化率最高，达到 26.7%，不同类型产业信息化发展较均衡；丘陵地区畜禽养殖信息化发展较好，大田种植和水产养殖信息化发展较滞后；盆周山区设施栽培信息化率全省最高，但大田种植、畜禽养殖和水产养殖信息化率亟待提升；川西南山地区和高原山地区受自然条件制约较大，农业产业信息化发展较低（表 4）。

表 4　2021 年四川省按地形分区各区域农业生产信息化率

单位：%

区域	农业生产信息化率	大田种植信息化率	设施栽培信息化率	畜禽养殖信息化率	水产养殖信息化率
成都平原区	26.7	26.0	24.4	27.8	30.1
丘陵地区	21.9	16.2	26.5	30.5	17.4
盆周山区	20.7	12.9	36.0	29.3	15.8
川西南山地区	6.3	3.9	24.6	10.3	13.7
高原山地区	2.4	1.7	11.9	2.1	0.0
四川省	18.4	14.5	28.5	23.9	16.0

4. 经营信息化情况分析

经营信息化主要包括农产品网络销售额占比和农产品质量安全追溯信息化水平两个指标。其中，2021 年四川省农产品网络销售额占比为 9.1%，农产品质量安全追溯信息化水平为 23.8%。全省农产品网络销售额占比排名前 3 的市州分别是攀枝花市（37.4%）、眉山市（25.6%）和凉山州（25.1%）（图 9）。

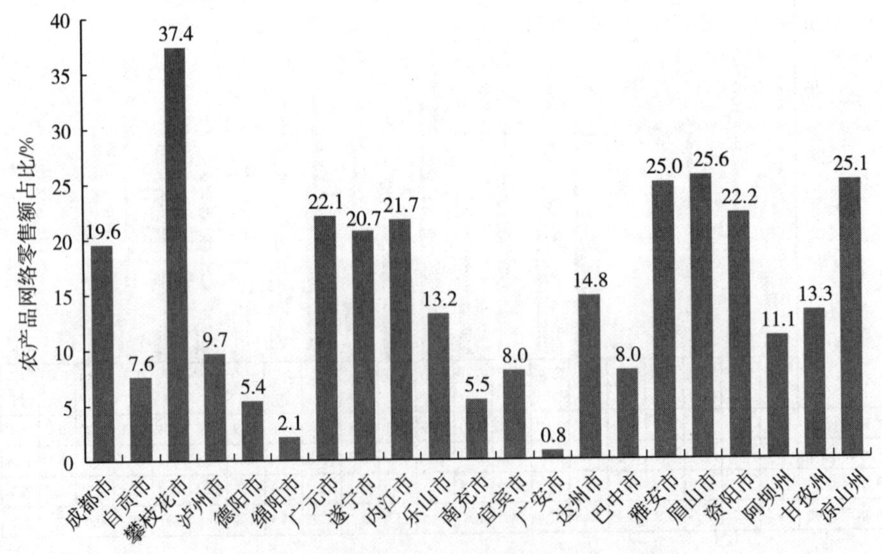

图 9　2021 年四川省各市州农产品网络销售额占比

2021年，全省大田种植业、设施栽培业、畜禽养殖业和水产养殖业农产品质量安全追溯信息化水平分别为18.8%、47.0%、30.0%和20.4%。遂宁市（57.6%）、南充市（53.5%）和成都市（40.9%）位列全省农产品质量安全追溯信息化水平的前3（图10）。

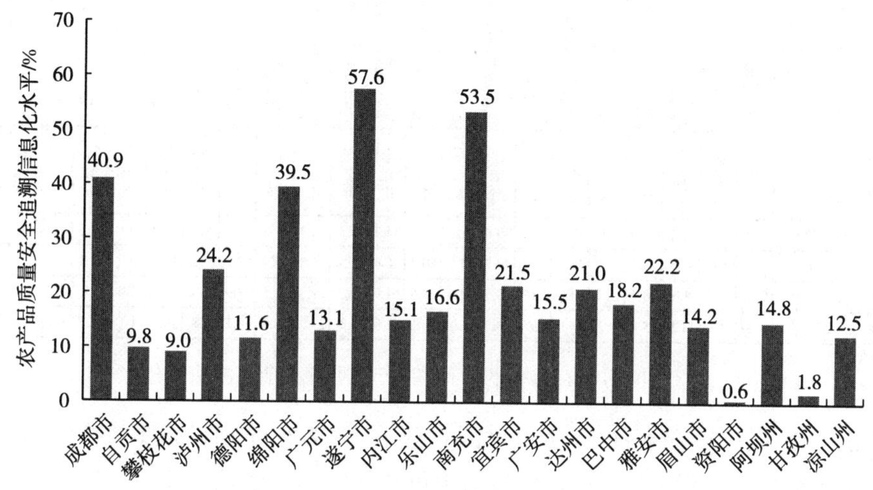

图10　2021年四川省各市州农产品质量安全追溯信息化水平

大田种植业农产品质量安全追溯信息化水平全省排名前3的市（州）是遂宁市（49.0%）、南充市（44.2%）和成都市（36.5%）；泸州市（93.1%）、南充市（86.8%）和广安市（66.8%）设施栽培业农产品质量安全追溯信息化水平位列前3；遂宁市（69.1%）、南充市（61.9%）和绵阳市（54.8%）的畜禽养殖业农产品质量安全追溯信息化水平领先全省其他市（州）；水产养殖业农产品质量安全追溯信息化水平方面，全省排名前3的市（州）是阿坝州（62.5%）、遂宁市（51.3%）和南充市（48.0%）（图11）。

5. 乡村治理信息化情况分析

乡村治理信息化方面，2021年四川省“三务”网上公开行政村覆盖率达80.5%；在线办事率为68.6%；公共安全视频图像应用系统行政村覆盖率、村级在线议事行政村覆盖率和应急广播主动发布终端行政村覆盖率分别为83.1%、73.8%和82.9%。其中，“三务”网上公开行政村覆盖率、公共安全视频图像应用系统行政村覆盖率、村级在线议事行政村覆盖率和应急广播主动发布终端行政村覆盖率均高于全国平均水平。

实现“三务”网上公开行政村覆盖率和公共安全视频图像应用系统行政村覆盖率达100%的市（州）共有7个；在线办事率大于等于80%的市（州）有4个，分别是广元市（88.1%）、攀枝花市（83.3%）、阿坝州（82.1%）和成

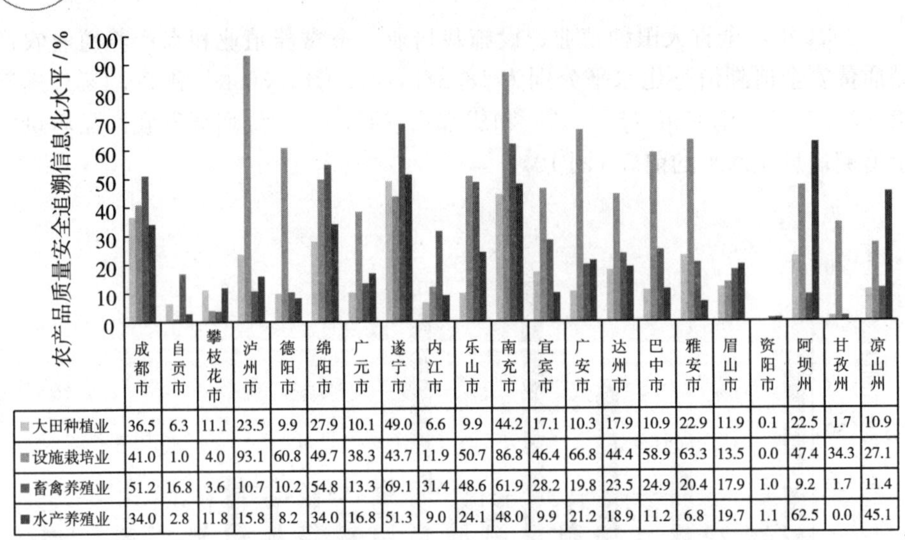

	成都市	自贡市	攀枝花市	泸州市	德阳市	绵阳市	广元市	遂宁市	内江市	乐山市	南充市	宜宾市	广安市	达州市	巴中市	雅安市	眉山市	资阳市	阿坝州	甘孜州	凉山州
大田种植业	36.5	6.3	11.1	23.5	9.9	27.9	10.1	49.0	6.6	9.9	44.2	17.1	10.3	17.9	10.9	22.9	11.9	0.1	22.5	1.7	10.9
设施栽培业	41.0	1.0	4.0	93.1	60.8	49.7	38.3	43.7	11.9	50.7	86.8	46.4	66.8	44.4	58.9	63.3	13.5	0.0	47.4	34.3	27.1
畜禽养殖业	51.2	16.8	3.6	10.7	10.2	54.8	13.3	69.1	31.4	48.6	61.9	28.2	19.8	23.5	24.9	20.4	17.9	1.0	9.2	1.7	11.4
水产养殖业	34.0	2.8	11.8	15.8	8.2	34.0	16.8	51.3	9.0	24.1	48.0	9.9	21.2	18.9	11.2	6.8	19.7	1.1	62.5	0.0	45.1

图 11　2021 年四川省各市州分行业农产品质量安全追溯信息化水平

都市（80.4%）；有 8 个市（州）的村级在线议事行政村覆盖率大于等于 90%，排名前 3 的市（州）分别是巴中市（100%）、攀枝花市（100%）和资阳市（99.1%）；全省 15 个市（州）应急广播主动发布终端行政村覆盖率大于等于 80%，其中自贡市、德阳市、泸州市、内江市、广安市和巴中市应急广播主动发布终端行政村覆盖率达 100%（图 12）。

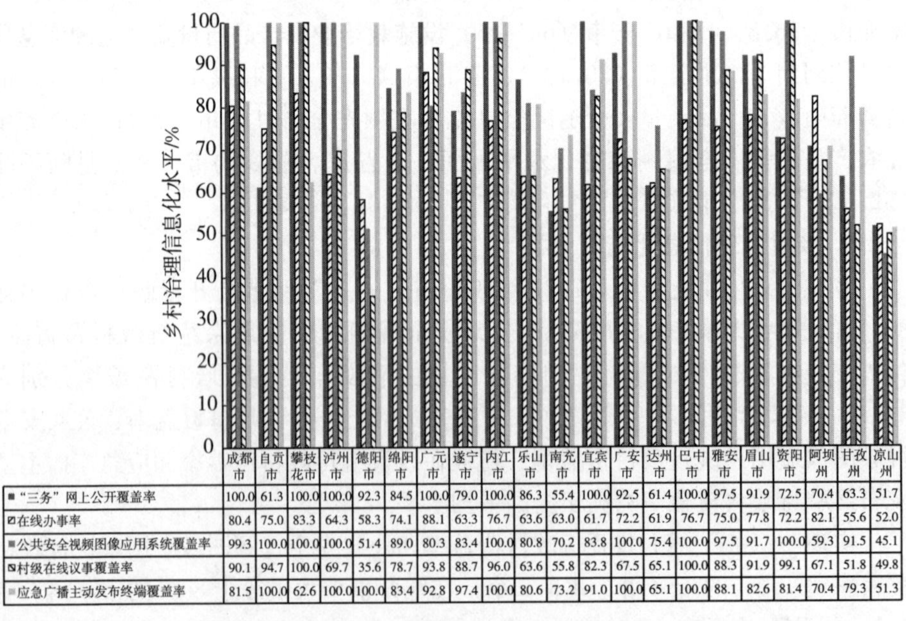

	成都市	自贡市	攀枝花市	泸州市	德阳市	绵阳市	广元市	遂宁市	内江市	乐山市	南充市	宜宾市	广安市	达州市	巴中市	雅安市	眉山市	资阳市	阿坝州	甘孜州	凉山州
“三务”网上公开覆盖率	100.0	61.3	100.0	100.0	92.3	84.5	100.0	79.0	100.0	86.3	55.4	100.0	92.5	61.4	100.0	97.5	91.9	72.5	70.4	63.3	51.7
在线办事率	80.4	75.0	83.3	64.3	58.3	74.1	88.1	63.3	76.7	63.6	63.0	61.7	72.2	61.9	76.7	75.0	77.8	72.2	82.1	55.6	52.0
公共安全视频图像应用系统覆盖率	99.3	100.0	100.0	100.0	51.4	89.0	80.3	83.4	100.0	80.8	70.2	83.8	100.0	75.4	100.0	97.5	91.7	100.0	59.3	91.5	45.1
村级在线议事覆盖率	90.1	94.7	100.0	69.7	35.6	78.7	93.8	88.7	96.0	63.6	55.8	82.3	67.5	65.1	100.0	88.3	91.9	99.1	67.1	51.8	49.8
应急广播主动发布终端覆盖率	81.5	100.0	62.6	100.0	100.0	83.4	92.8	97.4	100.0	80.6	73.2	91.0	100.0	65.1	100.0	88.1	82.6	81.4	70.4	79.3	51.3

图 12　2021 年四川省各市州乡村治理信息化情况

2021年四川省按地形分区各区域乡村治理信息化情况如表5所示。成都平原区、丘陵地区和盆周山区的县（市、区）在乡村治理信息化水平方面发展较好，除丘陵地区在线办事率和成都平原区应急广播主动发布终端覆盖率低于全省平均水平外，其他指标均高于全省平均水平；高原山地区在“三务”网上公开覆盖率和村级在线议事覆盖率方面亟待加强；川西南山地区乡村治理信息化各项指标发展均相对滞后。

表5 2020年四川省按地形分区各区域乡村治理信息化情况

单位：%

区域	“三务”网上公开覆盖率	在线办事率	公共安全视频图像应用系统覆盖率	村级在线议事覆盖率	应急广播主动发布终端覆盖率
成都平原区	90.9	74.2	97.8	80.8	78.4
丘陵地区	82.0	67.5	85.5	78.4	88.3
盆周山区	97.1	73.2	84.9	80.0	92.7
川西南山地区	60.1	56.8	58.9	57.2	55.5
高原山地区	69.0	68.4	79.6	61.9	76.7
四川省	80.5	68.6	83.1	73.8	82.9

6. 服务信息化情况分析

服务信息化主要包括村级综合服务站点行政村覆盖率和农技推广服务信息化率两个指标。其中，2021年四川省村级综合服务站点行政村覆盖率达86.7%，高于全国平均水平，其中覆盖率100%的市州共有6个（图13）。

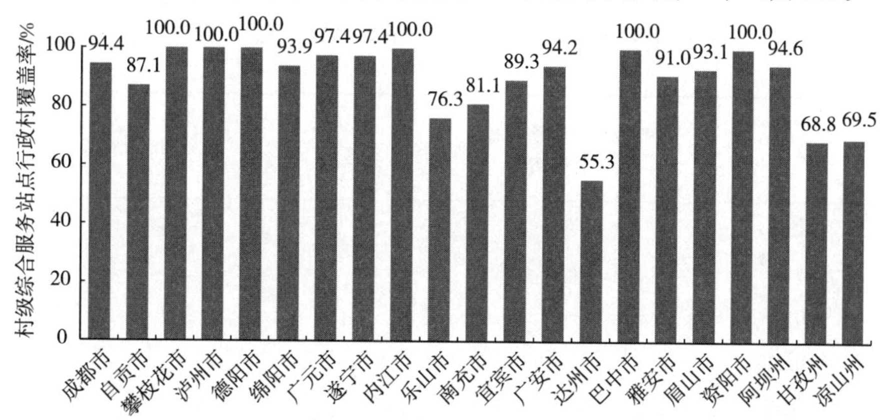

图13 2021年四川省各市州县域村级综合服务站点行政村覆盖率

全省农技推广服务信息化率约 58.1%，其中巴中市（90.1%）、攀枝花市（87.8%）、德阳市（87.8%）和泸州市（87.8%）名列前 4（图 14）。

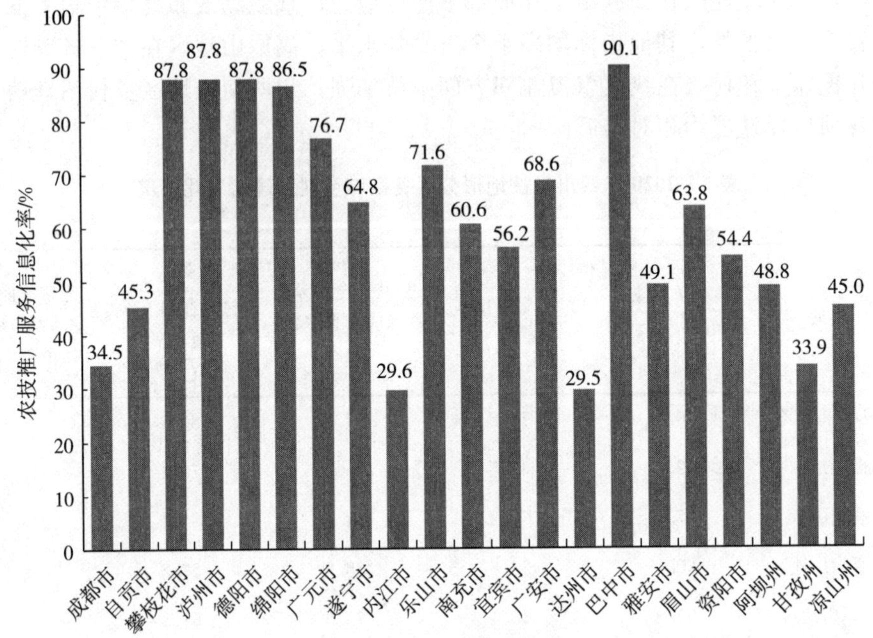

图 14　2021 年四川省各市州县域农技推广服务信息化率

成都平原区、丘陵地区和盆周山区村级综合服务站点行政村覆盖率均大于全省平均，分别为 92.2%、88.4%和 89.8%，川西南山地区村级综合服务站点行政村覆盖率相对较少，仅有 75%；成都平原区和丘陵地区农技推广服务信息化较好，高原山地区农技推广服务信息化发展相对滞后，仅有 40%（表 6）。

表 6　2021 年四川省按地形分区各区域服务信息化情况

单位：%

区域	村级综合服务站点 行政村覆盖率	农技推广服务信息化率
成都平原区	92.2	67.9
丘陵地区	88.4	61.1
盆周山区	89.8	53.1
川西南山地区	75.0	50.6
高原山地区	77.7	40.0
四川省	86.7	58.1

三、评价结果分析

（一）主要特点

乡村信息化发展环境逐步优化完善。2021年四川省乡村人均农业农村信息化总投入达121.7元，较2020年增加了7.7元，其中乡村人均农业农村信息化社会资本投入较2020年增加了19.3%；县级农业农村信息化管理服务机构综合设置较2020年提高了3.2个百分点，排名全国第十一，被列为县网络安全和信息化领导机构成员或组成单位、成立网络安全和信息化领导机构、设置承担信息化相关工作的行政科（股）和设置信息中心或信息站等事业单位四个指标的数量均较2020年有所增加。以上表明四川省各级政府对农业农村信息化建设的重视程度日益增加，为推动全省农业农村信息化发展提供了有力支持。

信息化赋能农产品质量安全保障更加有力。2021年，全省农产品质量安全追溯信息化率达23.8%，排名全国第十二，较2020年提高了4.5个百分点。其中，大田种植业农产品质量安全追溯信息化率由2020年的15.2%提升到18.8%，设施栽培业农产品质量安全追溯信息化率较2020年提升了近11个百分点，畜禽养殖业农产品质量安全追溯信息化率相对2020年上升了6.0个百分点，水产养殖业农产品质量安全追溯信息化率由2020年的12.1%提升到20.4%。农产品质量安全追溯信息化水平显著提升，推动经营信息化健康发展。

乡村治理和服务信息化建设成效显著。2021年，四川省各地充分借助信息化技术，推动乡村治理信息化和乡村服务信息化迈向新台阶。2021年四川省"三务"网上公开行政村覆盖率、公共安全视频图像应用系统行政村覆盖率、村级在线议事行政村覆盖率、应急广播主动发布终端行政村覆盖率和村级综合服务站点行政村覆盖率均高于全国平均水平。其中，"三务"网上公开行政村覆盖率由2020年的75.6%提升到2021年的80.5%。

（二）主要问题

农业农村信息化发展总体水平仍有差距。2021年，四川省农业农村信息化发展总体水平为35.6%，低于全国发展总体水平3.5个百分点，排名位于全国中游。近年来，四川省农业农村信息化建设稳步推进，不断探索区域农业农村信息化发展模式和路径，逐步形成区域优势和特色建设，在西部地区名列前茅，但与中部、东部地区先进省份相比差距明显，需要大力支持和强力推进。

县域、区域信息化发展差距问题依然突出。四川省县域农业农村信息化发展水平评价结果分差幅度较大，排名前 10 的县（市、区）与排名后 10 的县（市、区）发展水平差距高达 44.7 个百分点。发展水平较高、中等、较差的县（市、区）仍呈现纺锤形分布特征，有 63.6%的县（市、区）发展水平在 30%～50%。从不同区域来看，成都平原区县域农业农村信息化发展水平最高，川西南山地区和高原山地区县域农业农村信息化水平较其他区域差距明显。

农业生产信息化水平整体亟待提升。2021 年，四川省农业生产信息化率为 18.4%，低于全国平均水平。同时不同类型产业信息化水平差异较大，设施栽培和水产养殖信息化水平在全国排名中上水平，但大田种植和畜禽养殖信息化水平较为落后。从区域来看，除成都平原区生产信息化水平高于全国平均水平外，其他区域生产信息化发展均相对滞后。总的来说，提高农业生产信息化水平仍然是四川省农业农村信息化工作的重点。

四、对策及建议

推进“天府粮仓”数字赋能信息化建设。按照习近平总书记来川视察重要指示精神，建设新时代更高水平“天府粮仓”，坚持问题导向、目标导向，按照“先易后难、逐步推进、逐渐完善”原则，优先从天府“良田”和规模化养猪场着手，加快实施信息化赋能、数字化上图、全产业协同，以需求推动技术实现，强力推进数字天府粮仓建设。

开展数字农业试点示范。结合“10＋3”产业发展，立足现代农业示范园区，利用互联网、物联网、大数据、空间信息、智能装备等现代信息技术，加快对种植业、畜牧业、渔业、农产品加工业生产过程进行改造。同时统筹推进数字农业试点建设，夯实“天府粮仓”信息化建设基础设施、应用场景，打造一批“数智田园”示范引领区。进一步推广视频监控、自动化计量、数据远传等信息化技术推广应用，构建物联网，将数字赋能逐渐延伸和扩展到全省农业农村，切实提高全省信息化能力水平。

加强数字农业保障体系建设。进一步完善财政支持政策，分区域、分产业、分环节制定相适应的扶持政策，尤其对发展水平相对滞后的地区、产业以及环节加大财政支持力度和社会资金扶持力度。制定、修订数字农业相关标准，以标准化建设引领数字乡村高质量发展，为全面推进乡村振兴提供有力支撑。构建覆盖农业产前、产中、产后各环节纵向一体的全产业链，拓展农业增值增效空间。同时加强“农业＋信息技术”复合型人才的培养培训力度，引导科研机构、高等院校开展数字农业关键技术的研发和应用，建立产学研合作的长效机制。

2022云南省县域农业农村信息化发展水平评价报告

撰稿单位：云南农业大学、云南省农业农村信息与宣传中心
撰稿人员：路　遥　倪建红　马　晴　王　奇　刘　婕

一、工作背景

党中央、国务院立足新时代国情农情实施乡村振兴战略，大力推进数字中国建设，坚持农业农村优先发展方针，制定出台了一系列政策推动信息化、数字化与农业农村深度融合，为加快农业农村发展方式转变、优化发展结构、转换增长动力创造了条件。农业农村部在《“十四五”全国农业农村信息化发展规划》中明确提出，到2025年，农业农村信息化发展水平明显提升，现代信息技术与农业农村各领域各环节深度融合，支撑农业农村现代化的能力显著增强。云南省委、省政府把发展数字经济作为各级党委、政府的重要工作，相继出台了一系列政策措施推动数字经济健康发展。农业农村信息化建设将为云南高原特色现代农业高质量发展提供新动能。

为认真贯彻落实农业农村部有关工作安排，云南省组织开展了农业农村信息化发展水平监测，并在此基础上形成了评价报告。本报告围绕发展环境、乡村网络基础设施、农业生产信息化、经营信息化、乡村治理信息化和服务信息化6个方面23个指标数据进行分析评价。本次评价数据来源于云南省16个州（市）的农业农村部门，共收集到129个县（市、区）2021年的基础指标数据，县域数据收集完成率达到100%。

二、云南省农业农村信息化基本情况

（一）县域农业农村信息化发展总体水平

2021年云南省县域农业农村信息化发展总体水平32.5%，低于全国平均水平（39.1%）6.6个百分点，全国排名第24。分州（市）看，有2个州（市）高于全国平均水平（图1）。分县（市、区）看，有32个县（市、区）高于全国平均水平。

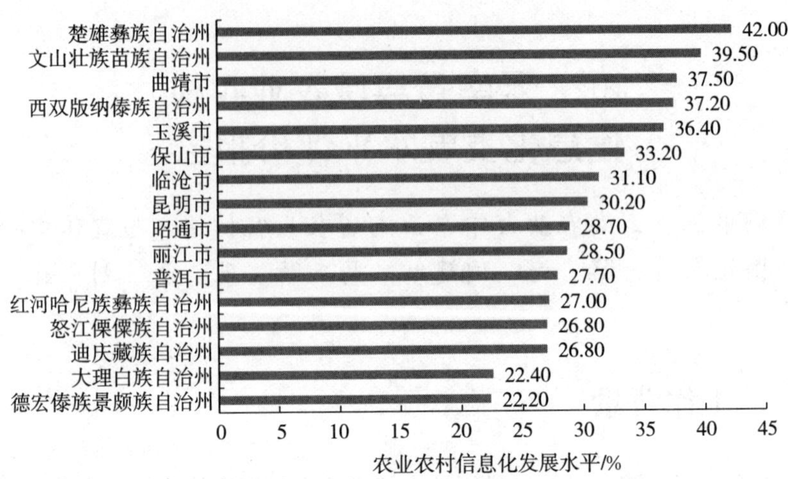

图1　2021年云南省各州（市）农业农村信息化发展总体水平

（二）县域农业农村信息化社会资本总投入

2021年云南省农业农村信息化社会资本总投入37.61亿元，县均投入2 915.31万元，乡村人均投入120.69元，全国排名第11。分州（市）看，有7个州（市）高于全国平均水平（135.2元）（图2）。分县（市、区）看，有36个县（市、区）高于全国平均水平。

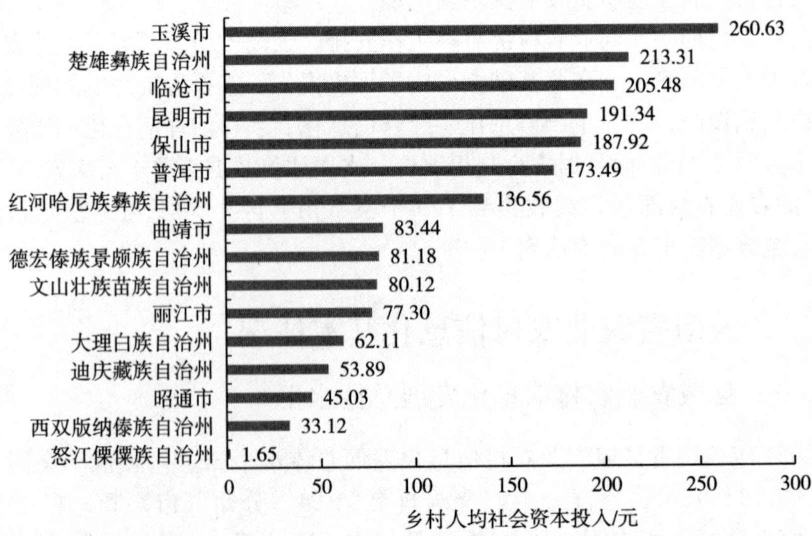

图2　2021年云南省各州（市）乡村人均农业农村信息化社会资本投入情况

（三）县域互联网普及率

2021年云南省县域互联网普及率68.99%，低于全国平均水平（72.83%）3.84个百分点，全国排名第22。分州（市）看，有5个州（市）高于全国平均水平（图3）。分县（市、区）看，有63个县（市、区）高于全国平均水平。

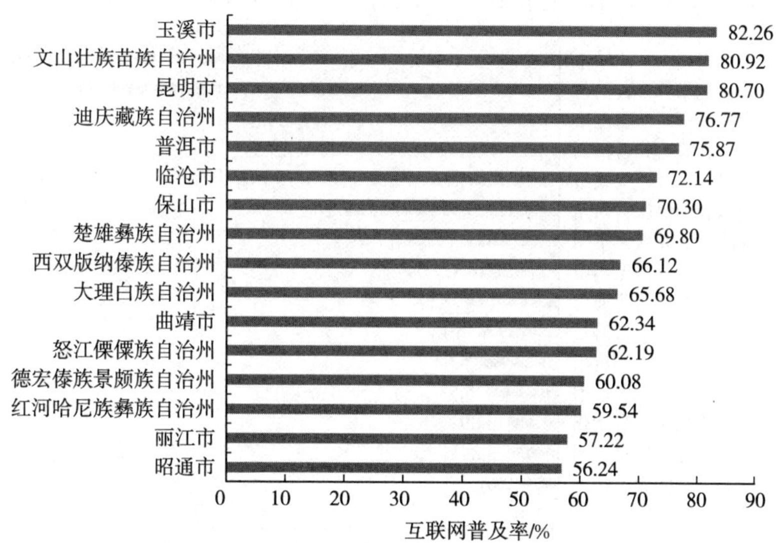

图3 2021年云南省各州（市）互联网普及率

（四）县级农业农村信息化管理服务机构覆盖率

2021年云南省县级农业农村部门设置承担信息化相关工作的行政科（股）或设置信息中心（信息站）等事业单位的占比为100%，全省农业农村信息化管理服务机构实现全覆盖，比全国平均水平（92.56%）高7.44个百分点（图4）。

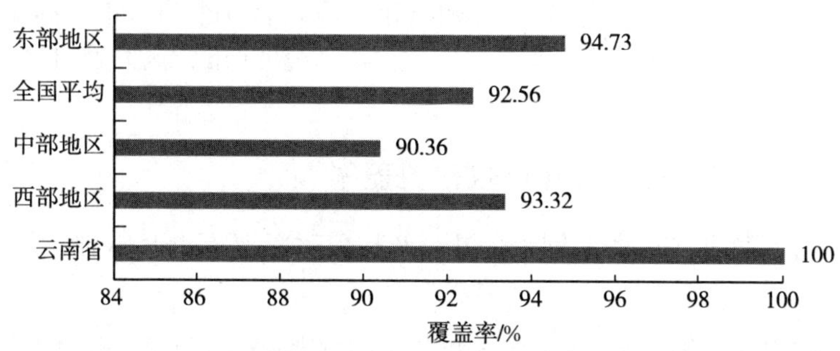

图4 2021年云南省信息化管理服务机构覆盖率与全国平均及其他地区对比

（五）农业生产信息化率

2021 年云南省农业生产信息化率为 16.34%，低于全国平均水平（25.36%）9.02 个百分点，全国排名第 26。分州（市）看，有 2 个州（市）高于全国平均水平（图 5）。分县（市、区）看，有 22 个县（市、区）高于全国平均水平。分产业行业看，大田种植信息化率 12.86%，设施栽培信息化率 37.15%，畜禽养殖信息化率 18.53%，水产养殖信息化率 6.98%。

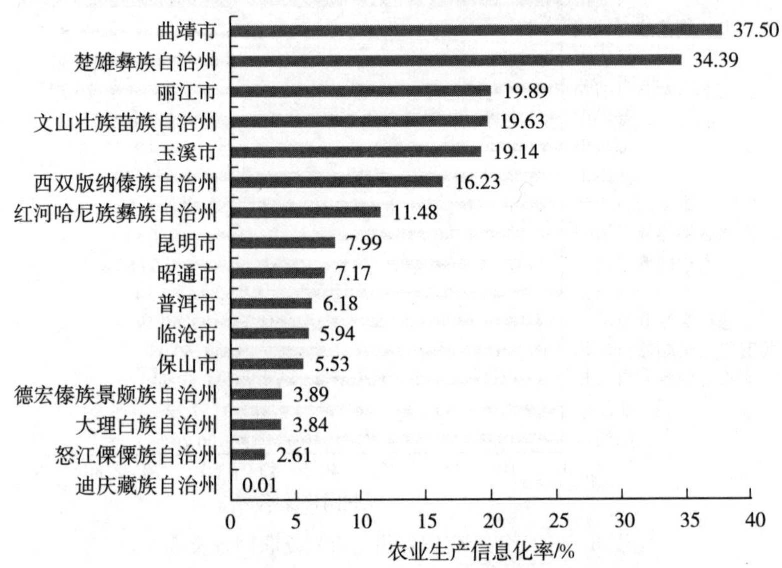

图 5　2021 年云南省各州（市）农业生产信息化率

（六）县域农产品网络销售占比

2021 年云南省网商规模达 200 万家以上①，农产品网络销售额 358.24 亿元，同比增长 26.24%，全国排名第 9；县域农产品网络销售额占农产品销售总额的 9.17%，全国排名第 18。分州（市）看，有 5 个州（市）高于全国平均水平（图 6）。分县（市、区）看，有 42 个县（市、区）高于全国平均水平。

（七）“三务”网上公开行政村覆盖率

2021 年云南省“三务”网上公开行政村覆盖率为 75.44%，低于全国平均

① 数据来源：《云南省人民政府办公厅关于印发〈云南省推进农村电子商务提质增效促进农产品上行三年行动方案（2020—2022 年）〉的通知》。

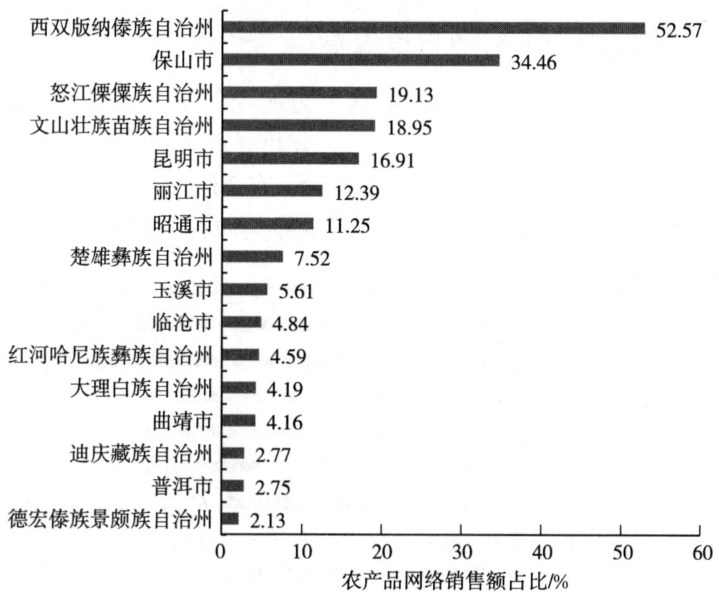

图 6 2021 年云南省各州（市）农产品网络销售额占比情况

水平（78.35%）2.91 个百分点，全国排名第 19。分州（市）看，有 7 个州（市）高于全国平均水平（图 7）。分县（市、区）看，有 84 个县（市、区）高于全国平均水平，有 74 个县（市、区）“三务”网上公开行政村覆盖率达到 100%。

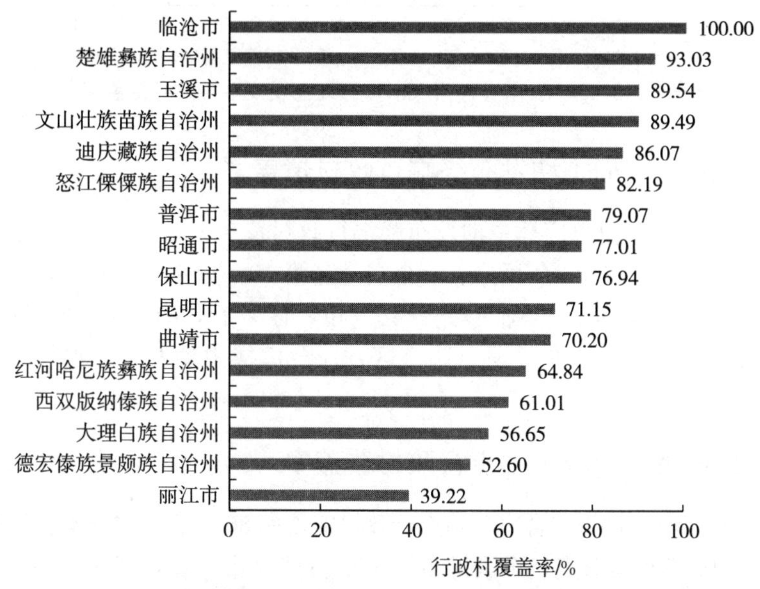

图 7 2021 年云南省各州（市）“三务”网上公开行政村覆盖率

（八）村级在线议事行政村覆盖率

2021 年云南省村级在线议事行政村覆盖率 59.25%，低于全国平均水平（72.25%）13 个百分点，全国排名第 22。分州（市）看，有 5 个州（市）高于全国平均水平（图 8）。分县（市、区）看，有 76 个县（市、区）高于全国平均水平，有 70 个县（市、区）村级在线议事行政村覆盖率达到 100%。

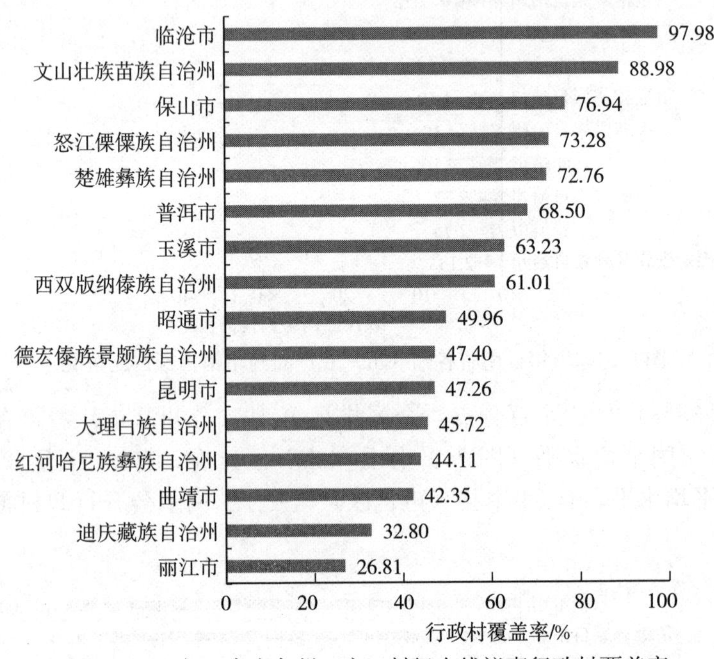

图 8　2021 年云南省各州（市）村级在线议事行政村覆盖率

（九）应急广播主动发布终端行政村覆盖率

2021 年云南省应急广播主动发布终端行政村覆盖率 73.64%，低于全国平均水平（79.67%）6.03 个百分点，全国排名第 19。分州（市）看，有 6 个州（市）高于全国平均水平（图 9）。分县（市、区）看，有 92 个县（市、区）高于全国平均水平，有 90 个县（市、区）应急广播主动发布终端行政村覆盖率达到 100%。

（十）村级综合服务站点行政村覆盖率

2021 年云南省村级综合服务站点行政村覆盖率 86.27%，高于全国平均水平（86.01%）0.26 个百分点，全国排名第 16。分州（市）看，有 9 个州（市）高于全国平均水平（图 10）。分县（市、区）看，有 97 个县（市、区）高于全国

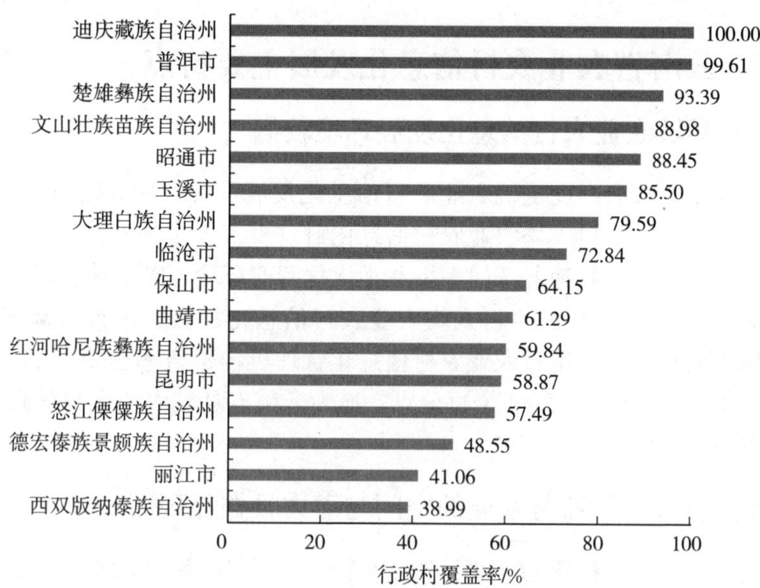

图 9　2021 年云南省各州（市）应急广播主动发布终端行政村覆盖率

平均水平，有 90 个县（市、区）村级综合服务站点行政村覆盖率达到 100%。

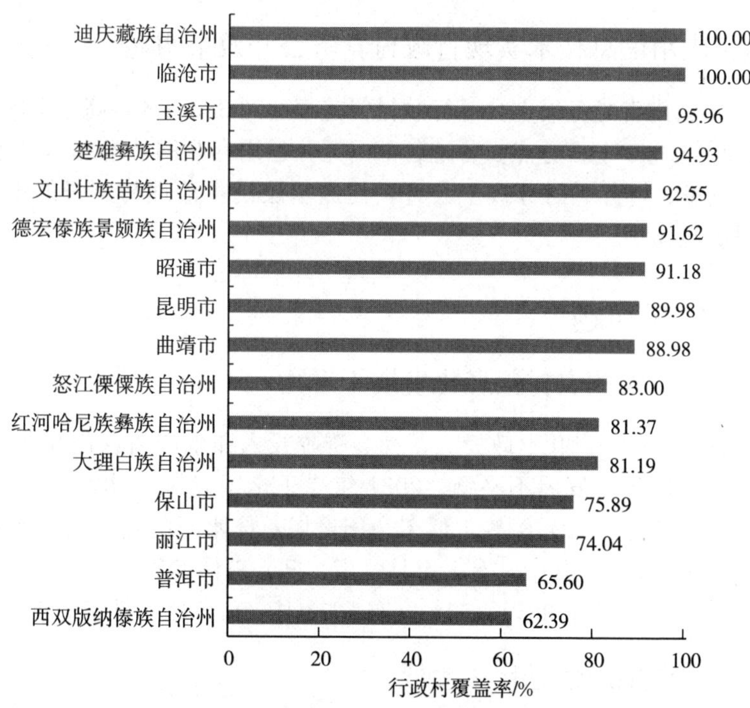

图 10　2021 年云南省各州（市）村级综合服务站点行政村覆盖率

三、云南省农业农村信息化发展主要特点

（一）县域农业农村信息化发展环境较好

各级党委、政府高度重视农业农村信息化发展，持续加大财政投入力度，部分县（市、区）乡村人均农业农村信息化财政投入大于200元，高于55.25元的全国平均水平。各地各部门多措并举优化营商环境，吸引社会资本踊跃投入，有36个县（市、区）乡村人均农业农村信息化社会资本投入高于135.2元的全国平均水平。云南省农业农村信息化管理机构覆盖率达100%，高于全国平均水平（92.56%）7.44个百分点，成为云南省县域农业农村信息化发展的重要保障。

（二）农村电子商务发展的空间与潜力日益显现

2021年云南省村级综合服务站点行政村覆盖率86.27%，高于全国86.01%的水平。各地主动应对疫情冲击，积极拓展农产品销售渠道，构建多维度的云南农产品电子销售网络，“云花”“云茶”“云果”“云药”等高原特色农产品网络销售额实现逆势增长，销售方式逐渐由线下向线上转变。

（三）应用信息技术实现行政村党务公开效果明显

2021年云南省党务网上公开行政村覆盖率达到83.24%，高于全国平均水平（79.94%）3.3个百分点。各地各部门充分运用互联网技术和信息化手段，推动农村党务、村务、财务线上公开，促进基层民主治理与监督的现代化转变，取得明显成效。

四、存在问题

（一）县域农业农村信息化发展不平衡

受到农业农村信息化财政投入、社会资本投入和生产信息化等方面影响，县域农业农村信息化发展不平衡。2021年高于全国发展总体水平的县（市、区）有32个，占比为24.81%，低于全国发展总体水平的县（市、区）有97个，占比为75.19%。其中，有8个县（市、区）总体发展水平高于50%，有58个县（市、区）处于30%～50%，有62个县（市、区）低于30%。

（二）农业生产信息化率较低

2021年云南农业生产信息化率低于全国平均水平9.02个百分点。从产业

行业看，除设施栽培信息化率37.15%，高于全国25.29%的平均水平外，畜禽养殖信息化率、大田种植信息化率、水产养殖信息化率均远低于全国平均水平。

（三）乡村数字化应用能力不足

村级在线议事行政村覆盖率、应急广播主动发布终端行政村覆盖率、村务网上公开行政村覆盖率、财务网上公开行政村覆盖率均低于全国水平。

五、对策建议

（一）加强农业农村信息化建设统筹规划

加大农业农村信息化建设统筹规划力度，推进数字农业技术体系和数据标准的统筹规划，包括数据采集、数据汇聚、数据共享等方面，促进数据在整个农业产业链的有效共享，实现产业链在数据赋能下的有效协同，用数据说话、用数据决策、用数据管理、用数据创新。

（二）加大资金投入力度

发挥农业农村信息化对乡村振兴的驱动引领作用，加大对乡村信息基础设施、数字农业创新应用基地等的财政投入力度。统筹涉农资金向农业农村信息化领域倾斜，保障对农业农村信息化发展重点任务的资金需求。探索创新多元投资机制，鼓励电信运营商、软硬件提供商、金融服务企业等参与农业农村信息化项目建设和运营管理。

（三）提升乡村数字化治理能力

推进乡村治理数字化，发展乡村信息服务，依托在线咨询问答、热线电话、微信小程序、各类农技服务App等方式，提高农业农村政务的在线办事率，构建乡村治理方式多元化、多样化格局，真正做到“群众少跑路，数据多跑腿”，提升为群众办实事的效果。

（四）壮大农业农村信息化人才队伍

发挥高等院校、科研院所、职业学校等机构的优势，开展农业农村信息化建设相关研究，打造一批人才培养和实训基地。创新人才培训模式，大力发展线上农民教育培训，提升新型农民使用信息技术的能力。把互联网、数字化知识技能纳入教育培训体系，提升基层工作人员、基层农技人员、农村信息员、新型农业经营主体、新农人的数字化应用能力，提高其管理和服务水平。

2022陕西省数字乡村发展水平评价报告

撰稿单位：陕西省农业宣传信息中心
撰稿人员：殷　华　王晓坤

为贯彻落实党中央、国务院及农业农村部有关数字乡村发展战略的决策部署，围绕发展环境、乡村网络基础设施、农业生产信息化、经营信息化、乡村治理信息化、服务信息化等指标对陕西省数字乡村发展水平进行评价，分析陕西省数字乡村发展的总体水平，准确定位，总结经验，查找不足，提出建议，推动数字乡村健康发展。

一、评价说明

（一）数据来源

本次评价工作是在连续三年开展的陕西省县域农业农村信息化监测评价工作基础上，试行开展的数字乡村发展水平评价工作。共收集到100个县（市、区）2021年的基础指标数据，经审核、清洗，全部纳入本次评价有效样本，占到陕西省县（市、区）总数的93.46%。本报告中的“陕西省”指有效样本县（市、区）总数。

（二）指标体系

本次监测指标体系分为发展环境、乡村网络基础设施、农业生产信息化、经营信息化、乡村治理信息化、服务信息化6个一级指标，农业农村信息化财政投入情况、互联网普及程度、大田种植信息化率等17个二级指标和23个三级指标。

二、评价结果

（一）数字乡村发展总体水平位居全国第19位

2021年，陕西省县域数字乡村发展总体水平为34.7%，低于全国水平4.4个百分点，居全国第19位。相比2020年下降1.5个百分点，在全国排名中后退 3 个位次。

从市（区）情况看，数字乡村发展水平较好的是咸阳市、铜川市、安康市，分别为 44.3%、41.4% 和 38.7%，高于或接近全国平均水平（39.1%），其余各市（区）数字乡村发展水平与全国平均水平还存在一定差距（图 1）。

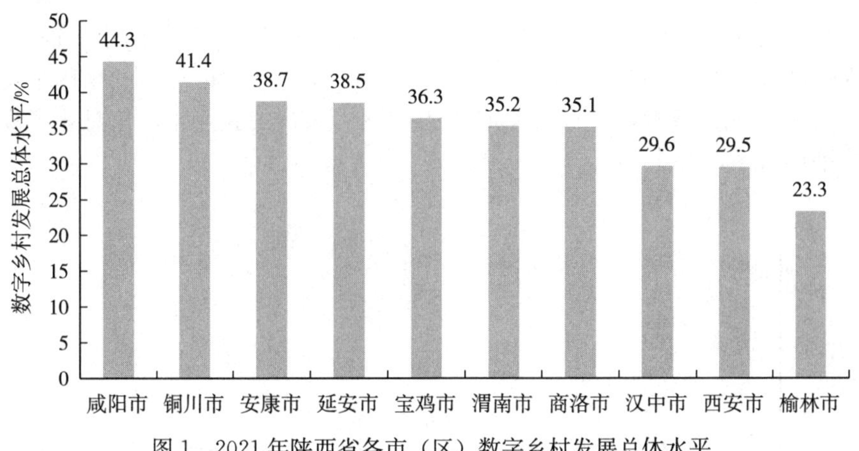

图 1　2021 年陕西省各市（区）数字乡村发展总体水平

从县域看，陕西省数字乡村发展水平最高的是乾县（图 2），居全国第 23 位，眉县、武功县、铜川市印台区、延安市宝塔区分别居全国第 74 位、第 213 位、第 272 位和第 290 位。陕西省共有 37 个县（市、区）高于全国水平，占全省的 37.0%。

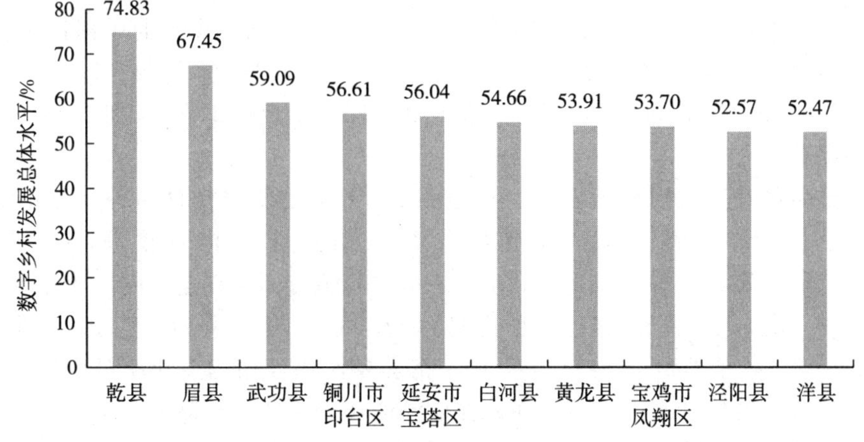

图 2　2021 年陕西省数字乡村发展总体水平排名前 10 的县（市、区）

（二）农业生产信息化发展程度不平衡

农业生产信息化率由大田种植信息化率、设施栽培信息化率、畜禽养殖信息化率和水产养殖信息化率构成。2021 年，陕西省农业生产信息化平均水平为 24.91%，较 2020 年下降 5.06 个百分点，在全国排名中后退 5 个位次，居全国第 14 位。

从市（区）情况看，陕西省农业生产信息化率较高的是咸阳市、铜川市、延安市，分别为 48.06%、40.08%和 29.73%，均高于 25.36%的全国平均水平（图 3)。从县域看，全省共有 41 个县（区、市）的农业生产信息化率高于全国平均水平，占比 41%。

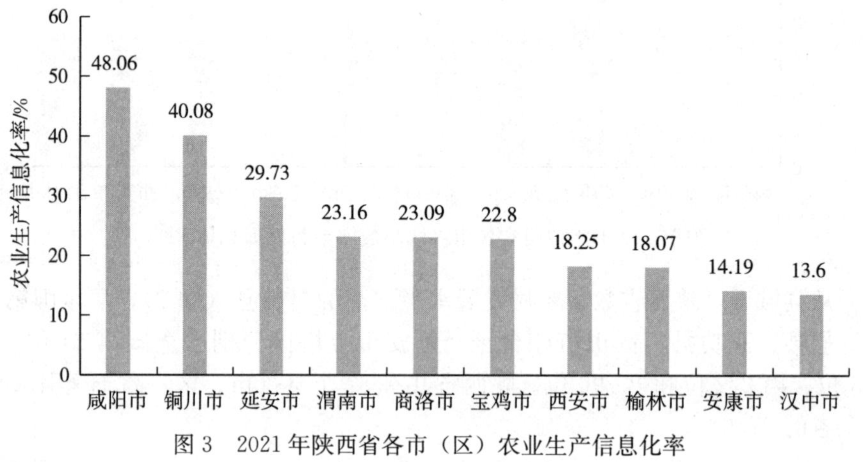

图 3　2021 年陕西省各市（区）农业生产信息化率

分行业看，畜禽养殖信息化率为 30.31%，继续在四个行业中保持领先，设施栽培、大田种植、水产养殖的信息化率分别为 24.73%、23.25%和 17.40%。其中大田种植、水产养殖信息化率略高于全国 21.82%和 16.64%的平均水平。

分品种看，大田种植方面，在监测的 14 个主要农作物品种（类）中，小麦、玉米、稻谷三个大宗作物的生产信息化率相对较高，分别为 32.11%、27.07%、20.93%（图 4)。畜禽养殖方面，在监测的 4 个主要畜禽品种（类）中，家禽养殖信息化率为 47.36%，生猪养殖 30.12%，牛养殖 28.82%，羊养殖 19.43%。其中家禽养殖和牛养殖信息化率分别居全国第 7 位和第 8 位。水产养殖方面，在监测的 4 个主要水产品种（类）中，贝类养殖信息化率为 89.58%，虾类养殖 23.05%，鱼类养殖为 18.25%，蟹类养殖为 4.62%。

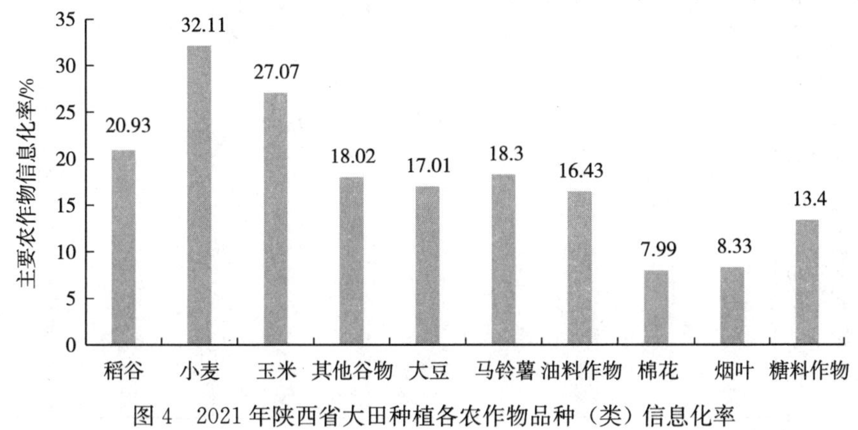

图 4　2021 年陕西省大田种植各农作物品种（类）信息化率

（三）农业经营信息化发展程度不平衡

农产品网络销售额突破 260 亿元。2021 年，陕西省农产品销售总额为 1 658.66亿元，较上年 1 059.98 亿元增加 598.68 亿元。其中，农产品网络销售额为 261.82 亿元，较上年增加 63.92 亿元，占农产品销售总额的 15.78%，较上年同比下降 2.89 个百分点，高于全国平均水平 0.98 个百分点，居全国第 10 位，在全国排名中后退 5 个位次。

分市（区）看，咸阳市、安康市、宝鸡市农产品网络销售额占比位居全省前列，分别为 30.19%、26.12%、19.88%（图 5）。

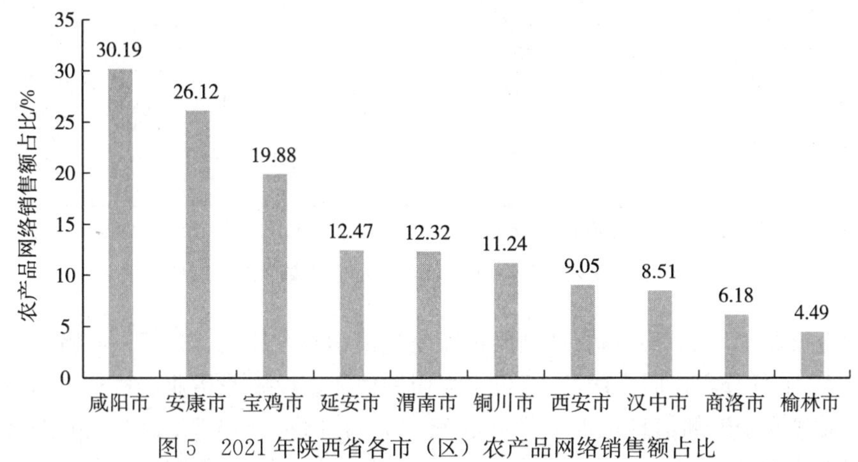

图 5　2021 年陕西省各市（区）农产品网络销售额占比

从县域看，陕西省农产品网络销售额占比排名前 3 的是宁陕县、洋县和武功县，分别为 90.33%、88.06%和 80.00%（图 6）。全省高于全国平均水平的县（市、区）有 42 个，占比 42%。

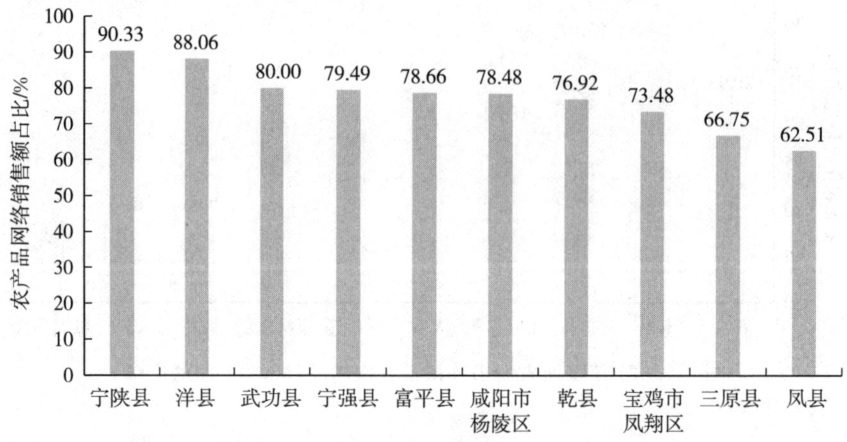

图 6　2021 年陕西省农产品网络销售额占比较高的县（市、区）

2021 年陕西省农产品质量安全追溯信息化率为 17.7%，较上年提高 3.84 个百分点，居全国第 18 位，大幅提前 7 个位次。其中，商洛市和咸阳市高于全国平均水平 24.66%，分别为 37.11%、30.54%（图 7）。澄城县、子洲县、汉阴县、永寿县 4 个县达到农产品质量安全追溯 100%全覆盖。

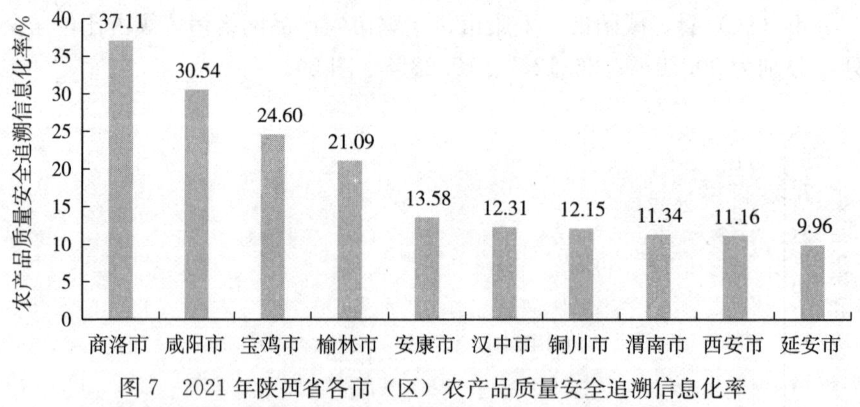

图 7　2021 年陕西省各市（区）农产品质量安全追溯信息化率

分行业看，水产养殖农产品质量安全追溯信息化率为 23.87%，略高于全国 0.52 个百分点，居全国第 12 位。大田种植业、设施栽培业、畜禽养殖业农产品质量安全追溯信息化水平分别是 15.43%、13.49%、25.14%，分别低于全国平均水平 3.59 个、18.08 个和 7.84 个百分点（图 8）。铜川市印台区、富平县、耀州区等 26 个县（市、区）农产品质量安全追溯信息化率高于全国平均水平。

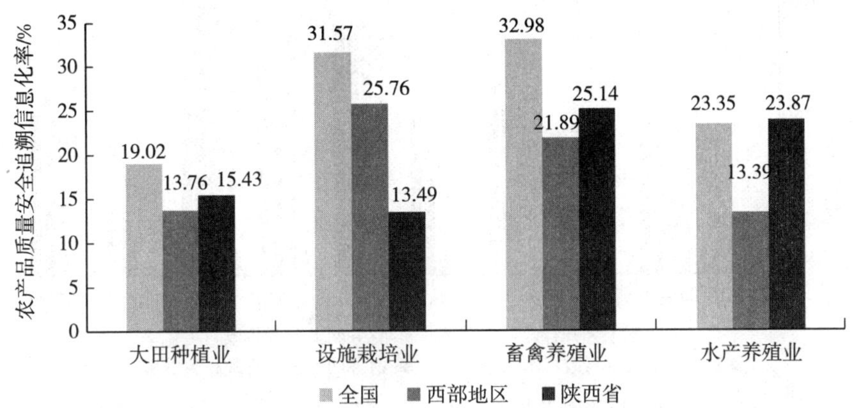

图 8　2021 年陕西省四大行业农产品质量安全追溯信息化率与全国比较

（四）乡村治理信息化水平有所提升

2021 年，陕西省“三务”网上公开行政村覆盖率为 65.90%，比全国平均水平低 12.45 个百分点（图 9），居全国第 23 位。相比 2020 年，全省“三务”网上公开行政村覆盖率提升 6.81 个百分点，在全国排名中后退 1 个位次。

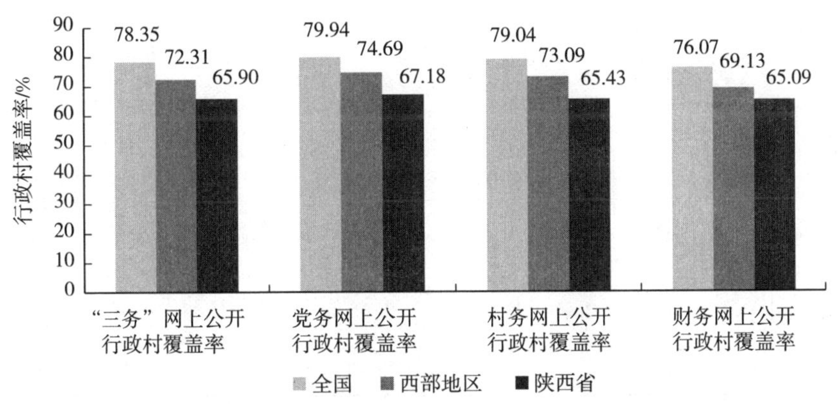

图 9　2021 年陕西省“三务”网上公开行政村覆盖率

陕西省“三务”网上公开行政村覆盖率较高的是延安市、安康市，分别为 93.26%、90.97%（图 10）。其余各市（区）均低于全国的“三务”网上公开行政村覆盖率。分县域看，全省有乾县、武功县、铜川市印台区等 59 个县（市、区）“三务”网上公开行政村覆盖率达到 100%。

陕西省县域政务服务在线办事率为 67.50%，比全国水平低 0.73 个百分点，居全国第 14 位。相比 2020 年，县域政务服务在线办事率大幅提升 6.82

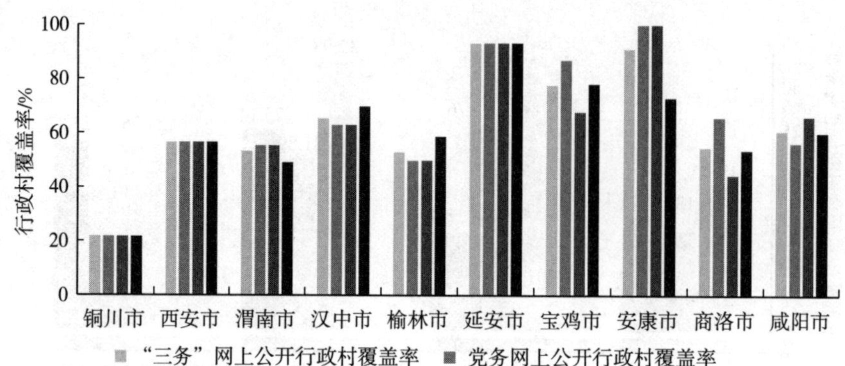

图 10　2021 年陕西省各市（区）"三务"网上公开行政村覆盖率

个百分点，在全国排名中前进 8 个位次。

分市（区）看，陕西省有 6 个市（区）的县域政务服务在线办事率超过全国水平，其中宝鸡市、铜川市、安康市政务服务在线办事率较高，分别为 77.78%、75.00%、75.00%（图 11）。从县域看，有 41 个县（市、区）的政务服务在线办事率高于全国水平，乾县、武功县、泾阳县等 31 个县（市、区）的政务服务在线办事率达到 100%。

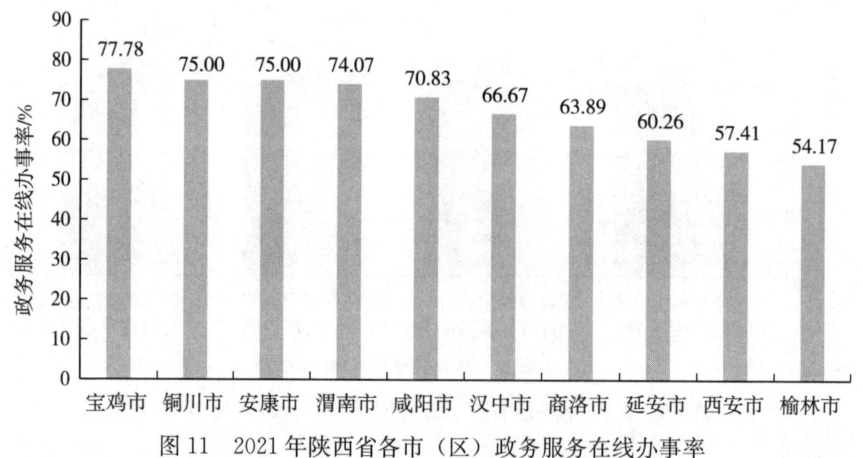

图 11　2021 年陕西省各市（区）政务服务在线办事率

陕西省公共安全视频图像应用系统行政村覆盖率为 61.59%，比全国水平低 18.76 个百分点，居全国第 24 位。铜川市公共安全视频图像应用系统行政村覆盖率达到 100%，其余各市（区）均低于全国水平（图 12）。全省有 54 个县（市、区）公共安全视频图像应用系统行政村覆盖率达到 100%。

村级在线议事行政村覆盖率为 57.19%，比全国水平低 15.06 个百分点，

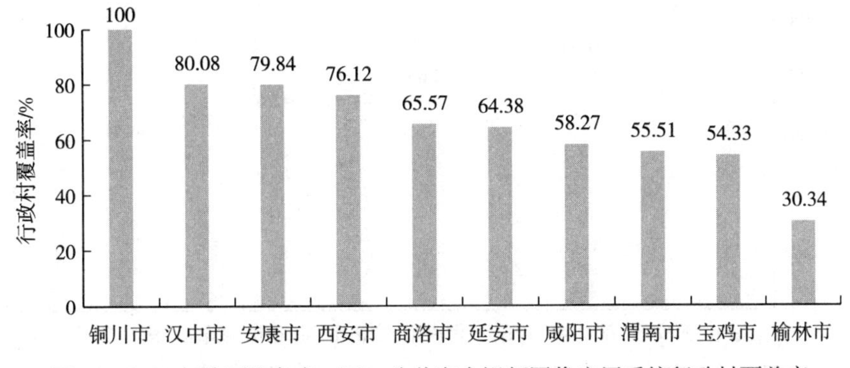

图 12　2021 年陕西省各市（区）公共安全视频图像应用系统行政村覆盖率

居全国第 25 位。延安市、安康市、渭南市高于全国水平，分别为 93.13%、92.06%、73.90%（图 13）。陕西省有 61 个县（市、区）的村级在线议事行政村覆盖率高于全国水平，其中 57 个县（市、区）的覆盖率为 100%。

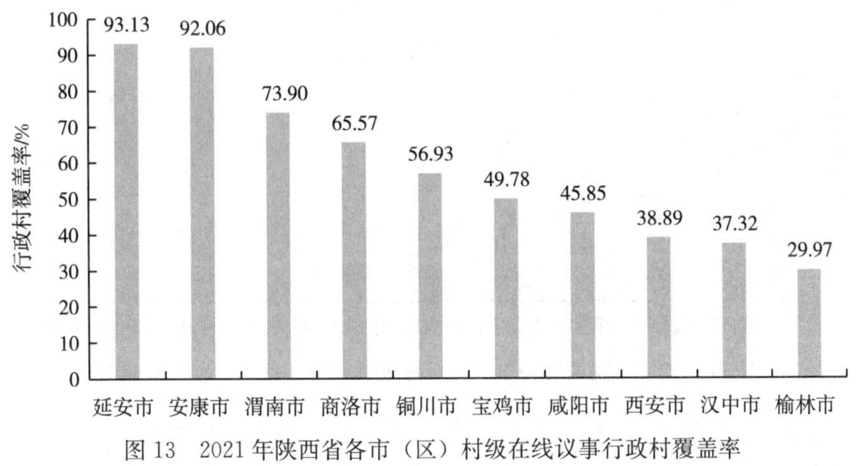

图 13　2021 年陕西省各市（区）村级在线议事行政村覆盖率

陕西省应急广播主动发布终端行政村覆盖率为 71.80%，比全国水平低 7.87 个百分点，居全国第 20 位。安康市、延安市、汉中市的覆盖率高于全国水平，分别为 99.94%、93.95%、81.27%（图 14）。陕西省有 73 个县（市、区）应急广播主动发布终端行政村覆盖率高于全国水平，其中乾县、眉县、武功县等 65 个县（市、区）为 100%。

（五）服务信息化水平县域之间发展极不平衡

2021 年，陕西省建有村级综合服务站点行政村 12 154 个，覆盖率为 74.26%，比全国水平低 11.75 个百分点，居全国第 25 位。铜川市、安康市、

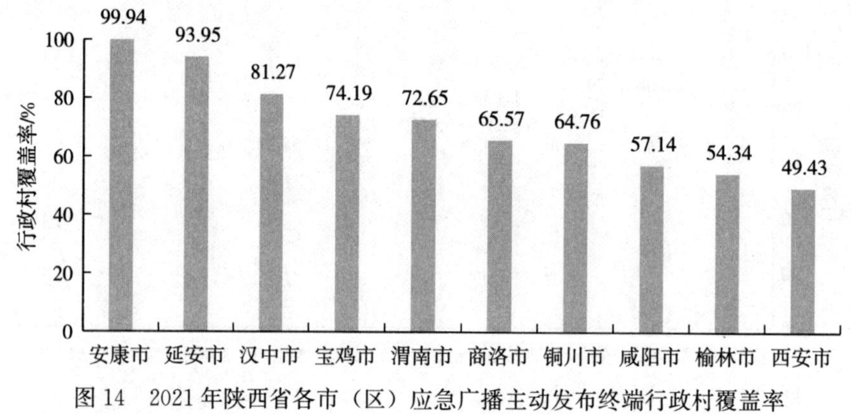

图 14　2021 年陕西省各市（区）应急广播主动发布终端行政村覆盖率

渭南市、商洛市高于全国平均水平，分别为 100%、95.59%、90.45%、86.90%（图 15）。铜川市印台区、延安市宝塔区、黄龙县等 61 个县（区、市）高于全国平均水平，其中有 56 个县（区、市）为 100%全覆盖。

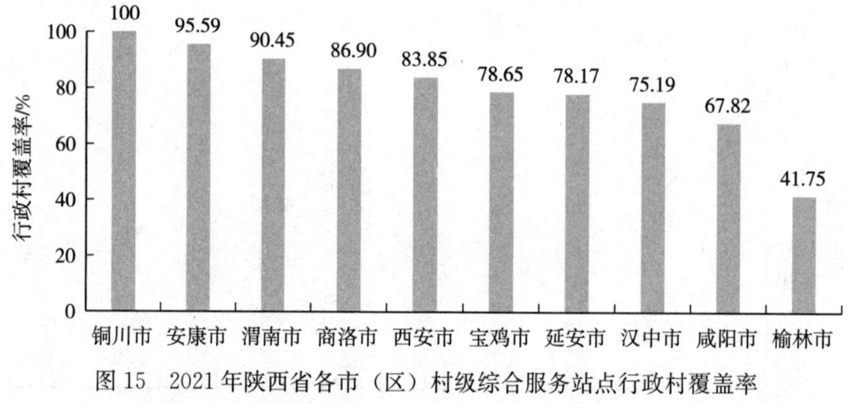

图 15　2021 年陕西省各市（区）村级综合服务站点行政村覆盖率

陕西省农技推广服务信息化率为 50.01%，比全国水平低 11.33 个百分点，居全国第 20 位。其中安康市、铜川市、商洛市、宝鸡市高于全国平均水平（61.34%），分别为 88.75%、79.22%、78.59%和 71.32%（图 16）。全省有铜川市印台区、留坝县、富平县等 45 个县（市、区）高于全国平均水平，其中有 32 个县（市、区）为 100%全覆盖。

（六）农村信息化发展资本投入严重不足

陕西省乡村人均农业农村信息化财政投入为 12.5 元，比全国平均水平少 42.75 元，仅占全国平均水平的两成，居全国第 30 位。分市（区）看，延安市乡村人均农业农村信息化财政投入最高，为 41.03 元，渭南市最低，仅为 0.93 元（图 17）。从县域看，全省仅有黄陵县、留坝县、铜川市王益区、眉县等 9

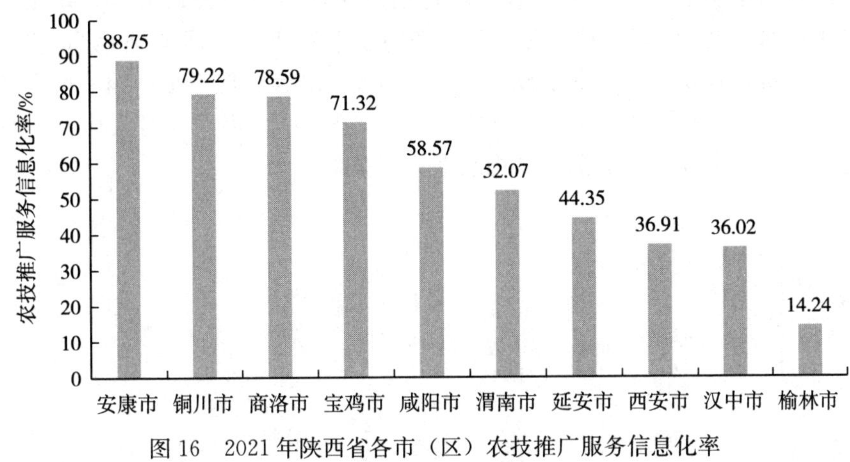

图 16 2021 年陕西省各市（区）农技推广服务信息化率

个县（区、市）的乡村人均农业农村信息化财政投入高于全国水平（图 18）。

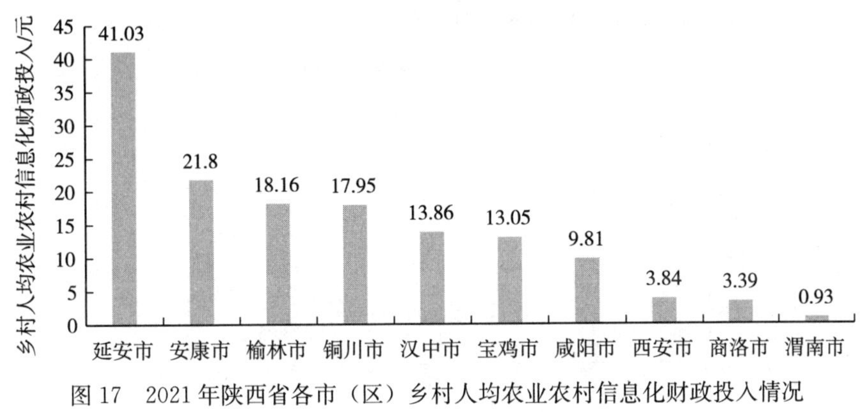

图 17 2021 年陕西省各市（区）乡村人均农业农村信息化财政投入情况

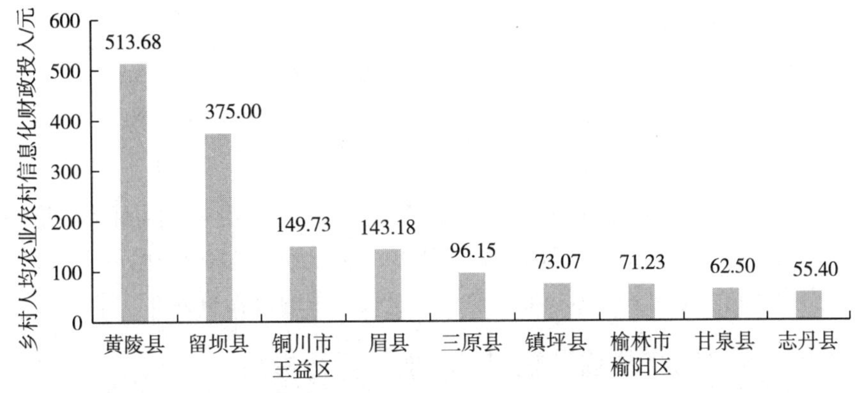

图 18 2021 年陕西省高于全国水平的县（市、区）乡村人均农业农村信息化财政投入情况

2021 年，陕西省乡村人均农业农村信息化社会资本投入为 27.06 元，比全国平均水平低 108.14 元，仅为全国平均水平的 20%，居全国第 28 位。分市（区）看，延安市社会资本投入最高，为 61.63 元，但不足全国平均水平的一半（图 19）。凤县、志丹县、丹凤县等 8 个县（区、市）乡村人均农业农村信息化社会资本投入高于全国平均水平（图 20）。

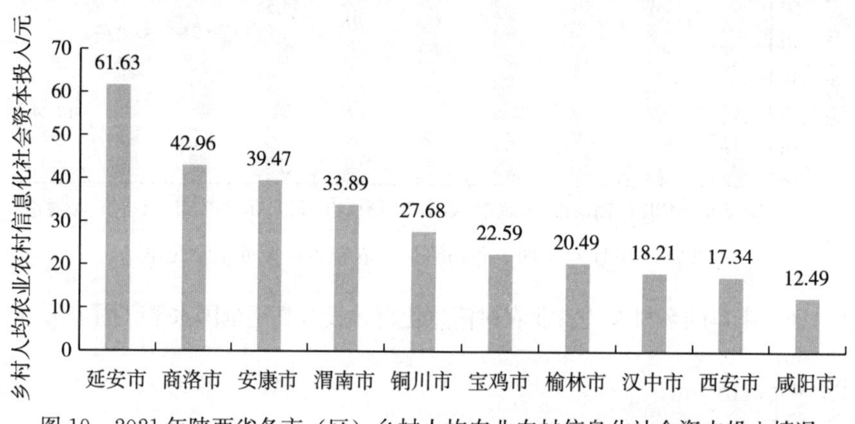

图 19　2021 年陕西省各市（区）乡村人均农业农村信息化社会资本投入情况

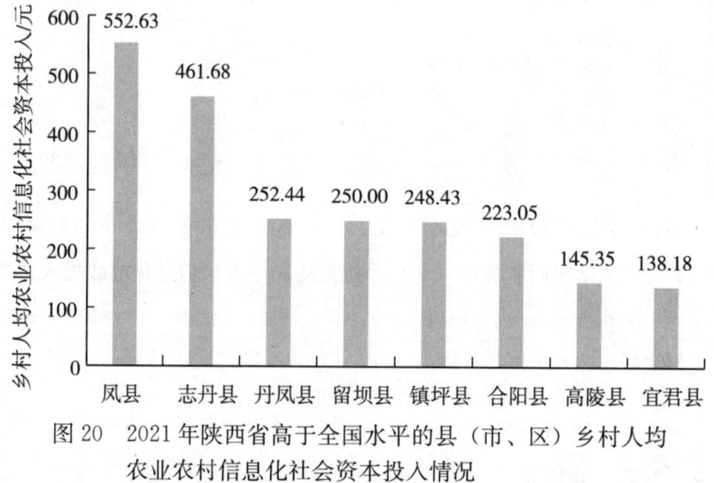

图 20　2021 年陕西省高于全国水平的县（市、区）乡村人均农业农村信息化社会资本投入情况

2021 年，陕西省县级农业农村部门信息化管理服务机构的覆盖率为 98.0%，比全国平均水平高 5.44 个百分点，居全国第 12 位。陕西省 12 个市（区）中有 10 个覆盖率为 100%，榆林市和咸阳市的覆盖率为 91.67%。

（七）乡村网络基础设施相对薄弱，亟待提高

2021 年，陕西省行政村互联网普及率为 64.07%，比全国平均水平低

8.76个百分点，居全国第26位。陕西省互联网普及率高于全国的市（区）是延安市和渭南市，分别为74.35%和73.09%（图21）。

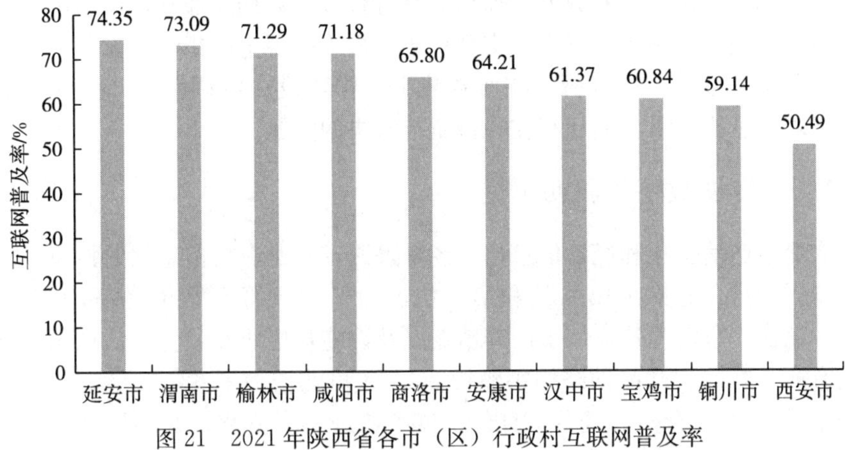

图21 2021年陕西省各市（区）行政村互联网普及率

陕西省行政村5G通达率为40.91%，比全国平均水平低16.48个百分点，居全国第27位。其中西安市、渭南市、汉中市高于全国平均水平，分别为71.87%、69.51%和65.50%（图22）。乾县、铜川市印台区、宝鸡市凤翔区等25个县（市、区）行政村5G通达率为100%。志丹县、神木市、旬阳市等19个县（市、区）的行政村未通达5G。

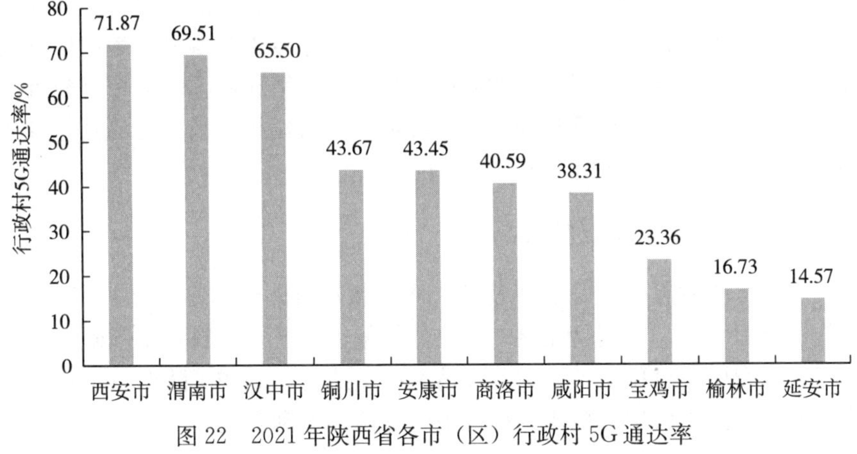

图22 2021年陕西省各市（区）行政村5G通达率

三、存在的问题

陕西省数字乡村建设正处在起步阶段，与全国相比发展较为迟滞，数字乡村发展总体水平居全国第19位，较2020年后退3位，与全国发展总体水平的差距拉大，数字化信息资源和应用系统分散、标准不统一、共享机制缺乏、应用能力薄弱；省市县涉农数据“孤岛”有待打破，数据互通互联新格局尚未完全形成，无法有效满足“三农”宏观决策分析、微观生产指导、农业市场分析等应用场景。基于上述分析，陕西省数字乡村建设在协调发展、基施设施建设、涉农资金投入等方面还存在一些亟待解决的问题。

（一）发展数字化驱动不足

农业生产信息化和经营信息化曾经是陕西省农业农村信息化的强项，2020年在全国的排名分别为第9位和第5位，2021年下降至第14位和第10位。大田种植业、畜禽养殖业、水产养殖业以及设施栽培业农业生产信息化率较往年均有所下降。农产品网络销售额较2020年虽然增加了63.92亿元，但占比下降了2.89个百分点，经营信息化渠道亟待进一步拓宽。农产品质量安全追溯信息化率比2020年提高3.84个百分点，进步明显，但仍低于全国水平，还需进一步加大推广和应用农产品质量安全追溯平台，助力农产品质量安全建设和品牌建设。

（二）地域发展尚不平衡

全省县域数字乡村发展总体水平不均衡，陕北地区总体水平仅为30.9%，比陕南地区低3.57个百分点，比关中地区低7.97个百分点，关中与陕北、陕南地区的数字乡村发展差距不断拉大，县域间的差距更为明显，生产信息化水平排在前5位的县与排在后5位的县的平均发展水平相差83.72个百分点。经济越发达的县域数字化程度越高，农产品网络销售额排在前5位的县与排在后5位的县的平均发展水平相差84.27个百分点。

（三）基础设施建设滞后

陕西省行政村互联网普及率及5G通达率分别排全国第26位和第27位，均远低于全国水平。特别是在陕南、陕北等偏远地区，乡村数字基础设施建设相对滞后，农村信息化基础设施普及情况严重滞后，制约了陕西数字农业的信息化发展水平，给数字乡村建设将带来全方位的不利影响。

（四）资金投入严重不足

陕西省乡村人均农业农村信息化财政投入为全国平均水平的22.62%，人均社会资本投入为全国平均水平的20.01%。在农业农村信息化建设方面，有15%的县（市、区）没有财政投入，31%的县（市、区）没有社会资本投入。

人均财政投入和社会资本投入的比例为1∶2.16，低于全国的1∶2.45和西部地区的1∶2.77，财政资金“四两拨千金”的撬动作用发挥不足。

四、发展建议

（一）加强顶层设计

深入贯彻落实《数字乡村发展战略纲要》《数字农业农村发展规划（2019—2025年）》《“十四五”全国农业农村信息化发展规划》和《陕西省“十四五”数字农业农村发展规划》，加强政策支持与引导，强化省、市、县三级涉农信息化部门间的工作协同，形成统筹发展、部门联动、制度完善、体系健全、集约共享、安全可靠的工作格局。

（二）加强基础设施建设

加快光纤宽带网络建设，推进光纤入户工程，采取多种技术形式，出台相应优惠政策降低资费，提高信息终端普及率。支持通信部门发挥优势、共同参与、公平竞争，建立农村信息化建设和运营的长效机制。在农业信息化网络软硬件设备、后期维护、信息员及农户培训等方面加大财政投入力度，使整个系统能真正运转起来，更好地开展农业信息化工作。

（三）拓宽资金来源渠道

进一步强化农产品产销对接和涉农数据资源整合能力，立足试点成果，扩大宣传，加快平台应用落地步伐。建立农业农村信息化建设资金保障机制，拓宽资金来源渠道，积极争取国家级和省级政策、资金支持，鼓励企业和金融机构提供配套资金支撑，形成资金保障合力，共同参与全省农业农村信息化建设。

（四）强化信息服务保障

加快提高全省村级信息服务站行政村全覆盖水平，健全完善全省村级信息服务站便民服务设施，丰富信息服务站服务内容，提升服务效率。加强农业专家管理，充实完善农业专家队伍，及时补充新鲜血液，提升专家队伍的活力和服务能力。进一步健全农村信息员队伍体系，加强培训，提高信息员理论知识和实践应用水平，建设一支高水平的信息员队伍，为有效解决农村信息服务“最后一公里”打下坚实基础。

2022 甘肃省数字乡村发展水平评价报告

撰稿单位：甘肃省农业信息中心

撰稿人员：程小宁　张　敬　李芙凝

一、评价说明

（一）工作背景

为贯彻落实数字乡村发展战略决策部署，按照农业农村部 2022 年度全国农业农村信息化能力监测试点工作要求，甘肃省农业信息中心依据评价指标体系的 6 个维度指标，在广泛采集数据、客观分析现状的基础上，对全省 86 个样本县的数字乡村发展情况进行了评价，形成了《2022 甘肃省数字乡村发展水平评价报告》。

这也是自 2019 年农业农村部首次开展评价以来，甘肃省连续四年组织全省各县（市、区）积极参加。通过对各县（市、区）填报的数据进行审核、分析，以期准确把握全省数字乡村发展的差距与短板，明确努力方向，推动全省数字乡村建设快速健康发展，使其成为提振乡村振兴发展的重要突破口。

（二）数据来源

本次监测评价数据继续采取县（市、区）农业农村部门自愿填报，市（州）及省级农业信息部门逐级审核把关，经农业农村部信息中心复核的方式获得。数据采集全省 13 个市（州）（嘉峪关、兰州新区不设县市区除外），包含白银市、定西市、甘南藏族自治州（以下简称甘南州）、金昌市、酒泉市、兰州市、临夏回族自治州（以下简称临夏州）、陇南市、平凉市、庆阳市、天水市、武威市、张掖市，覆盖全部 86 个县（市、区）。

二、评价结果

（一）甘肃省数字乡村发展总体水平 36.2%，居全国第 16 位，发展差距持续缩小

2021 年甘肃省数字乡村发展总体水平为 36.2%，较 2020 年（34.2%）增

长 2 个百分点，连续两年保持增长态势。相较于 2019 年的第 21 位，2020 年的第 20 位，2021 年甘肃省数字乡村发展水平居全国第 16 位，排名持续提升，进步明显。从区域对比来看，2021 年甘肃省数字乡村发展水平高于西部地区平均水平 2.6 个百分点，但与全国平均水平相比仍有一定差距，2021 年低 2.9 个百分点、2020 年低 3.7 个百分点、2019 年低 4.8 个百分点。总体来看，甘肃省农业农村信息化基础比较薄弱，发展水平较为落后，但 2019—2021 年不断发展，与全国差距持续缩小。

全省数字乡村发展水平排名前 3 的市（州）分别是金昌市、陇南市和武威市（图 1）。2021 年，全省有 30 个县（市、区）平均发展水平超过了全国平均水平，占县域总数的 34.88%。其中，西和县、文县、礼县、康县、永昌县、玉门市、民勤县、泾川县、漳县、渭源县位居全省前 10，数字乡村发展水平均超过 47%。

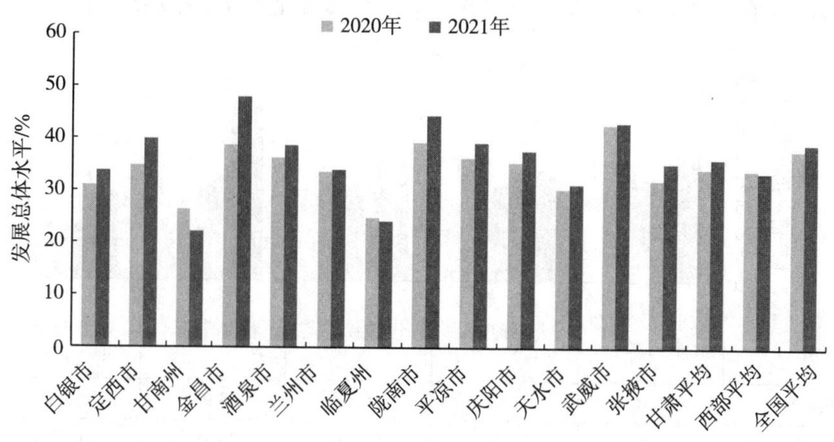

图 1　2020 年、2021 年甘肃省各市（州）县域数字乡村发展情况

（二）全省农业生产信息化水平保持稳定

2021 年甘肃省农业生产信息化率为 20.20%，居全国第 22 位，同期全国农业生产信息化率为 25.36%、东部地区 29.18%、中部地区 33.41%、西部地区 19.11%。甘肃省农业生产信息化率略高于西部地区平均水平，但与全国平均水平相比仍有差距。分地区来看，全省农业生产信息化发展极不均衡，部分地区发展较为缓慢，金昌市、陇南市、武威市农业生产信息化率较高（图 2）。

分领域来看，甘肃省农业生产信息化发展水平中，大田种植信息化率最高，达到 23.4%，高于全国以及西部地区平均水平，设施栽培、畜禽养殖、水产养殖信息化发展仍有差距（图 3）。

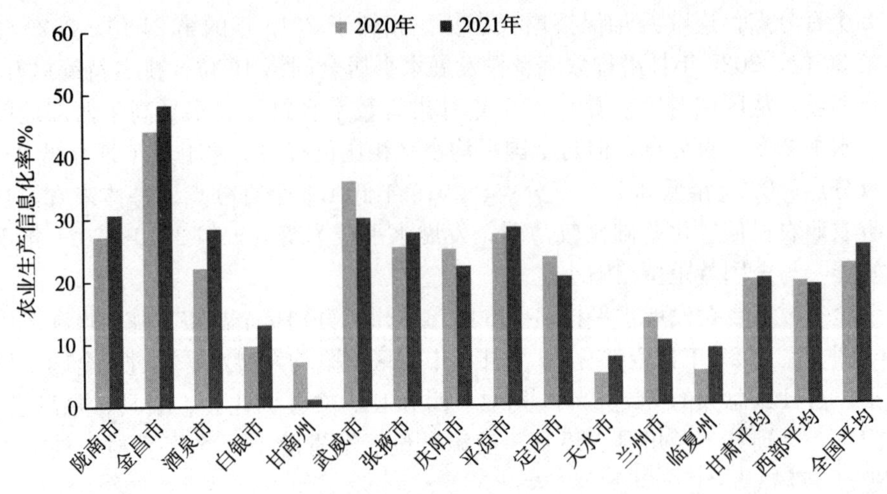

图 2　2020 年、2021 年甘肃省各市（州）农业生产信息化发展情况

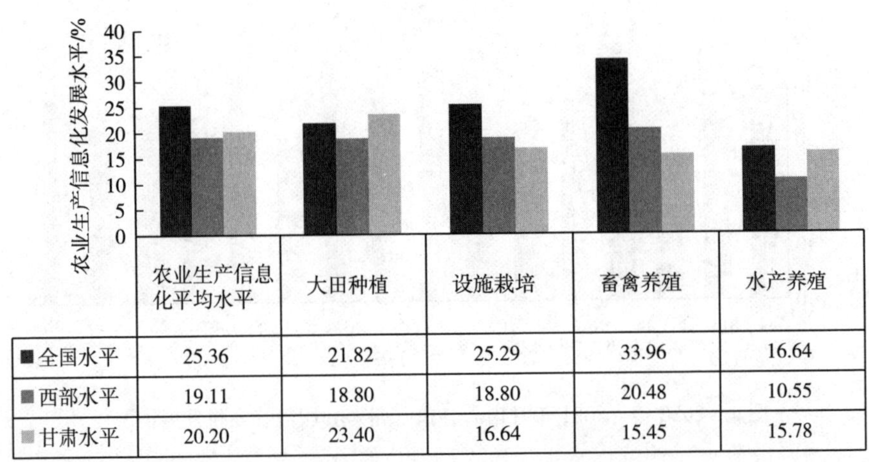

	农业生产信息化平均水平	大田种植	设施栽培	畜禽养殖	水产养殖
■全国水平	25.36	21.82	25.29	33.96	16.64
■西部水平	19.11	18.80	18.80	20.48	10.55
■甘肃水平	20.20	23.40	16.64	15.45	15.78

图 3　2021 年甘肃省农业生产信息化率

2021 年甘肃省大田种植信息化率为 23.40%，居全国第 18 位；设施栽培信息化率 16.64%，居全国第 22 位；畜禽养殖信息化率为 15.45%，居全国第 28 位；水产养殖信息化率 15.78%，居全国第 17 位。

（三）全省经营信息化水平不断提升

1. 县域农产品网络销售额占农产品销售总额的 16.28%

2021 年，全省农产品销售总额 845.00 亿元，县域农产品网络销售额为 137.60 亿元，县域农产品网络销售额占农产品销售总额的 16.28%，较 2020 年增加 4.15 个百分点（12.13%），高于全国 1.8 个百分点（14.48%），居全国第8位。农产品网络销售额占比高于全省平均水平的市（州）分别是陇南市45.17%、定西市28.25%、庆阳市16.70%、兰州市16.60%（图4）。

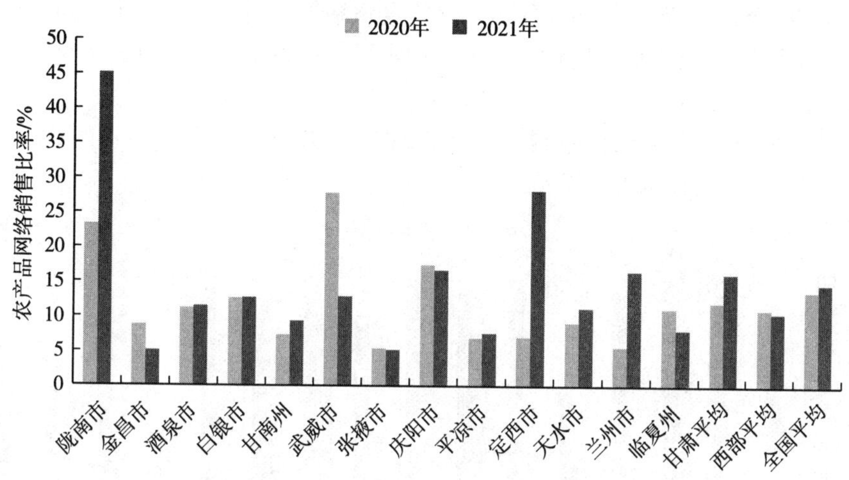

图4　2020年、2021年甘肃省各市（州）农产品网络销售情况

2. 农产品质量安全追溯信息化率为15.66%

2021年，甘肃省县域农产品质量安全追溯信息化率为15.66%，较2020年下降了1.88个百分点（17.54%），居全国第22位。大田种植业、设施栽培业、畜禽养殖业、水产养殖业农产品质量安全追溯信息化率及在全国的位次排名分别为11.66%（第25位）、28.02%（第15位）、19.48%（第23位）和43.19%（第4位）。

（四）信息化基础支撑仍需加强

1. 全省互联网普及率为73.76%

2021年，全省网民总数1 995.65万人，同比上涨1.9%（1 958.57万人）；互联网普及率为73.76%，居全国第13位，较2020年相比上涨0.84个百分点（72.92%）。互联网基础设施进一步完善，互联网普及进一步延伸。

2. 行政村5G通达率50.54%

2021年，全省5G通达的行政村数为8 064个，通达率50.54%，居全国第20位，超过西部地区平均水平（46.81%），低于全国平均水平（57.39%）。

（五）乡村治理水平全面提升

1. 实现行政村“三务”网上公开的覆盖率达90.02%

2021年，甘肃省实现行政村“三务”网上公开的覆盖率为90.02%，较上年增加0.3个百分点（89.70%），居全国第11位，高于全国78.35%的平均水平。其中，党务公开水平为93.75%，村务公开水平为90.89%，财务公开水平为85.43%。

分市（州）来看，如图5所示，除临夏州和甘南州外，其余市（州）行政村“三务”网上公开水平均超过全国平均水平，张掖市、金昌市、酒泉市、武威市、庆阳市已达100%。

从县域来看，实现行政村“三务”网上公开水平达到100%的县（市、区）共84个，占比为97.67%。

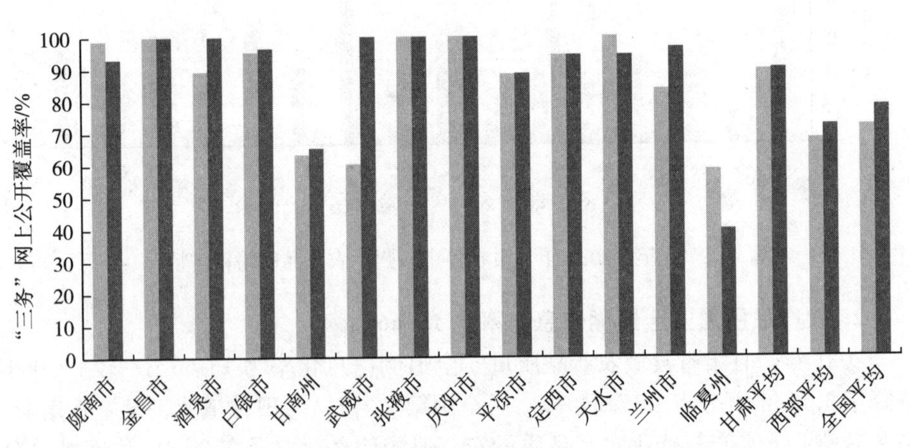

图5　2020年、2021年甘肃省各市（州）实现行政村“三务”网上公开情况

2. 公共安全视频图像应用系统行政村覆盖率为74.33%

2021年，全省公共安全视频图像应用系统行政村覆盖率为74.33%，高于西部地区平均水平（72.30%），低于全国平均水平（80.35%）。

分地域来看，各市（州）公共安全视频图像应用系统发展极不平衡，金昌市、武威市、张掖市公共安全视频图像应用系统行政村覆盖率已达100%，但临夏州、甘南州覆盖率仍不足45%。

3. 全省县域政务服务在线办事率为64.53%

2021年全省政务服务在线办事率为64.53%，高于西部地区平均水平（62.28%），低于全国平均水平（68.23%），居全国第18位。

分地域来看，各市（州）县域政务服务在线办事水平差异大，陇南市、酒泉市、庆阳市、武威市、定西市县域政务服务在线办事率已超过国家平均水平，但是甘南州、临夏州在线办事率仍不足50%。

4. 全省村级在线议事行政村覆盖率为67.62%

2021年全省村级在线议事行政村覆盖率为67.62%，高于西部地区平均水平（63.96%），低于全国平均水平（72.25%），居全国第16位。

分地域来看，各市（州）村级在线议事水平差异悬殊，金昌市、武威市村级在线议事行政村覆盖率已达到 100%，但是甘南州、临夏州在线议事率仍不足 30%。

5. 全省应急广播主动发布终端行政村覆盖率为 77.75%

2021 年全省应急广播主动发布终端行政村覆盖率为 77.75%，高于西部地区平均水平（76.37%），低于全国平均水平（79.67%），居全国第 14 位。

（六）服务信息化能力持续增强

2021 年，全省共建村级综合服务站点 14 331 个，村级综合服务站点行政村覆盖率达到 90.98%，居全国第 13 位，其中，金昌市、定西市综合服务站点行政村覆盖率已达 100%。全省共有新型农业经营主体 10.37 万个，其中，接受信息化农技推广服务的新型农业经营主体数量为 6.39 万个，农技推广服务信息化率为 61.64%，居全国第 14 位，略高于全国平均水平（61.34%）。各市（州）新型农业经营主体接受农技推广服务的情况见图 6。

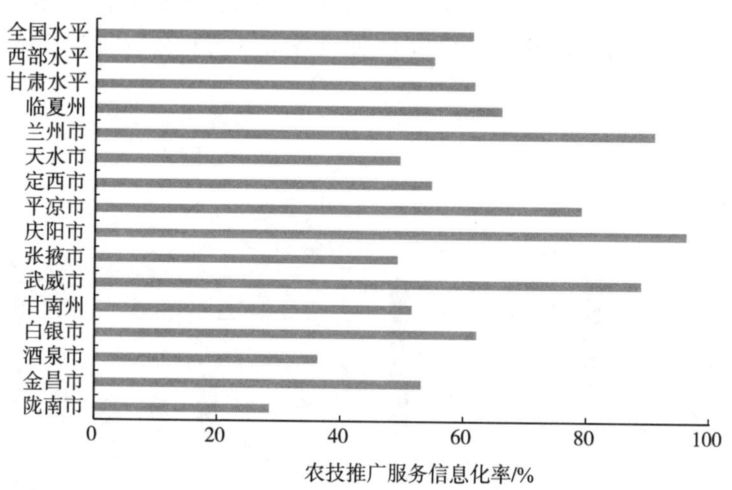

图 6　2021 年甘肃省各市（州）新型农业经营主体接受农技推广服务情况

（七）发展环境改善，但仍有待提升

1. 县级农业农村信息化管理服务机构覆盖率为 91.86%

2021 年，全省共有 70 个县域农业农村局为县网络安全和信息化领导机构成员或组成单位，68 个农业农村局成立了网络安全和信息化领导机构，57 个农业农村局设置了承担信息化相关工作的行政科（股），34 个农业农村局设置了信息中心（信息站）等事业单位。2021 年，全省县级农业农村信息化管理服务机构设置不断优化，与全国平均水平差距持续缩小，县级农业农村信息化管理服务机构综合设置情况得分66.57，全国为72.35，综合评分居全国第24位，县级农业农村信息化管理服务机构覆盖率91.86%，全国92.56%，居全国第24位。

2. 全省县域农业农村信息化财政投入2.13亿元

2021年，甘肃省县域农业农村信息化建设的财政投入为2.13亿元，同比下降10.13%（2.37亿元），乡村人均投入12.62元，同比下降3.59%（13.09元）。甘肃省县域农业农村信息化建设财政投入较低，县域投入呈现不平衡不均等的特点，全省仅有5个县（市、区）农业农村信息化财政投入超过1 000万元，分别是康县、碌曲县、舟曲县、七里河区、西峰区。

3. 全省县域农业农村信息化社会资本投入5.03亿元

2021年，甘肃省县域农业农村信息化建设的社会资本投入为5.03亿元，同比增长80.94%（2.78亿元），乡村人均投入29.84元，同比增长93.89%（15.39元），较上年大幅提升，但仍低于全国及西部地区人均水平，社会参与度仍有待提高。其中，全国乡村人均农业农村信息化社会资本投入为135.2元，西部地区人均投入为89.44元。各市（州）县域农业农村信息化投入情况见图7。

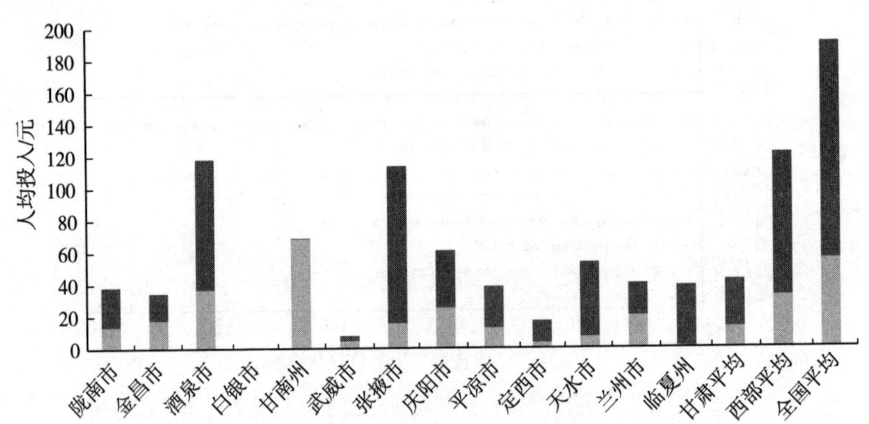

图7 2021年甘肃省各市（州）县域农业农村信息化投入情况

三、甘肃省数字乡村发展的亮点与短板

为对比甘肃省数字乡村发展水平与全国综合水平差距，在参考全国农业农

村信息化能力监测指标的基础上，形成了 2021 年度甘肃省数字乡村发展水平与全国综合水平对比雷达图，具体做法是将 6 个一级指标作为六个维度，将二级指标、三级指标分别加权平均，得出甘肃省 2021 年度数字乡村发展水平，并将全国同期发展水平作为基准，展开对比分析。

综观全省数字乡村发展情况，不平衡不均等的问题依然突出（图 8）。

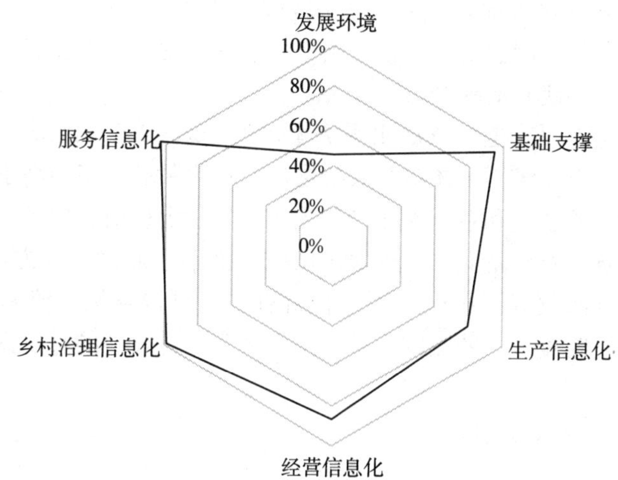

图 8　2021 年甘肃省数字乡村发展水平与全国综合水平对比雷达

发展环境方面，与全国发展水平差距明显，为全国发展水平的 45.64%。2021 年全省社会资本投入有较大幅度提升，但与西部地区、全国整体投入仍有很大距离。数字乡村发展，需要财政和社会资本的高效协同，资本投入不足严重掣肘甘肃省数字乡村发展水平的提升。同时，全省县域农业信息化管理服务机构覆盖面仍有待进一步扩展，机构队伍仍需进一步建立健全。

基础支撑方面，全省发展水平为全国的 94.67%，与全国平均水平基本持平，互联网普及较为广泛，但行政村 5G 通达率仍面临巨大挑战。网络基础设施作为农业农村信息化发展的重要支撑，互联网广泛普及为全省农业农村信息化发展提供了坚实保障。

生产信息化方面，全省发展水平为全国的 79.65%，且在不同行业领域差异较大，设施栽培与畜禽养殖两个行业的信息化发展水平亟待提升。全省农业规模化生产水平较低，规模效应难以体现，虽然局部生产信息化技术日益精进，但并未全面覆盖，且多停留在单一技术的应用阶段。技术供给不足、缺乏高精尖技术的推广应用、个体农户缺乏积极性、资本投入不足等因素更是严重影响农业生产信息化率的提升。

经营信息化方面，全省发展水平为全国的 86.75%，与全国相比仍有一定差距，且区域发展分化。甘肃省农产品生产企业仍然存在规模小、经营分散、标准化生产程度不高等问题，信息技术、管理理念、资金投入更是制约了各方资源在农产品经营信息化发展方面的应用。从数据来看，2021年陇南市在经营信息化方面遥遥领先，带动当地农产品网络销售的蓬勃发展，为全省发展提供了新样板。

乡村治理信息化方面，全省发展水平为全国的98.63%，与全国基本持平。甘肃省“三务”网上公开超过全国平均水平，发展势头良好，通过信息化手段，凝聚乡村共建共治新合力。

服务信息化方面，全省发展水平为全国的103.13%，村级综合服务站点覆盖率以及新型农业经营主体接受农技推广信息化服务比率均高于全国平均水平。村级综合服务站点和新型农业经营主体是农业农村信息化延伸到基层的重要桥梁，更在解决农村就业、促进农民增收、推动产业发展、方便生产生活、拓展公共服务方面发挥了积极作用。甘肃省更应再接再厉，统筹农村地区资源，补齐基础设施短板，使之成为带动全省数字乡村发展的有效突破口。

四、存在的问题

甘肃省数字乡村建设工作虽然取得了一定进展和成效，但受经济社会发展水平的制约，还存在数字化基础薄弱、农业信息化项目缺乏政策扶持和项目资金支持、资金缺口大、信息化专业技术人才缺乏等问题。

（一）农村信息化基础设施薄弱

全省农村信息化基础设施建设滞后，农业信息加工、分析、利用和服务发展较慢。农业信息服务还多停留在政策法规、农业技术、农产品市场供求、价格发布、网上推广等方面，农业农村信息化服务体系尚未全面建立。

（二）农业信息化推广经费不足

信息化技术研发和生产成本高，且尚未形成规模。目前，还缺少扶持农业信息化建设发展的项目和专项经费，现有技术仍处于试验示范阶段，难以在生产中大规模推广应用。

（三）农村缺乏信息化专业人才

全省农村信息化方面的人才比较缺乏，大多数农民、农业企业和合作社负责人对农业信息化缺乏了解，技术应用意识不强。在具体项目的规划、建设、运维等层面均需依托区域外相关企业和机构实施，进而在项目的建设进度、优化改造、日常运维上受到较大程度制约。

五、对策及建议

（一）推进基础设施信息化

充分利用互联网、物联网、云计算、大数据、区块链等新一代信息技术，加快推动农业农村信息化基础设施建设，整合现有信息、资源，着力提升农业农村信息化基础水平。

（二）提高农业信息化水平

探索数字化和产业发展相融合，加快农产品生产、加工、流通、营销等数字化建设。健全完善农产品质量安全追溯系统，进一步提高监管能力和水平。

（三）完善提升农村政务服务体系

进一步提升便民服务水平，积极拓展网上村务管理，推进乡村治理数字化应用，构建现代乡村治理体系，不断拓展在线议事、办事覆盖面，完善提升农村政务服务体系。

（四）进一步培育人才队伍建设

统筹农业农村信息化机构队伍建设，不断优化机构设置，配齐配强专业队伍，加强农业信息化专业技能培训。积极培育新型职业农民，引进数字化、信息化方面的专业技术人才和管理人才，培育一批善管理、懂技术的信息化队伍，把数字化、信息化在“三农”工作中的价值和作用发挥出来，推动全省农业信息化人才队伍建设发展、提升。

2022 青海省数字乡村发展水平评价报告

撰稿单位：青海省农业农村厅信息中心

撰稿人员：韩国福　刘晓军　马昌龙　李小梅　李忠宁

2022 年，青海省农业农村信息化建设加速推进，信息技术在农牧业生产、经营、管理和服务中得到进一步应用。按照《农业农村部市场与信息化司关于开展 2022 年度全国农业农村信息化能力监测试点工作的函》的要求，为进一步做好青海省县域农业农村信息化发展水平评价工作，青海省农业农村厅信息中心组织全省 8 个市（州）44 个县（市、区）克服困难、履职尽责，在连续三年开展的县域农业农村信息化监测评价工作基础上，试行开展了数字乡村发展水平评价工作。

一、评价说明

（一）指标体系

本次评价指标体系包括发展环境、乡村网络基础设施、农业生产信息化、经营信息化、乡村治理信息化、服务信息化 6 个一级指标，大田种植信息化、农业农村信息化财政投入情况等 17 个二级指标和大田种植信息化率、农产品网络销售额占比等 23 个三级指标。

（二）数据来源

本次评价数据采用县（市、区）农业农村部门自愿填报、市级农业农村部门初审、省农业农村厅信息中心审核把关的方式获得，共收集全省 44 个县（区）的指标数据。

（三）数据处理方法

采用 Min－max 标准化分析方法对各市（州）、县（市、区）得分、排名情况进行统计分析。首先基于县域填报值计算得出三级指标值，其次对部分数值范围不在 0～1 的三级指标值进行归一化处理，最后按照权重逐级计算二级指标值、一级指标值及总的发展水平值。

二、开展情况

（一）加强组织领导，建立工作机制

一是转发《农业农村部市场与信息化司关于开展全国农业农村信息化能力监测试点的函》，明确要求各市（州）、县（市、区）有专人负责此项工作，明确要求上报的数据必须数出有据，省农业农村厅信息中心成立专项工作组，扎实做好部署、推动和落实工作。二是建立“青海省农业农村信息化能力监测试点”微信交流群，共同解决遇到的问题，分享填报经验，同时实时掌握填报进度，提高工作效率。

（二）加强指导，提高填报质量

一是按照要求为各市（州）、县（市、区）发放账号和密码，通过电话、微信工作群等方式与各单位加强沟通联系，确保填报系统的正确使用。二是根据农业农村部信息中心的填报要求和注意事项，及时通知各单位负责填报人员，确保填报数据真实有效。三是积极帮助解决各单位在系统操作和指标填报时遇到的问题，确保填报工作顺利进行。四是对各单位填报的数据严把审核关，对于异常数据及时联系填报人进行确认，确保数据的真实性。

三、发展现状

（一）数字乡村发展总体水平

青海省农业农村信息化基础差、底子薄、起步晚，虽然近几年省委、省政府高度重视数字乡村发展，但与全国发展总体水平相比还存在一定差距。经综合测算，2021 年青海省数字乡村发展总体水平为 22.8%，较 2020 年有所提高但仍低于全国平均发展水平 16.3 个百分点。

从全省来看，高于全省发展总体水平的市（州）有 5 个，分别为西宁市、海东市、海北藏族自治州、黄南藏族自治州和海南藏族自治州，发展水平分别为 26.2%、24.6%、27.4%、26.5%和 23.4%，但依然低于全国发展总体水平（图 1）。

从县域来看，高于全省发展水平的县（市、区）有 20 个，占比 45.45%（图 2）。高于全国发展总体水平的县（市、区）有 4 个，分别为西宁市城东区、城中区、湟中区和海东市平安区，发展水平分别为 43.28%、42.22%、40.93%和 47.88%（图 3）。

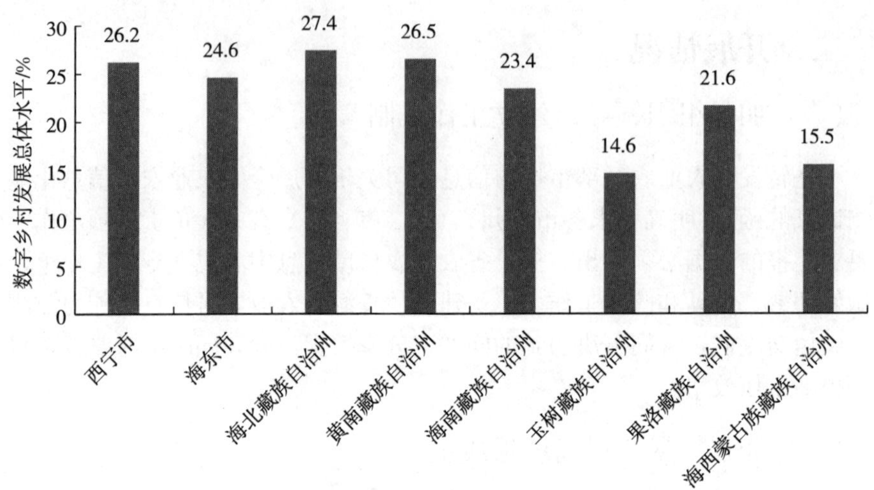

图 1　2021 年青海省各市（州）数字乡村发展总体水平

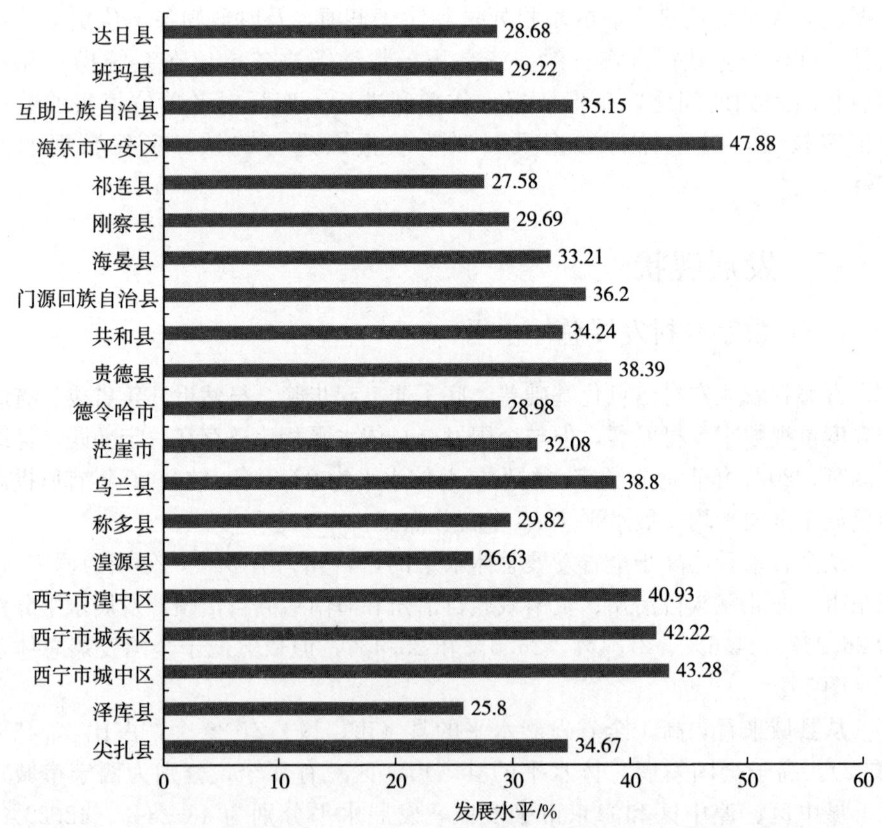

图 2　2021 年青海省农业农村信息化发展水平高于全省发展水平的县（市、区）

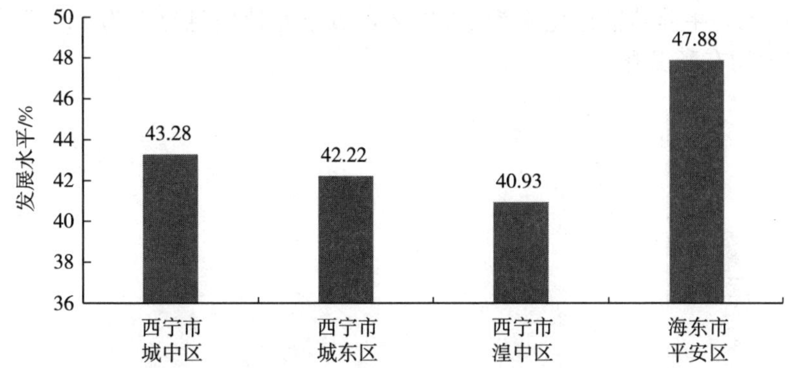

图 3 2021 年青海省农业农村信息化发展水平高于全国发展总体水平的县（市、区）

（二）生产信息化方面

生产信息化水平分析指标包括大田种植信息化率、设施栽培信息化率、畜禽养殖信息化率和水产养殖信息化率。2021 年青海省农业生产信息化率为 13.37%（全国农业生产信息化率为 25.36%），较上年提高了 2.87 个百分点。各市（州）农业生产信息化率对比情况见图 4。

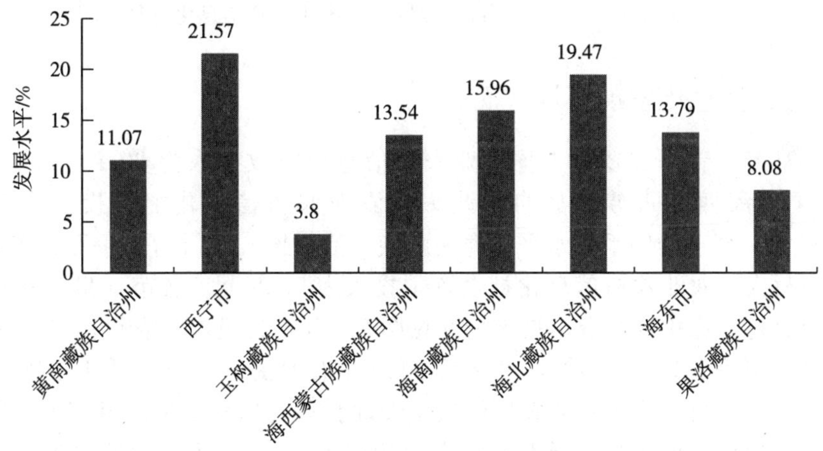

图 4 2021 年青海省各市（州）农业生产信息化率对比情况

2021 年青海省大田种植、设施栽培、畜禽养殖和水产养殖四个行业的信息化率分别为 19.17%、0.13%、11.27%和 3.61%。全省各市（州）不同行业生产信息化情况详见图 5。在大田种植中，青海省的主要农作物是小麦、青稞、马铃薯和油料作物。其中，小麦种植信息化率为 24.05%，青稞种植信息化率为 22.69%，马铃薯种植信息化率为 19.75%，油料作物种植信息化率为 26.26%。青海省主要畜禽种类为猪、牦牛和藏羊。其中，生猪养殖信息化率为 18.08%，牛养殖信息化率为 10.27%，藏羊养殖信息化率为 11.87%，与上年相比均有所提升。

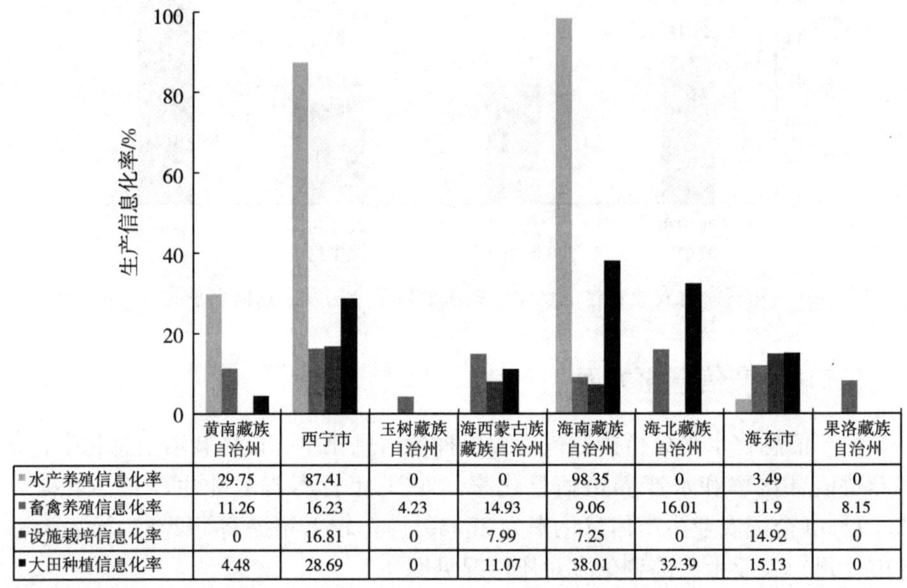

	黄南藏族自治州	西宁市	玉树藏族自治州	海西蒙古族藏族自治州	海南藏族自治州	海北藏族自治州	海东市	果洛藏族自治州
水产养殖信息化率	29.75	87.41	0	0	98.35	0	3.49	0
畜禽养殖信息化率	11.26	16.23	4.23	14.93	9.06	16.01	11.9	8.15
设施栽培信息化率	0	16.81	0	7.99	7.25	0	14.92	0
大田种植信息化率	4.48	28.69	0	11.07	38.01	32.39	15.13	0

图 5　2021 年青海省各市（州）不同行业生产信息化情况

（三）信息化发展环境方面

2021 年，青海省乡村人均农业农村信息化财政投入为 20.83 元。从市（州）看，海西蒙古族藏族自治州人均农业农村信息化财政投入最高为 147.42 元，高于全国平均水平；海南藏族自治州投入最低为 1.4 元（图 6）。全省乡村人均农业农村信息化社会资本投入为 5.38 元。各市（州）乡村人均农业农村信息化社会资本投入情况见图 7。全省县级农业农村信息化管理服务机构覆盖率为 68.18%，虽然较 2020 年有所提升但仍远低于全国平均水平。各市（州）县级农业农村信息化管理服务机构覆盖情况见图 8。黄南藏族自治州和玉树藏族自治州的覆盖率达到了 100%，海南藏族自治州、海北藏族自治州和海东市覆盖率较低，全省农业农村信息化发展环境还有待改善。

（四）经营信息化方面

2021 年全省农产品网络销售额占比为 6.86%，比全国平均水平低 7.94 个百分点，与 2020 年相比农产品网络销售额占比有所下降。从市（州）看，黄南藏族自治州的网络销售额占比最高，为 33.67%；高于全省水平的市（州）

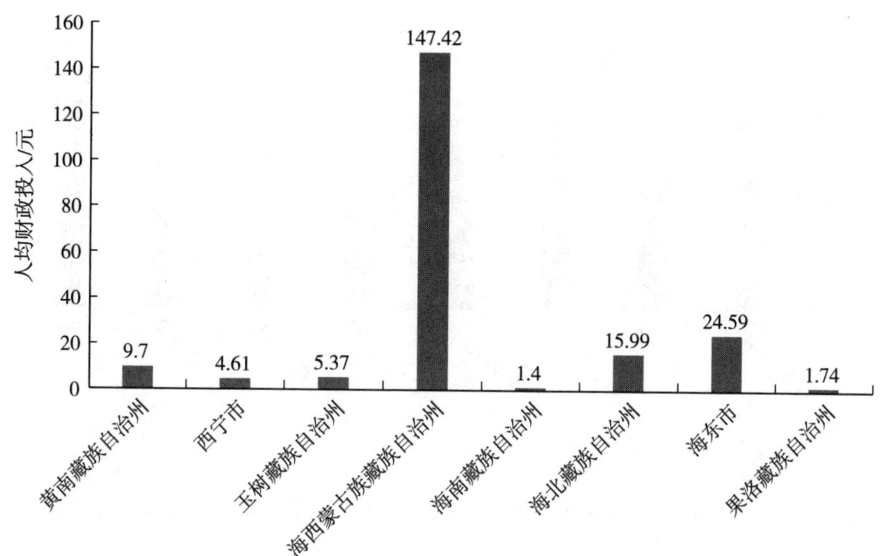

图 6　2021 年青海省各市（州）乡村人均农业农村信息化财政投入

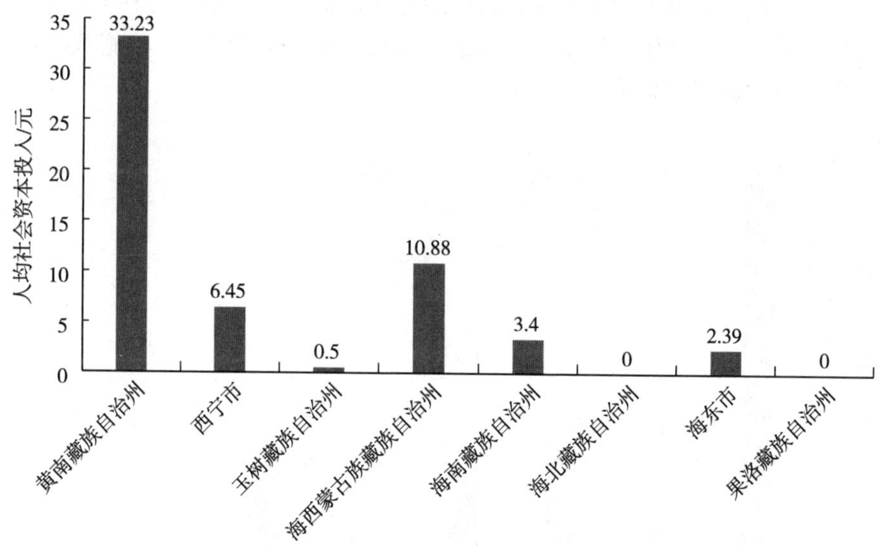

图 7　2021 年青海省各市（州）乡村人均农业农村信息化社会资本投入

有 4 个，分别是黄南藏族自治州、西宁市、玉树藏族自治州和海北藏族自治州。

全省农产品质量安全追溯信息化率为 8.32%。其中，大田种植业农产品质量安全追溯信息化率为 5.56%，设施栽培业农产品质量安全追溯信息化率

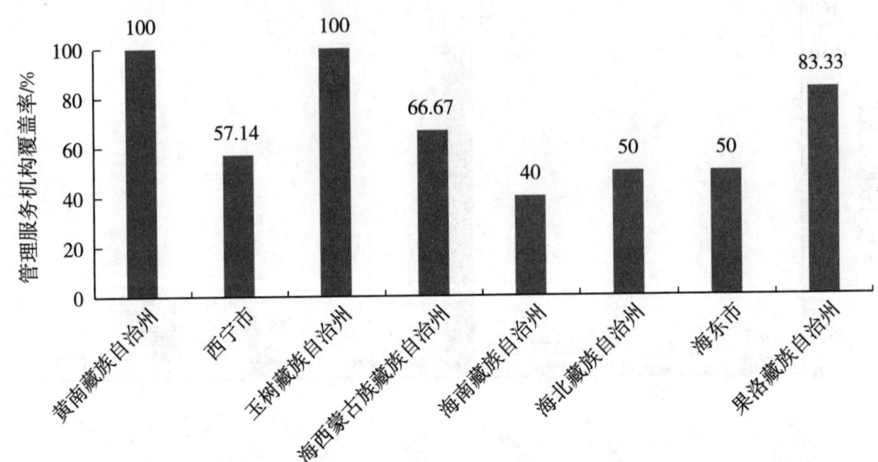

图 8　2021 年青海省各市（州）县级农业农村信息化管理服务机构覆盖率

为 28.19%，畜禽养殖业农产品质量安全追溯信息化率为 8.73%，水产养殖业农产品质量安全追溯信息化率为 1.57%。除设施栽培业农产品质量安全追溯信息化水平接近全国平均水平外，其余指标均远低于全国分行业平均水平。全省各市（州）农产品质量安全追溯信息化率见图 9，各市（州）设施栽培业农产品质量安全追溯信息化率见图 10。

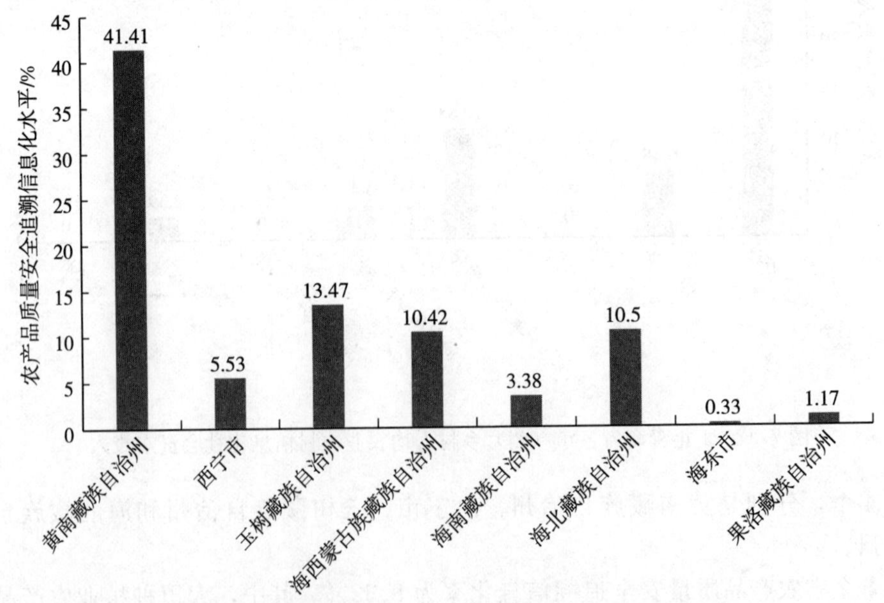

图 9　2021 年青海省各市（州）农产品质量安全追溯信息化率

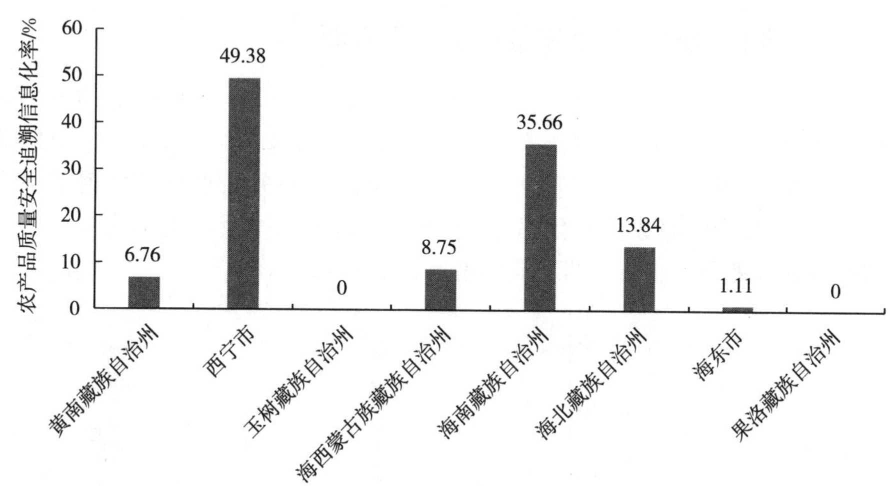

图 10　2021 年青海省各市（州）设施栽培业农产品质量安全追溯信息化率

（五）基础支撑方面

2021 年全省互联网普及率为 64.19%，较 2020 年上涨了 6.77 个百分点，但与全国平均普及率相差 8.64 个百分点；行政村 5G 通达率为 46.99%，同样低于全国平均水平。这些都是全省数字乡村发展水平滞后的重要原因，各市（州）互联网普及率及行政村 5G 通达率详细情况见图 11。

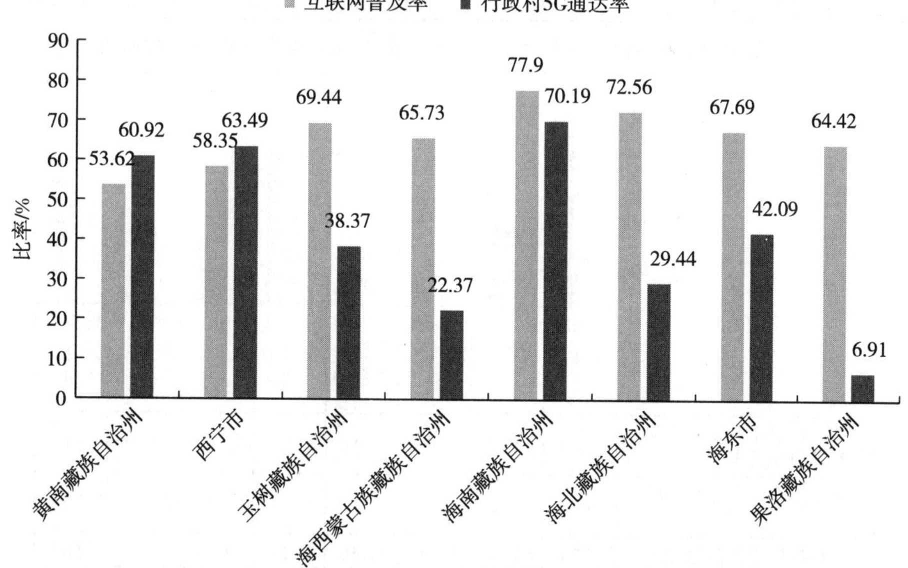

图 11　2021 年青海省各市（州）基础支撑详细情况

（六）乡村治理信息化和服务信息化方面

全省实现“三务”网上公开行政村覆盖率为59.2%，其中党务网上公开行政村覆盖率为63.41%，村级在线议事行政村覆盖率为48.47%，应急广播主动发布终端行政村覆盖率为42.21%，村级综合服务站点行政村覆盖率为49.87%，农技推广服务信息化率为34.46%。以上水平及覆盖率均与全国平均水平有较大差距，各市（州）具体情况详见图12和图13。

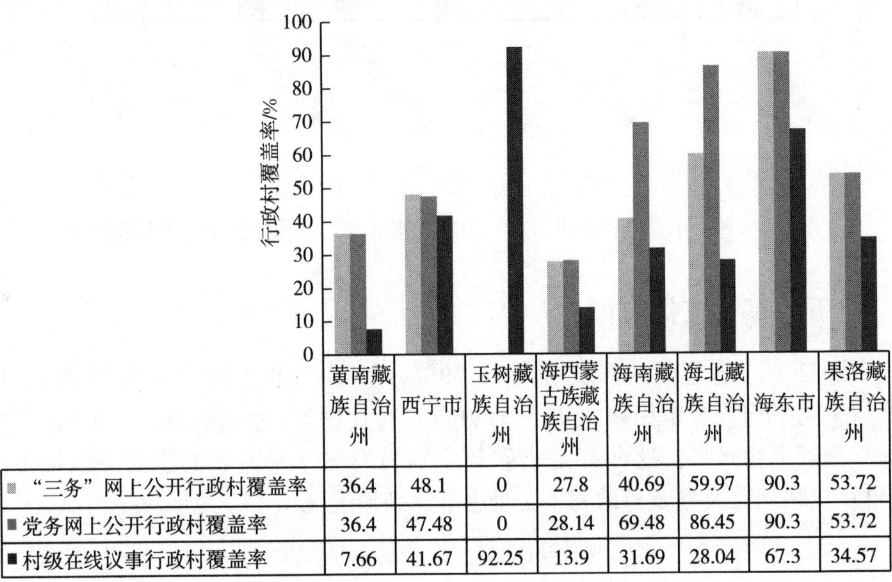

	黄南藏族自治州	西宁市	玉树藏族自治州	海西蒙古族藏族自治州	海南藏族自治州	海北藏族自治州	海东市	果洛藏族自治州
“三务”网上公开行政村覆盖率	36.4	48.1	0	27.8	40.69	59.97	90.3	53.72
党务网上公开行政村覆盖率	36.4	47.48	0	28.14	69.48	86.45	90.3	53.72
村级在线议事行政村覆盖率	7.66	41.67	92.25	13.9	31.69	28.04	67.3	34.57

图12　2021年青海省各市（州）“三务”网上公开和村级在线议事行政村覆盖率

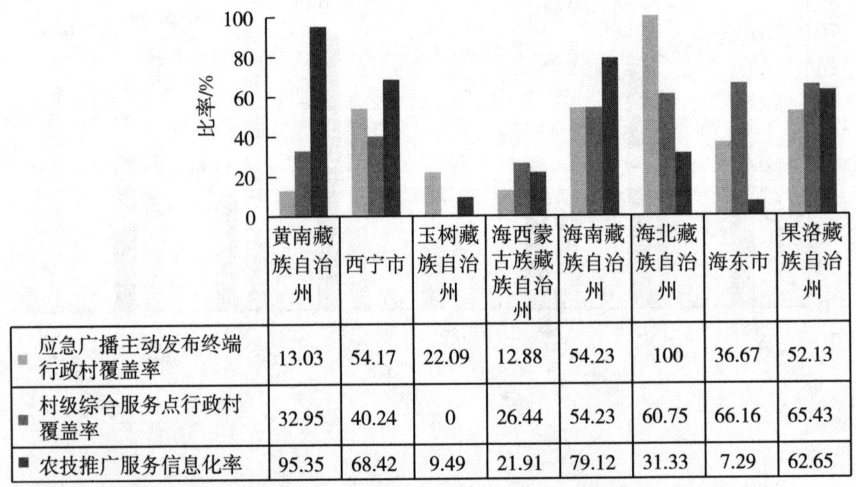

	黄南藏族自治州	西宁市	玉树藏族自治州	海西蒙古族藏族自治州	海南藏族自治州	海北藏族自治州	海东市	果洛藏族自治州
应急广播主动发布终端行政村覆盖率	13.03	54.17	22.09	12.88	54.23	100	36.67	52.13
村级综合服务点行政村覆盖率	32.95	40.24	0	26.44	54.23	60.75	66.16	65.43
农技推广服务信息化率	95.35	68.42	9.49	21.91	79.12	31.33	7.29	62.65

图13　2021年青海省各市（州）服务信息化方面的情况

四、工作亮点

（一）农牧业管理智能化稳步推进

加强青海省“互联网+”高原特色智慧农牧业大数据平台和藏区六州“互联网+”菜篮子信息平台应用管理，构建“1+X+N”模式，搭建畜牧、兽医、种植、农机、渔业、农畜产品质量安全、政务协同、综合信息服务、智慧乡村和产业扶贫等14大应用体系，开发各类业务系统27个。优化整合部门信息资源，建设基于省级大数据平台的青海省乡村振兴八大行动指挥平台，实现对全省推进稳粮保供、脱贫攻坚巩固、产业增效、乡村建设、乡村治理、主体培育、科技支撑和改革创新八项重点任务的统一调度和辅助决策，有效提升公共管理和服务效能。

（二）农牧区生产设备智能化加速应用

一是继续开展农牧业物联网应用示范。建成使用省级农牧业物联网GIS智能管控平台，围绕畜牧业、设施农业、冷水鱼等优势特色产业，依托规模化种养殖场、现代农牧业示范园区、大型生产基地等，累计建设农牧业物联网应用示范基地302个，配备视频监控、远程控制、自动采集传感、质量追溯、自动饲喂等设备。二是开展农机作业远程智能监测，推动耕地深松项目实现作业质量、面积等远程智能精准监测，促进农机化向智能化信息化转型升级。

（三）农牧业电子商务发展有序

借助青海绿色发展投资贸易洽谈会（以下简称青洽会）、博览会等各类形式的产销对接活动，搭建云上展馆、云观摩、直播带货等线上交易渠道，农产品网络销售规模不断扩大。一是青洽会期间，围绕青海牦牛、藏羊、青稞、藜麦、枸杞、冷水鱼、拉面、青绣等特色优势产业区域品牌，组织24家省级以上农牧业产业化龙头企业和合作社参展，筛选新奇特优特色农产品200余种，涵盖十大特色产业，现场销售额达145万元，网络直播带货达100万元。二是开展助农行动，联合蚂蚁集团开展“百县百品”青海助农专场活动，推选44家省内知名企业和合作社开展网络直播，青海农产品品牌浏览量达到1.23亿次，助农专场总成交13万件，成交额294万元。

（四）农产品质量安全追溯取得突破

青海省牦牛藏羊原产地可追溯工程已覆盖全省所有县区，建成省、州、县一体化牦牛藏羊追溯管理平台和数据中心，对环境、牧户、兽医、屠宰、认证、加工、产品信息等溯源数据和保险数据进行采集、传输、汇总、分析和处理，目前39个县（区）的730余万头（只）牦牛、藏羊实现原产地可追溯。

（五）农牧区信息化服务体系逐步完善

连续五年开展农牧民手机应用技能培训，辐射带动农牧民近10万人。整合邮政、供销、商务等站点资源，建成村级益农信息社333个，实现“多站合一、一站多能、服务共享”，提供代购代销、代收代缴、农资销售等服务。依托青海省农村信息化综合服务平台，形成“专家—科技特派员—农户”三位一体的农牧区信息化服务模式，实现农业科技成果从科研院所到农户的扁平化主动推送服务。

五、存在问题

（一）资金投入不足

数字乡村建设具有技术新、投入高、见效慢、周期长的特点。青海省农牧民收入相对较低，财政资金是全省农业农村信息化发展的重要资本来源，但近年来中央财政未在青海省安排相关建设资金，省财政相应投资比例持续下降，工作推进难度较大。

（二）发展机制不成熟

青海省农业农村发展不平衡不充分，农业农村信息化基础设施薄弱，信息化在农业农村应用推广还不够广泛，信息化发展滞后，信息化经济市场主体培育力度不够。重大关键技术创新不够，信息化对农业农村发展的支撑能力不强。

（三）数据资源分散

现有数据采集、分析、处理、使用各环节的标准化程度不高，行业内部和部门间现有的数据资源还不能实现有效对接和融合共享，数字“孤岛”的现象依然存在。农业农村基础数据资源体系不健全、不完善。

六、目标任务

一是持续推进青海省“互联网＋”智慧农牧业大数据平台建设应用，新建联通省市县乡四级、覆盖重点村的青海省乡村振兴八大行动数字指挥平台，实现指挥、调度、评估、研判、反馈等功能。二是持续实施青海省牦牛藏羊原产地可追溯工程，完善应用各级牦牛藏羊追溯管理平台，建设养殖、屠宰、加工追溯信息采集点。三是推进“互联网＋”农产品出村进城工程试点。争取省级财政资金，支持试点县湟源县和兴海县，建成并运营县级农业农村电子商务基地，引导县域各类农牧业市场经营主体入驻，配套县域农产品电商物流仓储集散中心，开展县域特色农畜产品网络宣传推介活动，打造特色化、精品化“网销农产品”。四是争取国家数字农业创新应用基地建设项目。积极争取中央预算内国家数字农业创新应用基地建设项目，继续加大与国家发展改革委、农业农村部的衔接沟通，争取2023年在青海省落地1个国家数字农业项目。充分发挥财政资金的杠杆撬动作用，引导社会资本参与建设。五是多措并举提升农牧民数字素养和技能水平。积极培育高素质农牧民，持续开展农牧民手机应用技能培训工作，提高农牧民对数字化“新农具”的使用能力。

七、对策及建议

一是强化对农业农村信息化基础设施建设重要性的认识，引导纳入各地经济社会发展规划中，进行科学部署和合理布局，提供人、财、物等方面的保障；二是加大政策支持力度，统筹各方力量，在项目扶持、业务指导和人才培养等方面加大支持力度，为数字乡村建设提供有力保障；三是营造良好发展环境，吸引社会力量广泛参与，引导工商资本、金融资本投入数字农业农村建设，大力支持和培育壮大农业农村数字产业化主体，激发农牧企业和农牧民参与农业农村信息化建设的热情。

APPENDICES

附　录

附录一

2021 全国县域农业农村信息化发展水平评价报告

一、评价说明

（一）工作背景

为贯彻落实党中央、国务院和中央网络安全和信息化委员办公室、农业农村部有关实施数字乡村发展战略的决策部署，建立农业农村信息化发展水平监测评价机制，在农业农村部市场与信息化司的指导和支持下，农业农村部信息中心在总结前两年开展全国县域数字农业农村发展水平评价工作经验的基础上，强化数据采集，完善指标体系，特别是对农业生产信息化指标进行了细化，通过全面监测、数据清洗、逐项分析，形成了《2021 全国县域农业农村信息化发展水平评价报告》。

本报告全面反映了“十三五”以来农业农村信息化发展取得的阶段性成效，分析了存在的短板和弱项，并对“十四五”时期的发展进行了展望。本次监测评价工作秉持绩效管理理念，旨在帮助各县（市、区）找准各自在全国、全省的坐标位置，客观判断优势、亮点和差距，明确努力方向，以期在新征程上更加精准有效地推进农业农村信息化健康平稳发展。

（二）数据来源

本次监测评价数据继续采取县（市、区）农业农村部门自愿填报，地（市、州）、省（自治区、直辖市）农业农村市场信息部门逐级审核把关的方式获得，共收集到 2 703 个县（市、区）2020 年的基础指标数据。经审核、清洗，纳入本次监测评价的有效样本县（市、区）为 2 642 个，基本覆盖全国所有涉农县域，其中东部地区 763 个、中部地区 849 个、西部地区 1 030 个，覆盖 50.9 万个行政村。由于有效样本量的增加、农业生产信息化指标的细化、个别指标权重的调整等原因，本报告中的部分指标结果未与上年报告进行比较。另外，本报告中的“全国”指有效样本县（市、区）总数，另作说明者除外。

二、评价结果

2020 年是“十三五”的收官之年。回顾过去五年，一系列重大政策措施陆续出台，一些重大工程项目相继实施，生产智能化、经营网络化、管理数据化、服务在线化扎实推进，农业农村信息化发展取得了显著成效，迈上了新台阶。

（一）全国县域农业农村信息化发展总体水平接近 38%

农业农村信息化是国家信息化的重要组成部分。在网络强国、数字中国、智慧社会等战略决策的推动下，各有关部门、各地区认真贯彻落实“互联网＋”现代农业、农业农村大数据发展、农村电子商务、数字乡村发展战略等重大部署，积极推进县域农业农村信息化稳步发展。经综合测算，2020 年全国县域农业农村信息化发展总体水平达到 37.9%，东部地区 41.0%，中部地区 40.8%，西部地区 34.1%。

分省份看[①]，如图 1 所示，高于和等于全国发展总体水平的有 14 个省份，其中，浙江在全国继续保持领先地位，农业农村信息化发展总体水平为 66.7%；江苏和上海分居第二、第三位，发展总体水平分别为 56.5%和 55.0%。

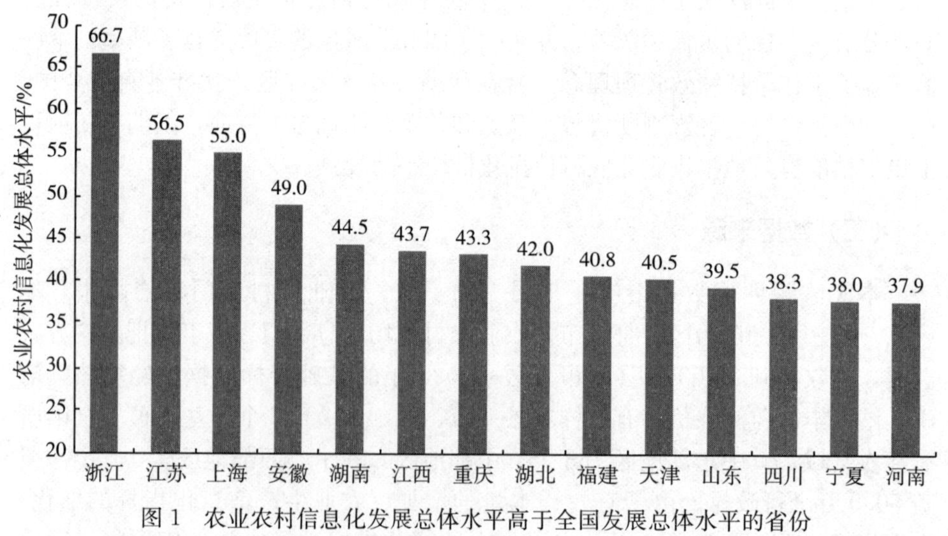

图 1　农业农村信息化发展总体水平高于全国发展总体水平的省份

① 新疆生产建设兵团未参与本次监测评价工作，故不计入省级排名。

从县域看，发展总体水平排名全国前100名的县（市、区）平均发展水平为69.5%，排名全国前500名的县（市、区）平均发展水平为57.9%。发展总体水平超过60%的县（市、区）有164个，占比6.2%；处于30%～60%的有1 754个，占比66.4%；低于30%的有724个，占比27.4%。高于全国发展总体水平的县（市、区）有1 272个，占比48.1%。

（二）农业生产信息化稳步推进

农业生产信息化是农业农村信息化发展的重点和难点，其发展水平是衡量农业现代化发展程度的标志性重要指标。经综合测算，2020年全国农业生产信息化水平为22.5%[①]。分区域看，东部地区为25.7%，中部地区为30.8%，西部地区为19.6%。分析表明，农业生产信息化水平的提升对农业总产值增长有明显的促进作用，发展农业信息化是释放农业数字经济潜力的根本途径。

分省份看，如图2所示，农业生产信息化水平排名全国前10的省份均高于全国平均水平。其中，江苏农业生产信息化水平为42.6%，居全国首位；浙江和安徽均为41.6%，并列全国第二位。

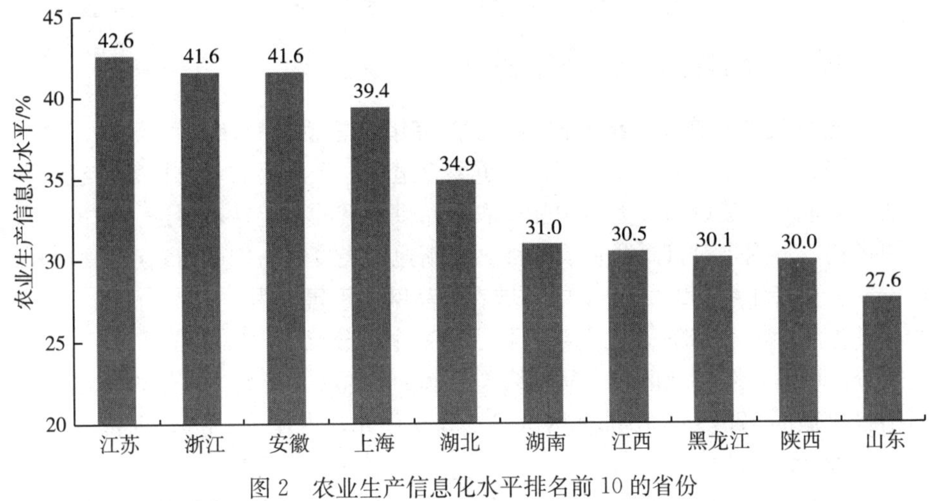

图2　农业生产信息化水平排名前10的省份

分行业看，畜禽养殖信息化水平最高，为30.2%，设施栽培、大田种植、水产养殖的信息化水平分别为23.5%、18.5%和15.7%。

大田种植方面，在监测的11个主要农作物品种（类）中，棉花、小麦、稻谷3个作物的生产信息化水平总体较高，分别为40.2%、35.3%和33.9%。

① 农业生产信息化包括大田种植信息化、设施栽培信息化、畜禽养殖信息化和水产养殖信息化，权重根据各行业产值占比动态调整。

从主要信息技术应用看，农机作业信息化技术在大田作物生产过程中应用最为广泛，水肥药精准控制技术、“四情监测”技术也均得到较好应用。从省份看，安徽大田种植信息化水平最高，为48.1%；江苏、上海、浙江和湖北也均超过35%。

设施栽培方面，水肥一体化智能灌溉技术和设施环境信息化监测技术应用最为广泛。江苏和吉林的设施栽培信息化水平均超过40%，分别为43.5%和42.5%；浙江、河南、内蒙古和江西也均超过30%。

畜禽养殖方面，在监测的4个主要畜禽品种（类）中，家禽（鸡鸭鹅）和生猪养殖的信息化水平均超过30%，分别为32.9%和31.9%。浙江的畜禽养殖信息化水平居全国首位，达60.3%；排名第二、第三位的江苏和上海分别为52.4%和51.8%。

水产养殖方面，在监测的4个主要水产品种（类）中，蟹类的生产信息化水平最高，为25.1%；虾类和鱼类的生产信息化水平分别为18.0%和16.5%，均高于水产养殖信息化水平；贝类最低，仅为4.7%。信息化增氧技术的应用最为广泛。上海的水产养殖信息化水平位居全国首位，达56.6%；排名第二、第三位的浙江和江苏分别为43.3%和36.6%。

（三）农产品电子商务高速增长

1. 全国县域农产品网络零售额占农产品销售总额的13.8%

电子商务日益成为农产品销售的重要渠道，已经成为农业农村数字经济发展的领头羊和突破口，极大地增强了农产品供应链的稳定性，促进了农民收入较快增长，特别是对打赢脱贫攻坚战、在新冠肺炎疫情防控期间农产品稳产保供发挥了独特作用。2020年全国县域农产品网络零售额为7 520.5亿元，占农产品销售总额的13.8%，比上年增长了3.8个百分点。

分区域看，东部地区农产品网络零售额为3 359.9亿元，占东部地区农产品销售总额的17.7%；中部地区为2 628.5亿元，占比12.0%；西部地区为1 532.1亿元，占比11.2%。

分省份看，如图3所示，浙江、江苏、安徽的农产品网络零售额占比位居全国前列，分别为37.5%、26.6%和19.9%，农产品网络零售额分别为940.6亿元、1 138.8亿元、889.5亿元。

从县域看，农产品网络零售额占比高于全国平均水平的县（市、区）有1 179个，占有效样本县（市、区）的44.6%。发展总体水平排名全国前100名的县（市、区）农产品网络零售额占比为43.2%，排名前500名的为26.7%。

分析表明，农产品网络零售额占比与互联网普及率、家庭宽带入户率具有明显的相关性，完善的网络基础设施对农产品电子商务的发展具有重要的支撑作用。

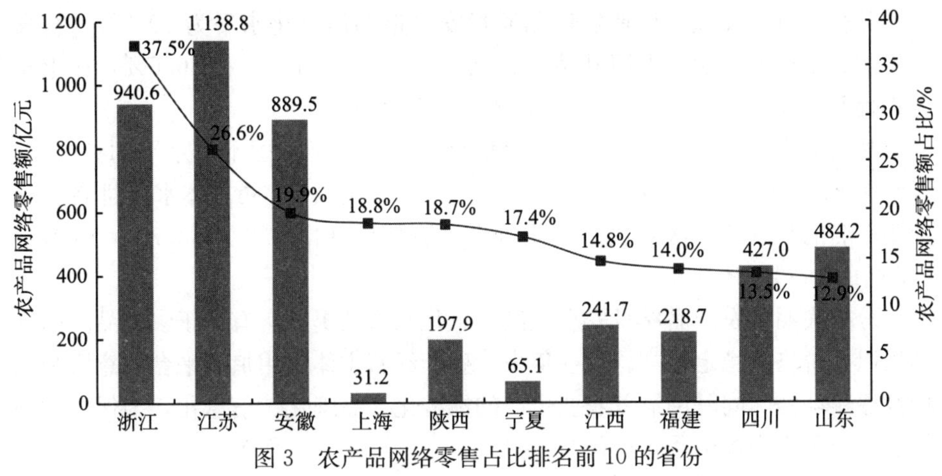

图 3　农产品网络零售占比排名前 10 的省份

2. 全国农产品质量安全追溯信息化水平为 22.1%

互联网技术和信息化手段特别是区块链技术的应用，为农产品从生产到餐桌全过程的质量安全保障提供了新抓手，推动农产品生产、加工、流通、销售等活动相关信息更加透明，有助于农产品质量安全源头可追溯、流向可跟踪、信息可查询、责任可追究。近年来，各地陆续建设使用农产品质量安全追溯平台。2020 年通过接入自建或公共农产品质量安全追溯平台，实现质量安全追溯的农产品产值占比为 22.1%，较上年提升 4.9 个百分点。分区域看，东部地区为 28.9%，中部地区为 18.7%，西部地区为 15.6%。

分省份看，如图 4 所示，该指标排名全国前 10 的省份中有 8 个省份超过全国平均水平。其中，上海达到 85.1%，位居全国首位；浙江、江苏位居全国第二、第三位，分别为 63.5%、45.5%。

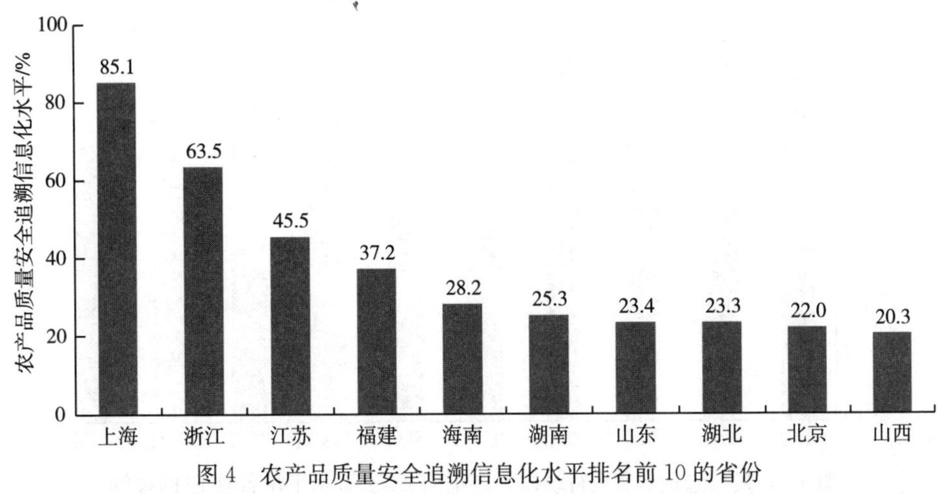

图 4　农产品质量安全追溯信息化水平排名前 10 的省份

分行业看，设施栽培业农产品质量安全追溯信息化水平为 29.7%，畜禽养殖业、水产养殖业、大田种植业分别为 28.3%、24.5%和 16.6%，比上年分别提升 1.9 个、6.7 个、5.9 个和 3.5 个百分点。

从县域看，农产品质量安全追溯信息化水平高于全国平均水平的县（市、区）有 846 个，占有效样本县（市、区）的 32.0%。发展总体水平排名全国前 100 名的县（市、区）农产品质量安全追溯信息化水平为 53.7%，排名前 500 名的为 39.2%。

分析表明，农产品质量安全追溯信息化水平的提升，有助于农产品的网络销售以及价格的稳定提高。近些年来，生产经营主体应用追溯平台的意愿和积极性逐步增强，同时倒逼着农业生产的标准化、品牌化、信息化，为保障我国农产品质量安全提供了新途径。

（四）基层治理数字化快速提升

1. 应用信息技术实现行政村“三务”综合公开水平为 72.1%

农村基层党务、村务、财务“三务”公开是维护和保障农村居民知情权、参与权、表达权、监督权的重要内容和基本途径。信息技术的应用开辟了公开渠道，提高了公开质量，加快了公开步伐。2020 年应用信息技术实现行政村“三务”综合公开水平达到 72.1%，较上年提升 6.8 个百分点。其中，党务公开水平为 73.1%，村务公开水平为 72.8%，财务公开水平为 70.5%。分区域看，东、中、西部地区行政村“三务”综合公开水平分别为 70.7%、77.5%和 68.0%。

分省份看，如图 5 所示，该指标排名前 10 的省份均超过全国平均水平。其中，上海行政村“三务”综合公开水平达到 100%，浙江、江苏、湖南、安徽、重庆、内蒙古的行政村“三务”综合公开水平均超过 90%。

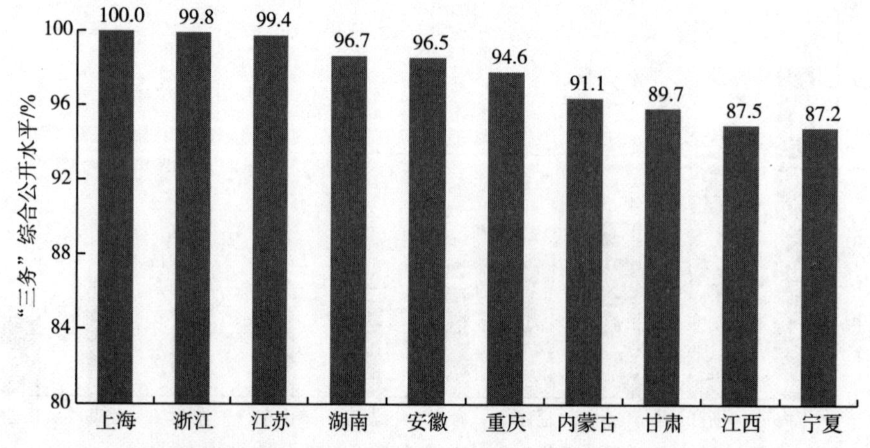

图 5　应用信息技术实现行政村“三务”综合公开水平排名前 10 的省份

从县域看，应用信息技术实现行政村“三务”综合公开水平高于全国平均水平的县（市、区）共有 1 700 个，占有效样本县（市、区）的 64.3%。其中，1 560 个县（市、区）行政村“三务”综合公开水平达到 100%。发展总体水平排名全国前 100 名的县（市、区）“三务”综合公开水平为 99.4%，排名前 500 名的为 93.2%。

2. “雪亮工程”行政村覆盖率为 77.0%

“雪亮工程”是以县乡村三级综治中心为指挥平台、以综治信息化为支撑、以网格化管理为基础、以公共安全视频监控联网应用为重点的“群众性治安防控工程”。近年来，在各级党委的领导下，综治部门切实把“雪亮工程”作为一项民心工程来抓，扎实推进工程实施，行政村覆盖率快速提升，农村居民的安全感显著增强。2020 年全国“雪亮工程”行政村覆盖率达到 77.0%，较上年提升 10.3 个百分点。分区域看，东部地区“雪亮工程”行政村覆盖率为 77.9%，中部地区为 83.5%，西部地区为 68.2%。

分省份看，如图 6 所示，上海、浙江、江苏、湖北、安徽、福建、天津 7 个省份“雪亮工程”行政村覆盖率均超过 90%，其中，上海、浙江已实现全覆盖。

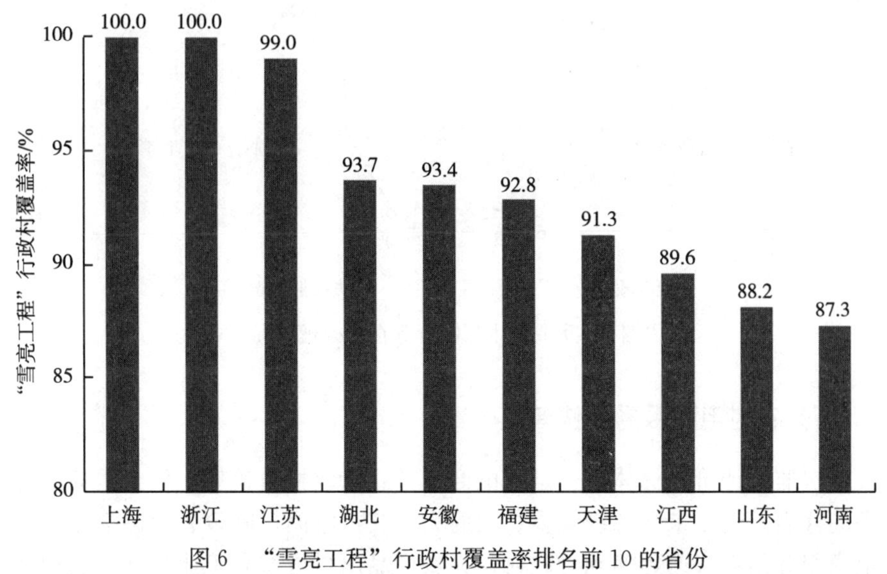

图 6　“雪亮工程”行政村覆盖率排名前 10 的省份

从县域看，“雪亮工程”行政村覆盖率高于或等于全国平均水平的县（市、区）共有 1 794 个，占有效样本县（市、区）的 67.9%。其中，1 585 个县（市、区）实现了行政村全覆盖。发展总体水平排名全国前 100 名的县（市、区）覆盖率为 94.6%，排名前 500 名的为 91.3%。

3. 全国县域政务服务在线办事率为 66.4%

近年来，各地扎实推进政务服务改革，利用信息化手段让信息多跑路、农民少跑腿，为农民群众提供了高效便捷的社会保险、新型农村合作医疗、婚育登记、劳动就业、社会救助、农用地审批和涉农补贴等重要民生保障信息化服务。2020 年全国县域政务服务在线办事率[①]为 66.4%。分区域看，东部地区在线办事率为 67.3%，中部地区为 70.4%，西部地区为 62.4%。

从县域看，政务服务在线办事率高于或等于全国平均水平的县（市、区）共有 1 576 个，占有效样本县（市、区）的 59.7%。其中，1 003 个县（市、区）的七类业务，除个别必须现场办理的环节外，其他环节实现了在线办理。如图 7 所示，全国已有超过 80%的县（市、区）社会保险业务和新型农村合作医疗业务实现了在线办理；超过 70%的县（市、区）劳动就业业务实现了在线办理。发展总体水平排名全国前 100 名的县（市、区）政务服务在线办事率为 96.0%，排名前 500 名的为 88.7%。

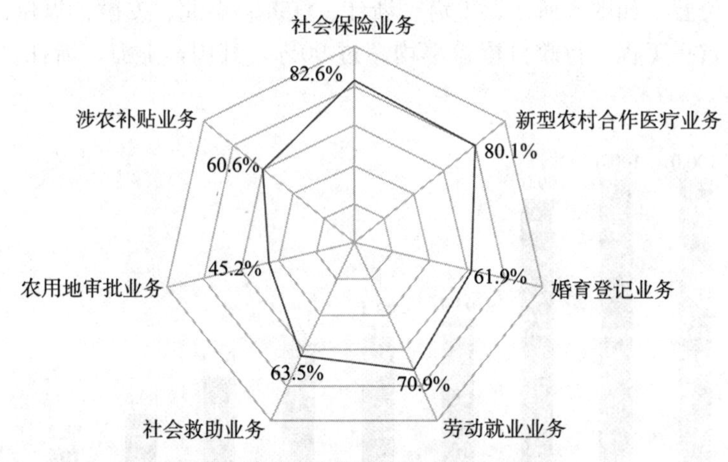

图 7　重要民生保障业务在线办理情况

（五）农村电商服务加快普及

本次监测评价指标体系选定“电商服务站行政村覆盖率”作为服务信息化水平的代表。近年来，各级党委、政府大力支持电商、邮政、快递物流等企业把电商服务站点快速延伸到行政村，为农产品出村进城和工业品下乡进村提供了重要基础支撑。截至 2020 年底，全国已建有电商服务站点的行政村共 40.1

① 本报告中“政务服务”主要包括社会保险、新型农村合作医疗、婚育登记、劳动就业、社会救助、农用地审批和涉农补贴七类重要民生保障业务。

万个，共建有电商服务站点 54.7 万个，行政村覆盖率达到 78.9%，较上年提升 4.9 个百分点。分区域看，东部、中部、西部地区的行政村覆盖率分别为 80.7%、82.8%和 71.9%。

分省份看，如图 8 所示，该指标排名前 10 的省份覆盖率均高于全国平均水平，且均超过 90%。其中，江苏、重庆、湖南均超过 95%。

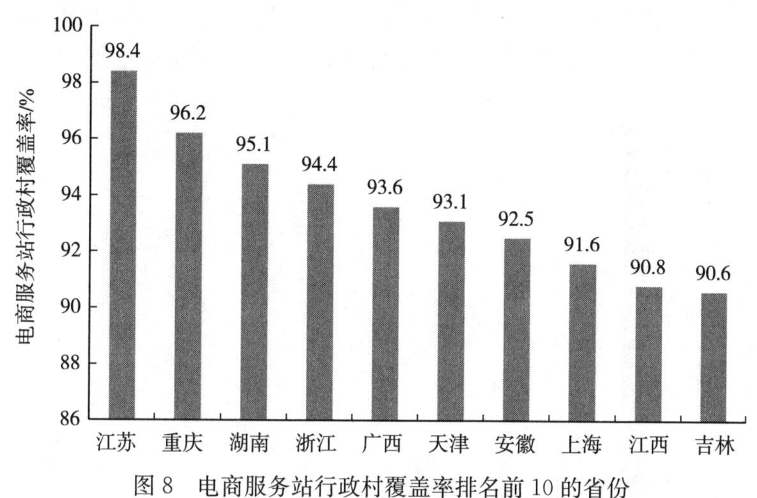

图 8　电商服务站行政村覆盖率排名前 10 的省份

从县域看，全国已有 1 183 个县（市、区）实现行政村电商服务站点全覆盖，占有效样本县（市、区）的 44.8%，较上年提升 7.6 个百分点。行政村覆盖率超过 90%的县（市、区）有 1 404 个，占有效样本县（市、区）的 53.1%。发展总体水平排名全国前 100 名的县（市、区）电商服务站行政村覆盖率为 91.3%，排名前 500 名的为 89.7%。

分析表明，电商服务"小站点"发挥了大作用，电商服务站行政村覆盖率较高的县（市、区），其电商经济也较为发达，特别是支撑了农产品网络零售业的快速发展。

（六）信息化发展环境逐年优化

1. 全国县域农业农村信息化财政投入县均近 1 300 万元

对农业农村信息化发展的重视主要体现在财政投入上，近年来，财政支持力度不断加大。2020 年全国县域农业农村信息化建设的财政投入总额达到 341.4 亿元，县均财政投入 1 292.3 万元，较上年提升 65.3%；乡村人均财政投入 46.0 元，较上年提升 79.6%。

东部地区财政投入 172.7 亿元，占全国财政投入的 50.6%，县均投入 2 263.7万元，乡村人均投入 67.3 元；中部地区财政投入 66.6 亿元，占全国的 19.5%，县均投入 784.6 万元，乡村人均投入 26.0 元；西部地区财政投入 102.1 亿元，占全国的 29.9%，县均投入 991.2 万元，乡村人均投入 44.5 元。

分省份看，如图 9 所示，县均财政投入高于全国平均水平的有浙江、重庆、江苏、新疆 4 个省份，其中浙江高达 12 876.0 万元，重庆、江苏、新疆分别为 4 516.9万元、4 043.1 万元和 3 038.1 万元。如图 10 所示，乡村人均财政投入高于全国平均水平的有浙江、新疆、西藏、重庆、江苏、内蒙古 6 个省份，其中浙江高达 469.7 元，新疆、西藏、重庆分别为 238.1 元、170.0 元和 99.3 元。

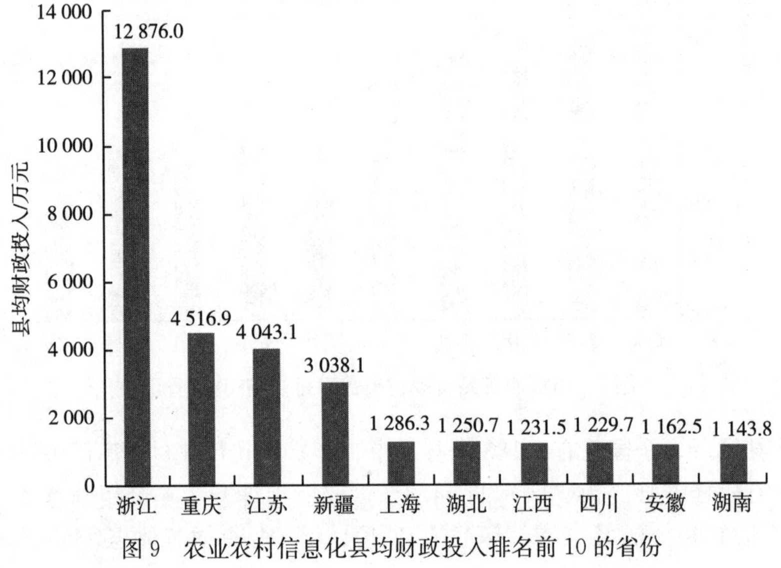

图 9　农业农村信息化县均财政投入排名前 10 的省份

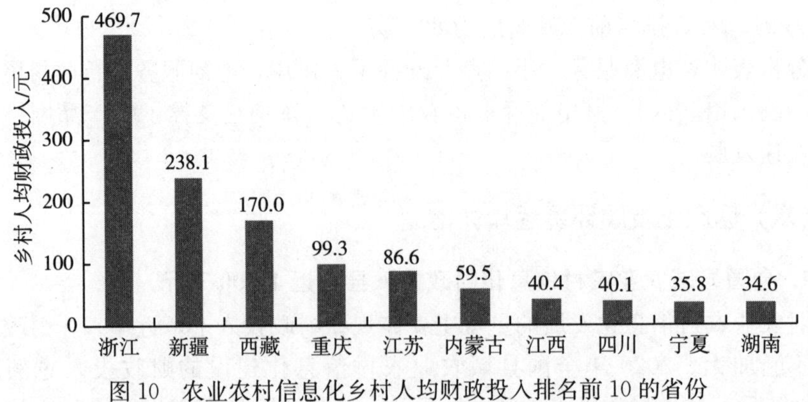

图 10　农业农村信息化乡村人均财政投入排名前 10 的省份

从县域看，农业农村信息化财政投入排名前 100 名的县（市、区）县均投入为 21 273.6 万元，排名前 500 名的县均投入为 6 125.8 万元；发展总体水平排名全国前 100 名的县（市、区）县均投入为 7 168.4 万元，排名前 500 名的县均投入为 2 819.3 万元。乡村人均财政投入排名前 100 名的县（市、区）乡村人均投入 1 197.9 元，排名前 500 名的乡村人均投入为 314.2 元；发展总体水平排名全国前 100 名的县（市、区）乡村人均财政投入为 218.8 元，排名前 500 名的乡村人均投入为 81.7 元。值得注意的是，财政投入低于全国平均水平的县（市、区）有 2 218 个，占比高达 84.0%；乡村人均财政投入低于全国平均水平的县（市、区）有 2 201 个，占比高达 83.3%。

2. 全国县域农业农村信息化社会资本投入县均超 3 000 万元

在乡村振兴战略的带动下，社会资本投资建设农业农村信息化的积极性持续高涨，市场优化配置资源作用日益凸显。2020 年全国县域农业农村信息化建设的社会资本投入为 809.0 亿元，是财政投入的 2.4 倍。县均社会资本投入 3 062.3 万元、乡村人均 109.0 元，分别比上年增长 49.1%和 62.2%。

分区域看，东部地区社会资本投入 467.7 亿元，占全国社会资本投入的 57.8%，县均投入 6 129.8 万元，乡村人均投入 182.1 元；中部地区投入 204.6 亿元，占全国的 25.3%，县均投入 2 409.5 万元，乡村人均投入 79.9 元；西部地区投入 136.8 亿元，占全国的 16.9%，县均投入 1 327.9 万元，乡村人均投入 59.6 元。

分省份看，如图 11 所示，县均社会资本投入超过全国平均水平的有 8 个省份，浙江、江苏县均社会资本投入均超过 1 亿元，分别为 31 649.4 万元、10 450.6 万元。如图 12 所示，乡村人均社会资本投入超过全国平均水平的同样有 8 个省份，浙江、吉林、江苏三省乡村人均社会资本投入均超过 200 元，分别为 1 154.5 元、231.8 元和 223.8 元。

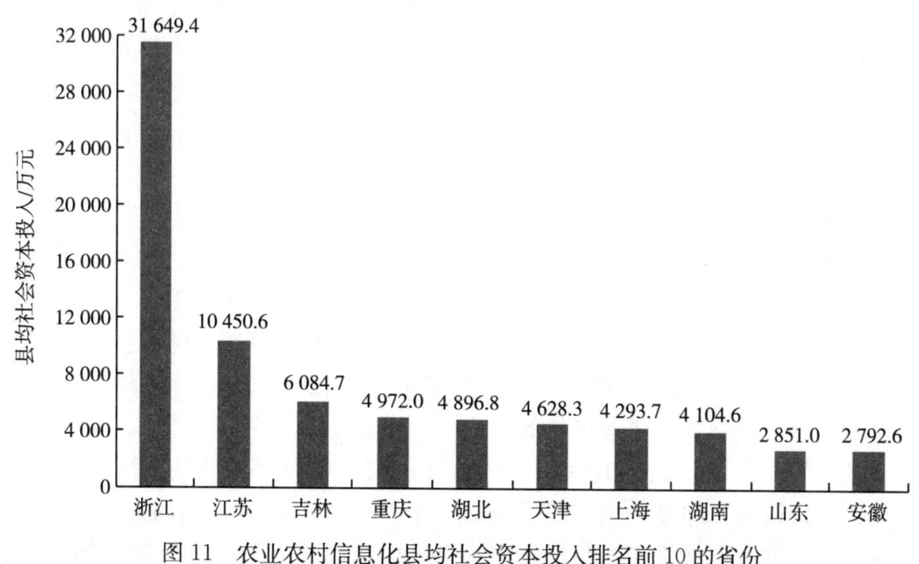

图 11　农业农村信息化县均社会资本投入排名前 10 的省份

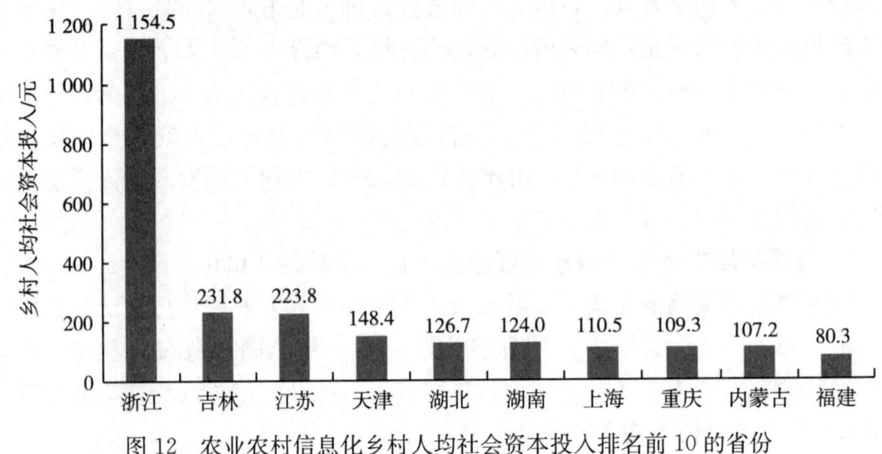

图 12　农业农村信息化乡村人均社会资本投入排名前 10 的省份

从县域看，农业农村信息化社会资本投入排名前 100 名的县（市、区）县均投入为 53 293.4 万元，排名前 500 名的为 14 982.6 万元；发展总体水平排名全国前 100 名的县（市、区）县均投入为 20 630.0 万元，排名前 500 名的为 9 441.1 万元。乡村人均社会资本投入排名前 100 名的县（市、区）乡村人均投入为1 937.2元，排名前 500 名的为 525.9 元；发展总体水平排名全国前 100 名的县（市、区）乡村人均社会资本投入为 629.8 元，排名前 500 名的为 273.5 元。值得注意的是，社会资本投入低于全国平均水平的县（市、区）有 2 286 个，占比高达 86.5%；乡村人均投入低于全国平均水平的县（市、区）有 2 216 个，占比高达 83.8%。

通过对各省份财政和社会资本的投入结构分析发现，浙江、重庆、江苏、内蒙古、湖南 5 个省份的乡村人均财政投入和乡村人均社会资本投入均排名全国前 10；新疆、青海、西藏、海南 4 个省份农业农村信息化建设主要依靠财政投入；吉林、天津、陕西、河北、山东、湖北、云南、广东 8 个省份社会资本投入的贡献比较突出。

3. 全国县级农业农村信息化管理服务机构覆盖率为 78.0%

县级农业农村信息化管理服务机构是落实各级党委政府有关农业农村信息化部署要求、确保各项任务措施落地见效的基层队伍和组织保障。近年来，随着网信事业的不断深入和拓展，县级农业农村信息化管理服务体系持续强化完善。2020 年全国县级农业农村部门设置了承担信息化工作的行政科（股）或信息中心（信息站）等事业单位的占比为 78.0%，较上年提高 2.5 个百分点。

具体看，有 80.8%的县（市、区）农业农村局为所在县级网络安全与信息化领导机构成员单位，较上年提升 2.2 个百分点；有 75.3%的县（市、区）农业农村局成立了网络安全与信息化领导机构，较上年提升 2.7 个百分点；有

72.7%的县（市、区）农业农村局设置了承担信息化工作的行政科（股），较上年提升 2.6 个百分点；有 45.1%的县（市、区）农业农村局设置了信息中心（信息站）等事业单位，较上年提升 1.6 个百分点。

分区域看，东部地区县级农业农村信息化管理服务机构覆盖率为 82.6%，中部地区为 82.2%，西部地区为 71.1%。从县域看，发展总体水平排名全国前 100 名的县（市、区）信息化管理服务机构覆盖率为 98.0%，排名前 500 名的为 94.8%，均与上年持平。

综合以上六个方面的分析，相关数据表明：到“十三五”末，我国农业农村信息化发展取得显著成效，农村网络基础设施明显改善，农业生产信息化稳步推进，农产品电子商务异军突起，乡村治理数字化成效凸显，农村电商服务加快普及，发展环境持续优化，数字乡村建设迈出实质性步伐，为“十四五”期间推进农业农村信息化快速发展、助力乡村全面振兴打下了坚实基础。

三、农业农村信息化发展存在的短板和弱项

虽然我国农业农村信息化发展已取得积极进展，但仍然处于较低水平的起步阶段，相比世界农业发达国家、相比国内先进行业、相比智慧城市，我国农业农村信息化发展面临诸多困难和挑战，存在不少短板和弱项，主要表现为四个相当突出。

（一）发展不平衡、不充分的问题相当突出

不平衡主要表现在区域发展差距上，西部地区县域农业农村信息化发展总体水平仅为 34.1%，与东部地区相差 6.9 个百分点，特别是发展总体水平排在前 3 位的省份与排在最后 3 位的省份平均发展水平差距高达 40.3 个百分点。县域农业农村信息化发展总体水平排名全国前 100 和前 500 名的县（市、区），东部地区分别占 51.0%、41.2%，中部地区分别占 35.0%、40.8%，西部地区分别占 14.0%、18.0%。尤其是排在后 500、后 100 的县（市、区）中，西部地区占比高达 53.0%、48.0%。不充分主要表现在发展总体水平还很低，按照目前的指标体系评价，2020 年全国县域农业农村信息化发展总体水平为 37.9%，与全国农业机械化发展水平①相差 33.4 个百分点。

① 本数据来源于《2020 年全国农业机械化发展统计公报》，全国农作物耕种收综合机械化率达 71.25%。

（二）农业生产信息化水平低的问题相当突出

本次监测评价数据显示，全国农业生产信息化水平仅为22.5%，而且这一比例主要是靠相对易于推广的信息技术支撑的，如果与美国80%的大农场实现了大田生产全程数字化、平均每个农场拥有约50台连接物联网的设备相比差距就更大。从这几年的变化和效果看，农产品电子商务持续保持高速增长，促进农村数字经济发展的作用日益凸显；乡村治理数字化水平快速提升，农民群众的安全感日益增强；而农业生产信息化受自身弱质性、技术供给不足等因素影响，还停留在一般、单一技术的应用阶段，缺乏高精尖的精准技术，集成度也不高，解放和发展生产力、挖掘和释放农业数字经济潜力的作用尚不明显。即使这些简单易用的信息技术，目前在很多县（市、区）的应用还基本处于空白状态。农业生产信息化水平低于5%的县（市、区）还有712个，占有效样本县（市、区）的26.9%。

（三）信息基础设施建设明显滞后的问题相当突出

本次监测评价数据显示，全国县域互联网普及率[①]为70.3%，与城镇地区互联网普及率[②]相比还有8个百分点的差距。家庭宽带入户率不足50%的县（市、区）有572个，不足20%的有221个，占比分别高达21.7%、8.4%。目前5G基站建设仅延伸到大城市郊区、县城和人口比较集中的乡镇，农村严重滞后于城市。特别需要指出的是，面向农业生产的4G和5G网络、遥感卫星、北斗导航、物联网、农机智能装备、大数据中心、重要信息系统等信息基础设施在研发、制造、推广应用等方面都远远落后于农业现代化发展的需求。

（四）资金投入不足的问题相当突出

农业农村信息化发展需要真金白银的投入，需要财政和社会资本的高效协同。据测算，2020年全国县域农业农村信息化建设的财政投入仅占国家财政农林水事务支出[③]的1.4%。本次监测评价数据显示，2020年全国有535个县（市、区）基本没有用于农业农村信息化建设的财政投入，占有效样本县（市、区）的20.2%；有668个县（市、区）财政投入不足10万元，占比25.3%；财政投入超过1 000万元的县（市、区）只有490个，占比仅18.5%。从社会资本投入看，2020年全国有841个县（市、区）基本没有社会资本投入，占

① 本次监测评价指标体系中的“县域互联网普及率”指网民数占全县常住人口数的比重。

② 本数据来源于中国互联网络信息中心第48次《中国互联网络发展状况统计报告》。

③ 本数据来源于国家统计局。

有效样本县（市、区）的31.8%；有906个县（市、区）社会资本投入不足10万元，占比34.3%；社会资本投入超过1 000万元的县（市、区）只有740个，占比仅28.0%。此外，仍有22%的县（市、区）既没有设置承担信息化工作的行政科（股），也没有设置信息中心（信息站）等事业单位，机构队伍亟待建立健全。

四、农业农村信息化发展展望

“十四五”时期是开启全面建设社会主义现代化国家新征程、向第二个百年奋斗目标进军的第一个五年。“三农”工作重心已历史性地转向全面推进乡村振兴、加快农业农村现代化。信息化与乡村全面振兴和农业农村现代化形成了历史性交汇，农业农村信息化将在数字乡村发展战略深入推进的过程中进入快速发展的新阶段，对推动农业农村发展质量变革、效率变革、动力变革的驱动引领作用将日益凸显。

智慧农业建设将由点向面逐步展开，互联网、物联网、大数据、人工智能、区块链等现代信息技术将与农业全产业链各环节深度融合，农业数字化转型步伐将明显加快，农业产业数字化的潜力将快速释放，“谁来种地、怎么种地”的问题将得到初步解决。经营网络化将继续呈现创新发展的态势，农产品网络零售额占销售总额的比重仍将较快提升，县乡村电子商务体系和快递物流配送体系将加快贯通，内容电商、视频电商、直播电商以及区块链技术支撑的信用电商将推动新产业、新业态、新模式不断创新发展，引领农村数字经济发展、促进农业产业高质量发展的作用将进一步放大。乡村社会数字化治理将得到巩固提升，以数字技术支撑的“智治”将与自治、法治、德治共同构成基层治理的基本方式，行政村“三务”公开水平将持续提升，平安乡村建设、远程医疗、远程教育、农民在线办事等民生保障信息化服务将加快普及，农民群众分享信息化成果的获得感、幸福感、安全感将显著增强。涉农部门数字化决策服务能力将明显增强，一大批农业农村领域的新型信息基础设施将建成运行，数据资源整合共享、有序开放、流通交易的体制机制将得到强化完善，算法模型、人工智能技术将得到逐步应用，用数据说话、用数据决策、用数据管理、用数据服务的行政管理机制和方式将基本形成。

我们要准确把握农业农村信息化发展的规律和趋势，顺应信息化发展潮流，抓住千载难逢的历史机遇，以抢占先机、占领制高点的奋斗姿态，以问题和需求为导向，统筹发展和安全，扬优势、补短板、强弱项，推动农业农村信息化快速健康发展，为乡村全面振兴、加快农业农村现代化提供强有力的信息化支撑。

附件1　指标体系

本次监测评价指标体系在保持框架基本稳定的前提下，重点突出对农业生产信息化水平的监测，并对个别指标进行了优化完善和权重调整，最终确定了发展环境、乡村网络基础设施、农业生产信息化、经营信息化、乡村治理信息化和服务信息化6个一级指标、14个二级指标和20个三级指标。调整内容主要包括：

（1）细化“生产信息化”一级指标。分作物品种监测大田种植业中农机作业信息化、水肥药精准控制、“四情监测”等信息化应用覆盖面积，监测设施栽培业中环境信息化监测、环境信息化控制、水肥一体化智能灌溉等信息化应用覆盖面积，分畜禽品种监测畜禽养殖业中养殖场环境信息化监测、养殖场环境信息化控制、自动化饲喂、疫病信息化防控等信息化应用覆盖面积，分水产品种监测水产养殖业中信息化增氧、自动化投喂、疫病信息化防控等信息化应用覆盖面积。

（2）新增“家庭宽带入户率”三级指标。充分体现《乡村振兴战略规划（2018—2022年）》和《数字乡村发展战略纲要》的要求，支持重视农村地区宽带网络建设，改善信息基础设施条件。

（3）删除原“信息进村入户建设”二级指标。主要是考虑到“信息进村入户建设”指标与“电商服务站建设”存在交集。

（4）优化原“农产品网络销售情况”二级指标。重点监测农产品网络零售情况。农产品网络零售额指通过公共网络交易平台（包括第三方平台、自建网站和新型社交电商等）实现的农产品（初级农产品、初加工农产品以及与农业农村发展密切相关的深加工农产品和食品）的零售额。

（5）细化“在线办事率”三级指标的填报项。重点监测社会保险、新型农村合作医疗、婚育登记、劳动就业、社会救助、农用地审批、涉农补贴等重要民生保障业务是否实现了全部环节或部分环节的在线办理。

本次评价指标体系如附表所示。

附表　2021全国县域农业农村信息化发展水平评价指标体系

一级指标及权重	二级指标	三级指标
发展环境（15%）	农业农村信息化财政投入情况	乡村人均农业农村信息化财政投入/元
	农业农村信息化社会资本投入情况	乡村人均农业农村信息化社会资本投入/元
	农业农村信息化管理服务机构情况	县级农业农村信息化管理服务机构综合设置情况

（续）

一级指标及权重	二级指标	三级指标
基础支撑（5%）	互联网普及程度	互联网普及率/%
		家庭宽带入户率/%
生产信息化（30%）	大田种植信息化	大田种植信息化水平/%
	设施栽培信息化	设施栽培信息化水平/%
	畜禽养殖信息化	畜禽养殖信息化水平/%
	水产养殖信息化	水产养殖信息化水平/%
经营信息化（25%）	农产品网络零售情况	农产品网络零售额占比/%
	农产品质量安全追溯信息化	大田种植业农产品质量安全追溯信息化水平/%
		设施栽培业农产品质量安全追溯信息化水平/%
		畜禽养殖业农产品质量安全追溯信息化水平/%
		水产养殖业农产品质量安全追溯信息化水平/%
乡村治理信息化（15%）	农村“互联网+监督”情况	应用信息技术实现行政村党务公开水平/%
		应用信息技术实现行政村村务公开水平/%
		应用信息技术实现行政村财务公开水平/%
	农村“雪亮工程”覆盖情况	“雪亮工程”行政村覆盖率/%
	农村“互联网+政务服务”情况	在线办事率/%
服务信息化（10%）	电商服务站建设情况	电商服务站行政村覆盖率/%

附件 2　评价方法

首先基于县域填报值计算得出三级指标值，其次沿用 Min - max 归一化方法对部分数值范围不在 0～1 的三级指标值进行归一化处理，最后按照权重逐级计算二级指标值、一级指标值及发展总体水平。Min - max 归一化方法如下所示：

$$z_i = \frac{x_i - x_{i,\min}}{x_{i,\max} - x_{i,\min}} \quad i = 1,2,\cdots,n$$

式中，x_i 为某地区第 i 个指标值，z_i 为该地区第 i 个指标归一化后的指标值，$x_{i,\max}$为该地区第 i 个指标在其所在层级（县级/市级/省级）中的最大值，$x_{i,\min}$为该地区第 i 个指标在其所在层级（县级/市级/省级）中的最小值。即通过在同层级进行归一化处理，使各省（自治区、直辖市）之间、地（市、州）之间、县（市、区）之间发展总体水平具有可比性。

附件3　2021全国县域农业农村信息化发展先进县名单

基于本次评价结果，并适当考虑地区发展差异，确定北京市延庆区等109个县（市、区）为“2021全国县域农业农村信息化发展先进县”，排名不分先后。

北京市：延庆区

天津市：蓟州区

河北省：故城县、涉县、邯郸市复兴区、邢台市南和区、晋州市、临西县

山西省：永济市、忻州市忻府区

内蒙古自治区：阿荣旗、喀喇沁旗

辽宁省：东港市

吉林省：长春市九台区、长春市双阳区

黑龙江省：龙江县、庆安县

上海市：浦东新区

江苏省：邳州市、盐城市盐都区、常州市武进区、溧阳市、东台市、扬州市邗江区、南京市江宁区、昆山市、阜宁县、常熟市、苏州市吴江区、兴化市

浙江省：桐乡市、杭州市西湖区、德清县、永康市、安吉县、嘉兴市秀洲区、慈溪市、平湖市、长兴县、湖州市南浔区、湖州市吴兴区、杭州市萧山区、海盐县、宁波市鄞州区、浦江县、建德市、三门县、温州市龙湾区、苍南县、海宁市、桐庐县、金华市金东区、杭州市临安区、嘉善县、宁波市江北区、杭州市余杭区

安徽省：宿松县、来安县、黄山市徽州区、安庆市宜秀区、石台县

福建省：安溪县、南平市延平区、永安市、将乐县

江西省：吉安市青原区、信丰县、全南县、德安县、铅山县

山东省：威海市文登区、金乡县、莱西市、广饶县

河南省：浚县、淇县、正阳县、商丘市睢阳区

湖北省：武汉市新洲区、麻城市

湖南省：韶山市、武冈市、石门县、衡东县、永兴县、安化县、嘉禾县、岳阳市云溪区、汨罗市、长沙县、岳阳市君山区、益阳市资阳区

广东省：博罗县

广西壮族自治区：融安县
海南省：琼中黎族苗族自治县
重庆市：大足区、永川区
四川省：芦山县、南充市顺庆区
贵州省：长顺县
云南省：澄江市
西藏自治区：拉萨市达孜区
陕西省：泾阳县、乾县
甘肃省：庆阳市西峰区
青海省：海东市平安区
宁夏回族自治区：石嘴山市惠农区
新疆维吾尔自治区：精河县、乌恰县

附录二

2020 全国县域数字农业农村发展水平评价报告

一、评价说明

（一）工作背景

发展数字农业农村是顺应信息化进入大数据新阶段的必然要求，是抢占农业农村现代化制高点的迫切需要，是创新推动农业农村信息化发展的现实选择。2018 年中央 1 号文件首次提出大力发展数字农业，实施数字乡村战略。2018 年以来，党中央、国务院相继印发了《乡村振兴战略规划（2018—2022 年）》《数字乡村发展战略纲要》等文件，为加快发展数字农业农村指明了方向，提供了遵循。农业农村部会同中央网络安全和信息化委员会办公室编制印发了《数字农业农村发展规划（2019—2025 年）》，提出了新时期推进数字农业农村建设的总体思路、发展目标和重点任务。要走好具有中国特色的数字农业农村发展道路，我们不仅要进一步摸清当前数字农业农村发展的程度和水平，更要找到发展的短板和问题，促使县级党委和政府更加重视数字农业农村发展，让更多社会资本流向数字农业农村领域。只有这样，我们才能不断地强弱项、补短板、增优势，为抢占农业农村现代化的制高点提供强劲的内生动力。

为贯彻落实党中央、国务院和农业农村部党组有关推进数字乡村发展战略的决策部署，农业农村部信息中心 2019 年组织开展了首次全国县域数字农业农村发展水平评价工作。2020 年，在农业农村部市场与信息化司的领导下，总结上年成功经验，坚持关键绩效理念，适当调整完善个别指标，继续开展评价工作，以期进一步打造形成推动农业农村数字化建设的有力杠杆。

（二）数据来源

本次评价数据继续采用县（市、区）农业农村部门自愿填报，地（市、州）、省（自治区、直辖市）农业农村部门信息中心逐级审核把关的方式获得，共收集到 2 440 个县（市、区）2019 年的基础指标数据。经审核、清洗，纳入本次评价的有效样本县（市、区）为 2 329 个，基本实现了涉农县域全覆盖，其中东部地区 505 个、中部地区 818 个、西部地区 1 006 个，覆盖 45.5 万个行政村。本报告中的“全国”指有效样本县（市、区）总数，另作说明者除外。

二、数字农业农村发展现状

（一）全国县域数字农业农村发展总体水平

党的十八大以来，数字农业农村建设扎实推进，取得了历史性成就。但是农业农村信息化基础差、底子薄、弱质性特征明显，目前仍处于起步阶段。经综合测算，2019 年全国县域数字农业农村发展总体水平达 36.0%，其中东部地区为 41.3%，中部地区为 36.8%，西部地区为 31.0%。

分省份看①，如图 1 所示，高于全国发展总体水平的有 13 个省份，其中，浙江省在全国处于明显领先地位，发展水平为 68.8%，上海市和江苏省分居第二、第三位，发展水平分别为 51.0%和 47.7%。

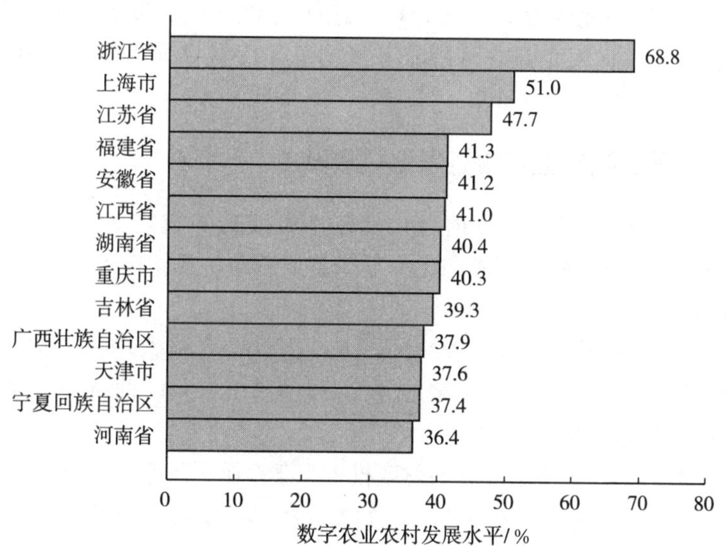

图 1　数字农业农村发展水平高于全国发展总体水平的省份

从县域看，发展水平排名全国前 100 名的县（市、区）平均发展水平为 69.2%，排名全国前 500 名的县（市、区）为 52.5%。发展水平超过 60%的县（市、区）有 122 个，占比为 5.2%；处于 30%～60%的有 1 453 个，占比为 62.4%；低于 30%的有 754 个，占比为 32.4%。高于全国发展总体水平的县（市、区）有 1 192 个，占比为 51.2%。

① 新疆生产建设兵团未参与本次评价工作，山东省、广东省、辽宁省县域参与本次评价工作程度较低，故以上均不计入省级排名。

（二）县级农业农村信息化管理服务机构覆盖率

县域是“三农”工作的主战场，县级农业农村信息化管理服务机构是推进农业农村数字化的“排头兵”。2019 年全国县级农业农村部门设置了承担信息化相关工作的行政科（股）或者设置了信息中心（信息站）等事业单位的占比为 75.5%。

据数据分析，有 78.6%的县（市、区）农业农村局为所在县级网络安全与信息化领导机构成员单位；有 72.6%的县（市、区）农业农村局成立了网络安全与信息化领导机构；有 70.1%的县（市、区）农业农村局设置了承担信息化相关工作的行政科（股）；有 43.5%的县（市、区）农业农村局设置了信息中心（信息站）等事业单位。

分区域看，东部地区县（市、区）农业农村信息化管理服务机构总体覆盖率为 85.7%，中部地区为 79.7%，西部地区为 66.9%。发展水平排名全国前 100 名的县（市、区）信息化管理服务机构总体覆盖率为 98.0%，排名前 500 名的为 94.0%。

（三）全国县域农业农村信息化财政投入

财政投入是推动农业农村信息化建设不可或缺的重要支持。2019 年全国县域农业农村信息化建设的财政投入为 182.1 亿元，县均投入 781.8 万元，乡村人均投入 25.6 元。

分区域看，东部地区县均投入 1 616.9 万元，乡村人均投入 43.9 元；中部地区县均投入 575.6 万元，乡村人均投入 16.6 元；西部地区县均投入 530.2 万元，乡村人均投入 22.0 元。

分省份看，如图 2 所示，县均财政投入高于全国平均水平的有 7 个省份，其中浙江省投入最高，达 6 350.3 万元；如图 3 所示，乡村人均财政投入高于全国平均水平的有 5 个省份，其中浙江省投入最高，达 217.1 元。重庆市、新疆维吾尔自治区、宁夏回族自治区等西部省份乡村人均财政投入均高于全国平均水平。

从县域看，县域农业农村信息化财政投入低于全国平均水平的县（市、区）有 1 904 个，占比为 81.8%。该指标排名前 100 名的县（市、区）县均财政投入为 9 932.5 万元，排名前 500 名的为 3 204.7 万元。发展水平排名全国前 100 名的县（市、区）县均财政投入为 5 558.4 万元，排名前 500 名的为 2 088.9 万元。乡村人均财政投入低于全国平均水平的县（市、区）有 1 821 个，占比为 78.1%。发展水平排名全国前 100 名的县（市、区）乡村人均财政投入为 179.1 元，排名前 500 名的为 59.5 元。该指标排名前 100 名的县（市、区）乡村人均财政投入为 389.4 元，排名前 500 名的为 108.9 元。

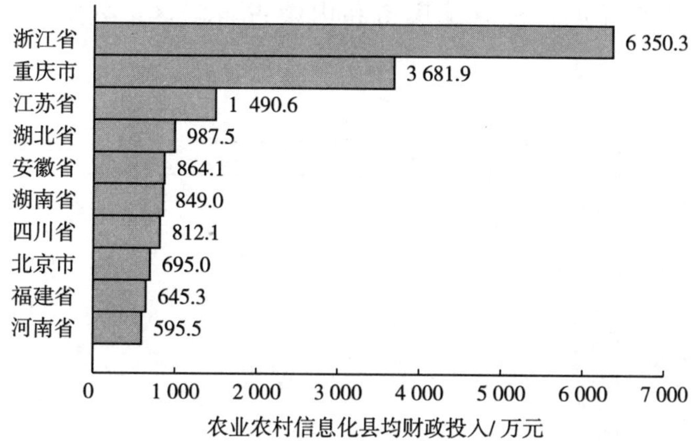

图 2　农业农村信息化县均财政投入排名前 10 的省份

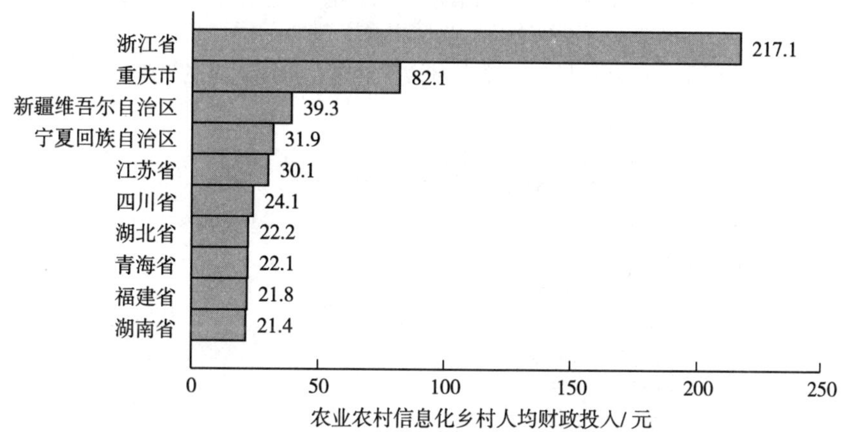

图 3　农业农村信息化乡村人均财政投入排名前 10 的省份

（四）全国县域农业农村信息化社会资本投入

2019 年全国县域农业农村信息化建设的社会资本投入为 478.5 亿元，县均投入 2 054.6 万元，乡村人均投入 67.2 元。

分区域看，东部地区社会资本投入为 247.5 亿元，占全国社会资本投入的 51.7%，县均投入 4 900.7 万元，乡村人均投入 133.0 元；中部地区投入为 94.1 亿元，县均投入 1 150.2 万元，乡村人均投入 33.1 元；西部地区投入为 136.9 亿元，县均投入 1 361.3 万元，乡村人均投入 56.5 元。

分省份看，如图 4 所示，县均社会资本投入超过全国平均水平的有 6 个省份；如图 5 所示，乡村人均社会资本投入超过全国平均水平的仅 5 个省份，浙江省一枝独秀，远远超过排名第二的重庆市。除浙江省之外，乡村人均社会资本投入超过 100 元的，仅有重庆市和内蒙古自治区，分别为 138.1 元和 105.0 元。

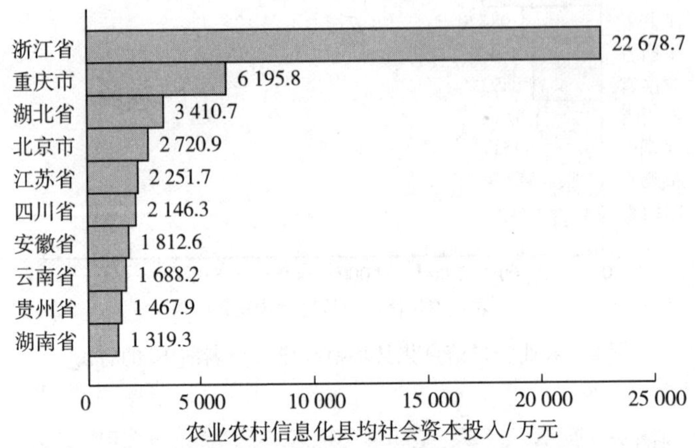

图 4　农业农村信息化县均社会资本投入排名前 10 的省份

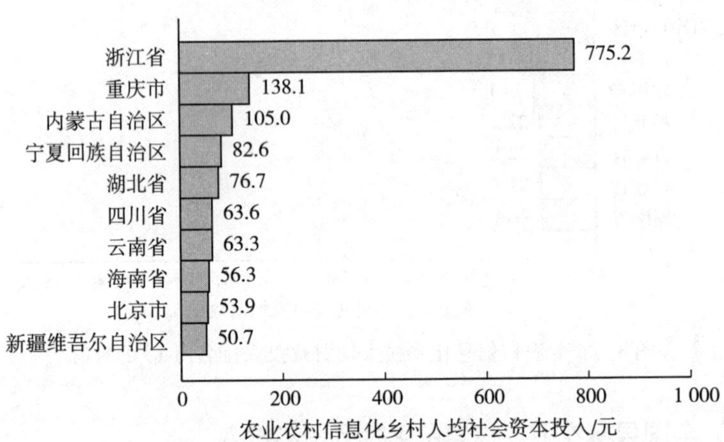

图 5　农业农村信息化乡村人均社会资本投入排名前 10 的省份

从县域看，县域农业农村信息化社会资本投入低于全国平均水平的县（市、区）有 2 008 个，占比为 86.2%。该指标排名前 100 名的县（市、区）县均社会资本投入为 33 001.4 万元，排名前 500 名的县（市、区）为 9 031.9 万元。发展水平排名全国前 100 名的县（市、区）县均社会资本投入为 18 600.0 万元，排名前 500 名的为 5 737.5 万元。乡村人均社会资本投入低于全国平均水平的县（市、区）有 1 666 个，占比为 71.5%。该指标排名前 100 名的县（市、区）乡村人均社会资本投入为 1 204.2 元，排名前 500 名的县（市、区）为 288.6 元。发展水平排名全国前 100 名的县（市、区）乡村人均社会资本投入为599.38元，排名前500名的为161.7元。

（五）农业生产数字化水平

农业生产的数字转型是解决“谁来种地，怎么种地”的战略举措，是我国由农业大国迈向农业强国的必经之路。近年来，我国农业生产数字化改造快速推进，2019年全国农业生产数字化水平为23.8%①。分区域看，东部地区农业生产数字化水平为25.5%，中部地区为25.5%，西部地区为18.5%。

分省份看，如图6所示，高于或等于全国农业生产数字化水平的有9个省份，其中，浙江省农业生产数字化水平居全国首位，接近60%，吉林省和天津市分居第二、第三位，分别为31.4%和30.7%。

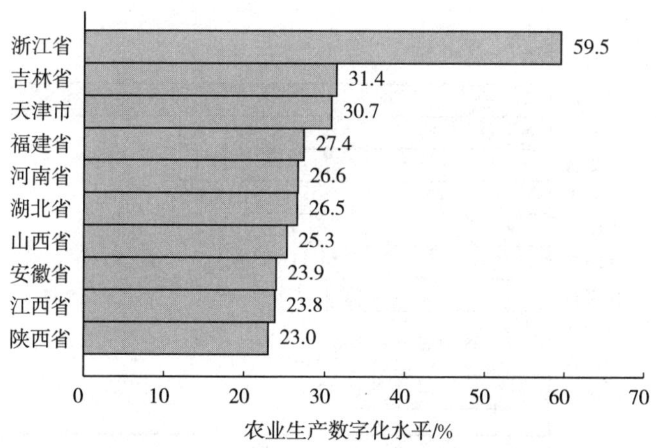

图6 农业生产数字化水平排名前10的省份

从行业看，信息技术在设施栽培、畜禽养殖、种植业和水产养殖中的应用率分别为41%、32.8%，17.4%和16.4%。

从县域看，农业生产数字化水平高于全国平均水平的县（市、区）共777个，占比为33.4%；不足5%的县（市、区）共844个，占比为36.2%。发展水平排名全国前100名的县（市、区）农业生产数字化水平为66.4%，排名前500名的为36.8%。

（六）县域农产品网络销售情况

电商平台、直播带货等在线销售方式，日益成为农产品销售的重要渠道，

① 农业生产数字化包括种植业信息化、设施栽培信息化、畜禽养殖信息化和水产养殖信息化，权重根据各行业产值占比动态调整。畜禽养殖信息化水平计算的是本地某一具有代表性的主导产业的信息化水平。

对畅通农产品销售、拓展消费市场、增加农民收入，特别是对产业扶贫发挥了重要作用。2019 年县域农产品网络零售额为 6 087.1 亿元，占农产品交易总额的 10.0％。

分区域看，东部地区农产品网络零售额为 2 529.9 亿元，占东部地区农产品交易总额的 12.3％；中部地区为 2 232.7 亿元，占比 9.1％；西部地区为 1 324.5 亿元，占比 8.4％。

分省份看，如图 7 所示，该指标排名前 10 的省份均超过了全国平均水平，其中，浙江省农产品网络零售额占全省农产品交易总额的比重最高，为 27.6％，江苏省、安徽省分居第二、第三位，分别为 16.6％和 15.8％。西部地区中，重庆市、甘肃省、宁夏回族自治区和四川省的占比均超过全国平均水平。

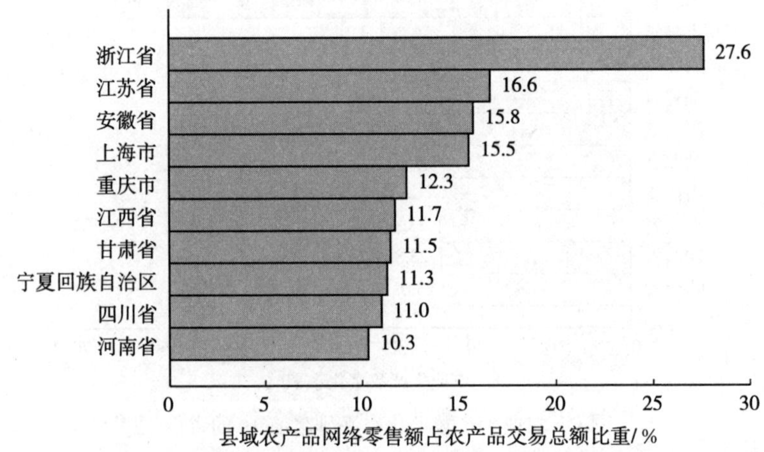

图 7　县域农产品网络零售额占农产品交易总额比重排名前 10 的省份

从县域看，农产品网络零售额占比高于全国平均水平的县（市、区）有 1 032 个，占比为 44.3％。发展水平排名全国前 100 名的县（市、区）农产品网络零售额占比为 29.3％，排名前 500 名的为 17.6％。

此外，国定贫困县[①]农产品网络零售额占比为 9.4％。农产品网络零售额占比高于全国平均水平的贫困县（市、区）有 314 个，占有效样本县（市、区）中贫困县总数的 41.6％。

（七）行政村电子商务站点覆盖率

2019 年已建有电子商务服务站点的行政村共 33.6 万个，行政村覆盖率达

① 有效样本县（市、区）中共有 755 个国定贫困县，下同。

到 74.0%，共有电商服务站点 44.2 万个。分区域看，东、中、西部地区的覆盖率分别为 79.6%、76.0%、66.9%。

分省份看，如图 8 所示，该指标排名前 10 的省份覆盖率均超过了全国平均水平，上海市已经实现行政村电子商务站点 100%全覆盖，浙江省、江苏省和重庆市的覆盖率均超过 90%。

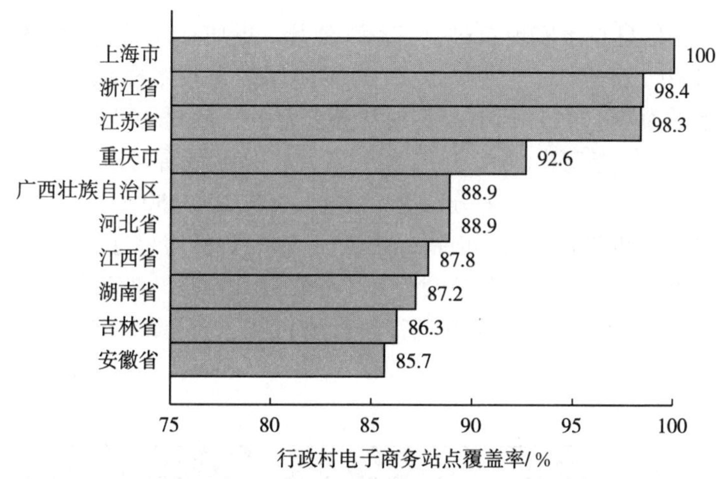

图 8　行政村电子商务站点覆盖率排名前 10 的省份

从县域看，全国已有 867 个县（市、区）行政村电子商务站点全覆盖，占比为 37.2%；行政村覆盖率超过 90%的县（市、区）有 1 074 个，超过 80%的有 1 278 个。发展水平排名全国前 100 名的县（市、区）行政村电子商务站点覆盖率 95.3%，排名前 500 名的为 89.7%。国定贫困县的行政村电子商务站点覆盖率达到 69.4%。

（八）县域农产品质量安全追溯信息化水平

农产品质量安全追溯是创新农产品质量安全监管方式的有效手段，是区块链、大数据等现代信息技术在民生领域应用的重要场景。2019 年通过接入自建或公共农产品质量安全追溯平台，实现质量安全追溯的农产品占比为 17.2%。分区域看，东部地区县域农产品质量安全追溯信息化水平为 26.4%，中部地区为 14.6%，西部地区为 12.4%。

分行业看，设施栽培、畜牧业、水产养殖和种植业农产品质量安全追溯信息化水平分别为 27.8%、21.7%，18.5%和 13.1%。设施栽培、畜牧业、水产养殖及种植业质量安全追溯信息化水平高于全国平均水平的县（市、区）数量分别为 702 个、1 045 个、802 个、973 个，分别占总数的 30.1%、44.9%、

34.4%、41.8%。

从县域看，农产品质量安全追溯信息化水平高于全国平均水平的县（市、区）有644个，占比27.7%。发展水平排名全国前100名的县（市、区）农产品质量安全追溯信息化水平为50.0%，排名前500名的为26.5%。

（九）应用信息技术实现行政村“三务”综合公开水平

通过应用信息技术实现农村“三务”公开，更加有利于落实广大群众的知情权、参与权、表达权、监督权。2019年应用信息技术实现行政村“三务”综合公开水平为65.3%，其中，实现党务公开的行政村为66.7%，实现村务公开的为65.6%，实现财务公开的为63.7%。分区域看，东、中、西部地区行政村“三务”综合公开水平分别为65.9%、69.5%、60.4%。

分省份看，如图9所示，该指标排名前10的省份均超过了全国平均水平，其中，上海市行政村“三务”综合公开水平已达100%，湖南省、浙江省、江苏省、宁夏回族自治区和重庆市等省份行政村“三务”综合公开水平均超过了90%。

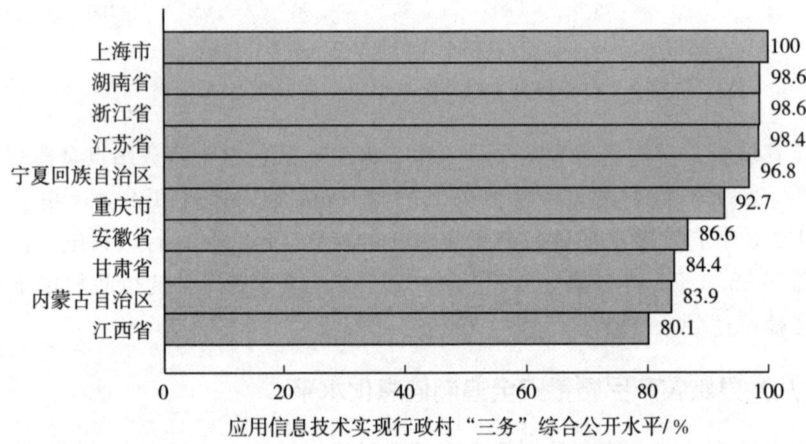

图9 应用信息技术实现行政村“三务”综合公开水平排名前10的省份

从县域看，应用信息技术实现行政村“三务”综合公开水平高于全国平均水平的县（市、区）共1 475个，占比为63.3%。发展水平排名全国前100名的县（市、区）综合公开水平为97.4%，排名前500名的为90.4%。该指标排名前500名的县（市、区）综合公开水平为100%。

（十）“雪亮工程”行政村覆盖率

2019年我国“雪亮工程”行政村覆盖率为66.7%。分区域看，东部地区

“雪亮工程”行政村覆盖率为 69.4%，中部地区为 73.2%，西部地区为 57.4%。

分省份看，如图 10 所示，全国有 8 个省份“雪亮工程”行政村覆盖率超过 80%，其中，上海市已实现 100%全覆盖，浙江省、江苏省、新疆维吾尔自治区和湖北省覆盖率均超过 90%。

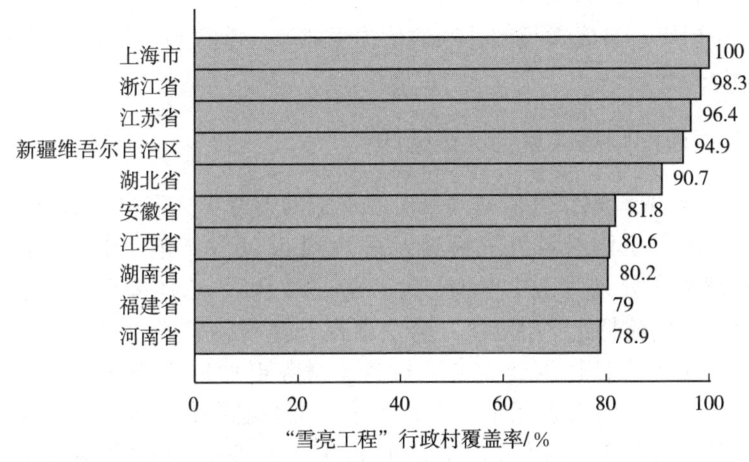

图 10　“雪亮工程”行政村覆盖率排名前 10 的省份

从县域看，“雪亮工程”行政村覆盖率高于全国平均水平的县（市、区）共 1 425 个，占比为 61.2%。发展水平排名全国前 100 名的县（市、区）覆盖率为 96.0%，排名前 500 名的为 90.6%。该指标排名前 500 名的县（市、区）覆盖率均为 100%。

（十一）县域政务服务在线办事率

推进“互联网＋政务服务”有利于建设服务型政府，为民众提供更为便捷高效的政务服务。2019 年县域政务服务在线办事率为 25.4%。分区域看，东部地区在线办事率为 49.0%，中部地区为 26.8%，西部地区为 22.2%。

从县域看，在线办事率高于全国平均水平的县（市、区）共 1 545 个，占比为 66.3%。发展水平排名全国前 100 名的县（市、区）政务服务在线办事率为 69.2%，排名前 500 名的为 63.3%。

三、数字农业农村发展亮点

（一）各级政府重视程度大幅提升

各级政府高度重视发展数字农业、建设数字乡村。从省级层面来看，河北、辽宁、江西、河南、湖南、广西、重庆、云南、陕西等省份配套出台了相关文件[①]，特别是江苏已将县域数字农业农村发展水平纳入乡村振兴绩效评估指标体系，浙江正在积极争取。从县域层面看，数字农业农村发展水平排名全国前500名的县（市、区）平均发展水平从2018年的45.1%增长到2019年的52.5%，呈现出快速发展的态势。从评价工作看，各级农业农村部门和县级党委、政府对全国县域数字农业农村发展水平评价工作高度重视并积极参与，与上年相比，自愿参与的县域数量稳步增加、涉农县域基本全覆盖、数据质量进一步提升。

（二）信息化向基层基础快速延伸

随着4G和光纤网络在农村地区有效覆盖的不断扩大和电信普遍服务的深入推进，2019年全国县域互联网普及率达到68.9%，东、中、西部地区县域互联网普及率分别为73.5%、68.2%、65.9%，总体差距较小。数字化为乡村治理现代化插上“翅膀”，为全面提升乡村治理数字化能力和水平奠定了基础。现代信息技术让党务、村务、财务更加透明公开。“雪亮工程”成为平安乡村建设的重要抓手。农村电子商务基础条件持续改善，农村电子商务站点和益农信息社覆盖范围不断扩大，农业农村信息服务效能持续提升。

（三）农业生产数字转型加快推进

虽然我国数字农业农村发展水平还处于初级阶段，但农业生产数字转型正在加速推进，现代信息技术与农业生产加速融合。2019年我国农业生产数字化水平比上年提升了5.2个百分点。中部地区的生产数字化水平与东部地区齐平，信息化正在助力中部地区现代农业发展“弯道超车”。信息技术在设施栽培和畜禽养殖中的应用率相对较高，特别是在生猪生产恢复中，智能化大型养猪场成为生猪产能增长的主力，2019年我国畜禽养殖信息化水平已超过30%。

（四）市场主体正在成为数字农业农村建设的重要力量

2019年社会资本在县域农业农村信息化建设中的总投入是财政总投入的

---

① 《河北省数字乡村建设试点示范工作方案》《辽宁省数字乡村发展规划》《江西省实施数字乡村发展战略的意见》《河南省人民政府办公厅关于加快推进农业信息化和数字乡村建设的实施意见》《湖南省数字乡村发展行动方案（2020—2022年）》《广西加快数字乡村发展行动计划（2019—2022年）》《重庆市人民政府办公厅关于印发重庆市智慧农业发展实施方案（试行）的通知》《中共云南省委办公厅、云南省人民政府办公厅关于加快推进数字乡村建设的实施意见》《陕西省加快数字乡村发展三年行动计划（2020—2022年）》等。

2.6 倍。发展水平排名全国前 100 名的县（市、区）中，社会资本投入 186.0 亿元，是财政投入的 3.3 倍；排名前 500 名的县（市、区）中，社会资本投入 284.0 亿元，是财政投入的 2.7 倍。在全国范围内，社会资本投入超过财政投入的县域有 962 个。数字农业农村建设政府引导、市场主体、社会参与的协同推进机制开始发挥作用，企业主动投入、农民和新型农业经营主体广泛参与的共建格局正在形成。

四、数字农业农村发展存在的问题与不足

（一）发展不平衡不充分问题依然突出

从地区发展总体水平来看，东强中西弱、区域失衡的总体格局一时难以改变。浙江、上海、江苏等东部省份数字农业农村发展水平远高于西部省份，但即使在浙江、江苏等发展水平较高的省份，也存在县域之间的发展不平衡现象。在财政投入、社会资本投入、生产经营信息化及在线办事率等方面，省与省之间、县与县之间差距非常显著。此外，数字化发展水平较高的地区通常在机构设置、市场环境、财政投入等方面也都明显领先于发展水平较低的地区。从不同行业生产信息化水平看，行业间发展不平衡、行业内应用不充分的问题依然比较突出，信息技术在种植业、设施栽培、畜禽养殖、水产养殖中的应用率不足 1%的县（市、区）分别占总数的 39.0%、32.5%、32.3%和 52.2%，信息技术在设施栽培和畜禽养殖中的应用率则远高于种植业和水产养殖。

（二）财政投入力度明显不足

据测算，2019 年县域数字农业农村建设的财政投入仅占全国农林水财政支出的 0.8%。农业农村信息化年财政投入不足 1 万元的县（市、区）高达 310 个，不足 10 万元的县（市、区）有 536 个。据分析，县域农业农村信息化财政投入与县域数字农业农村发展水平呈明显正相关，充分说明在数字农业农村快速发展初期，财政投入对推动农业数字转型、提升乡村治理数字化能力和水平至关重要，需要各级政府加大财政投入，尽快补齐发展短板，缩小城乡数字鸿沟。

（三）基层农业农村信息化推进专门机构覆盖不足

与 2018 年相比，2019 年全国县（市、区）农业农村信息化管理服务机构覆盖率略有降低，有近三成的县（市、区）农业农村局未设置承担信息化相关工作的行政科（股），有近六成的县（市、区）农业农村局未设置信息中心

（信息站），有的也在新一轮机构改革中受到冲击和影响。据分析，信息中心（信息站）这类信息化推进专门机构与县域数字农业农村发展水平呈正相关，发展水平排名全国前500名的县（市、区），其农业农村信息中心（信息站）的覆盖率为69.4%，排名前100名的覆盖率为86.0%，均远高于全国平均水平。为此，应顺应信息化与农业现代化的融合趋势，加强农业农村信息化机构队伍建设。

（四）农产品质量安全追溯信息化水平亟待提升

当前，我国农产品质量安全监管坚持“产管”并重原则，抽检监测和执法力度逐年加大，农产品质量安全水平逐年提高，总体合格率已达97.7%。但在农产品质量安全追溯中，二维码、射频识别、区块链等现代信息技术应用明显不足，低于生产信息化水平。除水产养殖质量安全追溯信息化水平高于该行业生产信息化水平之外，其他行业的追溯信息化水平均低于生产信息化水平，特别是设施栽培和畜禽养殖的追溯信息化水平与生产信息化水平差距较大。未来，要加快利用现代信息技术，强化农产品从“田间”到“餐桌”全程追踪和供应链管理协作协同，实现农产品追溯信息可查询、来源可追溯、去向可跟踪、责任可追究。

五、数字农业农村发展展望

（一）数字农业农村将迎来加快发展的历史性机遇

从社会发展看，人类经历了农业革命、工业革命，正在经历信息革命，大数据作为信息化发展新阶段的特征日益凸显，世界各农业大国都把数字农业作为国家发展战略重点和优先发展方向。从国家发展战略看，党的十九大提出建设网络强国、数字中国、智慧社会，十九届四中全会首次把“数据”列入生产要素，五中全会明确提出建设智慧农业，为加快补齐农业农村信息化短板提供了前所未有的良好环境和政策支撑。从科技发展趋势看，新一轮科技革命和产业变革日新月异，信息技术与生物技术加速交叉融合。总的看，在社会主义现代化建设的新征程中，信息化与农业现代化形成历史性交汇，为数字农业农村发展带来了历史性机遇。

（二）数字技术将加快向农业农村渗透融合

县域是数字农业农村发展的主阵地。随着数字乡村战略的深入实施，数字技术将为乡村振兴提供日益强大的新动能。从数字农业看，传统农业全方位、全角度、全链条的数字化改造将进一步加速，互联网、大数据、人工智能与农业的融合将加快由消费向生产、加工延伸，智慧农业建设将开启新的局面。从数字乡村看，网络基础设施建设将得到明显加强，城乡互联网普及率的差距将明显缩小。“互联网＋政务服务”将深入推进，数字化、网络化、智能化将为乡村治理体系和治理能力现代化建设提供强有力的支撑。

（三）农业农村数字经济潜力将呈现加快释放的趋势

当今时代，数字经济是高质量发展的新引擎，是经济发展的新的增长点。农业数据资源最为丰富，农民对数字技术的需求最为迫切，农村数字经济发展潜力最为巨大。从农业产业数字化看，农业大数据将呈蓬勃发展的态势，农产品全产业链大数据建设将加快推进，将为实现农业高质量发展提供不可或缺的创新动力，以此推动农业产量、质量、效益和竞争力的全面提升。从数字产业化看，农业农村大数据中心等新型基础设施建设将加快推进，数字农业新技术新产品新业态新模式将不断涌现，北斗、5G、物联网将加速在农村布局，农业专用传感器、智能装备制造有望成为战略性新兴产业的重要组成部分。

附件 1　指标体系

本次评价指标体系的确定，坚持“大稳定、小调整”原则，在上年度指标体系的基础上，为充分体现党中央、国务院关于“数据要素市场化”和“推进国家治理体系和治理能力现代化”等战略部署，调整确定了发展环境、乡村网络基础设施、农业生产信息化、经营信息化、乡村治理信息化及服务信息化6 个一级指标，以及 15 个二级指标和 20 个三级指标。调整内容主要包括：

（1）新增“农业农村信息化社会资本投入”“农村‘雪亮工程’覆盖情况”“互联网＋政务服务”3 个二级指标及其对应的三级指标。

（2）删除了原“信息消费”一级指标。主要是考虑微信等免费通信服务已十分普遍，在“提速降费”的大背景下，不再专门收集分析信息消费水平数据。

（3）细化了“农业农村信息化管理服务机构”“农产品质量安全追溯信息化水平”“农村‘互联网＋监督’”3 个二级指标。

（4）调整了“生产信息化”下二级指标和“农产品质量安全追溯信息化水平”下三级指标的权重，改为由产值占比决定的动态权重。

本次评价指标体系如附表所示。

附表　2020 全国县域数字农业农村发展水平评价指标体系

一级指标	二级指标	三级指标
发展环境	农业农村信息化财政投入	乡村人均农业农村信息化财政投入/元
	农业农村信息化社会资本投入	乡村人均农业农村信息化社会资本投入/元
	农业农村信息化管理服务机构	县级农业农村信息化管理服务机构综合设置情况
基础支撑	互联网普及程度	互联网普及率/%
生产信息化	种植业信息化	信息技术在种植业中的应用率/%
	设施栽培信息化	信息技术在设施栽培中的应用率/%
	畜禽养殖信息化	信息技术在畜禽养殖中的应用率/%
	水产养殖信息化	信息技术在水产养殖中的应用率/%
经营信息化	农产品网络销售情况	农产品网络销售率/%
	农产品质量安全追溯信息化水平	种植业农产品质量安全追溯信息化水平/%
		设施栽培农产品质量安全追溯信息化水平/%
		畜牧业农产品质量安全追溯信息化水平/%
		水产养殖农产品质量安全追溯信息化水平/%
乡村治理信息化	农村“互联网＋监督”	应用信息技术实现行政村党务公开水平/%
		应用信息技术实现行政村村务公开水平/%
		应用信息技术实现行政村财务公开水平/%
	农村“雪亮工程”覆盖情况	“雪亮工程”行政村覆盖率/%
	“互联网＋政务服务”	在线办事率/%
服务信息化	信息进村入户建设	信息进村入户村级信息服务站行政村覆盖率/%
	电商服务站建设	电商服务站行政村覆盖率/%

附件 2　评价方法

首先基于县域填报值计算得出三级指标值，其次对部分数值范围不在 0～1 的三级指标值进行归一化处理，最后按照权重逐级计算二级指标值、一级指标值及总的发展水平值。

本次评价采用的 Min-max 归一化方法如下所示：

$$Z_i = \frac{(X_i - X_{min})}{(X_{max} - X_{min})}$$

式中，Z_i 是归一化后的指标值，X_i 是该地区的某项指标值，X_{max} 为某指标前 m 项的平均值，X_{min} 为某指标后 n 项的平均值，本次评价 m 和 n 取值均为 100。

附录三

2019全国县域数字农业农村发展水平评价报告

2018年4月20日，习近平总书记在全国网络安全和信息化工作会议上强调，信息化为中华民族带来了千载难逢的机遇，必须敏锐抓住信息化发展的历史机遇。《中共中央 国务院关于实施乡村振兴战略的意见》和《乡村振兴战略规划（2018—2022年）》提出，要大力发展数字农业，实施数字乡村战略。建设数字农业农村，是贯彻落实习近平新时代中国特色社会主义思想特别是关于“三农”工作和网络强国重要论述的重大任务，是抓住机遇的必然选择，是迎接挑战的责任担当，是顺应大势的主动作为。开展全国县域数字农业农村发展水平评价工作，就是运用绩效管理的理念方法，打造县域数字农业农村发展“指挥棒”，不断地强弱项、补短板、增优势，推动县域数字农业农村快速健康发展。

一、评价说明

（一）首次开展县域评价

本次全国县域数字农业农村发展水平评价工作系首次开展，目的是深入贯彻落实习近平总书记网络强国战略思想，推动信息化与农业现代化融合发展，以数字化引领驱动农村经济社会高质量发展。同时，也为数字乡村战略的实施营造良好社会氛围，以期引起县级党委、政府的高度重视，加大机构、人员、资金等保障力度，进一步撬动更多社会资本投向数字农业农村领域。同时，还首次开展了全国县域数字农业农村发展创新项目评价工作。

（二）指标体系

在准确把握农业农村发展现状与特点的基础上，对标“十三五”农业农村信息化发展规划主要指标，结合农业农村部机构职能调整拓展，引入关键绩效（KPI）理念，设计了发展环境、基础支撑、信息消费、生产信息化、经营信息化、乡村治理信息化、服务信息化7个一级指标、13个二级指标和13个三级指标。下一步还将与时俱进地不断完善指标体系。

（三）数据来源

本次评价数据采用县（市、区）农业农村部门自愿填报、省级农业农村部门信息中心审核把关的方式获得，共收集2 364个县（市、区）2018年的基础指标数据，经审核、清洗，纳入本次评价的有效样本县（市、区）为2 094个，其中东部地区563个、中部地区724个、西部地区807个，共覆盖44.31万个行政村。本报告中的“全国”指有效样本县（市、区）总数，另作说明除外。

（四）评价方法

采用层次分析法（AHP）。首先对填报项进行计算得出三级指标值，其次对三级指标值进行归一化处理，最后按照既定权重逐级计算二级指标值及总的发展水平值。

二、基本结论

（一）全国县域数字农业农村发展总体水平处于起步阶段

党的十八大以来，党中央、国务院高度重视农村互联网发展，推动数字农业农村取得了历史性成就，但是农业农村信息化基础差、底子薄、起步晚，与工业、服务业和城市信息化水平相比差距较大，与农业农村经济社会发展水平和基础地位极不相称。经综合测算，全国县域数字农业农村发展总体水平为33%，其中东部地区为36%，中部地区为33%，西部地区为30%。发展水平排名全国前100名的县（市、区）平均发展水平为62.2%，发展水平排名全国前500名的县（市、区）为45.1%。从有效样本县看，数字农业农村发展水平超过60%的县（市、区）81个，占比为3.9%，处于30%～60%的有1 185个，占比为56.5%，低于30%的有828个，占比为39.6%。

（二）设立农业农村信息化专门机构的县（市、区）近八成

县域党委、政府对农业农村信息化机构建设比较重视，全国77.7%的县（市、区）设立了农业农村信息化管理服务机构，其中东部为79.8%，中部为80.8%，西部为73.6%。

（三）全国县域农业农村信息化财政投入近130亿元

农业农村信息化财政投入不足。全国县域2018年用于农业农村信息化建设的财政投入为129亿元，县均投入616万元。分地区看，东部地区为53亿

元，县均 938 万元，该项指标东部排名前 100 名的县（市、区）平均投入 3 570 万元；中部地区为 39 亿元，县均 535 万元，排名前 100 名的县（市、区）平均投入 1 044 万元；西部地区为 37 亿元，县均 464 万，排名前 100 名的县（市、区）平均投入 1 904 万元。从县域看，排名前 100 名的县（市、区）平均投入为 4 403 万元，排名前 500 名的县（市、区）平均投入为 1 721 万元。

（四）全国县域城乡居民人均电信消费超过 500 元

随着 4G 和光纤网络有效覆盖的不断扩大，电信消费已经成为县域城乡居民一项必不可少的生活消费支出。2018 年人均电信消费额为 507.53 元，占县域城乡居民人均可支配收入的 2.2%。从地区看，东部地区人均电信消费额为 680 元，占县域城乡居民人均可支配收入的 2.1%；中部地区人均电信消费额为 419 元，占比 1.9%；西部地区人均电信消费额为 572 元，占比 2.7%。从整体看，该项指标全国排名前 100 名的县（市、区）人均电信消费额为 939 元，占县域城乡居民人均可支配收入的 3.1%，全国排名前 500 名的县（市、区）人均电信消费额为 726 元，占比为 2.7%。电信消费成为信息消费乃至整个社会消费的重要组成部分和拉动消费新的增长点。

（五）农业生产数字化水平接近 20%

农业生产数字化改造快速起步，2018 年农业生产数字化水平①达到 18.6%。分行业看，种植业信息化水平为 16.2%，设施栽培信息化水平为 27.2%，畜禽养殖信息化水平为 19.3%，水产养殖信息化水平为 15.3%。分地区看，东部地区为 20.6%，中部地区为 19.3%，西部地区为 13.9%。该项指标全国排名前 100 名的县（市、区）发展水平为 35.8%，全国排名前 500 名的县（市、区）为 24.2%。从整体看，发展水平超过 80%的有 27 个县（市、区），超过 60%的有 88 个，超过 40%的有 286 个，低于 20%的有 1 331 个。

（六）行政村电子商务站点覆盖率超过六成

农村电子商务基础条件加快改善，已建有电子商务服务站点的行政村为 28.34 万个，共有电子商务服务站点 39.1 万个，电子商务站点覆盖率达到 64.0%，与第三次全国农业普查数据相比，提升了 38.9 个百分点。分地区看，

---

① 农业生产数字化包括农作物种植信息化、设施栽培信息化、畜禽养殖信息化和水产养殖信息化，其所占比重分别为 30%、15%、30%、25%。

东、中、西部地区的覆盖率分别为65.4%、66.5%、59.8%。分县域看，全国已有606个县（市、区）实现行政村全覆盖，占比为28.9%；县域行政村覆盖率超过90%的县（市、区）有746个，超过80%的有893个。该项指标全国排名前100名的县（市、区）覆盖率达到78.7%，全国排名前500名的县（市、区）覆盖率为74.2%。

（七）县域农产品网络零售额接近农产品交易额的10%

农产品电子商务已经成为农产品交易的重要渠道，2018年县域农产品网络零售额为5 542亿元，占农产品交易总额的9.8%。从天猫、淘宝、京东、苏宁、拼多多、饿了么、美团、美团团购、大众点评9个主要电商平台监测到的县域农产品网络零售额为2 176.3亿元。分地区看，东部地区县域农产品网络零售额为2 624亿元，占比12.1%；中部地区为1 912亿元，占比9.0%；西部地区为1 006亿元，占比7.5%。832个贫困县占比为9.8%。分县域看，占比超过20%的有199个县（市、区），超过30%的有137个。同时，通过接入自建或公共农产品质量安全追溯平台，实现农产品质量安全追溯的农产品交易额占农产品交易总额的10.7%。

（八）已建成益农信息社覆盖行政村近一半

信息进村入户工程建设取得显著成效。经过4年的持续建设，已在有效样本县建成益农信息社26.83万个，行政村覆盖率达49.7%。18个整省①推进省份共建成益农信息社22.36万个，其中覆盖率超过80%的县域有640个，占18个省份1 441个县域的44.4%，超过90%的县域有530个，占比36.8%，实现全覆盖的县域有429个，占比29.8%。

（九）实现“三公开”的行政村超过六成

信息化提升农村基层党务、村务、财务透明度的作用凸显，63.1%的行政村实现了“三公开”，其中党务公开的行政村为65%，村务公开的为64%，财务公开的为61%。分地区看，东、中、西部地区实现“三公开”的行政村占比分别为67.8%、65.7%、55.5%。分县域看，公开率超过80%的有1 206个县（市、区），占比57.6%，公开率达到100%的有1 060个县（市、区），占比50.6%。

---

① 指四川省、河南省、浙江省、广西壮族自治区、湖南省、江苏省、河北省、辽宁省、云南省、黑龙江省、重庆市、江西省、广东省、福建省、贵州省、吉林省、山东省、天津市。

三、主要特点

（一）县域数字农业农村发展水平与地区经济发展程度呈高度正相关

从地区发展水平来看，东、中、西部地区依次递减。从100个2018年度全国县域数字农业农村发展水平评价先进县也可看出，绝大部分先进县都是经济较为发达的县，且政府投入、城乡居民可支配收入都相对较高。

（二）农产品电子商务发展呈现“群雁效应”

东部地区发展农产品电商的“头雁效益”明显，中西部地区紧跟其后，发展程度差距很小，“群雁矩阵”形态明显，尤其是随着电商扶贫的大力推进，贫困地区农产品电商发展成效显著，为“互联网＋”农产品出村进城工程的实施打下了良好基础。

（三）信息进村入户工程推动信息服务落地见效

2014年信息进村入户工程启动以来，特别是2017年开始，在中央财政转移支付资金的支持下，相继在18个省份整省推进，益农信息社建设成效显著，信息进村入户村级益农信息社排名靠前的省份，其电子商务服务站点也比较靠前。这充分说明信息进村入户工程不仅是一项信息惠民工程，也是一项推动农村电商发展的基础性工程。

（四）高效种养业数字技术应用水平明显较高

设施栽培和畜禽养殖信息化水平相对较高，充分说明数字技术在生产环境监测、体征监测、农作物病虫害和动物疫情精准诊断及防控等方面应用较为广泛。数字技术在农业中的应用推广呈现出率先在经济效益较高的行业实现突破的明显特征。

（五）互联网公共服务普惠成效明显

随着4G和光纤网络在农村地区有效覆盖的不断扩大和电信普遍服务的深入推进，东、中、西部地区县域城乡互联网普及率分别为67.1％、62.9％、63.6％，总体差距较小，甚至西部地区略微超过中部地区。县域电信消费占城乡居民消费额比例各地差距较小，西部地区还略高。

（六）数字创业创新的火种已在农业农村点燃

共有358个县（市、区）提交创新项目，涉及农业农村各行业各领域各环节。从创新领域来看，主要集中在智慧种养业、数字化管理、电子商务和信息服务方面；从地域分布看，东部县域的项目占比超过四成，西部接近四成，中部仅占两成；从创新主体看，企业是数字农业农村的创新主体，占项目总数六成以上。其中最值得关注的是，以县域为单位的农产品全产业链大数据建设开始起步。这些都为农村一二三产业融合发展、农业农村数字经济的“无中生有”播下了火种。

四、存在问题

（一）认识还不够到位

数据采集未实现全样本，尽管有 2 364 个县（市、区）提交了基础数据，但与全国县级区划总数相比，还有近 500 个县（市、区）未提交数据。即使提交了数据，也存在基础数据不扎实的问题。据对相关数据分析，一些县（市、区）对数据驱动农业高质量发展的认识还有待提升，在县级农业农村信息化机构、人员保障上还不到位，有 22.3%的县（市、区）未设置相应机构。在财政投入上，2018 年投入高于 500 万元的县（市、区）仅有 419 个，高于 100 万元的只有 994 个，还有 527 个投入低于 10 万元。

（二）地区发展不平衡不充分

从地区综合发展水平来看，东强中西弱，区域失衡，浙江的农业农村数字化水平最高，东部地区在人均年财政投入、农产品网络零售、农产品质量安全追溯应用等方面大幅领先，比中西部地区高一倍以上。从省域发展情况来看，浙江、重庆的年人均信息化财政投入远高于全国平均水平，西藏等省份的电子商务服务站覆盖率远低于全国平均水平。

（三）生产信息化应用广度和深度有待拓展

行政村电子商务站点建设、“三公开”和信息进村入户信息化水平相对较高。但是在农业生产领域，现代信息通信技术与种植业、畜牧业、渔业融合不充分，其中又以经济效益相对较低的大田作物的信息化应用程度最低。如何发展数字农业，目前既缺乏顶层设计，又未明确建设路径。在提交的 358 个创新项目中，生产类创新项目占比不足一半。

（四）农村基础设施建设相对滞后

据本次填报数据测算，全国县域城乡互联网普及率已达 64.5%，虽然网络进了村，但仍有不少家庭农场、规模化养殖场、养殖池塘等还没有覆盖，制约了生产信息化的应用普及。特别是边远贫困地区，网络和农产品加工流通等基础设施落后，物流成本高，影响农产品电子商务发展，导致不少地方的绿色优质特色农产品营销方式没有跟上电子商务快速发展的步伐。

五、发展建议

（一）加强组织领导

县委、县政府应把数字农业农村作为数字县域的优先行动，依据2018年和2019年的中央1号文件，以及《乡村振兴战略规划（2018—2022年）》等政策文件，结合县域实际，抓紧制定实施方案。同样应在干部配备上优先考虑，在要素配置上优先满足，在资金投入上优先保障，在公共服务上优先安排，加快补齐农业农村信息化短板，弥合城乡数字鸿沟，发展壮大农业农村数字经济。特别要用好本次县域评价成果，找到位置和差距，形成争先进位的竞相发展态势。建议2020年对进步大的县（市、区）予以表扬。

（二）大力发展数字农业

要以农业供给侧结构性改革为主线，加快建设数字农田，利用遥感、物联网等现代信息技术构建农情监测系统，完善农业生产智能监测体系；发展智慧畜牧和智慧水产，推进现代信息技术在畜禽养殖、水产养殖中的集成应用，加强动植物疫情远程精准诊断和防控；围绕县域主导特色产业，开展重要农产品全产业链大数据建设，从生产、加工、流通、销售、消费等关键环节加快数字化改造，打通数据链、重构供应链、提升价值链，促进农业农村一二三产业融合发展，以数据驱动农业高质量发展。

（三）加快建设数字乡村

推进“互联网＋党建”，加强基层组织建设，深入推进党务、村务、财务网上公开，畅通社情民意。推进民生领域信息化应用，深入发展“互联网＋教育”“互联网＋医疗”“互联网＋便民服务”，大力拓展互联网、大数据、人工智能在就业、社保、文化、旅游、社会治安等领域的应用，促进城乡公共服务均等化。开展智慧绿色乡村建设，大力加强山水林田湖草数据采集与利用，探索开展农村人居环境整治综合监测，促进资源循环利用和可持续发展，提升美丽乡村建设水平。

（四）加强农村信息服务

加快推进农村信息化服务普及，创新发展农业生产性服务业，以手机终端为重点，组织开发适应“三农”特点的信息技术产品和应用软件。加大农民手机应用技能培训力度，推动信息技术与生产、经营等环节融合，让手机尽快成为广大农民的“新农具”。全面推进县级融媒体中心建设，加大数字广播电视户户通和智慧广电建设力度。统筹推进城乡信息资源整合共享与利用，完善民生保障信息化服务，让农民有更多获得感、幸福感、安全感。

（五）夯实基础设施

要巩固提升乡村宽带工程建设成果，持续推进提速降费和电信普遍服务，扩大 4G 网、光纤网在农村的有效覆盖，进一步把网络服务延伸到户，大幅提升农村互联网普及率。要抓住应用端，把农村网络基础设施建设的重点转向田间、圈舍、鱼塘、车间，大力发展农业物联网，探索推进北斗卫星导航系统、5G 在农业生产中的应用，为数字农业农村发展打下坚实的物质基础。